草間八十雄
安岡憲彦［編］

近代日本の格差と最下層社会

明石書店

近代日本の格差と最下層社会◉目次

凡例　11

I　近代東京の格差社会

児童虐待　165

児童虐待調査

書評・生活

巻末資料

凡例

一　本書は草間八十雄が雑誌・新聞紙上に執筆・座談したもの、草間がかかわった社会事業調査の行程を報じたものを元資料として収録した。すでに著述書は一九八七年九月『近代下層民衆生活誌』全三冊、一九九〇年一〇月『近代都市下層社会』全二冊、一九九二年八月『近代日本のどん底社会』、社会事業調査は一九九三年七月『都市下層民衆生活実態資料集成』全二冊で刊行した。本書はそれら八冊と収録資料を異にしている。すべて姉妹書である。

一　収録資料は内容によって、貧困社会、最下層社会、児童虐待、性差別、書評・生活に分けて、刊行・記載順に配列し、巻末に解説、草間八十雄著述文献・年譜を付して構成した。

一　本文は元資料の体裁にならうことを原則としたが、次のような操作をして、読者への便をはかった。

1　仮名づかいは基本的に「現代仮名づかい」に改めた。ただし、送り仮名は必ずしも「改定送り仮名」どおりではない。

2　漢字はできるだけ「常用漢字表」のものを使用した。一部の難解な漢字、あて字には編者注を付けるか、あるいは仮名にした。其、此、之、於、雖、尚、嘗て、曾て、却々、屢々、遂々、熟々、区々、彼の、兎角、加之、乍併、所謂などは基本的に漢字を仮名に改めた。

3　ごく一部の箇所に小見出しを付け、句読点を整え、改行を設けた。

4　明らかな誤字、脱字、衍字は訂正した。ただし、訂正するに根拠の弱いものはママをルビとして付した。

5　統計数、図表数字の誤算はできるだけ訂正した。ただし、訂正するに困難なるものは編者注、あるいはママをルビとして付した。

6　巻末資料を除く本文中の注記のうち、（　）内は草間八十雄自身、あるいは元発行者によるもので、元資料のままの表記であるが、〈　〉内は編者の付したものである。

凡　例

一　□□□、〇〇〇、×××の伏字、欠字箇所は元資料のままに表記した。
一　人名、地名、団体名などは歴史事象を尊重するために、実名のまま元資料通りに表記した。
一　いわゆる不快語・差別語については、資料の歴史的性格と鑑み、元資料通りとした。
一　それぞれ本文の末尾には使用した元資料の名称を記した。
一　本書の刊行にあたり、資料閲覧、複写などに供していただいた国立国会図書館、東京都公文書館、財団法人三康文化研究所附属三康図書館、東京大学大学院法学政治学研究科附属近代日本法政史料センター（明治新聞雑誌文庫）、一橋大学経済研究所資料室、大阪市立大学学術情報総合センター、高知大学総合情報センター、学習院大学図書館、長崎純心大学図書館、松山大学図書館、神戸大学附属図書館、日本社会事業大学附属図書館、重要文化財旧開智学校、および調査、編集作業にご協力いただいた椎葉富美・土居義典・黒田貴史・粕谷宏昭・内田光雄諸氏などに謝意を表したい。

I　近代東京の格差社会

貧困社会

収容バラック生活の内面観

一

大正十二〈一九二三〉年九月〈一日〉に起こった関東の大震災に際して、その住宅家財をことごとく焼き払われてしまった東京市の罹災民のために、救急方策として急造されたのが、この収容バラックであるが、これが建設に取りかかったのは震災直後、即ち九月四日には既に着手されたのであった。そして、これに要する経費はすべて国家の負担として支出され、その建設の機関は、警視庁建設課、東京府営繕課、東京市建設課がこれにあたった。

で、この建設は九月四日から始まって、十月、十一月とかかって十一月の下旬にはことごとくできあがった。場所は日比谷、上野、芝公園、青山、明治神宮外苑、植物園等がその主なるもので、全部で九十九ヶ所に設置された。その他三井や岩崎等の富豪が個人的に建設したもの、社会事業や公共団体の私設にかかるもの等が十九ヶ所あったから、これを合わせれば収容バラックは総数百十八ヶ所に設置された訳である。そしてこれに収容した世帯数は、一昨年〈大正十二年〉末の一番多かった時で二万四百四十五世帯、その人口は約八万五千強に達した。

しかし、それから以後は漸次減少して、昨年八月下旬の一ヶ年後には、公設バラック六十九ヶ所、私設バラック九ヶ所、合計七十八ヶ所に減じ、その収容世帯数は一万六千六百八十四までになり、人口五万八千七百になった。これが最近において、本年二月末の調査によると、公設バラックが三十七ヶ所になり、私設は全部取り払われて、その収容世帯数は七千七百六十世帯、人口二万七千五百六十九人となった。これは第一期撤退後の残存収容数である。

バラック撤退は、第一期、第二期、第三期と分かって漸次撤退していくことになり、第一期は本年一月一日をもって退定した。だから上記二月末の調査は、即ち第一期撤退後の収容実数である。第二期は三月二十五日を期退《ママ》として立退かせ、この時には残存七千七百六十世帯の中、六千世帯を撤退させ、残りの千七百世帯は第三期の撤退として、これは本年六月以内に全部引き払わせる予定になっている。

しかし、これはなかなか困難なことで、当時新聞にもしばしば報道されたごとく、この任に当たる者は一方ならず手古摺《てこず》った。第一期撤退の際も無論であったが、第二期においても、期日の三月二十五日が迫っても一向に引き上げる様子がなく、やむなく厳命を下して強制的にこれを執行し、二千九百九十八世帯、即ち半数弱をようやく撤退しえたのみだった。だから第二期分の残存世帯三千強と、第三期分の千七百とが、まだ残っているわけなのである。これが果たして予定期日まで全部撤退しうるかどうかは分からないが、とにかく実際にその任に当たってみると、バラック収容という問題は、種々な方面において非常に困難な事業であることが初めて分かるものである。

二

ところで、このバラックに収容された罹災民の生活状態は一体どんな様子であるかということについて、社会〈東京市社会局〉では調査したのであるが、それには一斉的調査と、部分的調査の二様の方法をとった。一斉的調査というのは、予め調査事項と期日とを定めておいて、それを多数の人員で一斉に調査する方法で、これは過日三百人の調査委員を使って一斉に行った。

昨年の二月、収容約半ヶ年後における芝離宮のバラック生活者の生活状態をみるに、世帯総数千二百二十六中に、職業を有する者が千三十三世帯、未だ職業を有せない者、つまり無職の者百九十三世帯で、総数の約一割五分は無職の収容者であった。しかして、その有職世帯の職業を区別してみると、種類は百五十二種あった。その中で最も多いのは人夫で、これが二百七十八。それに次ぐものは印刷工やその他の職工で四十以上を占め、あとは会社員、車夫などが多かった。

これらの有職者一月の収入平均が、七十二円二銭で、一世帯の人員平均は四人六分というのであったから、大体において一人の生活費が十五円以上の割合になり、細民としてはかなりいい収入といわなければならぬ。

内務省社会局でも、深川、新宿等のバラックについて調査したが、これは調査事項に対して答えた者には五円の謝金を与えるというような方法で調査した。この所では収容者の月収七十三円六十二銭という平均統計ができた。

芝離宮の隣りに昨年春まであった天幕村の調査によると、世帯数二百十九の中、有職が百六十五、無職が五十四で、有職者の月収は一世帯平均四十七円であった。そこで前者の七十二円以上の月収に対し、この所のは甚だしく少ないのは、どういうわけであるかと更に調査してみると、前者にあっては比較的金の取れる技術者が多く、それにバラック内で商売を営むことができたからである。ところがこの天幕村の方は、ほとんどその半数以上は以前から一家を持たず木賃宿にいたような者ばかりで、一般に低級な自由労働者が多く、従って収入も少ないのであった。

だから彼等は、震災前においてもほとんど最下層の階級にあったもので、震災のためにこういう所に収容され、人の同情を唆《さそ》って、多くの配給品を貰ったので、かえって無職者が多くなったかの観がある。殊に宮城前の天幕村等においては、特殊家族と称する無職律《ママ》が多かった。また芝離宮にも上野にも同様にこれが多かった。

九段のバラックにおいては、無職者は有職者の一割五分で、麹町在籍者が、このバラック中に世帯数で百二十七、人口五百二十八あった。そして月収は一人当たり十六円三銭の割合になり、一世帯の月収百円以上の者は申告することになっていたが、その申告によると二百円以上の者が二（中一《うち》は二百二十円あった）、百八十円以上が二、百六十円以上が一、百四十円以上が六、百二十円以上が八、百五十円以上が一、百円以上が七というような報告である。これによってみると、百円以上の月収世帯が二十七に達しているから、その一世帯平均の月収は七十《ママ》円以上あることになる。

下谷池之端のバラックには震災前からの無職者が現在も九百人中一割七分あって、その他の有職者世帯は百円以上の月収ある者が非常に多かった。

また昨年九月二十日に、各所バラック千六百世帯に対して一斉調査を行ったが、これも月収いずれも百円以上あることが判ったが、一体これだけの収入がありながら何故にバラック生活などをしているのであろうか。夏は〈華氏〉百度以上の暑さに昇る所が五十ヶ所もあり、九十五度以上の所が十一ヶ所もあるというバラックの中で、しかも全部板張りでこういう高温の中に住んで、引き払おうともしないのだろうかというと、これは電燈水道、便所の汲取りまで全部公費でするために、生活費が非常に省けるからである。

三

しかるに、この所で困ったことには、バラック管理費が出なくなってしまった。月々の電燈代何千円、汚穢《おわい》汲取費八千円、水道も初めは無料であったが、後になって特別に安くして取るようになったので、昨年春までは、全部公費として支出されていたが、その後は全く出所が無くなってしまった。そこでこれが経費の捻出方法として、彼等から出させようではないかということになり、それを徴収すると、彼等は決まってこれに反対の運動を起こすので、これにはいつも手古摺らせられるのである。電燈料は一室一燈で一円五十銭ずつ出させ、水道は共同で一円三十銭、一戸用で五十銭、汚穢汲取は要救助の中から交代に出てやるということに定めたのであるが、これだけの金さえ彼等はなかなか出そうとしない。徴収に応ずる者はわずかに六割から九割くらいのものである。そしてこれを出さない連中は震災以前からの無職者で、いわゆる高等ゴロといった連中が一番多く、中には昨年春以来一回も払わないのがいる。そしてこんな奴に限っていろんな問題を持ち込む。バラックの居直り運動を起こしたり、六畳一室に九人は窮屈で仕ようがない。ほかの所が開いたから、そこへ這入らせろなどとしきりに団体運動を起こすのである。

無論バラックは狭い所に比較的多数が収容されているのだから、窮屈には違いないが、そうかといって、引き払って空いた所はドシドシ壊してしまうのだから、彼等の要求を一々容れてやって移す訳にはいかないのである。こういう連中の中には、ただ売名のために運動を起こすようなのもいるし、時には儲け仕事にしているのもあり、詐欺をやる者もある。二室一燈では暗くてしようがないから、一室一燈にしろ、でないなら自費でやるなどと言い出して、居住者から一燈二円ずつ出させ、実は一円七十銭しか会社に払わないで、残りの三十銭を着服して知らん顔をしているのもある。

堀内某という者などは、府下綾瀬村に数ヶ年《ママ》間収容保険のバラックが建ったから、そこに入れてやると称して、居住者に六十円ずつの約束手形を書かせ、それをもって資本金として十五万円の詐欺を働き、そのまま逃亡してしまった。これは目下各署のお尋ね者になっている。その他配給品の横領なども非常に多いのである。

四

以上述べたごとく、バラックの撤退とその管理というものは、非常に困難なものであり、この点においては世間からもしばしば無能呼ばわりを聞くことであるが、何しろ不測の大災に対する応急の方策だったため、その任に当たる者も全く無経験かつ無訓練であったから、最初から秩序立った収容ができなかったのである。

この点から比較すると、横浜は東京よりやや整頓したところがあり、成績も好成績を挙げているようである。

横浜は収容バラックの総数百五十三ヶ所の中、市の公有地に建設したのが二ヶ所あるだけで、あとは全部私有地に建てて、その管理は個人管理としてバラック敷地の持主に委託した。そして、その町内のバラックにはその町民以外には絶対に住まわせなかったから、管理者にも権威があって、東京市のごとく役人の管理よりは問題が少なかったのである。そればかりでなく、その町内に建てたバラックはその町内の敷地の持主に払い下げ、そのまま地主の所有として管理を継続したために、撤退するに際しても遥かに容易であった。

東京でも、日本橋区として市有地に建設されたのと、浅草区の管理者は、避難民を全部小学校に入れて、いずれのバラックでも商売は絶対に許さなかったために、撤退はすこぶる容易であった。これは商売を始めるとそこに根を生やすから、それを防ぐために許さなかったので、こういうことが大変に将来の参考となるのである。もし今後もこんな大震災がないとは限らないが、その際には是非管理ということについては、最初から考えてやらなければならぬと思う。

まだ各所に数千のバラックが残っている。あるいは近く強制執行を命ずるかも知れないが、そうなると何時《いつ》までも彼等のご機嫌も取ってはいられないから、いよいよ何日《いつ》かは斧が下されるわけである。その時には彼等は何処へ移すのであろうか。その行先は何処であろうか。

今、府下荻窪に三千二百七十八戸の家ができている。入新井村、練馬、その他十四ヶ所に四千百八十三戸できて、既に入ったのがその中約千戸あるが、かような連中の内容は、要するに金がないので、この新築の仮設住宅へ住む者には、特別に五円の前家賃でよいから、ということにして、その他に四十台からのトラックを使って無料で運んでやり、更にお土産十点（鍋釜その他の生活に必要の道具）まで出しても、まだなかなか引き上げようとしないのである。しかも、同人会の方では、十五円以上百円まで出すなどと言っているので、彼等は一層動かなくなってしまう。これはその人に何ら社会的教育を施していないために、飢えた者に一時にご馳走を食わせるように、ただ訳もなく配給品を給した結果であろうと考えられる。

そういう連中にとっては、強制執行もどれだけの効果があるかすこぶる疑問である。


（「変態心理」一五巻五号　大正十四〈一九二五〉年五月）

大東京の裏表　帝都の歓楽境、浅草に巣くう浮浪者の群

ものにはすべて反面の相がある。華やかな都会生活の裏面に、醜悪悲惨な生活者の群があることに、何の不思議もないと言えば、それまでである。しかし、彼等悲惨なる生活者の実際の相《すがた》が、どんな状態であるかということは、親しく彼等に接した者でなければ到底判らないことである。左にかかげるは帝都細民の研究とその救済に、ほとんど寧日《ねいじつ》なき努力を続けていられる市社会局嘱託草間八十雄氏が浅草を中心とする細民、特に浮浪者について調査された材料の一端である。

一

一口に細民――貧乏人というけれども、その細民にもいろいろとある。私たちはこれを二つに大別して、定居的細民と不定居的細民と呼んでいる。

定居的細民というのは九尺二間《けん》であろうと、四畳半の間借り生活であろうと、ともかくも住宅《すまい》の形をしたものを持っている下級生活者のいいで、収入からいうと月収六十円以下の者である。そうした細民の集まっているところが、東京市内に七十二ヶ町あって、数からいうと約三十二万、東京の全人口の約一割六分に当たっている。

不定居的細民というのは一言にしていえば、自分の住居を持っていない者で、木賃宿もしくは簡易宿泊所に寝泊まりする者。およびそうした所にも寝泊まりのできない露天漂泊の徒を指すのである。

東京市内には約三百軒の木賃宿がある。それに寝泊まりする者が毎夜約八千四百人。簡易宿泊所が公私設合

わせて三十ヶ所、この恩沢を蒙る者毎夜約三千百人。そして露天漂泊の徒、すなわち浮浪者が約四百人である。私がお話ししようと思うのは、この最後の浮浪人の中の、浅草を中心として巣くっている者についてである。

一体浮浪人というものは今に始まったことではなく、明治三〈一八七〇〉年、大久保〈一翁《いちおう》〉知事〈大久保一翁知事は明治五年五月〜八年十二月在任であって、明治三年在任知事は壬生基修《もとおさ》〉の当時、浮浪人狩りをした時三百人もおったというし、明治五年に再度の浮浪人狩りをした時には、引取人のない健康体の浮浪者が四百人もあって、その始末に困った結果、京橋南鍋町の福富嘉平治〈福重喜平治〉なる者に、九十日間一日銀二匁《もんめ》の補助金〈約三銭〉を与えて、これを引取らしめ、爾余《じよ》の不健康者は一定の場所に収容することとしたもので、それが今日の養老院の元をなしたものである。

その後、この浮浪人に対しては、一切打ち捨てて顧みるところなく、大正十一年二月二十五日に六百人の臨時調査員によって初めて全市にわたって調査が遂げられ、折柄の雨天ではあったが二百四十ヶ所に班を分けた調査員によって、二百五十三人の浮浪人を得た。次で大正十三年十月十日の市勢調査に二百八十一人を、十四年十月の国勢調査に三百八十人を得た。

それらの調査において、浮浪者の一番多かったのは、何といっても浅草公園で、現在でも恐らく百人以上の浮浪人がいることと思う。さて、それでは彼等はいかなる生活をなしつつあるかということである。

二

浮浪人にも種類がある。等しく寝るに家なき輩ではあるが、上には上あり、下には下ある譬《たとえ》のとおり、やはり浮浪人の中にも階級はあるのである。ケンタ、ツブ、タカリ、ダイガラ――これが彼等仲間で呼ぶ四つの階級である。

ケンタというのは莫蓙《ござ》などを持って、一定の場所に陣取り、観音様に参詣する善男善女の喜捨をうけている、彼等仲間では最上の階級である。ツブというのは、一定の場所を有せず、あちこちと袖乞いをして、流し歩く輩である。ケンタよりは一段下の階級である。タカリというのは彼等とはいくらか異なって、不良性を帯びた一団である。階級が異《ちが》うと、その生活様式や手段も自ずから相違してくる。というのは、ダイガラの方は公園を中心とする料理店、貸座敷等を専門として、その残食物（彼等はズケなどと呼んでいる）に恵まれ、ツブの方は寿司屋の残り物を専門として生活を続けている。タカリにいたっては、ケンタやツブを脅迫したり、掻泼《かっさら》いをしたりして、やっと露命をつないでいるのである。

浅草弁天山下土壁わきを宿とする群

浅草公園消防裏のごみために集まり
食物をあさる群

こうして、彼等はともかくも、飢えを充たすことはできるが、さて雨露をしのぐべき宿はというと、それがどこにもないのである。二、三十銭くらいの金は持っている。しかし、その金を持って、木賃宿へ行っても相手にしてはくれない。簡易宿泊所でも泊めてはくれず、結局、野天に星を仰ぐか、塵埃箱《ごみばこ》の中に横《よこたわ》るの外ないこととなるのである。

ケンタという階級は一定のもらい場所をもっているといったが、その場所はどこかというと、浅草に五ヶ所ある。仁王門、不動前、本堂の階段下、本堂の西口階段、それに淡島《あわしま》様の前である。それで、約六十人もあるケンタが、この五ヶ所をどういう風に利用して、喜捨を受けているかというと、彼等の仲間には仲間なりに一種特別の社会組織があって、きわめて円満にいっているから面白い。

親分と言ってよいか主催者と言うべきか、彼等の仲間で通称大隈《おおくま》と呼ばれている男がいる。この男が浮浪人の主で、過去十七年間も彼等の采配をふっている。つまりもらい場所は五ヶ所しかなく、もらう人間は六十人からあるのだから、その振りわりが難しい。そこで普通四、五人、少なくて三人くらいでそれぞれ交代に、それも午前中二回、午後二回という風に、午前午後を通じて、先ず五時間くらいもらいに出ることになっている。もっとも、もらいの多い場所と少ない場所とでは、収入の関係上、その時間も多少異う。そうした細かな点にまで気を配って、親分大隈は彼等をうまく統御しているのである。

で、親分大隈自身はどうするかというと、時間々々に彼等を見廻って、運上（上前のこと）を取って歩くのである。ここでちょっと疑問を起こしたくなるのは、浮浪人の仲間である彼等が、親分とはいえそのもらい高を真正直に報告するだろうかということであるが、その点は決して間違いはないのである。というのが、もし不正なことをすれば、彼等はたちまちその仲間から放逐されて、再び仲間入りができないこととなる。それからみれば分かるとおり、彼等は財布を持っていない。風呂敷かハンケチを膝の前へ置いて、その上へもらった金を置いているのであって、親分に正直を示す上からいっても、決してごまかしというようなことはしない。それで彼等の収入はというと、観音堂の西口階段でお天気のいい日に一時間六十銭、もの日にその倍額。観音堂下、仁王門で平日四十銭、もの日がその倍額。淡島様が十五銭といったところで、これは大体間違いのないところである。

次に、前にちょっと言った食物はというと、夜十一時頃に、彼等の代表者がちんやとか、大増とかへ残物をもらいに行くのであって、その代償として、彼等はそれらの大店の前通りの掃除などをしてやることになっている。そして、その貰い物は決して途中で私することはない。万一、そんなことがあったら仲間を逐われて、拾いに落ちることとなる。拾いというのは、掃き溜めの中からものを拾って、生きている連中で、浮浪人の中の最下層階級である。

タカリというのは、前にも言う通りきわめて不良性で、前科者が多く、一向に向上心というものがない。浅草公園に今約二十人くらいいるが、彼等は十二階〈凌雲閣〉下の木煉瓦《もくれんが》の間に寝起きして、ケンタやツブを脅迫したり、掻湲《かっさら》いをやったりして生きている。

ところで、困るのは女の不良性をもった輩である。

三

女で露天野宿まで堕ちるほどの者は、どうせ尋常普通の生活をしていないことは分かっている。ダイガラやケンタの真似はできず、といって物乞いをするほど無気力でもない。そこで彼等の落ち行く先は売淫である。

しかし、彼等がそこへ行くまでの経路を考えてみれば、無理もないと思われる節が多い。というのは、彼等の前身は大半が酌婦《しゃくふ》である。そして多くは酒飲みである。それがため若い内はともかく、相当身の振り方をつけなければならなくなっても、相手がない。そこで、自主自営の売笑婦に堕ちるの外はないこととなるのである。

こういう次第で、若い女よりも相当歳をとった女が多い。中には四十歳以上六十歳くらいの者もいる。就中《なかんずく》、有名なのは土手のお金《キン》の名で知られた加藤金〈八木下キン〉という当年とって六十一歳の女である。彼女は元幕臣の娘であった。それが十六歳の時川越へ酌婦に売られ、それ以来、あちこちと転々して、三十二歳で東京へ帰って来た時は立派な売笑婦となって、吉原土手を中心に醜業を続け、驚く勿れ前科七十六犯を重ね、大正十一年にいたって、さすがの警察当局も遂に匙を投げたという強《ごう》の者である。

浅草、特に吉原土手といえば三千の娼婦を控えた場所である。そこにどうして密娼が横行するかというに、やはりそれは男性の経済的弱点につけ入ったもので、今はともかく、その昔の張店時代には吉原を逍《さまよ》い歩いて、情欲をそそられつつも、懐具合から悄然として引き返す輩を、途に擁したものである。要するに、売る者買う者のお互いに適応した薄利多売主義であったのである。大正五年の大掃蕩で実に百七十人の密娼が挙げられた事実は、もっていかに彼等が横行していたかを知るに足るであろう。

四

話が大分落ちてきたが、最後に彼等浮浪人の野宿の分布とその心理状態といったようなものを簡単に記しておこう。大正十一年二月の一斉調査の結果によると、左の通りになっている。

浅草区内　　七八人

深川区内　四〇人
日本橋区内　二三人
神田区内　二二人

その他は僅少で、一人もいなかったのは麻布区であった。そして野宿の場所は、

塵埃取扱所　七〇人
こうじ小舎その他住宅以外の建物　五八人
軒下　四八人

全部で百一ヶ所、その中三人以上集まっていたところは十ヶ所、五人以上六ヶ所、十人以上のところは二ヶ所であった。年齢は、

四十一歳以上五十歳まで　四八人
三十一歳以上四十歳まで　四七人
七歳以上十九歳まで　三九人
六十歳以上七十歳まで　一六人
七十歳以上　六人

で、彼等の教育状態はというと、一丁字なき者が一割六分五厘、多少読み書きのできる者七割二分七厘、小学以上中学へまで行った者四厘四毛という比率であった。

野宿の徒は別として、浅草に巣くう浮浪人となってくると、全くの落伍者で全然気力も野望もない者が大部分である。言葉を換えていえば、掻浚いをする勇気もなければ、性欲さえも持ち合わせていないのが普通で、

彼等の仲間に堕して四、五ヶ月もいた者は、最早全然救済の見込みはないといってもいいのである。

しかも、その数は決して減少していない。年々浅草区内だけで約三十人の行倒れがある。その大部分はこの浮浪人であるが、それだけ減じても、かたっぱしから補充されているのである。彼等をいかに救済すべきか。また、処置すべきか。心ある人士の一考を煩わしたい次第である。


（「文芸倶楽部」三三巻八号　昭和二〈一九二七〉年六月）

大東京における下層階級生活の実情

これより東京市及び隣接町村におりますところの細民の実情をお話し申し上げることになっておりますが、その中に少し織込んでお話を申し上げることもございます。それで組織的にお話を申し上げたいと思いますが、時間の都合もございますから、或いはお話することが断片的になるかも知れませぬ。その点は予めご容赦をお願い致しておきます。

最初に細民の種類を申し上げ、次に細民窟の沿革を申し述べ、しかる後本問題に移ろうと思います。

細民の種類

細民と一口に申しまするが、私の方ではこの細民を定居的細民と不定居的細民の二つに大別しております。しかしてまた定居的細民を更に集団的細民と点在的細民の二つに分けております。即ち古い言葉で申せば、貧民部落というような所に集団致して住まわっている細民と、それから表通りは電車通りで立派でも横から裏に廻るとそこに貧しい暮らしをしている、点々散在しているところの細民の二つに分けている。

不定居的細民

それから不定居的細民はまたこれを四つに分けている。下層方面の隠語即ち合詞《あいことば》を申し上げるのは野鄙《やひ》〈野卑〉な言葉でありまするが、実情を申し上げる上において、隠語つまり符牒《ふちょう》もこれよりありのまま申し上げる訳でありますが、俗に部屋というものがある。この部屋というのは土木建築その他労力を要する方面に対して、労力をまとめて供給致しますところの労力請負業者、このようなところにいる細民。今日は本所の親方にいれば、明日は深川の親方に移る。いわゆる流転甚だしきところの部屋住居《ずまい》の不定居的細民。この部屋は東京市及び隣接郡部にわたりまして約四百部屋ある。

次にどやと申す者がある。どやというのは木賃宿或いは簡易宿泊所等に泊まっているところの細民をいう。

次にさぶりという者がある。このさぶりという者は現在東京市内には住んでおりませぬが、郡部、殊に少し奥まりました所の森林中に蒲鉾小屋或いは蓑虫小屋を設けまして、そこに寝起きをしている輩であります。

次におかんという者がある。このおかんという隠語は甚だ意味深長でありまして、後段に申し上げますが、これは野宿をする連中、つまり浮浪者のことであります。そこで、このどやを我々は木賃宿と簡易宿泊所の二つに分けておりますが、これを合わせてどやと言っている。不定居的細民はこういう風になっているのであります。

定居的細民

さて、不定居的細民の方はしばらく措きまして、定居的細民はいかなる標準をもって細民と看做《みな》しているかというと、一世帯の収入を一人世帯であれば月収三十五円、二人世帯四十五円、三人世帯五十五円、四人世帯六十五円をもって細民線に置いてある。この月収は親子共々働き、妻もまた働く能力あればこれも働いて、一家総稼ぎで以上の月収に充たない者、これを定居的細民に置いてある。

それでかかる細民の数はどれくらいあるかということになると、これは今迄まだ的確な調査ができませぬし、またかようなことを調査いたすということになると極めて大規模な調査をしなければならぬ。従って経費問題に行き詰る。それで大体人口の二十分の一は前述のごとき収入に当たる者であるということに見做している。そういたしますと、最近警視庁の調べによる東京府下における人口をみれば、郡市併せまして府下の人口は四百七十一万になっている。この二十分の一といたしますと、ここに二十三万人の貧しい人があるということが割出せるのであります。

部屋、さぶり、おかん

ところで不定居的細民はどれくらいの数に達しているかと申しますと、前申す通り部屋というものが約四百部屋あり、一部屋平均十人とみまして四千人の者がいる。簡易宿泊所は公設及び私立の宿泊所が三十二ございますから、これが二千五百人いるということになる。木賃宿は郡市に四百十六軒あります。ここに泊まっている者が八千五百人。また例のさぶりでありますが、これは以前には沢山ありましたけれども警察方面で段々取締りまして、即ち林とか叢《くさむら》の中に小屋を建てて、そうして本籍もおかなければ寄留地も設けないような住居状態をみるということは宜《よ》くないということでどんどん駆逐してしまって、そうして今ではこのさぶりは千住を奥に這入った所の約二万坪の広漠たる草叢、或いは荒川堤等に住んでいる者と、また落合の火葬場付近数個所に住んでいる者、幡ヶ谷の一部にも小屋掛けで住んでおり、池上本門寺の奥の森にも住んでいる。また小松川の放水路の草叢の中にもいるのでありまするが、これを一々探るということは容易でないが、その小屋数は今では五十くらいに減ってしまって、ここに百五十人いるという見込みであります。

しからばこの外のいわゆるおかんと称する野宿はどれくらいかというと、野宿に対する大調査は従来三回行われている。大正十一〈一九二二〉年二月二十五日に東京市社会局は六百人の臨時調査員をもちまして、真夜中の午前零時より明方の六時迄に一斉的に活動をいたしまして、東京市内における野宿者を探しました。当夜恰《あたか》も風雨にして南風の強い時であるのに、この雨露に打たれて寝ていた野宿者は二百五十三人でありました。大正十三年の東京市市勢調査によりましては二百八十一人を見出している。大正十四年の国勢調査によりましては三百八十人を見出している。これが大調査の結果であります。しかし、その以後財界の不況は益々深刻になり、失業、失脚、没落するもの多く、故に野宿をする者の殖えたということは明々白々たることであります。

昨年〈昭和三＝一九二八年〉の入梅時、いわゆる雨露に打たれて野宿をするという季節を狙いまして、東京全市にわたって調査するということは、前申します通り六百人からの調査員を使ってやったという例もありまして、中々相当の調査費を要する訳でありますから、隅から隅までの調査でなくして、野宿者の集まる所、即ち野宿者の集中する主な場所だけを調査した方が宜かろうという方針から、私が先立ちになりまして、浅草公園、上野公園、芝公園、それから細民地帯に木賃宿があります深川富川町、四谷旭町等、これらの地域にわたりまして調査をいたしました。その調査方法は調査員五、六人でありまして、調査が済みますと、旅行鞄などに付けます荷札に調査済という判を押しまして、その調査をうけた人の名前、調査したる年月日、時間を書きまして彼等に渡す。それも野宿をいたす者であるから懐に入れておけと言っても紛失される憂いがあるから、帯にこれを十日ほど付けておけと言って、虱潰《しらみつぶし》に調べてみましたところが、私の予想ではこの六ヶ所には殖えたといっても三百人くらいしかおるまいと思っていた。ところが豈図《あにはか》らんや浅草公園だけで三百六十一人の野宿者がおった。その他上野公園、日比谷は宮城の近くであるから警察の取締りが最も厳重でありまして、あそこには野宿者をおけないから追払っておりますが、虎ノ門の公園及び宮邸の跡の山の中にはおりました。富川町には二十九人の野宿者がおり、その他の処所を合わせ男子四百五十三人、女子二十人、併せて四百七十三人の野宿者を見出した。

私どもその数の多いのに驚いたのであります。もしこれを前行ったがごとき大調査によって隅々まで調査をいたしたならば少なくとも七百人を見出すであろうと思われます。故に先ずここにお話いたすのに、このおかんの数を七百人といたしまして、部屋、簡易宿泊所、木賃宿、さぶり等を併せますと、少なからぬ不定居的細民がいる訳で彼等の境遇に同情をなさなければならぬ。然してこの不定居的細民の数は一万五千八百人に上るものとみなされるので、前の定居的細民の二十三万と、この不定居的のもの一万五千八百を加えますと、ここに東京という大きな都会には貧しい者が二十五万人はあるということを算定し得るのであります。

細民窟の沿革、生活状態

そこで先ず今晩のお話は定居的細民のいわゆる細民窟の模様、それから不定居的につきましては野宿をいたす者についてお話をいたすのでありますが、東京市内は震災のため、かの下町方面の細民窟は多く焼き払われ、今日では復興による建築をなさねばならぬ。法規に則って建築をしなければならぬため家は立派にできて、先ずその細民窟たる形態は崩潰されてしまったが、家ばかり立派でも中味は貧弱なのである。しかして一軒の家を借りるに相当の権利金を出し、敷金を出さなければ住むことができぬから、一つの家の中に五世帯も六世帯も貧しい者が住んでいるという状態になっている。家が立派になる、外形が整ったからといって、細民が東京市内にいなくなったということは言えないのであります。

今日山の手方面に参ってみますと、昔から有名な細民窟であった鮫ヶ橋も残っておりますが、東京市の膨張と土地価格の昂騰、屋賃《ママ》の値上等で、家主は月に四円、五円の屋賃を払う細民を住まわして置いては到底採算上合うべきものではない。故に今日改築が自然行われました、あそこには細民が行悪《ゆきがた》くなり、年々細民が少なくなり、面影はありませぬ。

下谷の万年町でありますが、これは江戸時代に山崎町といって、江戸中葉の頃から細民集団の地区であった。この山崎町が万年町と改称されたる明治初年代どれくらいの戸数があったかということは分かりませぬが、かようなことにつきまして比較的整った調査研究を行われた人のあったのは明治三十〈一八九七〉年頃です。その以前まではああいう方面に対して研究の足を踏み込んだ者の無いということは私断言して憚《はばか》らぬと考える。しからばその当時何人がやられたかというと、今は故人となられましたが、かつては農商務省の嘱託をせられたことがありまた、東京毎日新聞の記者であった横山源之助氏であります。同氏は明治三十年頃東京の三大細民窟、即ち江戸時代からの細民窟である、下谷万年町、芝の新網、四谷の鮫ヶ橋について調べたのでありました。当時この三大細民窟の戸数は二千七百六十二戸ということになっている。ここに住んでいる人が一万二千三十一人ということになっている。

当時この細民窟の生活状態は実に惨憺《さんたん》たるもので、その状態については同氏〈横山源之助〉の著書『日本の下層社会』を御覧になると分かります。実に今日と比較いたしますれば、何ら社会事業の発達せざる時代、また社会の上層の人々にしても、彼等にあまり同情の眼を注がぬ時代、彼等は弱きは弱きを知るで、自分らの仲間より知ってくれるものがない。また弱きは弱きを助けるで、自分らは自分らで助けなければならぬという相互扶助の行われた時代でありまするが、その惨めなことが細々と書いてあります。私ども今日社会事業に関係してみると、その時代には貧しい人々の憐れであったことが頷かれる。即ち住宅の構造は棟割長屋で狭きは三畳、広きは四畳半、今日鮫ヶ橋に行ってみると、二丁目三十番地にその型が残っているが、当時は産業のまだ発達せざる時代でありますから、細民は職業が選び悪《にく》かった。親父は土工なり日傭取《ひようとり》に出ましても、働く力がつきました十七、八歳の倅は職に就く途がないという訳で、先ず世帯主一人の働きで、外の者は内職をするが、内職もろくなものがない。今日でさえないのですから、その当時ある道理がありませぬ。原料の少し値段のある内職を出すと入質したり、売飛ばされる憂いがありますから、細民窟の内職といえば、鼻緒とか玩具を拵《こしら》えるとか、麻裏草履の裏を付けるというくらいなもので、従って職業を選ぶにも門付、かっぽれ、そういうものに従事する者が多く、さもなければ拾得を目的とする職業、即ち紙屑拾というような拾い物をすることを稼業とする職業が多かった。

その当時は物価指数も低い当時でありますから、収入が少ないと申して何も恐れる訳でございませぬが、ここに横山氏が明治三十年十月に調査した生計状態の一例によりますと、それは芝新網における母と子二人と己の四人家内のちょぼくれ語りと称する下等遊芸人の一ヶ月の生計状態である。これはちょうど十円で一ヶ月の生計を立てている。しからばその十円はいかに消費されているかというと、当時米が一升十四銭、故に米代が一日四人で一升二合分十七銭。薪代が二銭。煙草は刻み煙草を吸っている時代ですから、これが七厘。副食物代が四銭。酒代が三銭。石油代が五厘。子供の小遣が一銭。家賃が一日二銭五厘。今日でも家賃を一日いくらで取立てている所があります。細民に対して一ヶ月いくらといって家賃を決めましては取立て悪い、また支払悪い。故に一日いくらというのが行われている。それで当時一日家賃が二銭五厘。蒲団《ふとん》がないので損料蒲団四幅二枚借りて一日二銭五厘。故に損料蒲団と家賃と相同じ価格を現している。その他幾多の痛々しい生計を語っている。

また、収入状態をみましても、今日は東京市が救済事業とする日稼人夫は一日賃金が定まっておりますが、普通いう自由労働者は一日一円四十銭でありますが、骨折仕事をやる土工は一円八十銭になります。ところが今から三十二年前の土工の賃金は一日三十五銭であったということを、横山氏は書き残してある。また工場職工は、これには機械工も鉄工も色々ありましょうが、これが平均三十五銭。石屋の手伝が五十銭。大工の手伝が三十三銭。下駄歯入が三十銭。羅宇《らう》の菅替《すげかえ》が二十銭。紙屑拾が十五銭。かっぽれ、ちょぼくれの類が一日二十五銭。かように少額の収入であった。しかし物価指数が低い時代であるから、今日と比較して、別にこれが安いとも言えませぬ。今日一日一円四十銭しか取れぬものが三十年前には前述のごとき所得であったから、その当時の方が或いは余計かと思う。とにかくそういう少額の収入であった。

以来どういう風に細民の収入が変わったかというと、内務省で大正元〈一九一二〉年に本所深川の細民窟における細民状態を調べたことがありますが、その当時調査しました世帯は二千九百十四世帯でありましたが、一世帯あたりの人口は三人六分、家賃は今から十八年前であるから安くありまして、一戸あたり平均二円五十銭、月の収入は一世帯あたり十五円ということになっている。その当時細民線は二十円以下ということになっておったから、十五円ということは妥当でありましょう。

大正元年、十年、十五年の「細民調査」

それから十年経ちまして、大正十〈一九二一〉年に内務省社会局では最もドン底といわれる深川の猿江裏町。この処に当時は隧道長屋のあった所であるが、この猿江裏町とこれ以外では木賃宿のある四谷の旭町、及び同じく木賃宿のある浅草の浅草町。この三ヶ所におります世帯人員三人以上の細民に対して、六百三十世帯だけ調査することにいたしました。数からいたせば少ないのでありますが、従来の調査方法と異なった調査方法でありまして、先ず調査を受ける人はよく役所の調査を理解してくれて、そうして一ヶ月間、即ち大正十年十一月一日より同月三十日まで、毎日一回宛々《ずつ》夜分調査員がその家に臨んで、その日の収入支出を詳細に調べる。それを隠さず偽らず答えてもらう。さようなことに共鳴するという細民を六百世帯見出しまして、しかして調査終了後は報酬として五円宛出したのであります。また調査員もたくさんの世帯を持たしては本当の調査ができませぬから、確か一調査員に対して十五世帯しか持たせぬのでした。その十五世帯を持って、毎日そこに行くということにしてやりましたが、六百世帯の中で中途で調査を拒否するものが百余戸できまして、結局調査を最後まで受けましたものは四百九十七世帯、この人口が二千八百六十九人でありました。そうして四百九十七世帯の世帯人員を一世帯に割当てますと、四人四分となっている。その一世帯の住《すまわ》っている畳数は一戸四畳半平均。四畳半に四人半住んでいる訳です。

ところが、当時財界は下火になってまいりましたけれども、まだ大正十年でありますから財界好況の余韻はあります。殊にこの月は貧乏人にとって最も喜ばしい月であった。我々今日雨が降らぬと、感冒が流行し病気に罹りはせんかと言って心配しますが、貧乏人は天気が百年続いても苦しまぬ。天気が続くほど、彼等は仕事を休む日が少ないから喜ぶのであります。この十一月の月は一日も雨が降らなかった。故に働くまいという懶者《なまけもの》でない限りは毎日仕事に出かけるから、ここにおいて調査の結果は勤労収入、即ち働きによるところの収入は一世帯当たり五十九円九十銭というから六十円に十銭足りない収入である。恐らく調査においてはこれは正確な調査であると思われる。それからその他の収入というものは一戸当たり七円八十三銭であります。このその他の収入というのは同じ六畳の間に住んでおっても、二畳くらいは人に貸した方が宜かろうというので、狭い部屋でも間貸をしている。その間代とか或いは細民窟のことでありますから、親父にのみ稼がしてもいかぬというので、妻君がおでんを売るとか駄菓子を売るという商業上の収益であります。かような収入を一世帯に均しますと七円八十三銭。あわせて六十七円七十三銭という数字がでてきた。その六十七円七十三銭の収入を得て、家賃はわずか四円三十銭見当になっておったという訳でありますから、当時の細民は相当に息をつき得た。

ところが世の中の不景気が年一年と深刻になりまして、その当時に比すれば、減収をきたしている筈であります。そこで、東京府では大正十五年六月に郡部の細民窟、即ち三河島の千軒長屋或いは箕輪の隧道長屋、日暮里のばた長屋、或いは品川の二日五日市、大島町の集団細民窟の世帯五千五百八十九に対して調査を行った。この人口は二万二千七十五人になっております。一世帯当たりの人口は三人九分。畳数は一戸当たり六畳四分。家賃は一戸当たり六円七十九銭。しかして一世帯当たりの平均月収は五十九円四十九銭で、大正十年より約十円足らず少ない。しかしながら、平均はこうなっておりますが、この五千五百八十九世帯の中で、三十円以下の収入に過ぎないものは約六百世帯ある。またこれを分けますと、二十円以下の収入に過ぎないものが百二十世帯ある。いずれも独り者にあらずして、家族を持って、二十円未満、三十円未満という少額収入の者が総世帯数に対して一割二分あるということはその人々に対して最も気の毒な訳である。しかして、その人々の職業は例の納豆売、浅蜊《あさり》売《うり》或いは日傭人夫が多い。しかし人夫でも満足に働けない体の弱い日傭人夫でありますから、賃料も安値であります。そうして見ますと、今日敷島一つ買っても十八銭、かように煙と消える消費があるのに一面において、一ヶ月二十円未満で喰っている家があるということは驚き入った訳である。かような人々に対してはでき得る限り指導し、また救いの手を延ばさなければならぬでしょう。

私塾、特殊小学校

しかし、ここに問題になるのは、本夕社会事業にご関係のお方もお出ででありましょうが、なるほどこういう人に対しては満腔《まんこう》の同情を注がなければならぬ次第でありますが、いかんせん、その実体物の頭《ママ》というものが聊《いささ》か遠ざかっている。無闇に救済するというと寄りかかってくるということになる。しかし、寄りかかってくる者は撥ねる訳にいきませぬ。そこで先ずこれらの人の大体教育の程度を考えなければならぬ。今日普選が行われて二十五歳以上の男子は普《あまね》く選挙権を有っており、またこれを行使すべき時代となっておりますが、貧民窟の人々に対して選挙権を行使なさい、投票なさいと言っても、仕事がありますから仕事を休んで選挙にも行けぬという者もありましょう。これまた無理ならぬことでありますが、自体選挙をしようとするも、文字の書けない者がある。

大正元年に内務省で調べた時も、大正十年に内務省で調べた時も、大正十五年に東京府で調べた時にも世帯主に無学者が見出される。大正元年に本所深川の細民窟における世帯主二千五百六十一人について無学を調べると六百二人に上り、その割合二割四分弱は無学である。百人寄りましても七十二、三人だけは字が書けぬ。しからばかような世帯主そのものはしばらくおいて、将来世帯主となるべきこの子供はどうであるか。果たして修学しているかしていないかというと、六歳以上十五歳以下の学齢児童でその数七百五十九人について修学を調べますと、二百十五人その割合二割八分三厘というものは学校に行く年になっていても学校に行けない事情にある。こういうことになって、親も子も無学であるということが十八年前に分かっている。

しからば大正十年の時にはどうであるかというと、六歳から十五歳の学齢児童六百六十一人について調べてみると、その中で学校に行かぬ者が二百十九人、その率三割三分一厘となっております。これは前に調べた場所と違いまして、この大正十年に調べました場所は極めて悪い場所であるとはいえ、学齢児童で不就学の者三割三分一厘を出し、世帯主は四百四十九人に対して無学が百六人その率二割三分六厘。こういうことになっている。十年には配偶者の各無学者も調べた。配偶者即ち妻君は四百五十五人であります。これは世帯の中に妻君の欠けているところがありますから、妻君の数が少な《ママ》くなるので、これに対して調べてみると、無学が二百六十九人、その比率が五割九分一厘になる。即ち半数以上妻君が無学である。かような無学な妻君に育てられるところの子供にして、しかも学校にも行けないということになると、この子供は果たして第二の細民になるかならぬか。ならざるを得ないという事情はここに充たされている。

また大正十五年に東京府で調べたのをみますと、世帯主四千八百十五人の中無学は千三百四人ということになっている。その割合二割七分強で、配偶者にいたっては三千九百六十六人の中で無学が千八百七十六人、その割合四割七分三厘であります。いつの時代になってもやはり貧しい人に無学が多い。しからば子供はどうであるか。時代は進化し、親は無学でも子供は有学たらしめなければならぬではないかということに論調は進んで参りまするが、これについて東京府が十五歳より二十歳即ち小青年について調べてみますと、男は八百七十人の中で無学が七十四人であって、その率は一割弱であります。女は七百四十人の中で、無学が七十二人であってその率は九分七厘二毛。こういうことになっている。しかしながら、この年輩の者で中学を卒業している者が男女で七人あり、専門学校在学中の者が男四人あるというから、昔よりは若い者は学校に行くようになっておりますが、要するに無学の多いのは心に理解がない。いわゆる理性に乏しい者が多いということになる。そうして性格の欠陥を申し上げると、この人達は気の毒でありますが、やはり感情の人達ばかりになる。理性に乏しく、感情的である。であるから夫婦喧嘩が絶え間ない。子供を虐待するということは一種の感情からきて、擲《なぐ》ることを何とも思わぬという輩の少なからざるのは教え導きの乏しいゆえんであろうと思う。いつの時代になりましたならば、この人々の頭が改まり、社会の平線に浮かび出ることができるでしょう。そこで、先ずこの人々を他動的に引上げることは社会事業の任務でありますが、しかし自動的にいつの時代に浮かび出るかということは我々なお考究の余地があるのであります。

以上は数字を諄々《じゅんじゅん》しく申し上げて恐れ入りましたが、この細民窟というものに対して一つ内幕を申し上げます。それは細民窟でなくては見られない営業者がある。近頃はあるものは全く形を消しておりますが、細民窟でなければ見られぬのは損料蒲団屋、有料代書人。簡易浴場、これは東京市がやっている簡易浴場とは趣が違う。また細民金融の高利貸。それから私塾、これは教育機関であります。なお残飯屋、これは細民窟につきもので、更に損料蒲団は欧州戦乱〈第一次世界大戦。一九一四〜一九一八年〉前大正四、五年頃までは細民窟の世帯の三割までは損料蒲団を借りておった。ところが欧州戦争により我国は非常に好景気時代が来り、この時には細民も比較的収入が殖えまして蒲団くらいは買わなければならぬというので、隣の家で結構な四幅蒲団を買ったから俺の所でも買えというので、一つには模倣性である虚栄が手伝って、隣の熊の奴が蒲団を二枚買ったから俺の所でも負けずに買うということになり、そんな関係から損料蒲団を借る者は大分少なくなった。当時損料蒲団も宜《よ》いのになりますと一枚二銭五厘、垢染《あかじ》みた蒲団でも一銭五厘はとられた。それから四畳半づりの帳張〈蚊帳《かや》〉が一夜二銭五厘という時代であった。これは減りましたが損料蒲団屋はなお今日でもある。

それから有料代書というとおかしいが、代書で銭をとるのは当たり前です。細民窟の有料代書は震災頃まで浅草町に一軒あった。また四谷の旭町にも二軒ありました。先ず無学の悲しさ実に矛盾極まる事をやらなければならぬ。一銭五厘の葉書を書くのに三銭の代書料をとられ、三銭の封書を出すに七銭の代書料を払う。こういう代書屋があった。

簡易浴場と申しますと、公設か何かで現代式にやっているようですが、実はそうでないのであります。これは日暮里に行っても三河島に行ってもあった。また現在でも四谷の旭町にはあります。これは浴場とは名ばかりで、形の大きな水風呂を備えているのみで、私どもはこの細民窟に足を踏み込んだのは今から二十年前〈明治四十二＝一九〇九年。『どん底の人達』I　一八〇頁〉であった。その時には一浴五厘であった。大正になりましてからは一銭、しかも男女混浴であります。極めて風規《ママ》上面白くない。けれども警察がこれを黙認しており、別に取締らない。汚い着物を着て、頭髪を伸ばして市中の湯屋に行っても入れない。「他のお客に迷惑ですから」、お断りとなる。そうなると簡易浴場は誰が経営しているかというと、家主が経営している。即ち家主が自分の店子の貧乏人から一銭とって入れる。警察も浴場規則によらないので、黙認している。

それから金貸業即ち高利貸というものはご承知の方もありましょうが、これを俗に日済屋《ひなしや》という。質種を置き尽くしまして詮方なく対人信用を的に金を借りるのであります。金融と申しますと大きいが、一円から賃借が行われます。細民窟で十円以上の金を借りるというのは余程顔の宜い方です。しかも十円を借りるには三判要る。三判とは三人の連帯になるのである。十円借りるに証書面は十円四十銭になっている。しかして金は本人に八円三十銭しか渡らぬ。二円十銭は手数料とか、印鑑証明料とか、何とか言って高利貸が取ってしまって、その金は翌日から八十日間にわたり一日十三銭ずつ返す。こうして毎日返すから日済という。ところが八十日で返すものは極めて優良な成績で、その間に延滞が生ずる。延滞二十日に及びますと、手数料といって二十銭取られる。そこで段々返金の日を累《かさ》ね、その日数の十分の六を経過した頃には書替をしてもらって、更に十円四十銭の証書をつくり余りを借入れるのである。それが欧州大戦前頃は盛んに金融をうけたものであるが、その後は良いことにこれが減少して参りまして、今ではそうした金融はポツポツ見かけるのみで、しかし、この不景気が続けば、また日済屋復興時代がくると、私はみている。必ずくるだろうと思う。

それから明治三十六年〈一九〇三〉に東京市は貧児教育のために特殊の学校を建て始めました。これは要するに一般家庭の児童と校を同じくして教えを受けさせるということは到底できぬものである。故に貧児は貧児のみ集めて教える学校を拵《こしら》えなければならぬというので計画をたて、尾崎〈行雄〉市長時代に第一にできたのは下谷の万年小学校。これは明治三十六年開校であります。以来鮫ヶ橋にでき、新網にでき、本所方面にできて、大正七年〈一九一八〉までに市内に十一校特殊小学校ができました。

できましたが、市内に細民が少なくなったというような見地からでもありましょう。或いはまた細民といって特別に扱って、教育するということは宜くないという見地からか、大正十四年にこの特殊小学校は区に移管された。明治三十六年からこうして万年町その他の細民地帯に公立の小学校ができたという訳で、彼等に対しては教えの光が輝いてきた。けれどもその前はどうであるか。その以前は到底普通の学校に行けませぬから詮方なく、寺子屋式の私塾に通学したものがある。その寺子屋につき横山〈源之助〉氏が明治三十年に調べたのをみると鮫ヶ橋に二ヶ所あった。法蔵寺という寺に有信学校というのがあり、谷町二丁目には瀬宮という人がやっている私塾があった。それで鮫ヶ橋における人口は横山氏の調べるところによると当時五千人近くもあったのであります。即ち四千九百六十四人であって、その内に子供が二割や三割はいるでしょう。少なくとも五百人以上の学齢児童がおったのでしょう。それだけの多数の児童がおった当時において、この法蔵寺内の有信小学校及び谷町の私塾に通学する児童はあわせて五十人しかない。これを五厘学校といって、月謝でなく日謝が五厘ずつで学校に行かれた。

それから新網はどうかというと、新網南十番地に細民塾というものがあった。これも日謝五厘の学校で通学児童が五十人。それから北二番地に外人で、アンデリーという人が経営しておった愛隣舎というものがあった。これは私塾ですが、尋常小学校に則って教師二名傭って無料でやっておった。ここの生徒は五十人ばかりおった。かように鮫ヶ橋でも新網でも実に細民児童の就学は少なかった。

万年町はどうであるかというと、ここには人口も三千からあったが、塾も何もなかった。そこで〈明治〉三十一年に下谷坂本町四丁目にあった私立渡辺小学校の校長渡辺方郎氏が、万年町に普通の学校に行けぬ者がたくさんいるのに寺子屋一つないことを嘆いて、有志と相談のうえ、万年町二丁目六番地に共同夜学校というものを拵えた。そこで同氏は昼間は自分の学校で教鞭をとり、終わってからこの共同夜学校で貧児に教えを授けるというようにして、夜七時から十時までを授業時間としておった。ここには生徒が六十人ばかりおり、月謝が五銭であります。その代り、本でも、紙でも、筆でも、総て学用品は学校で与えた。ところが、この学校を拵えるに難産であった。当時社会事業は発達せず、それでこの学校を拵えるのに、渡辺氏は有志に諮って、有志と申しましても十人ばかりで、そうして頼母子講《たのもしこう》を拵えた。それでとにかく学校を始めて、一ヶ月の経常費は家賃が二円、留守居手当月三十銭、筆墨その他が五円でやらなければならぬという、極めて貧弱な財政状態で学校を始めた。そのうちに同善小学校というものを万年町の先の松葉町に設けた。翌年には今の代議士文部参与官をやっている安藤正純さんのお父さんが真龍女学校というものを北稲荷町にでき、ご承知の通り、松葉町は江戸時代に堂前《どうまえ》と称して、貧民の巣窟であります。ここの女子供は家が貧乏なため、年頃になると皆色町に売られる。それでせめて文字でも教えたら、親達も幾分考えて人間を動物扱いにして右から左に売らないだろうということで拵えたのだそうですが、とにかく〈明治〉三十六年東京市が特殊学校を拵えるまでは教育というものは頗《すこぶ》る暗澹たるもので、問題にならなかった。

しかし新宿の旭町には九年前までは私塾があった。何故かというと大正九年四月に東京市に編入せられたが、その前には豊多摩郡に属しておりまして豊多摩郡当局があまりこういう細民児童の教育に手を染めなかったのであります。他の方面は早く私塾の影を絶ったのに、ここだけに汎愛学園というのがあった。これは〈明治〉四十三年四月にできたものでありまして、中西〈正朔〉という浄土宗の坊さんが、細民窟の児童の無学文盲を悲しんで設けた日謝一銭の学校であります。大正十年までその学校はあった。私は当時この塾の統計もとったことがありますが、学校を始めてから、学校を終《しま》うまで約千人の貧児に文字の力を与えた訳です。大正十年にどうしてこの私塾が止めになったかというと、大正九年に内藤新宿町は東京市に編入せられたから、大正十年に東京市では鮫ヶ橋特殊小学校の分教場をここに設けたので、自然と私塾の必要がなくなった。

それでは現在はどうかというと、この頃でも郡部には一ヶ所の私塾があります。それは日暮里に一つあります。日暮里では町立の小学校に貧児が這入れば授業料は取らぬ。学用品も給してやるということになっている。

なっておりますが、付近の児童は袴を穿き洋服を着て、お弁当も好きなものを持って行くのに、袴も洋服もなく、垢面蓬髪《こうめんほうはつ》な児童は行けるものでない。そこで大正九年に愛隣園という社会事業の団体ができた。これはキリスト教の団体でやっておりますが、この愛隣園で私塾をやっておりますが、現在児童は百五十人くらいいるはずです。この頃、教育施設が整ってきたといえども、まだ細民窟に行くと私塾がある。

残飯問題

次に残飯問題でありますが、残飯屋が忙しくなくなってこの残飯屋も次第に減ってきましたが、またこの頃ちょっと残飯屋が忙しくなってきた。残飯屋の景気が出ると碌《ろく》なことはない。細民生活の景気は残飯屋に行くと分かる。この間或る残飯屋に行って、「どうだ親父さんこの頃は売れるか」と言うと、「へい少々は売れます」と言っていたが、この残飯は軍隊、学校、病院或いは山の手から下町の大商店三食賄《まかない》をとって店員に食わす、さような所、或いは我々が享楽のため足を踏み込んで最も美しいところを見て喜んでいる所の帝劇からも残飯が出る。そういう所から出る残飯は直ちに残飯の発生する場所から細民の手に行くのではない。その中間に需給機関がある。即ち残飯屋という営利的職業がある。大正十一年にこの残飯屋を調べてみますと、市内と市外にかけて二十六軒ありました。ところが人間の方が畜類に負けた傾向がある。何故かというと、二十六軒の残飯屋はほとんどその三分の二までは豚の餌食に卸している。人間様に売るよりは豚に売った方が宜い。家畜方面では一樽でも二樽でもまとめて買う。ところが人間に売るのは「五銭下さい」「十銭下さい」と言って小売をしなければならぬので面倒で仕方がない。それで小売をするよりまとめて売った方が宜いというので豚屋の方に売ってるものが十五、六軒ある。当時、人間本位にやっておった残飯屋は新宿に一軒、四谷に一軒、芝新網に一軒、本所緑町に一軒、深川富川町から猿江にかけて四軒、日暮里に一軒、板橋に四軒あった。

私は昔からのことを知っておりますが、四谷の仲通に中村という残飯屋があった。これは私ばかりでなくご承知の方もありましょうが、この残飯屋へ飯時になると多数の細民が群がり寄り、あたかも駅で切符を買うように行列をつくっている。何故かというと、軍隊から持って来る残飯を売り切れぬうちに買おうとして行列をつくって順番に買うからであります。その値段は今日でも安いもので、その残飯をそのまま食う者もあるが、煮て食う者もあった。

大正十一年におきまして、最も残飯の売れた店は本所緑町に宮崎というのがあった。これはちょっと這入って行くと、テーブルなどが並べてありますので、食堂と間違う。ここは量り売りでなく一杯売りといって、丼一杯いくらと定めて売るのであります。故に貧しいものは、夫婦で行って食うもの、または独り者も喰いに行くのであります。今晩その写真を持って来ようと思って忘れたが、その喫食しているところを写真に撮ったこともありますが、ここに行くと四銭で腹一杯になる。今、簡易食堂は朝十銭、昼と夜が十五銭で安いというが、残飯屋なら四銭で腹一杯になる。だから一日十二銭あれば生きていかれる。

しからば今はどうかというと、一昨日も〈東京市社会局〉局長と日暮里方面の最も酷《むご》いどん底に行ってみましたが、日暮里には帝劇から出る残飯を捌《さば》いている松井という残飯屋がある。また三食弁当屋から集めて来る河原という残飯屋もある。この値段を申しますと、十五銭買うと一升五合ある。米一升を水から炊くと約八百目〈匁〉です。故に八百目を十銭で売っている。今日の時代にまだ残飯を買って、食って生きねばならぬものがあるということは嘘のようですが、事実であります。

何故これを買わなければならぬかというに、東京には紙屑拾いが六百人からある。かの籠を背負って、長い箸で拾って車などに積んで歩く輩が即ち六百人からある。その六百人の半数以上は日暮里に集まっている。しからば、彼等の一日の所得はどれくらいか。財界好況時代には紙屑一貫目十八銭までに上がりました。しかし、今日は低落に低落を重ね、拾った紙屑を問屋に持って行くと、長年取引しているもので一貫目三銭、新参者は二銭五厘。十貫目拾って二十五銭から三十銭にしかならぬ。いずれにしても酷いものです。一昨日も紙屑拾いの所に寄ったが、この頃の不景気にはいずれも泣いております。しかもこの紙屑拾いは怠け者ではできませぬ。それは朝の三時から四時頃までに家を出て、そうして日暮里から東京の中心までまいります。それで新聞社とか、雑誌社とか、製本屋とかの大きな芥溜《ごみため》を掻き回して拾う。後から来た者は駄目ですから、なるべく早く稼がなければならぬ。そうして、切り上げは早く午後二時までには問屋に売って、彼等は家に帰っております。一昨日、長くやっている紙屑拾いの所に行って、「一日三十銭になるか」と言うと、「へい三十銭にはなる」と言う。我々官公吏が一週一日の休日があるごとく、彼等も三十日働くということは無理で、月のものならば所労を休むため五日は働けない。また雨天の時は休まねばならぬ。そうすると、彼等も月に二十一、三日しか働けない。結局、月に七円くらいの収入である。かように月に七円の収入では結局残飯を喰うよりほかに生きる途がない。月に七円の所得に過ぎないというこの輩は助けてやらなければならぬ。上野浅草にぶらぶらして、料理屋や待合から客の食い余りを貰って生きている者と違い、働いてなお足りない者である。かような者が数百人もある。

相互扶助

そこで貧民窟の問題としては、お産及び死んだ時が問題です。貧しい人の結婚問題は名ばかりで、なんら式などありようがないが、しかし人間最終の典礼である葬式に遭った時には、今日助葬会というものがあって、そこに願えば片付けてくれることになっているが、しかしながら助葬会といえども限りある財政で、そう無闇に頼まれてもおいそれと無料でできませぬ。故に実費として七円から十円くらい要求するようです。しかし七円から十円の実費を出せる細民は宜しいが、出せない者はどうなるかというと、弱きは弱きを助けるで、五銭、十銭と掻き集めて葬式を出す。はなはだ畏れ多いことですが、〈昭和三年十二月〉東久邇宮様も箕輪の隧道長屋にお出になりましたが、ここでは五円で葬式をすることになっている。これはどうしてするかというと、葬儀屋に行って棺桶を買う訳にもいかないので、呉服屋などへ行って空箱を買って来る。それに入れて釘を打って、荷車を二十銭で借りて来て、それに積んで火葬場に持って行く。これも並等にもっていけば四円五十銭ですけれども、警察に行きまして貧困証明をもらい、それを持って行けば半額の二円五十銭となる。しかし、壺というものがあるから三円ばかりかかる。対ほ桶と荷車で一円、後の一円が坊主が経をあげる金となる。どうせ立派な住職を呼ぶ訳にはいかぬ。細民窟には真宗説教所という看板がよくある。その坊さんは資格があるか無いかは分からぬが、とにかく南無阿弥陀仏を唱え、お通夜をして、こうして総てで五円であげる。

ところが、昔の万年町の葬儀について明治三十五年頃に早稲田大学生の佐藤千纏君が調べたのを見ますと、一円五十六銭であげてある。しかし、それは今から三十年も前のことで問題になりませぬが、現在五円で人間最後の典礼が行われるということは誠にお気の毒なものである。そこで、私ども申し上げなければならぬことは、社会事業がまだ進まぬ時代、彼等はどうして生きておったかというと、社会事業の進まない時代は相互扶助という観念が強かった。同胞相憐れむ。弱きは弱きを知る。強い者はちょっともやってくれないから、俺たちは俺たちでやろう。隣家に米がないといえば、「俺の所に三合あるから一合持って行って食え」と言うことになっておった。

家主の情誼関係

ところで、この頃家主と細民との関係、即ち情誼関係をみますと、表面からみれば割合に高い家賃を取っているということになる。年々不景気になるという関係もありましょうが、箕輪隧道長屋ではなお四畳で十五銭の日掛家賃をもっている。そうすると四畳一間で月に四円五十銭に当たる。それで表面からみれば大変高いが事実はそうでもない。何故かというと、実収は家賃の六割しか這入らぬ。それはそうでしょう、仕事に出掛けましても、あぶれてしまったから今日は家賃を待ってくれというから、その時には家主も取れませぬ。また雨でも降ればもとよりのことで、色々の故障がありまして、六割取れればそれで宜いということになっている。そうすると四円五十銭でも、三円で済むことになる。

そこで各方面のいわゆる集団的細民窟のそれについてみますと、家主というものはやはり人情をかけると工合《ぐあい》が宜い。四谷旭町の天龍寺前の所に百戸ほどあった棟割長屋の家主は、暮には必ず餅をくれた。それから小石川に二百軒長屋がある。これは名前を申しませぬが、社会的に有力な人が持っている。この家主の先代の時には、産がありますと必ず産衣《うぶぎ》として麻葉二丈持って行って与えた。また入梅時になりますと、必ず一世帯に米三升を与えた。暮には餅二枚にマッチと昆布を与えて、今では暮に餅二枚を与えている。餅二枚や半枚くれてもそうまで大きな恵みではありませぬが、とにかく大家が献身的に店子《たなこ》を労《いたわ》るということはよいことです。また家主によると、博打をやって警察にあげられたといえば、もらい下げに行ってくれる。なにかと面倒を見てやるなど、この細民を御《ぎょ》するの困難なことは一様ではない。

酒

それから酒であります。なるほど酒を飲むということは貧困には禁物かしれませぬ。しかし、これもそのものが悟りから酒をやめるという時代がきたらば宜いかしれませぬが、これを罪悪視して、禁酒を強いるということは考えものです。彼等は労々孜々《ろうろうしし》として働く。今日職業を求めんとするには、紙屑拾いも早起きをする。日稼人夫が労働市場へ夜が明けてから行ってはとても仕事はない。本所の江東橋の職業紹介所では朝の五時から求職者が群がっている。さように早く行っても、なおあぶれた者はいつも事務員と口論をしている。こうして仕事に就き得たものの中で、その一日の労苦を何によりて癒すか。何によりて楽しむかというと濁酒一杯を飲むからであります。

しかし、細民と飲酒については種々の悲劇もあります。今は酒の切売りということはしませぬが、本所方面では以前ニコサン式という酒の売り方をやっておった。これは小林というものがその元祖でありまして、今では三十万からの財産を拵えている。今では二銭または三銭と酒の刻み売りをする酒屋はありませぬ。昔はニコサン式で、先ず三銭だけのみ、陶然《とうぜん》たる気持になると、次に五銭のみ、かくして段々杯を累ね遂には一日の稼高を悉く酒のために消費してしまう。一日一円なり、二円の稼高は明日のパンに充てねばならぬということもよく知っているが、縄暖簾《なわのれん》を潜り一杯コップ酒を飲むとかくのごとき失策をするものがある。また義理立てが強いので、酒屋に這入った仲間に会うと、献酬《けんしゅう》〈杯のやりとり〉が行われ、義理だ、もう一杯またもう一杯と、到々その日の稼高は全部飲んでしまって、遂には夫婦喧嘩という一種の悲劇も起きる。最早こうなってきては、一日働いて得た一円五十銭の金は遣い果たし、徹底的に酔って家に帰る。嬶《かかあ》〈主婦〉は翌日のパンを心配して、帰りを待っている。ところが、金は飲み果たし、べろべろになって帰って来る。妻君にはこんな酔った者と喧嘩をしても仕方がないからというので、襤褸《ぼろ》蒲団に寝せてしまう。さて酔いは夜中に覚める。そこに妻君と喧嘩が起き、夜中喧嘩というものはそこに起きる。

子供の小遣

もう一つは子供の小遣が大変なものである。三銭や五銭の小遣をつかうのは当たり前であるが、親父が僅かしか取って来ないのに、子供に小遣をつかわせる。こうして、細民窟で児童が比較的多く小遣をつかうのはつかわせるようにできている。おでん屋が来る、飴屋が来るというように、中々ああいう所には喰物の行商人が来る。そうすると、向かいの左官屋で五銭つかわせたから、俺の所でも負けてはいかぬと、管《くだ》らぬ競争からと、一つには見栄から、小遣を与えるのである。

また妻君たちの中には内職をしている人もあるが、先刻申す通りそれも立派なことはできない。精々一日働いても十銭か十五銭の仕事である。鼻緒百足拵えて八銭。二百足拵えて十六銭。そういう風にやっている妻君もありますが、子持ちで内職もできず、同じ長屋の者が寄って、「お前が五銭出せ」「俺も五銭出す」と言うようにして、「あそこの豆大福が安い」「ヤレ団子が甘い」と言って、内職銭をつかってしまう。即ち、明日のことを考えるということがない。

知識欲

それから、この連中の知識欲はどうかというと、これについて、大正十年に内務省で細民調査をやった時に調べましたが、新聞を読む者、雑誌を読む者、講談を読む者もありました。この調べでは二千百九十五人について調べたのでありますが、この中で読物に関係のない者は千二百五十一人。読むか読まぬか分からぬという者五百三十二人。総体からいえば八割二分は読物に関係がないのであって、知識欲も余り高くはないということが分かった。また娯楽を調べてみますと、やはり活動が好きです。また芝居であるとか、演芸ものなどを好む者があり、中には運動が好きというのもありますが、半数までは娯楽を望んでおりまして、半数は関係がないということになっている。

戸籍の問題

それから細民の戸籍の問題でありますが、今日、日本人だかアメリカ人だか分からぬ者がある。国籍を有せぬ者がある。東京市の方面委員の手により一ヶ年に戸籍の整理を致したのは五百十三件ある。ところが、これを具体的に申し述べますと、特殊小学校のあった時代に鮫ヶ橋の学校〈東京市立鮫橋特殊尋常小学校〉に、私が行って調べたのですが、六百二十八人の児童で国籍なき者が六人あった。それから出生届をしてない者が四十八人あった。これは「恐れながら」と言って戸籍吏に届け出れば宜いが、一つは処罰を恐れ、一つは届出の費用がいるので棄てて措くのであります。しからば国籍のない者をどうして学校にあげるか。また出生届のない者をどうして学校にあげるかというと、これが特殊学校の特殊たるゆえんである。即ち特殊小学校の機能のよく現れたところで、先ず貧民窟の通学区域が決まっておりまして、学年になりますと、教員が手分けをして訪問し、お前の所に今年から学校に行く子供があるようだから学校へ遣《つか》わせ、いや籍がないということになると、その籍の有無にかかわらず就学させてしまう。それから戸籍の整理にかかる。大正七年に産み放しで届出のない者が九十三人、国籍のない者が七人もあったという時代である。しかし、十年も過ぎている今日では、かような不祥事は段々みることができないとは思いまするが、しかし絶無とはいえない。

定居的細民はどうか知れませぬが、不定居的細民には無籍な者は今でもある。この間十七年目に本当の親が出てきて出生届をした者さえある〈本書四六二頁〉。かのさぶりの数は百五十人くらいで、数からいけば問題にならぬが、これに無籍者が多い。このさぶりは小屋住まいの乞食で割合にもらい高が多い故に、中には子供を学校に遣る資力のある者もある。しかるに小屋は法定上住所と認めることはできない。本籍もなければ寄留もない。故に、学校に遣ることができぬということを、私どもよく訴えられる訳ですが、先ず細民窟の裏面には戸籍の欠格者がある。

生計の欠陥、娘を商品化

さて、何日《いっ》も足らず勝ちの生計状態にある細民が一層と生計に欠陥が生じる。と、これを補てんしなければならぬ。それは何によるかというと、品物を入質することのできる者は入質する。また日済屋から高利の金を借りられれば高利な金を借りる。中には社会事業団体から何らか供給を受ける。さもなければ残飯を食って、一日一円かかるものを三十銭くらいに節約すれば、生計の欠陥を補てんすることができる。こうして、融通の途により、または節約で生計を立てて行くことのできる間は宜しいが、ここに物質欠乏の生活に及ぼせる結果はどうなるかというと、先ず夫婦別れとなり一家離散となる。さもなければ、家を畳んで不定居細民となり木賃宿に泊まる者、或いは野宿をするようになる。ところが、それをしたくない。またそれをしなくとも、何とか防ぐ途をつけようとすると、結局人間を商品化することになる。かかるドン底生活者の中で、娘を持っている者はその娘を売る。これは実際面白くないことである。けれども窮迫が酷《ひど》くなれば、やむをえず娘を商品化らす。するより外に仕方がない。それらはやがて売笑婦となり、男性にもてあそばれ、社会に面白くない事象をもたらす。

一年にどれくらいずつ東京で売られ行く女となるか。東京には女衒《ぜげん》というものがあって、今日では看板を変えて芸娼妓酌婦《げいしょうぎしゃくふ》紹介業といっている。いわゆる人身売買仲介業者である。これが二百六十人ある。この手によって売られ行く女は一ヶ年に芸妓が平均三千三百人であり、娼妓と酌婦、この酌婦と申しましてもカフェーや或いは客席に出る接客婦をいうのではなくして、地方の怪しげな料理屋、即ち私娼、だるま屋、かかる処へ売られ行くのであります。即ちこの種私娼が約一千人、また娼妓となるもの一千人合わせて、五千三百人ずつ大東京から売られている。これを累《かさ》ねれば、十年に五万三千人。いかに細民が生活苦のために最愛の子をそういう憂目に陥れなければならぬかということが察せられる。しかしながら、売笑婦となる原因を調べてみると、全部が貧困のためとはいえない。私が総数一万四十九人の芸妓について調査をしてみた結果によると、その総数の一割八分は自ら好んで芸妓となった。これは他のまじめな職業に就くより収入が多い、享楽は恣《ほしい》ままにできる、勝手な生活をすることができる。それで好んでその淵に這入る者が一割八分からある。また亀戸、玉の井の暗闇に働く女六百五十三人について調べてみますと、その一割六分までは自ら好んで這入ってくる。いわゆる職業的に這入ってくる。これ以外の八割四分は貧困が原因であります。

ところで、娼妓となる者でありますが、これは明治三十三年内務省令第四十四号をもって、必ず貧困でなければ許さぬ。なお、満十八歳以上でなければ娼妓となれない。それならば細民が年頃まで娘を持っていて、こうして娼妓にするかといえばそうではない。それは年頃にならないうちに売買される者がある。こうして年端のいかぬ小娘を芸妓の見習に売る者が少なくない。

芸者というものは表面からみれば美しいものでありますが、あの芸者なるものの種類が七つになっている。第一が仕込み、第二が丸抱え、第三が分け、第四が七三、第五が逆七、第六が看板、第七が自前。この第一の仕込みというのを更に四つに分類する。単に仕込みと称するもの。一本仕込みというもの。また半仕込み、箱屋仕込みと、かく四つに分かれる。ところで、問題の起こるのは単に仕込みと称する種類の芸者です。つまり芸者の候補者であります。これは小学校にも遣れない。また工場に遣らうとしても満十二歳以上でなければ工場法で女工に出すこともできぬ。かような者を芸者屋は十歳でも十一歳でも年のいかぬ者を百円から三百円くらいで、養女名義か何かで抱えて、そうして十四歳まで仕込む。警視庁令によれば尋常小学校を卒業せざる者は芸妓たることを得ずということになっているから、否《いや》でも尋常小学校は卒業させなければならぬ。それから遊芸も仕込まなければならぬ。そうして十四歳となると半玉となって客席に出る。十六歳を過ぐると一本となる。かように彼等は進級方法がある。けれども、前申すように年のいかぬ中に貧乏な家から売られた子供が多いけれども、芸者となってからは貧乏育ちの風は少しも見えぬ。それは芸者家が小さい時に買って、すっかり型をとって貴顕紳士の前に出ても、恥じないように育てるからである。

私は色々彼等の実情を調べてよく知っておりますが、かような訳で五千三百人からの女が一年に売られて行く。それならば、売られた女が芸娼妓酌婦となり働いてる数はどのくらいの数に上るかといえば、各府県を合わせかつては十五万だ、十六万だと言っておった。ところが、昭和二〈一九二七〉年度内務省の発表によりますと、二十三万を超えている。この二十三万人の芸娼妓酌婦。これを第二次の国勢調査によるところの本邦異性人口に割当てますと、百二十九人に一人となっている。この百二十九人は一歳の赤子から百歳の爺さんまで入れて、とにかく百二十九人に一人となっている。ここに性的において、享楽の最も可能性ある者は、この百二十九人の三分の一とすれば四十五、六人で一人の売笑婦を相手にしていることになる。いかにああいうものが必要視されているかは、この数字で分かる。しからば、これは全国的の平均数でありますが、もしこれを各地方別についてみますと、京都のごときは八十人に一人、大阪のごときは九十九人に一人になっている。また東京は百三十人に一人になっていて、六大都市のあります所はいずれも多いことになっている。地方別で少ない地方の鹿児島が男子四百三十人に一人、岩手が四百六人に一人、後は二百人台であります。

そこで、現在公娼廃止の問題も起こっているからご参考までに申し上げます。東京だけの数字についてみると、大正八〈一九一九〉年財界好況の絶頂たりしその当時、東京府下における吉原、洲崎、品川、新宿、板橋、千住等の遊廓に遊びに上がった客数は四百六十五万人でありました。それによって消費された金額は二千二百万円強でありました。不景気、不景気と申しましても、昭和三年における結果はどうかというと、十二月分は分かりませぬが、十一月分までを調べてみますと、つまり一月より十一月末までに登楼した客数は四百三十一万、十二月をいれましたならば、四百六十五万を超えるでしょう。この数字は十年来ない数字であった。今や世の中は不景気だというのに、大正八年の財界好況時代とこの不景気時の遊客の数字が近寄るのみならず、或いは多くなりはせんかということは、どうした訳であろう。これは復興事業が忙しいので、土木建築の方面に働いている技術職工、或いは日稼人夫など、明日あるを知らないあの連中は、最早失業の風は足下に吹いて来ている。もう一年ならずして失脚没落の運命に逢着するということは分かっているが、やはり色里に行って金を使っている。しかしここに遊興費において相違がある。大正八年は一客平均五円であったけれども、今日は不景気の故か一客平均三円七十銭で、遊客は多いが消費する金高は少ないということになっている。

そこで、芸娼妓の稼高についてお話いたしたい。先ず芸妓をみるに、外見はすこぶる優待されているようにみえるが、芸妓の丸抱えとなると娼妓以下の待遇である。その奴隷であること娼妓より酷い。その契約書を今晩持って来れば宜かったが、持って参りませんでしたが、年期は三年以上の者多く、即ち三年の年期であると七百円前借、またはそれ以上で一人当たり平均九百六十円の前借に当たり、年期中の稼高は全部抱主の所得となる。月に三百円稼いでも全部抱主が取ってしまう。しかし、その稼高の一割までを抱主は彼等にやるけれど、それは恩恵的で芸妓に所得の絶対権がない。故に三百円稼いでもことごとく抱主に収められても仕方がない。その代わり衣食住は貰っている。そうして、三年なり五年なりの契約期間を無事に過ごせば解放してくれるということになっている。

それから分けというのになると、これも契約に一長一短が伴いまして、三百円稼げば百五十円女が取るから分けである。その代わり衣類から三味線、税金にいたるまで全部女の負担となる。そうして稼高が多くて前借を返し得た場合はいつでも解放される。もし前借が返せなければいつまでもその稼業に就いておらねばならぬ。一方に宜い所があるが一方には無年期という悲しいことが伴っている。七三というのは親方が七割取って女が三割取るから七三という。逆七というのは女が七割で親方が三割取るから逆七である。この七三ならびに逆七はいずれも分けと同様無年期である。看板は優良芸者でそこらの場末の芸者にはありませぬ。普通の芸者にできるものではない。いわゆるドル箱を摑まなければできない。そうして、着物でも箪笥でも鏡台でも皆自分で拵えて前借は一文もしないで、松葉屋ならその松葉屋という家を根拠として、そこの千代子とか松子とか言って出る。だから、そこの芸者屋の親父に看板料を払っている。この看板料も赤坂あたりで百円、新橋あたりでは百五十円くらい取られる。それを払えば残りは全部芸妓の所得である。これは極めて優良な者で、普通の芸者にはできない。自前は独立自営である。

ところが、内面をお話ししますと、一旦ああいう社会に這入った者は、客に身請をされぬ限りは流転漂泊かぎりなき者多く、これはこの代物は家に置いても家の米櫃になるという者であれば、優待してなるべく足止め策を施す。しかし、抱えていても余り儲けの上がらない女であると、真綿で首をしめるように虐待して、他へ住替えをさせる。住替えをしてしまえば、それで契約は解除となる。しかし、第二の抱主と契約は交わされ、契約更改となって、また二年なり三年なり、或いはそれ以上にわたり勤めねばならぬ。東京に年齢三十年以上の芸者が千人もいるのはそういうことからである。いつまで経っても浮かばれないとは憐れなものである。

また、分け、七三、逆七は割合に宜い配当を得て、年期は定まらない。借金だけ返せばいつでも解放される。その点においては比較的有利な条件でやっている芸者であるが、これを客に身請をしてもらわぬと、いつまで経っても浮かばれない者が少なくない。それは第一親の悪いのと、第二は芸者自体に欠けた所がある。娘を芸者にするほどの親の中にはそう金がある訳がない。しかし、売った娘の行末を考えれば、再びその娘から金を貢がすべきものでない。しかるに、時々娘に無心を言って五十円または百円と貢がせるので、娘はいくら稼いでも稼いでも追い付かない。仕方がないので住替えをして、幾分の余裕を親に渡すようになる。

また甚だ内幕を申して恐縮でありますが、社会の裏面としてお聴きを願っておきたいことは、芸妓自体として金に行き詰まる一つの事柄は、彼等は俗にいう紐《ひも》というものができる。紐というものは、それは情夫のことである。この情夫を彼等は必ず拵える。即ち売色の女でも真の恋を味わいたいからである。しかも、金のある者を情夫に持つ訳ではない。彼等の情夫はおおむね金のない者で、この情夫に貢ぐから、遂には稼高で足らずして抱主から追借をする。芸者でも千円以上の追借を持っているものがある。そういう訳で、抱主もやりきれないので住替えをさせる。従って、何日までも濁りの江にまごまごしている。要するに芸者及び娼妓そのいずれにするも、このくらい労働者と資本家の利益配当が不公平なものはありませぬ。労働問題が叫ばれ女権拡張、労働待遇改善云々と騒いでも、この類の弱い女には影響がない。またその響きに打たれて立つだけの自動力もない。殊に、娼妓は自ら立って権益を叫ぶ力のない者が多い。

東京の娼妓六千人の総数に対する一割五分が無学で、高等女学校を出た者は一人もない。更に先刻も申すごとく、貧困の家を補助するために非ずんば娼妓となることを得ずということがあるから、親が高等女学校を出すだけの力があったら、その児は娼妓となる資格がないかも知れぬ。とにかく六千人余りの娼妓の内で高等女学校を出た者が一人もない。かように文字の力のないとも《ママ》学力の低い人達ですから、いかにせられても分からないものがある。

仮に玉代二円の娼妓はこの玉代をいかに楼主と分けているかというと、その二円の内一円五十銭は楼主の儲けとなる。しかして、残り四分の一の五十銭は娼妓の所得となる。しかしながらその五十銭の中より更に三十銭は前借として楼主に取られてしまう。残りは僅か二十銭である。これを玉割と称する。二円の客を一夜に三人取ったところで彼等は六十銭しか手に這入らぬ。娼妓は一日平均三人の客を取っている。それにしても一ヶ月十八円しかならぬ。それによって彼等は自分の職業服を拵えなければならぬ。しかも木綿の着物は着られぬ。また、高い金を出して髪も結わなければならぬ。化粧品も買わなければならぬ。時には口に合う副食物も買わなければならぬ。故に、特別の所得がない限り前借一人当たり平均一千二百二十円を負うている。彼等は容易に借金が切れない。それで、この世論の喧しい時に、「弱き女をこう酷使しては相成らぬではないか」と、楼主に質問に及びますと、「とにかく六年という年期で抱えた女ですから」と言って、六年だけ働かすのがこっちの権利のごとく思っている。

それで、数の多い娼妓の中でカセギヌケと言って年期中に稼高で前借を返却して解放される者があるから、ここに娼妓の廃業事由をみると、大正十四年に洲崎の遊廓で三百二十人足を洗っている。その中で六年の契約年期中に自分の稼高で前借を千円より千二百円を返して、契約年期終了前に足を洗った女は三十八人しかない。そうすると、後の多数はどうなったかというと、客や親に身請された者、併せて五十人ばかりあります。その他は六年勤めたから、借金は残っているが、廓の習慣によって解放してやる。しかし女の見廻り品一切は恩恵的に解放されるのであるから、主人に取られ裸体《はだか》で解放される。また洲崎だけは廃業しているけれども、住替えをして他の曲輪《くるわ》で勤める者。これをみると、裸体で解放された者九十六人、他へ住替えた者百十三人、それから自由廃業をした者は二十四人ある。この自由廃業をなせる者のごときは段々社会の潮流に刺激されて、彼等といえども、その苦憶《くおく》〈心を苦しめる。苦心〉に忍びず、自由廃業をしたのであります。

ところで、今度は地方に売られて行った酌婦の容子《ようす》を調べると、公娼がないので有名なる群馬県下の酌婦と抱主の契約を見るに、その私娼に対する契約は極めて合法的にできている。いかなる法律家にみせてもこれならば結構なものだと思われるごとくにできている。契約は三年以上の契約はしない。いわゆるそれを過ぎれば廃業ができる。こういうことになっており、追借は本人と楼主と親とが合意でないと、それができないことになっている。けれども豈図《あにはか》らんや、実行されておらぬ。それは実行されぬ訳です。かの吉原の娼妓は二円の玉代であれば五十銭を娼妓が収める。群馬の私娼は一客取って春売を七十五銭で、その内借金に五十銭くらい取られる。これも娼妓と同様、衣類も拵える。髪結銭も酌婦税《ママ》も出さねばならぬ。容易に借金が減らないから、遂に住替えをするようになる。住替えをすれば借金が増す。度々住替えるとその果ては娼妓に落ちる。何故に娼妓に落ちるかといえば、娼妓の一人当たり前借金は千二百二十二円になっている。田舎にいる私娼は一人平均が二百四十六円で、実に格段の違いがある。主替えに住替えを累ねて借金の嵩んだ私娼は、最後において、前借金の高値である娼妓に落として、貸金の整理をするのである。即ち、いよいよ借金が嵩むと女自体から苦し紛れに、「吉原へでもやって花魁にしてくれ」と言うことになると、抱主は「おまえの親父も貧乏であるから、またお前も二百円なり三百円は手につくだろうから、娼妓になるが良かろう」と、そこで娼妓に転換する。そうして遂に一増《ママ》深みに行くことになる。

私は吉原に行って一ヶ年間に娼妓になった者六百八十三人に対する調査をしたことがあるが、それをみると娼妓になるまでの前身が分かる。女中、女工から娼妓に或いは酌婦、芸妓から娼妓にというようになりますが、六百八十三人の中酌婦であったものが約三百人ある。何故に私娼はさように虐待されているかということになる。これは、かの娼妓は公に淫を売ることを認めているから、ある点においては官憲はこれを保護しなければならぬ。ところが、私娼は社会の裏に働き、犯罪的に淫を鬻《ひさ》ぐものである。故に私娼は抱主に稼高をごまかされても、公に訴えて出られない。即ち、稼高月に百円あったものを五十円しかないと言われても、それを警察に訴えることができない。それが抱主の突っ込むところである。そういうところを考えると、売笑婦というものもある一派のいうごとく、公娼ばかり虐待されているのではない。公娼以外の私娼はむしろ虐待の状態にあって、なお蹂躙《じゅうりん》されている。そうして公娼は十八歳でなければ登録しないことになっている。芸妓は十歳でも十一歳でも売れる。酌婦は十六歳以上で許される。この私娼は娼妓の就業年限より二ヶ年若くて許しているから、ここにおいて貧民窟に我々が行ってみても、貧民窟から直ぐ娼妓に売られるということは稀です。多くは子供の中に芸者か酌婦に売っている。いかに貧困と売笑婦との関係の深きかを以上織り込んでお話をいたした訳であります。

なおお話ししたいこともありますが、すでに二時間以上も経過いたしましたから、これをもって一応終わることにいたします。以上申し述べましたことは極めて断片的でありまして、首尾一貫せざるにかかわらず、斯《か》く長時間ご清聴下さいましたことを感謝いたします。（拍手）

（「桜友会会報」二九号　昭和四〈一九二九〉年四月）

どん底の大東京物語　乞食と浮浪者の生活

〈草間八十雄は〉長野県松本市に生まれる。和仏法律学校を卒業後、中央新聞社の記者生活、内務省社会局嘱託、大正十一〈一九二二〉年二月東京市社会局嘱託を経て、昭和四〈一九二九〉年四月一日東京市主事に任命され、現に東京市社会局に在り。今日のごとき社会保護事業機関の設備をみざる遠き以前より、浮浪者の生活に興味を持ち、身を紛して彼等の仲間に入り、あるいは真の浮浪者と誤認され拘留さるる等の苦心をし、明るき大都会の反面に蝕む、この社会的疾患の実地につき数的統計的調査の基礎をつくれる社会保護事業研究の権威者である。

一、野宿する人々

年々と貧しい人が多くなってまいるということは、私が申さずともご承知のことでありますが、「貧しい」と言っても、世にいうところの九尺二間の裏家《うらや》に住むことができる人ならばまだ宜いのでありますが、さようなささやかなる家にも住むこともできず、また木賃宿にも泊まることもできず、この頃しきりに社会施設としてできているところの簡易宿泊所にも泊まることができずして、野宿をしなければならぬというような、極めて窮状にある人が年々殖えてくるということは、実に憂うべき社会現象であるといわなければなりませぬ。

ところで先ずこの浮浪者のいろいろの種類を申し上げる前に、一体公園であるとか、橋の下であるとか、甚だしいのは雨の晩などには共同便所の内に寝る者があるとか、そういう雑多の所に寝転んで、雨露を凌ぎ果敢《はか》ない眠に就く人がどういうふうに殖えてきたかということを、数字について申し上げたいと思います。

浮浪者に対しては明治初年においては相当富豪の施設も行われたのでありますが、その当時の数字については後に申し上げることにして、先ずこの浮浪者がどのくらいあるかということについての第一回の調査といって宜いのですが、いわゆる一斉調査を行ったことがあるのであります。それはちょうど今より八年前、大正

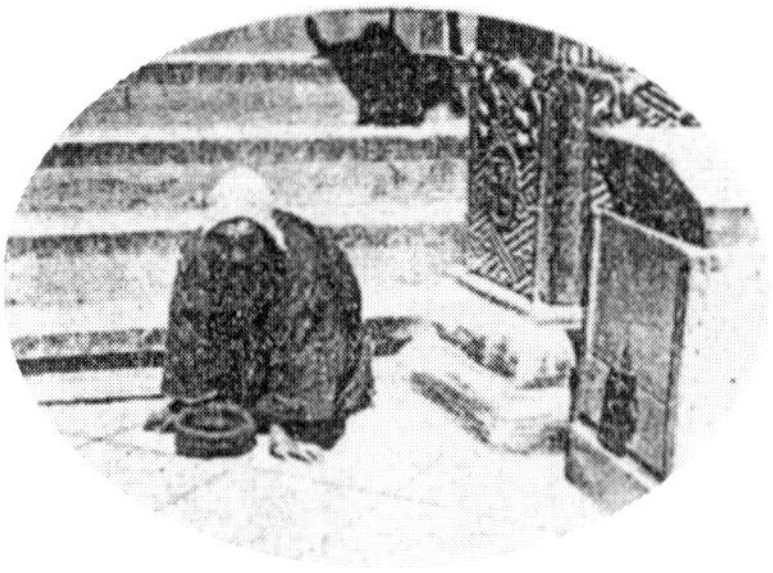

静的物乞（ケンタ）

浮浪者に紛せる草間氏

浅草馬道寄り芥溜

十一〈一九二二〉年に東京市社会局では六百人の調査員を用いて同時に一斉に東京市内を隈なく調べてみたのであります。そうしますと、二百五十三人野宿をしている人があった。翌々年大正十三年には市勢調査が行われたのでありますが、その時には二百八十一人を見出している。更に翌年は第二次国勢調査であって、大正十四年十月一日にやはり野宿者が三百八十人発見されている。

その後さようなる一斉調査はありませぬし、また一斉調査でなくとも浮浪者について頭数を調べたこともなし。数年を過ごしましたが、昨年〈昭和三年〉の梅雨時に、一つ野宿者を調べてみようじゃないかというところから、私などがその衝《しょう》に当たって調べてみたのであります。何しろ一斉調査を行うことになりますと、調査費にはかなりな金額を要するのですから、一斉調査でなく、私どもも浮浪者には絶えず目をつけていることでもありますから、むしろ一ヶ月ほど続けて、毎夜調べてみたら宜かろうということで、連続的に二十五日間にわたって調べてみたのです。しかし、東京市内を隈なく調べるにはとても一ヶ月やそこらでは終わる訳にいかぬのでありますから、最も浮浪者の集まる場所、浅草公園、上野公園、芝公園、日比谷公園、その他細民地帯といいまして木賃宿のある場所——木賃宿のある所に野宿者があるというのはちょっと変ですが、木賃宿に泊まるつもりで行っても、金がないから、そこら辺でゴロ寝をしてしまうというような場所に限って調べてみたのであります。いわゆる浮浪者の集合する場所に限って調べてみましたところが、四百七十三人を見出したのであります。時あたかも梅雨であって、シトシトと雨に打たれる夜が多いのに、さようなる季節に野宿をしなければならぬというのは余ほど困窮の人でありまして、四百七十三人を見出しましたが、もしこれが一斉調査でもやりまして、隅々までの調べでございましたならば、少なくとも七百人の野宿者を見出すことができるという確信を吾々は抱いたのであります。

求職・就職

かように宿るに家なくして、野宿をしなければならぬ人が年々に殖えるということは、洵《まこと》に悲愴なる社会世相であるのでありますが、さようなる悲惨の徒の多いのも無理はないのでありまして、今日東京市という自治団体で職業紹介所を設けてやっておりますが、一般紹介と申しまして出前持ちをやりたいとか、或いは店員になりたいとか、いわゆる半労働のような事でも宜いといって求職に来る人に対して、紹介をして就職のできる人は何人であるかというと、百人に対して僅かに十七人である。それならば知識階級はどうであるかというと、知識階級の職業紹介所を一つ特設しまして、中等学校を出た者は一般紹介の方に加えて、専門学校以上を出た者を扱うことになっておりますが、これは求職百人に対して就職がたった三人になっている。しからば、草鞋《わらじ》を履いて労働する方の者はどうかというと、これは労働紹介所において扱っておりますが、東京市においては今や復興計画が漸次進展しておりますので、この方は百人に対して八十五人くらいは飯を食う位置にありついているという状態であります。

故に、浮浪になる人はその草鞋履きの方の紹介所に行けば宜いじゃないかという風にみえますけれども、野宿をしなければならぬところの気の毒な境涯に陥る人は、人並みの働く力がない人と言わなければならぬ。或いは不具者であるとか、疾病に罹っているとか、老衰しているとか、或いはまたその人々個人的の欠陥もありましょうし、そこまで陥るという人に対しては洵に気の毒なる事情が絡んでいるのであります。

千住荒川堤の小屋

不定居的細民

かような状態でありまして、恐らく今に千人の野宿者を見るようになるだろうと、私どもは思っておりますが、ここに先ず野宿まで陥らざるといえども、一軒の家或いは定まった間借りもできずして、あっちに渡り、こっちに渡り歩く者を吾々は不定居的細民といっているのであります。これがどのくらいあるかというと、先ず東京中に約一万六千人くらいある見込みです。

部屋者　これを分類してみますと、俗にいう部屋者、この部屋者というのは、ある親方がおってその親方の部屋に寝泊まりして出稼ぎにでるのであります。この部屋が東京市内及び隣接町村に約四百家あって、一部屋に約十人くらいの割合で住んでおります。多い所には五十人くらいいるのもありますが、なかには二人か三人くらいしかいない所もありまして、平均して先ず一部屋十人くらいの割合であります。

簡易宿泊所と木賃宿（ドヤ）　それからこの頃社会事業としてできるところの簡易宿泊所、これが東京には三十二ヶ所ありまして、ここに泊まる者が約二千五百人。木賃宿が四百二十軒ありまして、そこに泊まる者が約八千五百人ということになっております。

小屋住い（サブリ）　それからモウ一つは小屋住い——東京に小屋住いをする者があるといえば不思議のようでありますが、東京市内にはありませぬけれども、郡部に数ヶ所ある。千住、三河島、野方、中野、幡ヶ谷、生谷〈桐ヶ谷〉、小松川等の、いわゆる郊外の草むらの中であるとか、こんもりと木の生えた林の中に小屋を造って住っている者が約百五十人ほどあるのであります。これを俗に「サブリ」といっております。

野宿者（オカン）　それから野宿をする者は前申した通り約七百人あるのでありまして、野宿をする者のことをオカンと称するのであります。

かように、先ずこの不定居的細民を大別すると、一が「部屋者」、二が「ドヤ」、三が「サブリ」、四が「オカン」。これらを合わせて、大約《たいやく》一万六千人の不定居的細民がいる。こういうことになっております。

浅草溜り

そこで、この野宿者は明治維新以来どういう風に保護されたことがあるかといいますと、維新間もなく明治三〈一八七〇〉年――当時は未だ警視庁のできぬ時代で、警察権は東京府にあったのでありますが、その当時何も野宿をする者を助けるという最初の目的ではなかったのであって、いずれかの国の皇族が日本に来られるについて、東京市中を巡覧される上において、どうも蹌踉漂泊《そうろうひょうはく》としたところの乞食のような者とか、職業なしの惨めな者がたくさんいるということは宜くないから、これらを狩り集めて一定の場所に収容しなければならぬというので狩り立てを行ったのであります。その時には三百人の者を狩り集めたそうであります。そうして、これをどこに持って行って収容したかというと、江戸幕府時代に浅草千束町（その当時は北豊島郡千束村といった）、そこに浅草溜りというのがあった。この浅草溜りというのは、江戸時代に牢獄で病気に罹った囚人をそこに収容したもので、今日の刑務所でいうと病監である。或いはまた放免はしたものの行く所がない者、いわゆる無宿免囚を収容したのでありまして、その浅草溜りは何人が管理しておったかというと、江戸時代の非人頭車善七という人に幕府はその管理を委ねてあったのであります。

明治維新後間もないことでありますから、東京府もその建物を利用して集め、あわせて浮浪の徒の管理も車善七に委任したのであります。ところが、某国の皇族は退去されてしまったから、モウそこを解放したら宜かろうとなったが、奈何《いかん》せんその中の半数以上の者は病気であり、不具者であり、老衰者であり、或いは幼い者であって、そのまま解放するとせば、たちまちまた彼等は飢えに襲われる虞《おそれ》のあるために、これはモウ一度狩り立てをして、何とか恒久的に保護機関を設けなければいけないというところから、明治五年になってまた第二回の浮浪者狩りをやったのであります。当時ちょうど戸籍法がソロソロ行われるという時代でありますから、それら浮浪の徒について身分調べをして、いわゆる親族にして引き取って扶養の義務を果たす者が見つかれば、それに引き渡し、或いはまたそういう者は見つからないけれども、身体に故障はないから労役に従事することができるという者にはその方法を踏ませる。

養育院と日雇人夫

それ以外に更に方法のない者にはここに恒久的方法を講ずるというところから、明治五年に今東京市でやっている養育院を設けたのであります。そうしてこの養育院には約二百人の者を収容したのであります。

それから働ける者はいずれかにおいて、まとめて使ってもらいたいというので、東京府は諸所を物色した結果、当時京橋区南鍋町に設けられた日傭人夫の請負会社に福富喜平治〈福重喜平治〉という人物がありまして、その人の申し出によって、これに約七十人余りの働ける者を引き渡した。なおまた親族を見出しまして、扶養義務ありとして、無理やりに引き渡した者が数百人あるのであります。東京府はこの福富喜平治に対して、厄介な者を使ってもらうについては無償という訳にはいきませぬから、引き渡しをしてから向こう九十日間一人一日当たり銀二匁、即ち一日三銭二厘ずつを補助金として渡したのであります。かようにして、福富〈福重〉がやってみましたが、うまく行かないとみえまして、これは立ち消えになったのであります。

ところが立ち消えにならぬのは養育院でありまして、当時二百人を収容したのが、五十七年後の今日におきましてはその収容員は実に二千二百人の多きに上っているのであります。しかしながら、養育院は疾病不具、いわゆる身体的に故障のある者でなければ収容しないのでありますから、今日浮浪者が多くなってまいっておりますが、彼等の中の働く力のある者を収容する場所がないという現状になっているのであります。当時聞くところによりますれば、警視庁においてもこの浮浪者の取締りを厳重にやられておったようでありますが、いかに取締りを厳重にやりましたところで、これが生活の途を樹てるようにしてやらなければ彼等浮浪の徒は絶えるものではないのでありまして、また端から段々とわいてくることは当然のことであるのであります。

二、生活の方法

さて、かような野宿をするまでに陥った人々も、寝るには菰《こも》一枚で雨露を凌いでも宜いであろうが、しかし、生活の資料を得るについては、これは打ち捨てておけるものではないのであります。どうしても、生きていく以上には何とかして生活の資料を得なければならぬ。これはどうして生活の資料を得ているかというと、私どもはこれを三つに分類しているのであります。

㈠どこまでも他人から金品を恵まれて、人の情けに頼って生きていく者。

㈡野宿はしているけれども、人の恵みを当てにせず、雇われるということを自認している者。或いはまた何か自分で事業をやっている者（事業というと大きいが、先ずたいてい物売りをやっている者）。

㈢犯罪によって生活資料を得る者。

この三つが彼等の生活資料を得るみちであるのであります。

（一）真の乞食

それで他人から金品の施しを受ける者に、絶対的に他人から施しを受けようというのと、強請的に金品を手に入れようというのと、二種あるのであります。

貰い屋　先ず絶対的に他人の施しによって生活の資料を得ようというのは、これは俗にいう貰い屋であります。この貰い屋にも、食物のみをもらっているのと、食物と金をもらっているのと、金ばかりもらっているのとあるのであります。

ズケ　食物のみをもらうのは何かというと、料理屋、飲食店、カフェー、さようなる食い物屋から客の喰い残し物をもらう徒であります。これを浮浪者社会では「ズケ」といっている。

ダイガラ　それから遊廓で出る客の喰い残し物をもらう徒、これを「ダイガラ」〈台骸〉といっている。先ずこの「ズケ」と「ダイガラ」が喰い物をもらう徒の隠語です。

それから現金をもらう方には「ケンタ」と「ツブ」という隠語がある。

ケンタ　「ケンタ」というのは、皆様が浅草方面にお出になり、或いは大きな縁日にお出になると目に映ずるでありましょう。一定の場所に坐って、往き来の人に頭を下げて、もらっている。あれがケンタであります。

ツブ　それからブラブラ歩いておって、人から一銭二銭と恵んでもらう者、あれを「ツブ」というのであります。それから強請的と申しますと語弊がありますが、半ば強請で半ば人の恩恵に浴そうというのでありましょうが、これに二種類ありまして、一つを「カリダシ」といい、一つを「タカリ」という。

カリダシ　「カリダシ」というのはどういう方法かというと――皆様方のお住まいにもこういう連中が押し掛けるかも知れませぬが、燐寸《マッチ》とか、たわしというような物を持って、物品販売に行く。そうして金をもらえばその品物を置かずに帰ってしまう徒です。

タカリ　「タカリ」というのは、これは普通の人に向かって強請的に金品をもらう方法に出るのではなく、弱い仲間を虐めるのであります。即ち、浮浪者でありながら浮浪者仲間を虐める。或いはケンタなどを虐めてはね銭を取る輩であって、浅草などに行くとよくこれを見つけるのであります。「貴様今日はもらいが多かったからこっちに分譲せよ」と言うのであって、こういう分譲とかはね銭を取る輩はモウ甲羅の生えた徒であって、五年十年やっていて、その社会の兄貴分です。したがって、一面には彼等浮浪の徒の用心棒にもなっているのであります。このケンタをやる連中でもツブをやる連中でも、一番怖いのは巡査であるのであります。そこで今日の「ヤブ」（巡査）は極めて親切のヤブで、吾々に対しては極めて寛大に見逭してくれるヤブである。今日のヤブは非常にやかましいヤブであるから、一同気を付けなければならぬというようなことを注意して、

静的物乞ケンタ

動的物乞ツブ

用心棒となっている。その用心棒となるところの口銭として、はね銭も取り、分譲も迫ることができるのであります。

（二）労働によるもの

ところでモウ一つは、自分は野宿はしておっても人から金品をもらったり、人の情けに縋《すが》って生活はしたくないという種類の浮浪者がある。これらはどういう方法で生活の資料を得るかというと、先ず雇われることを望むのである。そうして、事実雇われることもありますけれども、前申し上げる通り、彼等は人並みの働きはできぬ連中です。人並みの力業に就くだけの耐久力のない連中でありますから、雇われると申しましても、「オッカケ」〈追掛〉或いは「ナカシ」〈仲仕、流し〉、広告人夫、「カルコ」〈軽子〉、こういう種類の短時間労働です。む仕事を狙い、また事実その仕事に就くのであります。

(イ)　短時間労働派の一党

オッカケ　「オッカケ」というのはどういうのかというと、橋の際とか、坂道の麓に待っておって、荷車の後押しをして、後押し賃をもらうのでありますが、近来は交通運搬機関が総て文化的に進んでまいりましたので、このオッカケの仕事が段々と蚕食《さんしょく》されてきた。何に蚕食されるかというと、自動車であって、近代文化の進歩はひいて彼等浮浪の徒の生活様式にまで革命を及ぼし、自動車運搬の発達はこのオッカケ社会に一大恐慌を捲き起こした。（笑）

ナカシ　「ナカシ」というのは、これはブラリブラリと荷車の通る街路を歩いておって、「押しましょうか？」「押させよう」と言うことで、どこからどこまで二十銭とか三十銭の賃銭をもらって、後押しをして生活の資料を得る輩であるが、これも近来は自動車に蚕食されて、大分困っている。

広告人夫　これはしばしば皆様のお目にもとまるでありましょうが、背中に活動写真などの広告を背負って歩くか、或いはビラ配りを仕事としている。

カルコ　今日は浮浪者の中でも真にこの「カルコ」という業態についている者は少ないのであります。一体カルコというのは、青物市場であるとか魚河岸であるとかいうような所で荷担ぎをするのでありまして、昔はこのカルコの親分がおりまして、親分が仕事を見つけてきて、子分に振り分けたものでありますが、近来はさようなる主従関係はなくなって、勝手に仕事を奪い合ってありつくことができるのであります。けれども、これはおおむねその仕事を与える人が決まっている。いわゆるカルコを使ってくれる人は固定的になっているのです。それで、先ず短時間の労働をして生活の資料を得る輩の中では、このカルコが一番上位の者であります。

立ん坊　俗に「立ん坊」といいますのは、今申したオッカケとナカシと称するのであります。

(ロ)　芸術家?と、辻占やの一党

次に自営的職業を営んで、生活の資料を得ている者がある。これはどういうのかというと、いわゆる下等遊芸人であります。浅草公園に行きますと、三味線を弾いて投げ銭をもらったり、或いは浪花節を歌って投げ銭をもらっている者がよく見あたる。

この頃は演説の真似をやって投げ銭をもらっているのがある。私、先頃浅草公園に行ってみたところが、盛んに演説口調でさけんでいる。今労働者が資本家と喧嘩をして金を取っても、彼等はそれを食ってしまうのは怪《け》しからぬとか、何とか言って、盛んに喋っておった男がありますが、そんな事をして投げ銭をもらう。

それから、辻占売りをやるとか、あかいい本といって子供の読む本を売るとか、燐寸売りをして生活の資料を得ている者がある。

これらは人に使われないで、いくらかの資本を持ち、また資本を持たなくても、自分の芸術をもって食っている者であります。

(八)　有価値物拾得派の一党

それからモウ一つは有価値物の拾得を目的としている者がある。これには、バタヤ、拾い屋、ヂミ、カワラマル、ヨナゲ、ホリヤ。この六つの方法がある。

バタヤ　「バタヤ」というのは、背中に籠を背負って、箸を持って紙屑を拾って歩く。これは雑業と申しまして、警視庁に願い出て鑑札を受けなければできないのである。

拾い屋　「拾い屋」というのは、同じ紙屑を拾ったり、色々な物を拾って歩くのであるが、これは鑑札を受けないで内密でやっているのであって、いわゆるもぐりの拾い屋である。

ヂミ　「ヂミ」というのは、これは必ずしも専門ではありませぬ。拾い屋をやる連中が朝早起きをして、まだ往来がひっそりしている間にやるのでありまして、この東京市の広い地域にわたって、殊に浅草の仲見世であるとか、六区の活動街であるとか、或いは上野の広小路であるとか、或いは銀座であるとか、こういう人出の多い賑やかな場所を、朝早く人通りのないうちに見て歩くと何か落ちている。これは地を見て歩くからヂミ(地見)というのである。

カワラマル　「カワラマル」というのは、大きな芥溜《ごみだめ》を年中廻って歩いて、炭俵の空いたのを拾うのであって、これは一つ八厘から一銭くらいに売れる。だから一日二十枚も拾えばどうにか食っていける。

ヨナゲ　「ヨナゲ」というのは、これも皆様が郡部の日暮里、千住方面に行くとご覧になるかも知れませぬが、ドブの泥土を笊《ざる》で掬《すく》い洗って、中から金属を拾い上げる。この頃は古銭の値が安くて、古銭一貫目八銭くらいであります。これと同種類のもので古ゴムを拾って歩くのもある。

ホリヤ　「ホリヤ」〈掘り屋〉というのは、これは震災後にできた新しい職業でありまして、震災後焼け跡を掘って貴金属などを掘り出したのに原因を発しているのでありますが、今日はバラックを廃して、本建築に掛かるという所を狙って行って、そこから金物類を掘り出すのである。

(三) 犯罪による生活法

次は犯罪によって生活資料を得る徒であります。犯罪と申しますと、大変おおきいようですが、多くは窃盗であります。それも屋外窃盗であって、靴とか下駄を掻払《かっぱら》う類のもので、屋内に侵入して窃盗を働けば、彼等は直ぐに捕まってしまうのです。

お賽銭泥棒　浅草には特殊のお賽銭泥棒というのがありまして、浅草の観音様のお賽銭箱に参詣者が投げ込むお賽銭を盗む。（笑）これは中々うまい方法を用いてやるのでありまして、一日に七円平均盗まれるという風説がありますが、その方法をやると、（笑）犯罪の手段を申す訳で、少し恐縮に存じますから申し上げませぬが、中々彼等は巧みな方法を用いてお賽銭を盗むのであります。

密淫売　次は密淫売であります。これは女浮浪者がやるのでありまして、四百七十三人の浮浪者の中に女が二十人おったのでありますが、しかしわずか二十人でも彼等の中に女が野宿をしておったということは軽々しく看過ごすべきではないのであります。しかして、その二十人の中に密淫売をしておる者が十一人あったのであります。これは江戸時代にもあり、明治になってからもありましたところの夜鷹《よたか》白首《しろくび》の流れを汲んでいると言って宜い。（笑）

この話も余り結構な話ではありませぬけれども、多少売笑婦について私、研究しておりますから申すのでありますが、この類の徒は余ほど減って参ったのであります。減っては参りましたけれども、現今どのくらい密淫売をして捕まるかと言うと、野宿をしている女の中で十一人しか見出せなかったのでありますが、野宿をするまでにいたらなくても、木賃宿などを歩いて、白首を働いておる者が少なくない。

これらの者が一ヶ年にどのくらい捕えられているかというと、浅草日本堤警察署において五十人捕えている。本所原庭警察署において五、六十人、浅草菊屋橋警察署において五、六十人は捕えている。何故そういう方面で捕まるかというと、この夜鷹白首はどうせ密淫売であるから、客を木賃宿に連れて行く、それで捕まる。菊屋橋警察署管内には木賃宿はありませぬが、簡易旅館というのがありまして、これに連れ込むために押さえられるのであります。

中野町大塚の小屋（女）

この密淫売の徒は以前はかなり多くあったのでありまして、大正五〈一九一六〉年警視庁が私娼撲滅にかからぬ前においては、浅草の北部、即ち浅草の観音様より北の方にかけてかかる者は一つの組合を作っておった――先ほど有馬先生から組合のお話がございましたが、これも中々組合の力が強かった。これは七つの組合ができておって、七組は銘々縄張りができておった。各々縄張りをもって、浅草の田町から吉野町橋は何という親分、吉原土手は何という親分という風に定まっている。そうしてその密淫売婦の数は百六十人、これについているところの「帳場」と称するもの――帳場というのはどういうのかというと、彼等密淫売婦の情夫、或いは内縁の夫、或いは内縁の夫にあらずして本当の夫などが、その醜交をなす見張りをする。（笑）夫婦共謀でそういうあさましい仕事をして食っている。この「帳場」と称する徒が八十人、密淫売婦が百六十人おったが、これは大正五年警視庁で検挙して全く影を絶ったのであります。しかし、浅草の公園には幾分その種が残っておって、今でも十人や二十人はいる。しかも野宿をするまでに落ちぶれているのである。

かようなる悲惨の生活をなさなければならぬところの売笑婦は、その前身は何であるかというと、二十五歳、三十歳くらいまでの若い者は別でありますが、三十歳以上から六十歳くらいまでの者は、いわゆる「田舎達磨」と称するところの田舎茶屋に働いていたところの酌婦が多いのであります。或いはまた中には、かの閨房《けいぼう》にあって、日々嫖客の相手をつとめたるところの娼妓もありますが、とにかくこれらの者は節制ある日常生活ができない。もとよりその者自身に罪があるばかりではない。社会にもまた罪がある。というのは、これらの女は酒が好きで仕方がない。故に花柳の巷におった時分には、客に只でご馳走してもらうのだから、いくら飲んでも宜かったが、さようなる環境を打ち切っていわゆる配偶者となったならば、先ず普通の人の資力ではそんなにたくさんの酒を飲ますことはできぬ。毎晩五合でも一升でも、酒を飲まなければおさまらぬというような女を妻にもったら到底永くは続かぬ。ことごとくとは申しませぬけれども、浅草公園あたりを浮浪して笑を売り歩く女はほとんど大部分酒の強い連中であります。

現在浅草界隈に七年間野宿をしておって、その間に密淫売の廉《かど》をもって、七回の拘留を受けておるしたたか者の四十女がおりますが、これなどは非常に酒が好きで、常に酒に浸っている。どうしてそんなに酒が飲めるかというと、これにはうまい儲け口があるのでありますが、それはここでは控えておきましょう。(笑)

三、彼等の食糧問題

残食物の既得権区域

そこで女は別として、男子の野宿の集団の場所においては団体、即ち組合で生活の途をしかとむすびつけているものと、単独的のものとがあるのです。浅草は最近警察で極力駆逐に掛かってモウいずれへか追い払いましたが、昨年〈昭和三年〉の秋頃までは七組になっておった。七組になって、そこにはいずれも団長格の者がいる。その団長格の者は、五年十年の浮浪生活では中々団長格にはなれないのであって、或る団長格のごときは浮浪期間実に十九年というのがある。そういうような古武士《ふるつわもの》が団長格になる。そうして、彼等は組合を成した以上は相互扶助の力は非常に強いのでありまして、先ず仮に残食物――ズケをもらうにしても、ダイガラをもらうにしても、甲の団体は公園のどことどこのお茶屋から出るのは彼等の縄張りで、彼等に既得権がある。乙の団体は、鮨屋横町のどこどこ何軒。丙の団体はどこどこ。丁の団体はどこ……という具合に定まっておって、お互いに残食物の出る既得権域を蚕食しないようにその信条を守っているのであります。

それで残食物は大抵昼間は出ないで、夜の十一時頃に出るのでありますが、いよいよ残食物の出る時刻になると、その組合員一同で出掛けて行ってはくれる方で迷惑でありますから、軍隊の炊事当番のように、組合員交互に交代で出掛けるのであります。（笑）石油の空缶を持って行って三杯くらいずつもらって来る。それを明日の糧に一同で分けるのであります。

しからば、単独のものはいかにして収得行為を営むかというと、これもやはり定まっているのでありまして、高砂屋は熊公がもらう、花屋は八公がもらうという具合に残食物をもらう顧客先が定まっている。（笑）どちらかというと、単独的は心細いのであって、どうしても組合に加入して団体的行動をなす方が万事につけ都合がよいのでありますが、しかしその団体加入が中々容易でないのであります。みだりに団体に加入さして組合員の数が多くなると、組合員各個の収得物が少なくなるから中々容易に加入を許さない。

ところがここに、単独的でもなく団体的でもなく、ズケの二度もらいというのがある。このズケの二度もらいというのは、組合なり単独なりがもらって来る残食物を多量の時には、もらう先のない者に分譲してやる。これをズケの二度もらいというのであります。私どもが彼等に向かって、「お前は二度もらいか」と訊ねると、「いや、二度もらいではありませぬ」と答える。二度もらいというのは彼等社会においても値打ちがない。そうして、この二度もらいは時折生活を脅威されることがある。雨が降り続くとか豪雨の時などには、さすがの歓楽の巷の浅草にも人出が少ない。人出が少なければ、料理屋や飲食店に入る人も少ない。したがって、残食物も少ないので、その組合員でも腹一杯に詰め込む事ができぬ。いわんや二度もらいに与える物はない。そういう時には彼等二度もらいは水でも飲んでいるより仕方がない。その水を飲むのを「金チャブ」という。何故かというと、金魚は水ばかり飲んでいるからいうのである。

乞食三日すればやめられぬ理由

かような訳でありまして、しからば餓死する者が出るかというと、餓死する者は余りたくさんは出て来ない。浅草公園だけで一ヶ年を通じて二十五人くらいずつ死んでおりますが、それは多く餓死するよりも、寒気に襲われて死ぬとか、或いは真夏に暑さのために自然に疾患が昂じてきて、遂に冥土に行く者が多いのであって、三日も四日も飯を食わぬで餓死するというのは浮浪者といえどもないのであります。そこは彼等があいう社会に陥った者といえども、お互いに扶け合う力は強いのであって、これは見遁すことのできないという美点であります。

浅草公園東北隅空地に集まる浮浪者

故に一度あの社会に落ちますと、先ず足を洗うことはできなくなるのであります。私ども常に、浮浪者に対してどういう風に救護したら宜かろうかということも考えておりますが、先ずあの境涯に陥って三ヶ月経った者は、救護はできぬのであります。彼等の生活は、いわゆる勤労を厭い節制はなく、ゴロゴロして食っていく、いわゆる不労所得で食っていくことができるのでありますから、身にまとうものは襤褸《ぼろ》でも心にかけず、体は垢染《あかじ》みて臭気を発するとも心にかけず――零点以下に降る雪の冬の寒い夜など、菰《こも》一枚を褥《しとね》に果敢《はか》ない眠に就くということは、いかに野宿するまでに落ち果てた彼等浮浪の徒といえども、さすがに苦痛ではありましょうが――中々浮浪者の境涯を脱することはできないのであります。

以上は浮浪者の生活の概要でありますが、次に浮浪になる原因とか、浮浪者になって何年間その生活を続けているとか、また浮浪者はどこの国に多いかというようなことを多少学究的になりますけれども、かいつまんで申し上げようと思います。

四、分布状態及び出生地調べ

浮浪者の市内分布

先ず、浮浪の徒を見出した場所から申すというと、浅草公園が一番多くて三百六十一人、上野公園が四十二人、芝公園が十一人、虎の門公園が十九人、四谷旭町（これは木賃宿がある故）に十一人、深川の富川町に二十九人、合わせて四百七十三人でありまして、日比谷公園にはさすがに一人もおらぬのであります。これは宮城の近くでありますから、取締りが極めて厳しくて、かの処を寝せぬことにしている。

出生地調べ

しからば、この浮浪者はいずれの国の出生者が多いかというと、四百七十三人の中で東京生まれの者は百十六人、比例においては二割五分弱、これだけしか東京生まれの者はないのでありまして、四人について一人は東京生まれで、後は皆地方の人々であります。東京の次は千葉、埼玉、新潟、茨城、神奈川、栃木、福島、群馬、長野、秋田、兵庫、富山、宮城という順序で、これらの各道府県が十人以上を出している。その他の地方からも出ておりますが、一人も出さざる所は鳥取県に和歌山県であります。

次にこの人々は一体市で生まれた者が多いか、町で生まれた者が多いか、或いは村で生まれた者が多いかと調べてみますと、総数に対する四割一分、即ち十人の中で四人強は村で生まれた者であります。総数に対する二割三分三厘、これは町で生まれた者であります。総数に対する三割五分強、これ以外の数は市で生まれた者であります。ここにおいてか――こういう事を申すのは私の見当違いかも知れませぬが、村の生まれの者が多いのは、農村の疲弊の結果、農村にいたたまらなくして、都市に集中して来た者の落ちの果てということがいえると思うのであります。

上京の目的

しかして、この人々は一体何の目的をもって東京に出て来たかというと、やはり職業を求めるために東京に出て来たといい得るのであります。

先ず、その上京の目的を調べてみますれば、

（一）総数の八割五分弱。それは求職のために東京に出て来た者である。東京に出れば何か飯の種にありつき得るだろうということで、東京に出て来て、失脚落伍した人のなれの果てということになるのであります。

（二）それから数においては四十四人、比例において一割二分強。これは東京に奉公口が決まって出て来たのであるが、ついにそこにいることができない事情があって放浪の徒となり、浮浪者になった者があります。東京に雇傭関係が成立しておって、上京して来てかくなるのは何故かというと、それには色々原因がありましょうが、その中に私達の見遁すことのできない事柄があるのであります。

というのは、売られて行くというのは女に限っておると私どもは思っておった。ところが、近時は男が売られて来るのであります。男が売られるというのは変でありますけれども、これは社会制度の一つの変革がここに現れてきているといっても宜い。というのは、一般の風がかの年期奉公を嫌ってきたのであります。小僧さん入用という札はいたる処に吾々は見つけるのでありまして、現今は就職難々々々で齷齪《あくせく》しておったのに、小僧さんだけは払底である。これは年期奉公で七年八年の間拘束されて、使われるのを嫌ってきたために、この小僧さんを得るのに困っているのであります。ことに米屋であるとか、魚屋であるとか、薪屋であるとかいうような半労働に等しいような商売においては、小僧さんを得るのに非常に困っているのであります。ここにおいてか、地方から十二、三歳の男の子を、兵隊検査まで百五十円とか二百円で買って来るのであります。

買って来ても宜い、どうせ売らなければならぬような家庭においては、親の方でも家政に欠陥がある

のでありますから、私どもそれを否認はできませぬが、さて買って来た方では非常に酷使するのであります。私ども調べた中に、睡眠時間わずかに四時間という小僧があった。そこで、彼等は酷使に耐えかねて、主人の家を逃亡するのであるが、さて郷里に帰りたくても数十里の所であるから、親元に帰るには金がない。また東京に寄る辺もないというようなことから、浅草公園等を彷徨《さまよ》っているうちに、ついに浮浪者の群に落ち込むのであります。

（三）労働条件転換のためというのが二十人。これは田舎で土工をやっておったが、親方の仕事が尽きて、東京へ仕事場が移ったから、一緒について来て、ついに食いはぐれて浮浪の群に落ち込んだという輩である。

（四）東京へ出て来て、何とか商売をすればやっていけるだろうというのがある。東京で育った人間で資本を投じて商売をやっても失敗するのに、田舎から飛び出して来て、商売を始めるというのは少し間違った話でありますが、これが五名あった。

（五）公務員に採用されたる者というのが二名。公務員といっても、刑務所の看守であるとか巡査などの試験に通過して東京に出て来た者である。

（六）父母と共に上京した者〈十四人〉。これは幼少の時分に父母と共に東京に出て来た者である。

（七）親族を頼って上京した者が七人。

（八）苦学の目的で上京した者が九人。苦学など今の世の中にできっこないのである。

（九）他人に誘拐されて上京した者五人。

（一〇）東京に行けば医者がただで診てくれる。どうも田舎には施療機関がないが、東京では施療機関ができておって、ただで診てくれるというので、施療を受ける目的で出て来て、失敗して浮浪の群に落ち込んだ者が四人。

（一一）乞食をなすためというのが十六人ある。乞食をなすためにわざわざ東京まで出て来ないでも宜さそうなものでありますが、乞食も田舎でやったのでは一日に三十銭か四十銭しかもらえない。ところが東京へ来て、浅草の観音様にでも根城を構えてうまくやると、一日二、三円になる。そういうことを聞き知って、乞食をなすために東京に出て来た者である。

（一二）目的なしに、漫然と東京に行きさえすれば宜かろうということで、出て来たのが十一人。

（一三）女で東京に出て来て、色々複雑な事情があって嫁いだ先を出て来たというのが二人。

（一四）原因不詳が七人。

かような数字になっているのでありまして、生活のために都市に集中する者がいかに多いかということが、これで分かるのであります。

五、浮浪になる原因及び浮浪期間

浮浪になる原因

次にこの人々が浮浪となる原因でありますが、ある者については原因が二つも三つもありますけれども、さような者についてはその主なものを探って一つの原因としたのであります。先ず原因を(イ)個人的関係、(ロ)職業上の関係、(ハ)家族的関係、(ニ)社会的関係、(ホ)自然的関係、(ヘ)その他の原因。こういうふうに大分類をして、更にこれを小分類するのですが、諄《あつ》い事を申し上げても、お聴きにくい点もありましょうから、極くその概要を申し上げることにいたします。

(イ)個人的関係　個人的関係を更に二つに分けて、生理的欠陥によるものと、精神的欠陥によるものとにいたします。生理的欠陥によるものは不具、老衰、精神異常、疾病等でありまして、疾病は実数百十二人であって、四百七十三人に対する比例は二割三分八厘に当たります。それから不具が三十二人。老衰が十二人。精神異常でどうにも生活の的を握ることのできぬというのが六人等であります。

それから精神的欠陥によるのはどういうのかというと、大酒飲みが六十一人。雇われたけれども、悪いことをして首になってしまって、仕方がなくて落ち果てた者が三人。性来の懶け者とみるべき者が二十六人。何事をしても辛抱ができず、自暴自棄に陥った者が三人。犯罪のために落ち果てた者が二人。

落合火葬場部落の一部

かような状況であります。

(ロ)職業上の関係　これは商業または事業に失敗したために落ち込んだ者が七人。雇われて働いている間に負傷してしまって、他に方法がなくて落ち込んだ者が十二人であります。

(ハ)家族的関係　家族的関係による者はその数が少ないのでありまして、父母の行方が不明になってしまったとか、或いは父母に死に別れてしまったという者が六人。継母もしくは継父母に虐待されて家を飛び出したのが五人。家庭不和でおもしろくないというので、家を飛び出したのが五人。夫病気のためというのが一人。夫扶養のためというのが一人。などであります。

㈡社会的関係　社会的関係による者は、前に申した雇傭主に虐待されてそこを飛び出し落ち込んだ者が七人。身元保証人がなくて何分にも就職ができぬ、まごまごしているうちに落ち込んだというのが四人。現在も働きまた落ち込む前も働いておった、決して自分は正業を嫌っているのではないが、何しろ取る金がなくて、野宿をしているという者が二十一人。これは無理のない話でありまして、今日行燈《あんどん》を背負ってブラブラ歩く人夫は一日に九十銭になる。九十銭でも毎日あれば一ヶ月には二十七円になりますが、かの人々の就業日数は一ヶ月にわずか十日くらいしかない。これでは野宿をするより外に方法がないのである。

更に社会的関係として見遁すことのできぬのは、出京し就職の機会を得ざる者が百五人ある。これをもって見ても、なるほど就職難ということは総てのところに現れてきたということを首肯《しゅこう》することができるのであります。それから女で、何とかして自分は草取りとか何かに雇われたいが赤ん坊があってどうにも仕方がない。故に浮浪者にでもなって、「ズケ」でももらって養っていくより仕方がないというのが一人あるのであります。

㈭自然的関係　大震災のために浮浪に陥るもの、これは十人しかないのであります。

㈮その他の原因　その他の原因の中においては、誘拐されて東京に出て来て落ち込んだというのが十〈十二〉人。それから私は正業を持っておって、もともとの野宿をするまでの浮浪者ではないけれども、ツイ一杯やり過ぎて、野宿をしたという一時的の者が五〈四〉人。原因不詳の者が十五人ということになっております。

これらの各種の原因をみましても、個人的関係による精神的欠陥に対しましてはその人の素行を責むべきところがあるかも知れませぬが、その他の各種の原因については大いに同情しなければならぬ点があるのであります。

浮浪の期間

次にこの浮浪生活に落ち込んだ者はどのくらいの年月野宿生活を続けておるかというと、一々その数字を申すと長くなりますから、主なるところを申しますと、先ず五年間からやっておる者が四百七十三人の中で二十六人。七年間が四十四人。十年間が十六人。十五年間が五人。二十年間が六人。三十年間からやっているという者が一人ある。（笑声）

私が大正十一〈一九二二〉年に調べをおこなった時に、万世橋の側の塵芥溜《ごみだめ》の中に一人の爺さんがおりましたが、これは安政の生まれであったか文政の生まれであったか、一寸今《ちょっと》忘れましたが、何でもかなりの老人であったのであります。この老人に向かって「爺さん、野宿を何時から始めたか？」と訊ねてみると、「さようです。明治何年でしたか年代は解りませぬが、何でも西郷隆盛の戦の時からでございます」と言う。（笑声）そうすると、西郷隆盛の戦は明治十〈一八七七〉年ですから、その時から大正十一年までは四十五、六年になる。実に四十五、六年間の野宿生活――よく社会も放っておいたものだし、また本人も根気よく野宿生活を続けてきたものだと、私その時つらつら感じましたが、かような訳でずいぶん長くやっておる者があるのであります。

職業の変換

そこで、この野宿するにいたるまでには、かなりの職業の変換があるのであります。およそ人間の生活の確立しないのは職業変換の数が多いことに起因するのであって、最もその境遇に同情しなければならぬ。尤《もっと》も変換しないで、同一なる職業をやっておった者もありますが、それは百姓が多いのでありまして、浮浪に陥る前に同一の職業についておった者が百八十四人。五〈二〉度変換した者が百七十人。それから八回変換したという者もありますが、これは総て業態の変換をいうのであります。たとえば、呉服屋の小僧に入る、そこを退《や》めて他の呉服屋の小僧になる。これは業態の変換とはいえないのであって、魚屋の小僧が薪屋の小僧になったというようなのが業態の変換であります。ですから、業態の変換でなくて、主人を変えたというのはどのくらいあるか分かりませぬ。

しからば、この職業の変換の経路はどうであるかと辿ってみると、かの処まで落ちた人々の中にも第一に知識階級の職業についた者がいるのである。四百七十三人の中で十六人がそれでありまして、公務員であった者、或いは教員であった者、或いは会社員であった者等色々あります。しかしながら、その知識階級の職業としてはあまり上位にあった者はありませぬ。皆様は十五日前の東京日日新聞でご覧になったでありましょうが、勲八等の通訳をやった者がおったということであります。あれは私も知っておりますが、彼などが知識階級の落ちた者であります。彼はロシア語に通じた男であって、親戚も相当の親戚がありますが、いかんせん酒のために頭を悪くしたのである。

また他の者には、自分では「某大学の経済科を卒業した」と言っているが、卒業名簿にありませぬから、中途退学をしたものだろうと思いますが、彼などは立派に文部省の雇から新聞記者までもやったこともあり、また酒醤油の商売などもやったことがある。「なんで酒醤油の商売をやったか」と訊ねてみると、「自分はそういう方面の雑誌の記者をやっておって、経験があったから始めた」と言う。「それがどうして浮浪にまで落ちてきたか」と言うと、「放蕩の結果であって、段々落ちぶれてきて、清水組の人夫になった。ところが或る時、足場を架けて材料を選《ママ》ぶ時に墜ちて、不具になってしまった」と言うのである。彼などは、昨年の梅雨の頃豪雨しきりに陥《ママ》る晩に共同便所に泊まっておった。私非常に同情しまして宿泊所に送りましたが、これらが元知識階級であった者の中の上位でしょう。その他は教員であったとか、官庁の雇であったとか、憲兵であったとか、巡査であったとかいう者がありますが、この十六人の中に恩給百二十円をもって野宿をしておった者があ

るのであります。（笑声）

それから第一の職業が技術的労働、いわゆる旋盤工、大工、左官等について、ついに浮浪者に陥ったというのが八十六人。最初の職業が農であって、農から商業に変換し、或いは技術労働に変換して、ついに落ち込んだというのが七十六〈七十五〉人。最初官公衙《かんこうが》〈役所〉守衛とか給仕などをやって、それから段々職業を変えて、ついに浮浪の群に落ち込んだ者が九人。それから最初から筋肉労働、いわゆる日傭労働をやっておって落ち込んだ者が二十二人。それから最初丁稚小僧に入って、大きくなって自分で商業を営んでみた者、店員では面白くないからというので技術労働に変わった者、或いは店員から堕落して筋肉労働になった者、これらの者が落ち込んだのが四十五人。それから最初商業を営んで、それが他の職業に変換して浮浪に落ち込んできた者が十九人。この最初商業を営んだという者の中には、その人の前境涯をみると、立派な呉服屋店を営んでおったとか、或いは客商売ではありますけれども、群馬方面で中々大きく料理屋をやっておったという者があるのでありまして、その人々の末路をみると全盛時代を偲ぶのであります。

第一次職業より浮浪へ

ところで、職業を変換せざりし者はどういうのかというと、百姓ばかりしておった者、技術労働ばかりしておった者、自ら事業を営んでおった者、店員であった者、筋肉労働であった者等でありまして、中に娼妓たりし者が一人、芸妓たりし者が一人、醜業婦たりし者が一人、無職業が七人、不詳が十一人であります。

芸者の種類

芸妓などをやっておって、浮浪生活にまで落ちて来たということは、どうした訳かと言いたくなるのでありますが、しかし、これらは芸妓といっても本当の芸妓ではないのでありまして、――こんな事はあまりお話しても宜くありませぬが、芸妓には七種類ある。第一が「仕込」、第二が「丸抱」、第三が「分け」、第四が「七三」、第五が「逆七」、第六が「看板」、第七が「自前」。こういうふうになっておりまして、浮浪生活にまで落ち込む者はいずれも仕込であります。

仕込というのはどういう種類の芸者であるかというと、娼妓というのは明治三十三年の内務省令第四十四号で満十八歳以上でなければならぬということになっている。しかし、貧しくて、何でも品物を金にしてしまって、行き詰った者が自分の娘を商品化させようとする場合において、満十八歳になったら娼妓に売ろうと待ってるものではないのでありまして、その前にそれを商品化させなければならぬ。その時には十歳か十一歳の子供でも金にしてしまう。十か十一の子供がどうして金になるかというと、即ちその子供が芸妓屋に売られて行く。価は先ず百円から三百円くらいのものである。

そうして、地方は東京と取締規則が異なりますが、東京では満十四歳以上でなければ芸妓になることはできない。しかして尋常小学校を卒業しなければ警視庁令によって芸妓になることはできない。そこで、先ずこの仕込は顔の好し悪しにもよりますし、体格にもよりますが、百円から三百円くらいで買って、芸を仕込み十四歳以上になると半玉として座敷に出す。この仕込が一番問題が起きるのであって、大審院まで訴訟が進行して摺《す》った揉《も》んだの揚句、芸者屋が勝ったとか、親が勝ったとかいうのはこの仕込である。

この浮浪者調査の中に現れたところの女は二十二歳でありまして、芝浦で芸者をやっておったが、自分の性格に合わないというので飛び出した。けれども父母は亡い、兄も扶養の能力がないというので、ついに浅草に落ち込んできて、密淫売をやっているという訳である。

六、残食物についての数的観察

前にも申した通り、浮浪者といえども必ずしも人の情けに縋って物をもらって生きていこうという者ばかりではない。先ず総数に対してみるに、その五割二分まではズケで料理屋飲食店の残り物に関係がある。それからズケなどという残り物には更に関係なく、金をもらう乞食をしておる者が少しばかりある。それから金ももらえば、ズケももらうという者もある。これらの者は全く生業に関係のない、いわゆる他人の恵みを当てにしている者であって、残食物に関係ある者が二百四十三人、現金ばかりに関係ある者が三十人、金品両方をもらう者十二人、それから女で売笑をやっている者が十一人。これらを除いたあとの者は何か生業についているのである。先ず立ん坊をやっている者が一番多く、百人からに上っている。それから煙突掃除、辻占売り、玩具売り、飴売り、燐寸《マッチ》売り等をやっておる者があります。

そこで、この残食物に関係のある二百四十三人を更に解剖してみると、この中何もしないで全く残食物のみで生きている者は百九十六〈百九十八〉人。あと少数の者が残食物と帽子洗濯による者があり、残食物と自由人夫による者が九人。残食物とあか本売りによる者が一人。残食物と拾い屋による者が七人。残食物と広告人夫による者が四人。残食物とヨナゲによる者が十三人。残食物と掘り屋による者が九人。空俵拾いによる者が一人。残食物と拾い屋による者が一人。こういう訳で、二百四十三人の中百九十六〈百九十八〉人は何もしないで、残飯のみで生きており、他の者は残飯ももらい稼ぎもする。かような状態であります。

ところで、この残飯なるものが東京市中からいかに多量に出るかということをちょっと申し上げますと、私どもの観察によりますれば、浅草公園に群がる浮浪者の数は現在は少ないけれども、多い時には四百人からになる。この調査を行った時に三百六十一人おりましたが、それが浅草界隈だけで三百人だけは残食物で生きて

中野町大塚の小屋の内部

いける残食物の量があるのであります。更に、近来残食物が多く出る場所があるのでありまして、今銀座を当てにして、残食物で食ってい る者が四十人くらいありましょうが、少なくも銀座では百人くらいは残食物で食っていけるだろうと思う。殊に銀座のカフェー・タイガー、黒猫、ライオンあたりでは残食物ばかりでなく、日本酒や西洋酒の客の飲み残しを一つの甕《かめ》の内に溜めて置いて、それをズケもらいにくれる。色々な酒が混ざっているから、それを飲むと混線してしまう。これら銀座街の残飯をもらって生きている者が幾十人寝ておった処は、虎の門公園の隣に宮様のお屋敷がありましたが、そのお屋敷の隣に大きな樹が茂っている、そこに根拠を構えておった。先ず夜の十一時頃になると、銀座のカフェーからもらってきた残酒で宴会を開く。飲めや唄えやで盛宴を張って（笑声）、好い気持になってゴロリと寝込んでしまう。まことに原始的生活そのものであります。

浅草を追われて　近来浅草を追われた浮浪者の群はどこに行ったかというと、向島の土手、或いは錦糸堀、銀座、上野公園等に散らばってしまったのでありまして、「浅草に浮浪者の影が絶えた」と言う人もありますけれども、なるほど浮浪者の影は見当たりませぬが、その浮浪者というものはその境涯を脱した訳ではないのでありまして、いずれかへか出没しているのであります。これは何故そういう事になるかというと、浮浪者に対する保護は、ただ警察方面の手によるのみであって、それ以外には面倒を見てやる所はないのであります。

それ故に細かい所まで調べたら、随分色々の所に散在しているだろうと思うのでありまして、これは私どもに言わせますれば、ある一定の場所に集団せしめておく方が宜いと思う。「浮浪は罪悪の母」でありますから、彼等浮浪の群を或る一定の場所にまとめておいた方が宜い。散在していると、浮浪者自身にとっても苦痛であるし、また吾々からみても浮浪者が方々に散在していることは余り感心できぬのであります。

七、教育の程度

次に彼等の教育程度はいかがかと調べてみますと、先ず高い教育を受けた者はかの処まで陥らないのでありまして、四百七十三人の中で無学が九十七〈九十一〉人、総数に対して約二割であります。尋常小学未了の者が〈百九十三人〉、四割八厘。尋常小学卒業の者が〈九十九人〉、二割五分一厘。高等小学未了が六分で、実数二十六〈二十八〉人。高等小学校卒業が八分、実数三十八人であります。それから中学校中途退学が十三人で、総数に対して二分七厘五毛でありまして、それ以上の教育を受けた者、即ち中学を卒業した者、或いはそれ以上の学校に入った者はわずかに三人しかありませぬ。ところが、浮浪者といえども教育程度の問題などになりますと、「自分は浮浪はしているがこれでも中学を出ている」と言って、大いに見得を切る。ところが、段々に訊すと、高等小学を卒業したくらいが関の山で、実際中等以上の学校に行っている者はほとんどない。今日いかに就職難であっても、中等学校以上の教育を受けた者には浮浪にまで陥る者はさすがに稀であります。

八、浮浪者の希望

そこでいかに浮浪に落ち悲惨な境涯に陥っている徒といえども、何らかの希望があるであろうということで調べてみますと、希望と申しても大した希望もありませぬが、「どうか一つ助けてもらいたい」という希望。

これは当然の希望でありまして八十七人。「適当なる職業をみつけてもらいたい」というのが八十二人。「今のところでは職業に就けないが、病気がなおったら職業に就こう」というのが十人。「どうかして元の職業に還りたい」というのが三十七〈三十六〉人。「職業には就きたいけれども、何ぶんこの襤褸《ぼろ》ではしょうがないから、金を拵えて身装りを整えてから職業に就く」というのが三人。「目下求職中であります」というのが一〈四〉人。それから「どうか私は商売をやりたい。おでんやでもやりたい。夜店商人にでもなりたい。行商にでもなりたい」――というのが十五人。中に「何とか君も考えがあるだろう?」と訊ねると、「自分は常に向上心を持っている。余りおせっかいの事を言ってもらいたくない。吾々といえども希望はちゃんと持っている」という、すこぶる鼻意気の荒いのが十一人。「故郷に帰りたし」というのが四十三人。この故郷に帰りたしというのは、何とかして着ている襤褸を相当の身装りに着替えさして、旅費を持たして故郷に帰してやれば、それで解決するのである。それから「兄弟に縋って扶けてもらいたし」というのが七人。「子の成長を待つ」というのが六人。ところが、子は相当に暮らしているけれども「親父を構いつけぬ」というのがある。だから、その親が自分の希望としては「子の扶養を受けたい」というのが六人。「養老院に入りたい」というのが二人。

「成り行きに委す」というのが四十三人。これらは吾々が話をしてみても、とても興奮性で喧嘩腰です。「ナニ死ぬも生きるも成り行きに委すのだ」というので、喰ってかかる。実際彼等の身となったら、これらが本当の告白でしょう。「モウ吾々は何の希望もあったものではない。かく悲惨なる生活に漂っておって、これから先はどうなるのか。死ぬも生きるも成り行きである」と、モウほとんど自暴自棄であります。

それから中には盲目で、「自分は盲目であるから、按摩の免許を受けて按摩になりたい」というのが一人。まことに殊勝な考えで「仏門に入りたい」というのが一人。「社会の一線に立って活動して成功したい」というのが一人。「苦学成功したい」というのが二人。

ここに憐れなことには「死にたい」というのが二人ある――この中の一人は五十歳になる婆さんで、「自分はモウ死にたい。旦那死なして下さい」と言うのであって、かつては吾妻橋から飛び込もうとしたそうであるけれども、いざ死の決行ということになると渋ってしまうというのであります。

それから「巡礼になりたし」というのが二人。浮浪者になっておりながら「お嫁に行きたい」というのが二〈三〉人。（笑）「金儲けをしたい」というのが五人。「何らの希望なし」という豆腐のからのようになったのが九十七〈九十一〉人。「不詳」が七人。かような希望を各々抱いているのであります。

九、浮浪者の趣味嗜好

ところが、この人々といえども必ずや趣味嗜好がなければならぬのでありまして、「何が君は好きか？」と訊ねてみますと、「酒が好き」というのが百三十七〈百三十八〉人。「酒と煙草が好き」というのが三十七〈三十九〉人。浮浪生活をしておっても性欲は衰えないとみえまして、「酒と女が好き」というのが七〈五〉人。「酒と女と煙草が好き」というのが二〈五〉人。「酒と活動写真が好き」というのが三人。単に「煙草が好き」というのが五十八人。「煙草と碁が好き」というのが一人。「煙草と女が好き」というのが三人。「活動の剣劇が好き」というのが十六人。「活動の時代劇が好き」というのが十五人。「活動の人情劇が好き」というのが四人。「安来節が好き」というのが十二人。「読書が好き」というのが十〈六〉人。「菓子が好き」というのが七〈九〉人。

「ウツが好き」というのが三十七人――この「ウツ」というのは何かというと、これは博打《ばくち》の事であって、あの社会においては博打は極めて簡単な方法で勝負を争っているのであって、それを「なみ形」と称し、略して「カタ」と言っております。「何らの趣味嗜好なし」というのが百三十七〈百十〉人ですが、これらを質していけば、結局残飯でなく美味しいご飯を食べたいというのが趣味であるかも知れませぬ。「不詳」が七〈八〉人ありました。

一〇、扶養関係と収容機関

次に彼等がここまでに落ち果てたが、彼等には親戚があるか、かつまた親戚があって扶養できるかどうかということを調べてみると、四百七十三人の中で尊親族のある者が百六十七〈百七十四〉人。卑親族で養ってくれるというのが三十八〈二十八〉人。合わせて二百五〈二百二〉人が扶養してくれる親族のある者であります。それから相談しても、とても取り合ってくれないというのが二百五十六〈二百六十五〉人、全体の五割六分を占めている。不詳が六人ありました。

しかして、この人々はかくまで落ちる間に保護機関に収容されたことがあるかどうかというに、〈一度でも〉保護機関に収容された者は四百七十三人の中で七十五人あった。いわゆる東京市養育院であるとか、或いはまた施療病院であるというような所へ一回でなく二回、三回、四回……と重ねて収容された者（これを私どもの方では院内救助と言っております）が七十五人。総体の一割五分八厘であって案外その数が少ない。この人々が社会的に救われないということはこの数字をもってみても明らかであります。そこでこの収容された人々について、その収容期間を調べてみると、長い人は二十年以上も収容されておった者があるのであって、それは赤ん坊の時から青年時代に達するまで孤児院にご厄介になっておって、孤児院を退いて正業に就かずして浮浪になったというのであります。しかし、大体において一年未満が多く、極く短いのは十日くらいしか収容されておらなかったという者もあります。

最後にこの収容機関について申しますと、現在行路病人であるとか、準行路病人を養育院へ収容する。養育院は、東京市在住二ヶ年以上でその生活困難なる者に対して二百人を限度として、窮民として収容しているのであって、誰でもがこの窮民で入るということはできないのであります。この浮浪者連中も、野宿をしておって身体の具合が悪くて倒れると、窮民によらないで、行旅病人として警察官庁の取り計らいで養育院へ収容する。収容すると、癒るまでは我慢ができないで逃げ出す。これは強制収容ではありませぬから、当人が「私は退院します」ということになると、これを強いて止めることはできない。

社会の連帯責任

かく浮浪者が収容機関を嫌う以上、彼等の悪習を矯《た》め直そうとするにはいかにすれば宜いかというと、結局いわゆる強制収容の必要が生じてくるのであります。いかに警察が追っ払っても、或いはまた養育院へ収容しても、結局何にもならないのであって、ここに彼等を矯め直さんがための強制的の方法を採らなければ、決して浮浪の徒は減ずるものではありませぬ。また今日の社会状態からみて年々に貧しい人が殖える。貧しい人が殖えるに従って、浮浪者も生ずるということに思いを廻しますと、並大抵のことでは浮浪者の数を少なくすることはできないのであります。前にも申す通り、社会的の欠陥が段々大きくなってきているにもかかわらず、社会人も連帯責任の上において、あまりこれを深く思うことなく、ただ警察の力に一任してあるということは、私どもはその足らざることを甚だ遺憾とするのであります。しかしてこの保護施設も画一であったり、或いは伝統的であったりするところの保護施設ではだめであるのでありまして、ここに新しき保護施設を作って、この繁華な帝都の巷に寝るに家なく莚一枚を褥《しとね》に果敢ない眠に就く憐れな人々、そうして焦燥と困憊と悲哀の生活を続け、浮かぶ瀬なき社会の暗黒面を漂っている気の毒な人々を救済してやりたいと、私は望んでいるのであります。

以上、甚だ断片的の話でありましたにもかかわらず、かくご清聴下さいましたことを感謝いたしまして、私の講演を終ることにいたします。（拍手）

（「講演」No.七八　昭和四〈一九二九〉年六月）

ドン底生活の記録

プロレタリアートの激増は近世社会における著しい傾向であると同時に、重大なる社会問題である。中にも人生の屑である乞食及び浮浪者の激増は否定し得べからざる社会の悲惨な事実であり、かくごとき者の増加は国家の将来に大なる暗影を投ずるものであるといわねばならぬ。

単に乞食及び浮浪者といっても、研究してみると、多数の種類があるのである。浮浪者については徳川幕府の末期及び明治初年頃は、当局の相当の施設によって保護されていたようである。浮浪者の数については大正十一〈一九二二〉年六百人の調査員をして一斉に調査せしめた結果によると、東京市内だけで二百五十三人いる事が分かった。大正十三年、市勢調査の折の統計によれば二百八十一人に増加し、更に十四年十月一日に行われた国勢調査によれば三百八十人に増加し、昭和三〈一九二八〉年六月中における一ヶ月間の継続調査によれば四百七十三人の多きに達している。即ち、年を遂うて増加しつつある事は重大なる社会問題であると考えなければならぬ。今日東京市内の浮浪者を一斉調査するならば、恐らくは一千人の多数に上るであろうと想像される。かくのごとく毎年浮浪者が製造されて行きつつあるのは、社会制度の大いなる欠陥であるとみなければならぬ。

現在東京市職業紹介所の就職比率を調査してみるに、百人に対してわずか十七人しか就職していない悲惨なる状態で、残りの八十三人は働かんと欲して働き得ず、刻々に迫る飢えに泣いている訳である。これらの就職し能わざる人々が、だんだん浮浪者の仲間へ落ちて行くはけだし見逃し得べからざる事実である。

知識階級（専門学校、大学出身者）の就職率は百人に対してわずかに五人という情けない状態である。これに反して筋肉労働者の比率は百人に対して八十五人で、一般求職者と正反対の現象を呈している。

×

東京市に不定居人（住居不定者をいう）は一万六千人の多数である。これを分類すれば、部屋者が四千人ある。部屋者とは、部屋に親方がいてこれを監督し、一部屋（約六畳）に十人くらい起居しているが、市内所在の部屋の数は四百余りあるのである。市内四百二十軒の木賃宿に宿泊している者が、八千五百人の多数に達し、部屋者の二倍余というありさまである。野宿者は七百人を数え、次が小屋住居の者の百五十人という順序になっている。

明治初年には浮浪者は相当保護されたのであった。それは、浮浪者自身を保護するのが目的ではなかったが、明治三〈一八七〇〉年、外国の皇族が来朝されるについて、市内に浮浪者がいては目障りとなり、我国の体面にかかるということから、浮浪者の狩り立てを行ったところ、三百人を得たので、これを浅草区千束町に浅草ダマリ〈溜り〉と称して、ここに収容保護したものであった。

外国皇族の退去後、再び浮浪者を解放せんと企てたが、その多くは不具者、病患者等であったために、引き続き保護を加えたものである。しかして、明治五年に第二回の狩り立てを行い、その親族ある者はこれを引き取らせ、引取り者には二ヶ年間に限り一日二文の銭を与えて補助した。その労働に堪え得る者にはこれに適当の職を与え、その他の老衰者、不具者等は養育院を創設して、二百人をこれに収容した。この養育院はその後あらゆる難関に遭遇したが、五十七年後の今日は二千七百人を収容している。しかも、これがほとんど不具者であるにおいては益々哀れを感ぜざるをえない。

次に浮浪者がその生活資料を得るにはいかなる方法によっているか。これを三大別することができる。

一、他人より金品を受くる者（乞食）

二、野宿して、短時間の労働をなす者、また行商人

三、犯罪による者

その一を更に分類すれば、全く他人より金品をもらう者と、その一部分のみをもらう者がある。また、食物のみをもらう者と、金をのみもらう者がある。カフェー、飲食店、料理屋から残飯をもらう者をツゲ〈ズケあるいはヅケ〉と称し、遊廓からもらう者を彼等仲間では台ガラ〈ダイガラ〉と称している。一定の場所にいてもらう者をブラといい、強請《ゆす》る者にカリダシとタカリの二種がある。カリダシとは物品販売を種に金を強請るもので、例えば、日用品を購買せん事を請い、金を与えると金とともにその商品もともに持ち去ってしまう者である。タカリとは彼等仲間の弱い者をいじめて、これから強奪する悪辣な者である。彼等は巡査をヤブと称して非常に恐れている。

その二の場合の者は人並みには働けないけれども、下等なしかも短時間の労働に従事し得る者で、オッカケ、

ナガシ〈ナカシ〉、カルコ、広告マキ等がある。オッカケとは坂を通る車を追いかけて行って、後押しをなして口銭をもらう者をいい、ナガシとは一定区間同じく口銭をもらって車の後押しをする者で、世間ではこの二者を称して立ン棒と呼んでいる。広告マキは広告の行燈を背負うて市中を練り歩き、或いは広告ビラの配布をなしている。カルコとは青物市場、魚市場等で荷物の運搬に従事している者をいう。昔はカルコにも親分がついて、その指揮に従ったのであるが、最近は親分はなく、従って、自由競争によって、少しばかりの賃銭を得て、糊口《ここう》を濡らしている始末である。

三味線を弾き、或いは浪花節を歌い、または演説をして投げ銭をもらう者もある。即ち投げ銭もらいとはこれらの総称である。

屑物拾いにも六種ある。ワタヤとは所轄署で鑑札を受けた者で、公然と白昼拾い歩く者である。カワラマルとはゴミ溜めを廻り、または炭俵を集め、これを一俵八厘くらいで売却し、一日二十俵を集めれば、彼等は生活していくという。ホリヤとは家屋を壊した跡に行って、何物かを物色する者である。その他ヂミと称する者がある。

その三の犯罪によって生計を立てていく者は、俗にいうカッパライである。主に神社仏閣のお賽銭箱をねらい、これを掻払うので、一日八円くらいの収入があるとは、豪気なものである。

浅草観音堂の雨のようにふる賽銭を、人の混雑にまぎれて、拾う敏捷な者もある。

女乞食も三十人くらいいるが、その中の二十人くらいは密淫売によって生活している。これは明治時代の白首《しろくび》、ヨタカの流れを汲んだ者である。彼女らの中にはハリバイと称する情夫があり、情夫が淫売の見張りをなして、夫婦生活している哀れな者もいる。現在浅草公園では十六人からの密淫売者がいる。彼女らの年齢は大例三十歳から六十歳までの者が多数を占めており、田舎茶屋や娼妓のなれの果ての姿が彼女らである。彼女たちの堕落の最大原因は酒を非常に好んだために、酒乱者となったためである。現在でも浅草公園には、十年間も密淫売をして生活して、また四十歳になる野宿女がいる。

×

明治年間にはこの種の密淫売が三百人の多きに達していたが、大正五年私娼撲滅以来はその数を減じたようである。彼女たちは組合組織になっており、その縄張りが定まっていた。そして、五年以前頃は百人くらいいたのであるが、最近は激減して市内を通じて二十人くらいのものである。

浅草公園における乞食の仕事振りを検するに、組合組織のものと、単独的のものの二種があるようである。組合の数は七つもあり、団長には十年間も浮浪生活を続けた古つわものが君臨している。ある団長のごときは、二十年も乞食をした驚くべき者がある。しかしながら、彼等は秩序整然たるものであり、相互扶助の精神においては最も発達している。そして各組合及び会員どもに縄張りが定まっており、他の縄張りを犯《ママ》した者は厳重なる制裁を加えられることになっている。そして、各組合には当番があって、縄張り内の料理店から午後十一時頃には残飯をもらって来て、仲間に分配する習慣になっている。

単独的の浮浪者は大抵もらい場所が決まっているにかかわらず、組合から堪えず圧迫されているのは気の毒なほどである。しかも組合には容易に加入されないことになっている。

それは組合員が増加すると、彼等の生活がおびやかされるからである。ツゲの二度もらいとは、他の乞食の食い残しをもらって食する者をいい、乞食仲間でも最も軽視されている。雨の日は料理屋への客足も少なく、従って残食も少ないので、二度もらいの者は水を飲んで過ごすとはさても哀れの極みである。

しかしながら、乞食が餓死する例はほとんどない。一年を通じて、乞食の死者は二十五人にも及ぶ。それらは凍死か、或いは病気に属する者であって決して餓死でない。

しからば、いかにしてこれら多数の哀れむべき浮浪者を救済することができるかという問題である。一般に世間では三日乞食をすれば止められぬといわれているが、事実三ヶ月以上も乞食をした者は救済しがたいのであって、社会事業家もこれには悩まされている。働かずに食えることが癖になると、ながくその習癖が治らず、真面目に働こうと欲しないので、一度救済された者でも困難なことに遭うと直ちにもとの乞食生活に逆もどりする者があることは珍しくない。故に養育院等による消極的救済方法も必要であるが、彼等が乞食にならない前に彼等を救済して、浮浪者に堕落せしめない積極的方法が最も根本的な救済方法であると信ずる。それには社会の欠陥を除去して、働かんと欲する者には総て仕事が与えられるようにならねばならぬ。

×

次に〈昭和三年六月中調査によれば〉浮浪者の集合場所についてみるに、浅草公園が何といっても一番多く三百六十一人を数え、上野公園が四十二人、芝公園が十一人、〈虎の門公園と付近が十九人〉、四谷区旭町が十一人、深川富川町が二十九人、その他を合して四百七十三人という数に上っている。これを出身府県別にすると東京府が一番多く、百十六名で二割五分に当たっている。次が千葉県、埼玉県、新潟県、茨城県、神奈川県、栃木県、福島県、群馬県、長野県、秋田県、兵庫県、富山県、宮城県で、いずれも十人以上を出している。鳥取県、和歌山県は一人も出していない。更に市町村に細別すると、村出身者は四割一分を占め、町出身者は二割三分三厘、市出身者は三割五分を占めている。即ち、農村からその大多数を出している点から観察すれば、いかに農村が疲弊その極みに達して、都会に憧憬して上京の末が浮浪者に陥っていることが分かるであろう。

彼等が何の目的で上京したのであるかを調査するに、その八割五分までがよい職業を得んと欲した者である。その一割二分〈四十四人〉はすでに奉公口が内定して上京したけれども、奉公の辛さに堪え得ざりし者である。従来は売られ行く者は女に限られていたのであるが、近来は男も売買されるようになった。即ち、時勢の進展に伴って、年期奉公を嫌うようになり、ために店員、女中、小僧の不足の結果を生じ、田舎より誘拐し、または百五十円ないし二百円で買って来て、これを売り飛ばすのである。雇主は金銭で買ったという観念から、これを牛馬のごとく酷使する。従って、彼等は酷使に堪え得ず、その多くは逃亡して、哀れにも浮浪者の仲間入りをすることになる。労働変更のための者が二十人。上京して商売をすればキット濡れ手に粟のごとく儲かると考えた者が五人。官公吏にして堕落した者が二人。幼時の折父母と共に上京した者が十四人。苦学成功の目的の者が九人。治療の目的の者が四人。誘拐された者が五人。最初からの乞食志願者が三〈十六〉人。嫁の堕落した者三〈二〉人。何らの目的なく、ふらふらと上京した者が十一人という統計になっている。これによってみるに、生活のために上京した者が大部分を占めている。

×

しかして、乞食に堕落した原因を探求するに、個人的関係、家族的関係、社会的関係、その他に大別することができる。

第一の個人的関係を更に生理的欠陥による者と、精神的欠陥による者に分類すれば、前者に属する者は、病気が百十二人で二割三分を占め、不具者の三十二人、老衰者の二十九〈十二〉人等である。後者は酒による者六十一人、怠け者が二十六人、犯罪者五〈二〉人という数を示している。

第二の家族的関係による者は、死別が六人、家庭の不和が五人、夫の病気のため一人、夫の失業のため一人である。

第三、社会的関係による者は、失業者百五人、宿所なき者二十一人、身許保証人なきため就職し得ざりし者七〈四〉人、女にして赤児ある者一人という統計になっている。

第四、職業上の失敗による者七人、同じく雇人十〈十二〉人である。

第五、その他に属する者は、酒が四人、誘拐が十〈十二〉人、原因不詳が十五人という結果になっている。これらのうち個人的関係による以外のものは真に同情すべきである。

彼等浮浪者の生活年数は、五年の者百六〈二十六〉人、七年の者四十四人、十年の者十五〈十六〉人、二十年の者十六〈六〉人、三十年の者一人というありさまで、いずれもその年数の相当長きに一驚させられるのである。

×

次に注意すべきことは、彼等の多数は職業を次から次へと変換した者が多いことである。職業変換の経路についてみれば、従来官公吏、教員、軍人たりし者、即ち知識階級の者が十七〈十六〉人もあり、その中には勲七等の者もあれば、某大学を卒業して会社員となり、後酒商を営み、労働者となり、遂に人夫となって負傷したので乞食となった者、或いは恩給百六十円を受けて食っている浮浪者もいる。最初に彼等が従事していた職業別にすれば、技術者が八十六人、農夫が七十六〈七十五〉人、小使給仕が九人、労働者が二十二人、店員が七十五〈四十五〉人、商業の独立経営者が十九人で、それらの職を振り出しに幾多の職業をかえて今日に至っている者であって、職業を変換せざりし者はわずかに四十二〈二百〉人に過ぎない。

芸妓にもマルカカエ、シコミ、七三、ギャク七、カンバン、ジマエ等の種類がある。明治三十三年の内務省令によれば、満十八歳以上でなければ芸妓たること能わずと規定されているが、実際においては、十一歳から芸妓になった者がある。警視庁令によれば、満十七歳以上たる者、尋常小学校卒業以上の者でなければ芸妓はできない規則になっている。しかしながら、右規定以外の者を三百円くらいで買って来て、売り飛ばす。これらが堕落して遂に前述した野外密淫売者になるのである。

浮浪者になってからの職業を分類すれば、ツゲと称する者が二百四十三人で全体の五割八分〈五割一分五厘〉に当たっている。ツゲとは料理屋の残飯によって生活している者をいう。乞食（金をのみもらう者）が四十四〈三十〉人、ツゲと乞食兼職の者百八十〈十二〉人、売笑婦十六〈十一〉人という数を示している。しからば、市内で残飯の量はどれくらいあるかを調査してみると、浅草は四百人を養い得る量があり、銀座は百人を養い得る残飯がある。銀座のカフェーには残酒（客の残した酒を一の容器に入れた一種の混成酒）があり、彼等はこれを飲んで大いにメートルを上げるのである。浅草公園から最近浮浪者が追われたというが、それらは向島、銀座、錦糸堀公園、上野公園へ分散している。

×

彼等の教育程度を調査してみるに、無学者が九十七〈九十一〉人、尋常小学校中途退学者が百三十二〈百九十三〉人〈四割八分〉、尋常小学校卒業者九十九人（二割一分）、高等小学卒業者が二十八〈三十八〉人（八分）、中学中途退学者十三人、中学卒業及び専門学校以上が三人で、教育の程度の低きに従ってその数を増している状態を示している。

浮浪者の希望を徴したところによると、

他人の助けを求める者　　九十七〈八十七〉人

職を求むる者　八十二人
内職に復職を望む者　三十六人
行商、オデン屋その他小商人を希う者　十六〈十五〉人
乞食を馬鹿にするなと怒る者　十一人
故郷に帰るを欲する者　四十三人
兄弟の助力を乞う者　十〈七〉人
子供の成長を待つ者　六人
養育〈老〉院に収容を乞う者　十二〈二〉人
自暴自棄して成り行きに任す者　四十三人
苦学成功せんとする者　六〈二〉人
死を望む者　二人
巡礼を望む者　二人
金儲けをしたい者　五人
嫁に行きたい者　一〈三〉人
あんまを望む者　一人
僧侶を望む者　一人
希望なき者　九十一人
不詳　七人

という統計になっているが、これを一々研究考察してみると、実に面白い現象を呈している。

×

次に彼等の趣味をただすと、酒が百三十七〈百三十八〉人。煙草五十八人。酒と煙草が三十七〈三十九〉人。女を好む君十七人。芝居六人。映画の中剣劇十六人。時代映画十五人。安来節十一〈十二〉人。火事を喜ぶ者九人。賭博三十七人。美味しい食物を食べたい者百十七人。なんらの趣味なき者八〈百十〉人であって、これをみれば、人間の本能が最も強烈に現れていることが一目瞭然としている。

更に浮浪者の親類関係を調べると、尊属関係なる者百七十四人、卑属関係が二十八人で、親類なく、全く引取人なき者は二百六十六〈二百六十五〉人（五割六分）の多きに達している。これよりして、いかに彼等の生活が淋しく、老後が一層不安に襲われているかが窺い知るを得るのである。しかして彼等が保護機関に収容された度数を調べてみるに、一度救われた者が七十六〈六十一〉人、二度以上収容された者が七十五〈十四〉人である。収容年限の最も永い者は二十年にも達し、大多数は一ヶ年未満で、再び放任せらるるのである。養育院の入院資格は東京市内におよそ二年以上在住の者及び行路病者の二種がある。しかしながら、これは任意収容であるから収容中といえども、退院希望者はいつでも出られる訳である。「浮浪は罪悪の母である」という古諺《こげん》の通り、永く彼等を放任すればするほど犯罪の原因となり、一般社会人の生活がおびやかされることになるから、一日といえども早くこれを匡正収容等の方法によって、一面には彼等を矯正し、他面には社会の安寧秩序を確立すべきである。

彼等浮浪者乞食といえども一天万乗の陛下の赤子である。陛下の赤子をしてかくのごとく飢えしむるのは国家の重大なる問題であるといわねばならぬ。故に現代の社会的欠陥が浮浪者続出の最大原因となっているのであるから、この社会の病的欠陥を改造することによって、陛下の赤子を飢えから救い、同じく皇恩に浴せしめねばならぬ。これが刻下の急務であるにかかわらず、なおざりに付せられて何らの対策が講ぜられていないのは、誠に文明国の恥辱であると信ずるのである。

（「国本」九巻八号　昭和四〈一九二九〉年八月）

救われざる浮浪の習性

救われざる浮浪の習性　物に飽き易く転々と職を更える人々
草間八十雄氏が救済向上の道を説く

一概に浮浪者と言ってしまうと、何だか恐ろしい人達のように聞こえますが、しかし、人間がそこに落ちて行くまでには、やはりそれ相当の原因や理由がなくてはならないことです。本社家庭欄の失業者の家庭記事で、読者は既に現代の欠陥を痛感せられていることでしょう。それで、今晩〈昭和五＝一九三〇年七月三日〉の講演「浮浪者の生活」も大いに世人に残された考えうべき問題です。講演者は東京市主事の草間八十雄氏で、皆さんがご承知の通り、浮浪者生活の研究に深い方です。氏の次の話を聴いて下さい。

浮浪者の歴史は古いことでしょうが、その調査をした記録は江戸時代はさておき明治三〈一八七〇〉年に大

浮浪者の慈父
草間八十雄氏

久保一翁《いちおう》という人が官命を帯びて、東京府内の野宿狩りをしたのがその初めです。その時狩り集められたのが三百人あって、幕府時代に免囚を収容した浅草溜《だまり》へ収容したとあります。引続き五年頃まで毎年やったが、公費をもって徒《いたずら》に助けてばかりいるわけに行かないので、親類縁者のある者は引きとらせ、健康体の者は強制的に働かせ、それには福富嘉平次〈福重喜平治〉なる者が使用会社を設立してそれに引渡したのが百五、六十人あり、向こう九十日間それだけの人数に毎日銀二匁《もんめ》を援助したそうです。

養育院ができたのは明治五年十一月で今の板橋の市養育院がそれです。最近、すなわち昭和三年六、七月にかけての調査では四百七十三人ありましたが、調査漏れを合わすと推定七百人に及ぶ見込みです。その中二割五分が東京者で、残りが田舎から出た者。原因はおおよそ七つに分けることができます。

一、生理的欠陥（不良、疾病、老衰、精神喪失類）
二、精神的欠陥（飲酒、不正行為、放蕩）
三、職業上の関係（事業失敗）
四、家族的関係（父母不明、継母）
五、社会的関係（雇主の虐待、就職保証人無し、女だと子供があって女中奉公にも差し支える結果）
六、自然的関係（震災等）
七、誘拐

一体に物に飽き易く、常に職業を転換し、少なくて二回、多くて二十回以上二十二回も転職しています。地方から出て来た者も、東京で職業を求めよう、或いは苦学しようと心掛けて来た者もありますが、田舎で乞食をしても日に五十銭くらい稼いだが、東京へ行くと日に二円くらいにはなるというので、どんどん出京して来るのです。救済方法としては養育院へ収容したり、適当な職業指導をしたり、鋭意向上を計るのですが、一度働かずに食う習性に染《なじ》んだ彼等はどうしてもそれを嫌います。中には養育院から逃亡五回にも及ぶ者がありま す。仕方なくこんな人々は強制収容法をとっています。

（読売新聞一九一六五号　昭和五〈一九三〇〉年七月三日）

下層社会と金融の裏面

数的に観る質屋と高利貸

庶民金融の機関として軽便簡易に融通の利くは質屋である。この質屋の融通による者は啻《ただ》にその日暮らしの貧しい人々ばかりでなく、中流のライフにある人々も質屋を利用する者が少なくない。故に、この大東京には営利質屋の軒数は市内七百四軒、市外七百五軒、合わせて一千四百九軒の多きに上り、この質屋で一ヶ年間に取扱う入質件数は六百三十万七百七十七件で、これに対する貸付金総額は四千百八十三万六千百二十八円の巨額に達し、一件の貸付平均額は六円六十四銭に当たる（昭和四年中の営業成績）。

かくのごとく質屋は利用され、そうして融通をうける者が多数であるのに、なおこれ以外に高利貸といわれる金銭貸付業者も少なくない。この頃警視庁で調査し、その数の判っただけでも、高利貸は市内に三百四十七人、市外百七十八人、合わせて五百十七人で、これら高利貸の貸付にかかる件数は二万五千八百九十七件、この貸付金総額は一千三百五万五千百五十八円である。一件平均五百五円の貸付額に当たっているから、ある者は一口五千円、ある者は一口一千円、ある小口の者は三十円、または十円という少額の者があろう。

そこで、細民相手の極めて小口専門の高利貸とその数であるが、これはハッキリ判るべきものでなく、これは、堂々と小口信用貸金の看板を掲げている者は少なく、おおむね潜行的に細民を相手に金融を営むので、かつて市社会局で、貧しい人々が比較的に多く集団せる深川区富川町外十九ヶ所に臨み、金融機関の数を調べると、この二十ヶ所に三十七軒の質屋は営まれていたが、金貸業は八人に過ぎないのであって、細民の膏血を吸う高利貸は潜在的な者が多く、例えば店で雑貨を鬻《ひさ》ぎ裏面で高利を貸す者、家主が本業で高利貸が副業である者。こうした経営ぶりの者が多いから、これらの高利貸と利害関係を有する人々以外ではその正体が摑めない。従って、かかる類の高利貸とその数は推定によるより外はない。警視庁当局の観るところでは細民専門の小口金貸は三百七十人くらいで、これらの流動資本は一人当たり平均三千円で、この総額百十一万円くらいと看做している。

さて、私の説こうとする問題は下層社会とその金融であるから、これよりそれを語ることにする。

細民と高利貸、その貸付の方法と種類

世にいう恐しい高利貸が貧しい人々に融通をするには、その貸付方法に三通りあって、その一つの方法は「日済《ひなし》」と称し、更に一つの方法は「日歩《ひぶ》」と唱え、なお一つの方法は「からす」と言う。そのいずれによるも、高利貸から借金をなせる細民はこのアイス〈高利貸のこと。アイスクリームの訳語「氷菓子《こおりかし》」から生じたしゃれ〉にいかなる工合で搾取され、そうしてアイスはどれだけ暴利を貪るものか。以下、それを述べてみよう。

㈠「日済」によるもの　この日済で融通をうける者はもちろん対人信用の貸付で、欧州大戦以前までは一口三円、或いは五円という少額の貸借があったのである。その後、物価の騰貴と経済の膨張から一口十円以下の貸借はない。そこで、一口十円を借りるにも、連帯者二名はつけねばならぬ。また、十円といっても、証書面はおおむね十円四十銭になっている。そうして、借手の本人には八円三十銭だけが渡る。故に、証書面より二円十銭不足である。この二円十銭は、㈠法定利子、㈡手数料、㈢印鑑証明料、など唱え天引きをする。

ところで、天引きせる二円十銭の内に、かの印鑑証明料は六十銭含まれている。けれども、債務者が期限通りに返済を果たすものと看れば、その六十銭の証明料をアイスが横領する。要するに、証明料を取りながら、事実においては証明を受けないのである。かくのごとく、正味八円三十銭を握んだ債務者はその翌日から十三銭ずつ八十日間にわたり日済で返すのである。そうすると、八十日目には証書面通り十円四十銭を支払うのであって、ツマリ、八円三十銭を貸付けて、八十日の間に二円十銭の高利を貪り取るのである。なお、八十日間に完済ができないで、延滞日数二十日に及ぶと、延滞手数料二十五銭ないし三十銭を取られる。

それから、かかる日済の金を融通する者は、十人の中で七人まで、俗に「カキカへ〈書替〉」をするのである。例えば、十円口の者が契約の八十日に返し果たせばよいのであるが、何日《いつ》も貧乏に追われる苦し紛れに、六十日くらいをかけ通し、もう一息で完済となる頃になると、どうして若干の金が入用に迫る。加之《しかのみ》ならず、延滞になるとアイスから責め立てられるので、さらにアイスに泣きつき十円四十銭の証書に書替えてもらい、未済の二十日分二円六十銭と利子手数料、印鑑証明料等二円十銭を引去った残りの五円七十銭だけを手に入れ、さらにその翌日から十三銭ずつ八十日間に支払うので、こうした書替えを繰返すのであるから容易にアイスとの関係を絶つことができないで、恒久的に膏血を吸われる哀れな債務者もある。

㈡「日歩」　これは商工業者が銀行から日歩いくらで融通をうけると同様な貸借関係ではあるが、細民相手の高利貸が融通する日歩は滅法もなく高い日歩で、今日この頃の日歩は「一円」につき最低七厘、最高二銭である。故に、銀行日歩単位百円と間違えてはならない。即ち、一円につき一日七厘から二銭。これを百円単位とすれば、一日に七十銭から二円の日歩となる。かくのごとく一円につき日歩七厘から二銭であるが、たいていは日歩一銭で貸付ける。ところで、この日歩で借りるには期限はおおむね三ヶ月で、証書面十円の小口を借りるにも連帯者一名ないし二名を立て、日済を借りると同様に印鑑証明料を取られ、それから手数料、調査費などの名義で少なくとも一割を刎ねられ、結局、借手に渡る金高は八円四十銭ないし八円六十銭で、期限三ヶ月であれば、その間毎日キチンキチンと日歩を払うのである。そうして期限にいたり元金の完済ができないと、その元金に少なくも二割の額を加え、即ち、十円の元金であればそれを十二円に改め、かくて完済方法を日済に変換し毎日二十銭ずつ六十日に払うのである。

㈢「からす」　このからすというのは、江戸時代から行われる細民の金融で、借りる者はおおむね行商人、紙屑買などで、朝に借りて黄昏に返すから、「からす」と唱えるのである。

この頃ではかかる類の金を融通する者は露店商人が多いので、「泊まりからす」と称する方法によるのである。それは今日借りて商品を仕入れ、夜の巷で露店を張り、翌日に返すので、一夜を経てから返すので泊まりからすという。このからすは博徒社会下層の花柳界でも融通する者がある。しかし、融通をする者はおおむね露店商人で、しかも露店商人は俗にいう書入れ時に借りるのであって、人出の多い祭礼、或いは大きな縁日、今日この頃なら早慶戦の野球など、こうして人出の多い盛場を俗に「タカマチ」と言う。このタカマチで一儲けを上げようと商品を増やす場合に「からす」を借りる。この烏金を借りるには別段連帯者の必要なく、全くその個人の信用で貸借が行われる。しかし、利子の高いことは日済日歩の比ではなく、今日借りて翌日返すまでの利子は安くて六分、高いのは一割であるから、ツマリ十円借りて六十銭ないし一円の利子を取られる。

　上記述ぶる細民金融の事柄は、その貸借関係は対人信用に属するもので、被融通者は全くの無産者で、要するに質屋に持ち込む質草さえ持たない貧乏人と高利貸の関係を説いたのである。しかるに、その日暮らしの細民にもライフの程度に高低があって、即ちその程度の低い者はすでに質草になる物はほとんど質屋に運び込み、詮方なく高利貸に縋り、対人信用でばかばかしい高利で融通を受けるという難渋者である。ところが、同じ貧乏をしていても、質屋では質物として取らないが、価値のある物品は所有している。それは箪笥、長火鉢、その他、嵩《かさ》ばれる家具類と、なお建具、畳のごとき物品を所有している。かかる動産は型《ママ》ちが長大であるから、前述のように質屋では融通を拒む。そこで、かくのごとき動産を担保に高利貸から融通を受けるのである。こうして対人信用でなく、動産担保によるものは手数料は一割止まりであり、利子は月一割が普通である。故に、対人信用に比較すれば、利子は幾分か割合に安くなっている。

宛名のない証書と無智な債務者

　貧乏線にある人々へ金融をする高利貸は、サラリーマン専門の者、小売商人が主なる者、或いは貧しい下層社会の人々を相手にする者、それぞれ専門的に貸付けるのであるが、下層の細民といわれる人々に貸付けるにはその借手がいくらかでも日銭を取る者でないと融通をしない。それで、借金を申し込むと、高利貸の方では調査員を臨ませ、第一に人物の良否と生活の状態を考査し、差し支えなしと看做せば、高利貸の方に、言い換えれば、債権者に有利な条件と抜目のない権利を書き入れてある活版刷の証書に署名捺印をさせても、わざと債権者の宛名を書かせない者が多い。これは、後日法律問題を起こす時の予防方法で、宛名がなければ誰でも債権者にして闘える。こうした借用証書の外に、いつでも公正証書のできるように委任状を取り、なお公正証書を作成する場合に必要であるから、債務者各自の印鑑証明等都合三通の書面を取ってから金銭を渡す。

また、動産担保のものは前記三通の外に、物品売渡証と、その物品を借用しているという物品借用証等を取るのであって、どこまでも抜目なく押さえ付けてから金を渡すのである。なお、酷いのになると、連帯者各自の判を白紙へ押捺させた、いわゆる白紙委任状を取る場合があっても、それは借りねばならぬという弱い立場にあり、法律の知識はゼロであり、また、如実に餓線を辿り貧しさに責められているので、後々の面倒など考慮のいとまなく、総て文句ナシに債権者の言うがままに白紙委任状も、また凄い文句を並べてある証書へも無《む》暗《やみ》と判を押してしまうので、愚かのようではあるが、生活事情の上からやむを得ない。

そこで、「日済」「日歩」、そのいずれにするも借金をなせる債務者の処へは毎日ある時間には集金人が廻ってくる。細民集団地ではこの集金人のことを隠語で「コンニチ」屋という。

それは彼れ集金人は人の家を訪れる作法から、先ず今日はと挨拶をして閾《しきい》をまたぐので、かくのごとき隠語が言い囃《はや》されるのであって、一日必ず一回ずつは集金人が来る。そうして日済十円の口であれば十三銭ずつ、二十円であれば二十六銭ずつ八十日に取り上げる。また、日歩であれば、一円につき一銭の日歩で、十円のものはこの日歩十銭ずつ、二十円なれば二十銭ずつこうして日払いにするので、集金人は役所や会社で用いている出勤簿と同様な、縦横《たてよこ》に線を引いてある方眼の欄にその日その日受取の判を押して行く。このコンニチ屋の来るのも来られるのも一日における一つの行事であるから、貧しい債務者は払いを済ませると、コレで今日は安心だと安堵の色を浮かべる者さえある。

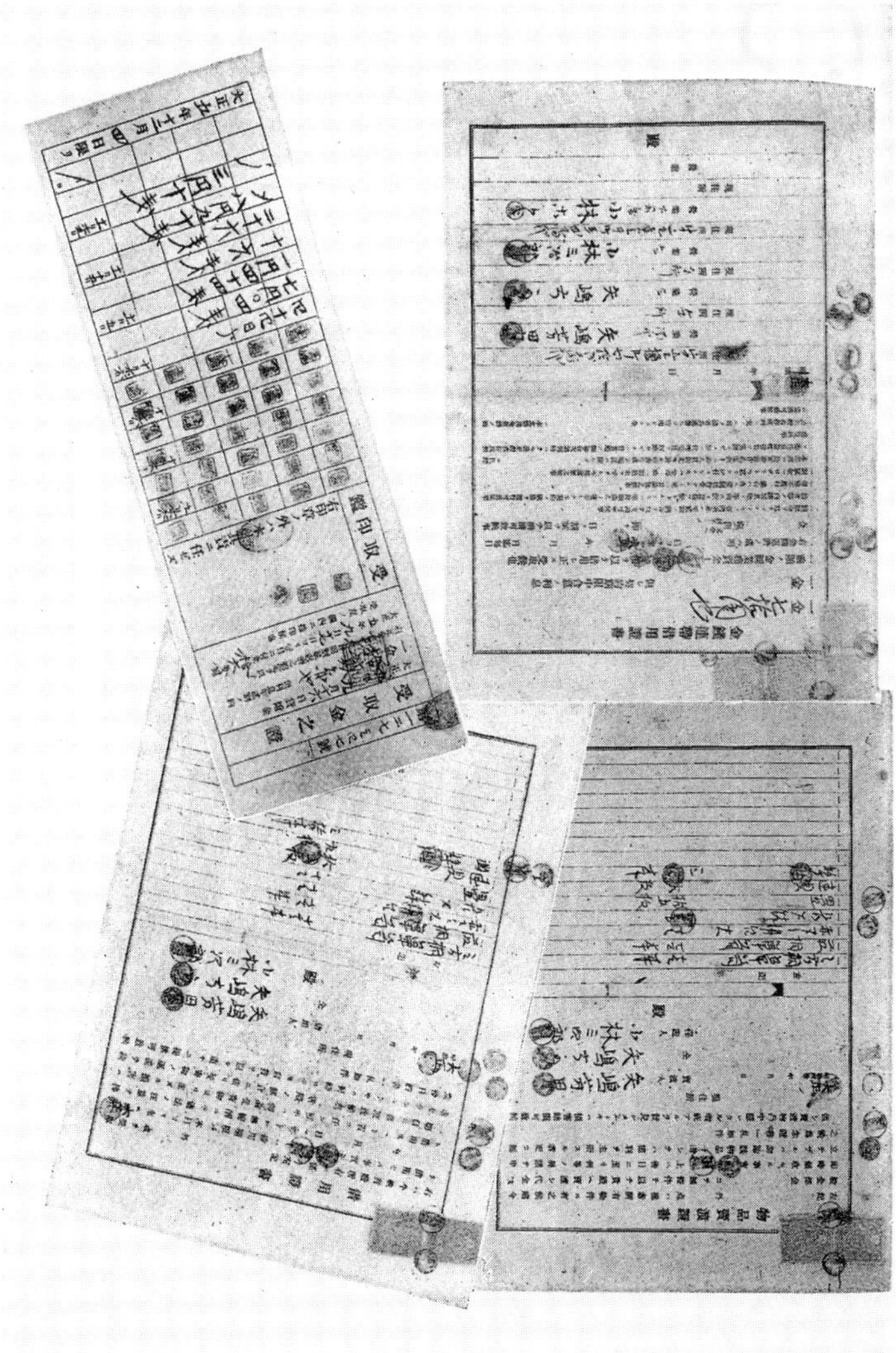

高利貸の証書一束

世界戦争と高利貸の浮き沈み

細民が軒を並べる集団地、またはそこかしこへ点散的に住まえる細民。そのいずれにするも細民の人々は生活苦に悶掻《もが》いているのは、掩《おお》うべからざる事実である。故に、昔からこの貧しい者を的《まと》に金融を営む細民専門の高利貸は絶えないのである。私はかかる類の高利貸と、その跋扈《ばっこ》の態に気の付いたのは今から二十余年の昔であるが、その当時におけるこの種高利貸で数十人の手代集金人を使用し、各所に出張所を設け、手広く金融を営めるものにどんなのがあるか。

T組、U会社、F組、TO会社、M社など、その最も主なるもので、これ以外に多数大小アイスのあること勿論であるが、明治時代を過ぎ大正時代となり、同六〈一九一七〉年頃までは引続きかかる高利貸の融通に縋る細民が多いのであったが、その後段々と金融を需《もと》める者が少なくなり、大正七年頃には細民地域を歩き廻る集金人の数も滅切《めっき》り減少し、更にその後においてはほとんどその姿を消すまでに影を潜め、なお諸方の貧しい巷の街角とか、人目を惹く場所に「小口信用貸金申込次第軽便取扱」など記さるる半紙二つ切れくらいのポスターが薩張《さっぱ》り貼り出されないまでにアイスは閉塞したのである。

かくのごとく細民相手の高利貸が不振に陥れるのは、いうまでもなく世界戦争〈第一次世界大戦。一九一四～一九一八年〉の影響は本邦の産業を著しく発達させ、ひいては労働の需要を増し、貧しい人々の懐中工合もいくぶん暖かく、かつては日稼人夫の賃金は一日四十銭であったのにそれが一円となり、更に段々と昂騰して二円となるなど生計の上に緩和をきたせるのであり、論より証拠には大正十年十一月に内務省社会局では、東京市内において最も生活程度の低いといわれる細民街を択んで生計調査を行えるのであるが、この時の被調査地域はトンネル長屋、棟割長屋が連並みで、酷いどん底といわれる深川区猿江裏町と、木賃街で有名なる浅草北部の浅草町、山の手方面ではこれも木賃街であり棟割長屋の連なれる四谷区旭町の三地域における四百九十七世帯について、この十一月中の生計状態を綿密に調べると、勤労収入その他の収入を合わせ（負債による収入を除く）、一世帯当たりの平均六十一円八十四銭の月収であり、そうしてその一世帯当たり平均人口は四人と三分四厘であり、それから支出をみると一世帯当たり屋賃平均額は僅かに四円六十六銭であって、こうして比較的に儲けが多いのに屋賃は四円六十六銭の割合に当たるという状態であるから、当時の細民はどうやら人らしい生活のレベルを歩くことができたのである。

そこで、かつては貧しい人の中には何日も生活の上に苦しみの重荷を種々と負うのであったが、かかる苦しみの重い荷を負う人々は先ず第一に年十八割からに当たる高利を貪る日済貸の手から離れ、また年三十六割に当たる日歩貸の手から脱れた者が多く、更に四布一枚一夜二銭から四銭の損料に苦しめられる損料布団を止める者、夏は一夜貸の損料蚊帳《かや》を廃め、いずれも布団、蚊帳を所有するようになり、残飯を買い餓えを凌いだ者もそれをやめる。

かくのごとく生活が向上せるので、高利貸との関係が全く断絶せる者があって、その当時悲喜割の現れとして眼に映じたのは、細民の中には引続いて融通を需める必要があればこそ常に高利貸に屈服したのであるが、彼と取引関係を絶つ限りは債務を履行するのは莫迦らしいと、飛んでもない考えから申し合わせたように債務を履行しないので、遂に高利貸の中には破産の悲境に陥った者さえある。

不景気の深刻化と高利貸の台頭

しかるに、その後財界は不況となり日を経るごとに不景気は募り、しかも、昭和二〈一九二七〉年頃から一層と不景気が深刻化し、この頃ではどこの細民街に行ってみても生活苦を喞《かこ》つ者、減収に悩む者、失業に悶掻く者、まさに貧しさと困憊の暗流は漂っている。これは、市社会局では昭和四年三月、市内細民に関する調査を行うと、細民世帯数二万六百一、一世帯当たり平均現住人口三人と八分七厘、月収四十七円五十三銭に過ぎない。故に、かの九年以前に内務省社会局の調査と比較すれば十四円三十一銭の減収を表し、また、一世帯当たり屋賃平均額は九年前においては四円六十六銭であったものがこの昭和四年三月には十三円八十四銭となり、約三倍の高値となる。こうして収入は減ったのに屋賃は三倍に上がるという状態であるからいかに生活苦に悩む者の多いかが判る。況《いわん》や今日この頃の調査によれば、一世帯当たり平均収入は三十円弱に過ぎない（目下集計中なるをもって全体の事象は判らない）。こうした不景気になると生計に欠陥を生ずること勿論で、これを補塡するために入質はする、借金をする。即ち、負債によって一時を凌ぐ者が多いので、ここに台頭せるものは高利貸である。

この頃諸々方々の細民街に行くと、人目につき易い場所に「小口信用貸金」のポスターが眼につく。ちょうど世界大戦以前の頃と同じ高利貸の宣伝広告が眼に映るのであって、またもここに高利貸の跋扈時代を現せるごとく看做される。そこで、この頃の細民対高利貸は昔のように「日済」の貸付を避け、なるべく日歩で貸付ける。それは日済であると、貸した翌日からキチンキチンと取立て、複利的に打算をしても、年十八割止まりであるが、日歩であると、一円につき普通日歩一銭として十円口を貸付ければ、手数料その他の名義で一円五十銭くらいを天引きにし、残り八円五十銭を融通し、そうして一日に十銭、一ヶ月に三円の日歩を取上げるのであるから、暴利を貪るにはこの日歩で貸すのが都合がよい。

市内

方面別	本所 両国	深川 扇橋	京橋 月島	本所 向嶋	下谷 坂本	浅草 日本堤	深川 洲崎	本所 太平	深川 西平野
平均額	2円73 銭0厘	4円77 銭4厘	5円30 銭8厘	5円42 銭3厘	5円44 銭4厘	4円56 銭7厘	6円30 銭0厘	6円45 銭8厘	6円59 銭1厘

市外

方面別	尾久	亀有	三河島	寺嶋	砂町	千住	板橋	日暮里	目黒
平均額	3円38 銭9厘	3円58 銭4厘	3円77 銭7厘	3円89 銭2厘	3円97 銭1厘	3円95 銭6厘	4円17 銭9厘	4円23 銭3厘	4円52 銭2厘
方面別	小松川	池袋	高田						
平均額	4円62 銭9厘	4円85 銭9厘	4円97 銭4厘						

かく質屋が営まれても、なおアイスは跋扈する

前章において説けるがごとく、この大東京には一千四百九軒の質屋が営まれ、この質屋で一ヶ年間に取扱いたる入質口数は六百三十万七百八十八口であり、これを一軒当たり平均にすれば四千四百七十二口である。また、この入質物に対する貸付金総額は四千百八十三万六千百二十八円で、これを一軒当たりに平均すれば二万九千六百九十二円である（昭和六年中）。それから入質物一口貸付額平均は六円六十四銭であるが、さて市内と市外で、どこが比較的入質物一口平均額が多いかといえば、市内では赤坂区青山方面で、ここでは一口平均が十三円三厘に当たり、次は同区表町方面の十二円七十銭二厘、それから次は日本橋〈区〉久松町方面で十一円四十二銭四厘、更に次は浅草区蔵前の十円二銭五厘であり、また、市外で最も高額なるは渋谷の一口平均九円三銭八厘、次は杉並の六円九十九銭六厘、この次は蒲田の六円六十九銭で、かくのごとく市外では十円を超えた平均額の方面は一ヶ

所もない。

しかして、更に平均額六円六十四銭以下に当たる方面をみると、市内においては九方面であり、市外においては実に三十六方面の多きに上る。ここに、市内では平均額六円六十四銭以下に当たる方面と、市外においては平均額五円以下に当たる方面を表すことにする（ただし、警察署別による）。

市外は六円六十四銭の平均額を降《ママ》る方面が三十六方面あり、この中から五円以下の十二方面を抜録せるのである。

前表〈一二一頁〉をみると市の内外を合わせ入質物一口平均額の最も低い所は本所両国署管内の二円七十三銭であって、ここは入質口数も多く十二万七千六十八口に上る。この方面に貧しい人々がいかに多きかが判る。また、市内において最も入質口数の多いのは下谷坂本署管内の二十二万八千二百九口で、即ちここは平均額五円四十四銭四厘に当たっているが、この界隈には下谷区入谷町・龍泉寺町・三輪町・金杉上町・同下町など細民の集団地域であるから、その日暮らしの遣り繰り世帯が多く、従って入質口数も多いのであり、浅草北部の日本堤署管内も十二万七千六百七十七口という多数に上り、平均額四円五十六銭七厘であるから、この界隈にも細民の多いことが頷かれる。山の手方面でも小石川富坂署管内が入質口数十七万五千、牛込早稲田署管内十五万三千、本郷本富士署管内十八万五千。いずれも口数は多いが貸付平均額も多く七円十六銭、七円三十三銭、九円五十七銭などタネが上等である。なお市外で入質口数の多い方面を表せば次のごとくである。

寺嶋　二十九万八千四百四十七口　　亀戸　二十一万二百八十四口
荏原　十九万三千三百六十九口　　三河島　十六万六千百二十九口
渋谷　十五万九千七百二十二口　　巣鴨　十四万八千百八十四口

南千住　十三万五千九百八十八口　　中野　十三万五千六百口
淀橋　十二万八千八百口　　大井　十一万四千六百九十口

以上のうちで、貸付平均額六円六十四銭〈以上〉のところは渋谷の九円三銭八厘と淀橋の七円三十銭の二方面だけで、他はいずれも六円台、もしくは五円以下で、最も口数の多い寺嶋のごときは一口平均三円八十九銭二厘に過ぎない。

こうして一々数的に説くと入質口数の多い方面には細民が多いということが頷かれる。そうしてこれに伴い、細民相手の高利貸もここを根拠に金融を営む者が少なくはあるまい。

庶民金融の機関として主なるものは質屋である。この質屋を数的にみれば、大東京における営利質屋は一千四百九軒にして、貸付金総額は四千百八十三万余円の巨額に達している。この営利質屋に対し、経済保護施設としての公益質屋は二十六ヶ所であり、この貸付総額は百十余円と聞く。これを営利質屋と比較すれば、正に九牛の一毛に過ぎざるの観がある。

	質屋軒数	入質口数
大正　九年	2,034	8,094,480
同　十　年	1,939	7,552,024
同　十一年	1,833	7,141,054
同　十二年	1,085	2,612,075
同　十三年	1,087	3,493,059
同　十四年	1,168	4,644,055
同十五年・昭和元年	1,257	5,034,081
同　二年	1,317	5,310,748
同　三年	1,351	5,362,373
同　四年	1,409	6,300,788

かの営利質屋はおおむね年三割六分の利子を徴するのに、公益質屋は一割五分の利子である。剰《あまつさ》え、公益質屋は満三十日をもって利子を徴するので、たとえ二ヶ月にわたるも三十日に満たざれば、一ヶ月をもって利子を計算するの

で、かかる金融機関を利用せんとする被融通者も少なくはあるまい。しかるにこの広い東京に僅か二十六ヶ所の公益質屋の設置をみるに過ぎざるので、その機能と期待の相伴わざるは呶々《どど》するまでもない。ところで、営利質屋の事業成績をみるに、大正九年以降昭和四年にいたる十ヶ年の事業状況は一昂一低の態を現してはいるが、数ヶ年以来ようやく振興の状勢を現している。左〈一二三頁〉に軒数と入質口数を挙げてみよう。

前表〈一二三頁〉をみるも大正十三年以降漸次振興の状勢を現せるのであるが、この営利質屋に対し、経済保護施設としての公益質屋は将来いかに拮据《きっきょ》し、かつ発展の策を図るものか、すこぶる注目に値するのである。

借金の動機とその救済策

私の説く主なる問題は細民と高利貸であって、前に述べたるごとく、かかる細民相手の高利貸は財界好況の当時は没落の傾きをみるのであったが、年一年と不景気の深刻化するにつれ、またも台頭の状勢が見え出してきた。由来、細民の人々が高利貸に縋《すが》り、融通を仰ぐには四つの動機原因がある。それは、

㈠労働者行商人などが俗にいう長雨《ナガアメ》に出逢い、数日引続いて稼業に出られない場合
㈡生計に欠陥を生じ、これを補填するため
㈢生業資金に用いるため
㈣臨時に支出を要することある場合

これらが主なる動機原因であるが、

㈠の長雨云々によるものは、職に離れざる有業者が降雨数日にわたる場合に、高利貸に縋れば対人信用で融通をする。しかし、失業の身空では相手にしない。

㈡の生計欠陥云々は、いわゆる食い込みで動きの取れない場合をいうのであり、
㈢の生業資金は屑買、その他の雑業者、露店商人、おでん、飴売り、またはその他の行商を営む者が資本に用いるため、
㈣の臨時云々によるものは、冠婚葬祭或いは盆正月祭礼等に費用を要する場合に借り入れる者がある。この㈣のごとき場合に、高利貸に頼るのは馬鹿らしく思われるが、かつては細民街で見聞せる事柄で、親の年忌に借金をして法会を営む者、盆正月には世間並の装いをしたい、祭礼には子を思う親心から児共《ママ》に晴衣をまとわせたいので質受けの金を借りる等々、かくのごとく一つは見栄から、一つは誠の心の発露から臨時に金の入用が起きるとアイスに頼る者がある。

そこで、細民と高利貸の需給関係を絶ち、高利の渦巻から救い上げるには、長雨云々によるものは既に今や社会的にその幾分は救われている。即ち降雨季の救恤《きゅうじゅつ》がそれであり、生業資金云々によるものは、これも社会的に極めてわずかではあるが、融通の途はひらいている。しかし、今のところではあたかも焼石へ水で、その需要を満たすということは何日《いつ》の時代か見当がつかない。生計の欠陥によるものは大きな問題で、これを済《すく》うには言うべくして容易に実践のできるものでなく、臨時の入用云々によるものは識者のリード一つで虚栄的の見栄張りは矯《た》められよう。そのいずれにするとも、不景気が募れば高利貸の跋扈は当然で、そうして筋の通らぬ社会組織である限りは世の中にアイスの影は消えないであろう。

（「法律時報」三巻八号　昭和六〈一九三一〉年八月）

大東京の浮浪者と乞食

浮浪者と乞食の分類点

近頃ルンペンという言葉がしきりに唱えられる。インテリで職に離れた者、労働者で失業せる者、或いはどん底に悶掻いている乞食浮浪者など、いずれも浮動的にブラブラとその日を過ごせる者を一括してルンペンといっている。ここに、私の観るルンペンは狭義なもので、即ち宿ナシの浮浪者と乞食の二種である。そこで、乞食と浮浪者はどこに違いがあるであろう。縦からみても、横からみても、その生活の態容はほとんど同一のごとくに看做される。しかし、私は乞食と浮浪者はその生活の実情と、更に生活の方法に相異があることを覚ゆるので、左のごとくにそれを分類するのである。

（一）乞食とは、「どや」と称し木賃宿または簡易宿泊所などに止宿し、或いは「さぶり」と唱え一定の場所に蒲鉾小屋もしくはミノ虫小屋を建設してここを居所に定める者、或いは「家もち」と称し細民地域の不良住宅に住む者、即ち、どや、さぶり、家もち、そのいずれにするも住所の定まる者で、しかして職業的に何日《いっ》も人の情けに縋り、金銭物品を貰いうけ、不生産的所業によって生活を営む者を乞食という。

（二）一定の住所を構えざる者、または木賃宿、簡易宿泊所等に止宿せず、或いは住居に適する建物に拠らないで常に野宿をする者、即ち「宿ナシ」者を浮浪者という。

前述のごとく、乞食は住所の定まる者が職業的に物貰いをする者で、畢竟するに、一定の住所はあっても生業のない者である。しかるに浮浪者は、一定の住所がない野宿者である。この野宿者の生活方法をみると、次のごとく三つに分かれている。

（A）他人の情けに縋り、金品を貰い、それで露命をつなぐ者。前者の乞食と同様であるが、異なる点は宿るに家のない野宿で乞食をする哀れな者である。
（B）雇傭による労務、もしくは自営的の生業による者。
（C）犯罪による者。

かくのごとく生活の方法が三つに分かれている。

そこで、（A）は貰い振りにトリックと手段がある。その内幕を訐《あば》くと種々なものであるが、乞食稼ぎにはケンタ、ツブ、狩り出し、這い出し、方角など貰う手段が分業的になっている。この乞食の内幕は後段で詳しく述べるからここでは略して措く。

しかして、（B）と（C）の生活方法を先ずもって説くことにする。（B）の雇傭による労務、もしくは自営的の生業による者。これは生活方法がいくつかに分かれている。これは東京地方においては俗に、㈠追かけ、㈡流し、㈢広告人夫、㈣軽子等で、㈠の追かけというものは橋のきわ又は坂路、それから荷車の頻繁に通過する場所に佇立していて荷車の後押しをするとか、その場所から或る場所まで荷車を輓く者など、いずれも臨時的に傭われ、しかも短時間の働きに従事するのである。要するに人並みの労働能力を有さない老衰者、或いは虚弱な体性から長時間にわたる労働に耐えない者が比較的に多く、それがために敗残者となるのであるから、かかる敗残の輩は短時間の労働に従事するより外に働く途がない。

㈡の流しというのは前者の追かけと違い、橋の際だの坂路その他の場所に足を止め仕事を俟つのではなく、荷車の繁く往来する街路を徐々に歩き廻り、荷車の後押し、または荷車輓の仕事を覘《うかが》うのでナガシという。

㈢の広告人夫はかの活動写真の広告行燈を背に負い、そここことと歩く者、または街路に立ち広告ビラを撒く者など、かかる広告人夫に傭われるのである。㈣の軽子は魚市場、野菜市場に出で、荷物の運搬に傭われるのである。しかし、本当の軽子は野宿者のごとき労働能力の鈍い者ではできないので、軽子の助手に傭われるのである。

そこで、㈠の追かけ、㈡のナガシ、㈢の広告人夫、㈣の軽子等は東京地方ではこれを俗に「立ちん坊」という。いずれも人並みの労働能力がないので賃銭も少額であるから、木賃宿、簡易宿泊所にさえ泊まれないで野宿をする者が少なくない。それから自営的の生業による者は、下等遊芸人、辻卜売り、赤本売り、マッチ売りなどで、下等遊芸人は、公園もしくは人寄りの場所で浪花節、安来節、義太夫、手品、その他の演芸を稼ぎ、俗にいう投げ銭を貰うのである。辻卜売り、赤本売り、マッチ売り等は極めて少資本を用い、その行動は赤本売りは行人に児童用の絵画本を売り、マッチ売りも同様行人にそれを売る。辻卜売りはおおむね夜間に諸方の小料理屋、飲食店、カフェーなどを訪れ、そこにいる客に辻卜を売りつけるのである。

かかる行路商人の行動は実際からみれば乞食に似たもので、従って常に貧窮線を辿るので野宿するまでに困憊を極めるものがある。更に自営的の生業によるものに拾い屋がある。これは、㈠バタヤ、㈡拾い屋、㈢ヂミ、㈣河原廻り、㈤ヨナゲ、㈥ホリヤ。以上の六種に分かれている。

㈠のバタヤというのは俗にいう屑拾いで、稼業に出るには竹籠を背負い、大きな竹箸を用いて紙屑、襤褸《ぼろ》、その他廃物として棄ててある物を拾い歩くのである。しかしてこのバタヤは公認の屑拾いで、警察官憲から雑業と認められ鑑札を与えられている。㈡の拾い屋は同じ屑拾いであっても非公認のもので、いわばモグリの屑拾いである。㈢のヂミというのは拾い屋ではあるが特殊なもので、人出の多い銀座、新宿、浅草辺へ出かけ拾い屋を稼ぐのであるが、しかし拾いに出る時間は夜明け近くの頃に限る。それは前夜雑踏せるので落し物をする人々がある。ヂミはこれを覗《うかが》い、夜の全く明けきらない早朝にそこの道路を歩き廻り、有価値物が落ちておればそれを拾得するもので、路面を眺めて歩くからヂミというのである。㈣の河原廻りというのは、塵芥溜めであるとか物棄場を探し歩き、そこに棄ててある炭の空俵を拾うのである。㈤のヨナゲ。これは溝だの流れ川に這入り、笊《ざる》で泥土をさらい、金物、硝子類、現金、その他有価値物を拾うのである。㈥のホリヤ。これは東京で大震災以後に現れた新起《ママ》の拾い屋である。大震災直後は焼跡を掘り返し、釘、その他の金属、不燃焼物で価値のある物は何でも拾ったのであるが、復興で本建築にかかると、そこを覗い、バラック建を取毀した跡から金物、古物、材木、その他値打ちのある物を拾ったが、この頃では復興が完成したのでこの種の拾い屋はほとんど廃滅となる。

(C)の犯罪による者。かかる不正の方法で生活する者は窃盗と密売淫である。窃盗といってもおおむね屋外窃盗で、靴、下駄、洗濯物の掻払いと屋外にある金属類を盗む者、或いは神社仏閣の賽銭盗みなどである。また年少の浮浪者は「ダイコロガシ」と称する窃盗を働く。これは公園のベンチに寝込んでいる酔っぱらいの懐中物を盗ったり、所持品を盗むのである。更に、タカリと唱え、新しい浮浪者がいささか値打ちのある品物を持っていると、羽織、襦袢、兵子帯《へこおび》、履物、何でも構わずにそれを奪い取るのであって、強請《ゆすり》と、場合によると恐喝取財を犯すのである。また、密売淫をなす者はいうまでもなく、宿ナシの女ルンペンが夜の闇に紛れ、同じ境涯に漂う男ルンペンやその日稼ぎの労働者にわずか十銭白銅二つか三つで笑いの紐を解くのであって、かかる下等の売笑婦は浅草公園に塒《ねぐら》を持つ女ルンペンに多いのである。

大東京における浮浪者と乞食の人数。さて、家もち、どや、さぶり、こうして一定の住所をもち職業的に乞食を業とする者は、この広い東京にはどのくらいの人数に上っておろう。かかる類の乞食とその人数については、或いは五百人であるという者、或いは六百人以上という者、推定数はまちまちであるが、私のみるところでは浮浪者であり乞食である者はその数が二千人余りに上るが、住まいが定まっている職業的の者は大人並びに小人を合わせて四百人である。

大東京では職業的の乞食に対する官憲の取締りが段々と厳しくなり、なお自動車の発達から葬儀の場合に自動車で棺を運び、行列も廃され近親または故旧の主な者だけ自動車に乗り火葬場に赴くようになったので、火葬場を的に群がる乞食はほとんど失業同様に貰いが減少したので、この頃は火葬場になると、乞食の姿を見出せないまでに、乞食の数は減ったのである。しかし、年々の不景気と失業者の増加、それに所得の減少から乞食に落ちる者が多くなり、近頃では前述のごとき職業的乞食は約四百人に上っている。しかし、宿ナシ者で乞食をする者はおびただしく増加してきた。

今から十年以前の大正十一〈一九二二〉年二月二十五日の真夜中に、東京市社会局では六百名の臨時調査員を用いて市内隈なく野宿者の一斉調査を行うと、二百五十三人の野宿者を見出したのである。大正十三年十月一日の市勢調査では二百八十一人。同十四年十一月一日の第二次国勢調査では三百八十人。昨年〈昭和五＝一九三〇年〉十月一日の国勢調査では驚くべし一千七百九十九人の野宿者を発見したのである。そこで、この浮浪者であり宿ナシ者である野宿者の生活実情をみると、何日の一斉調査でも、その発見せる野宿者の七割くらいまでは物貰いで生きている。この中にはケンタと称し、人出の多い場所の道端に蓙《ござ》を敷き、その上に座り、「お旦那さまや、奥様」と、哀れっぽい声を出し、投げ銭を貰う者。或いはツブと唱え、雑踏の巷を右に左に歩き廻り、往来の人に哀れを乞う者。狩り出しと呼び、マッチだのたわしを持ち、見込をつけた家を訪れ物品販売を口実に金銭を貰う者。這い出しといい人気のある芸人のもとを訪れ、金銭の恵みをうける芸人専門の乞食もあれば、ズケと唱え、料理屋、飲食店、カフェー等を尋ね、客の喰い残せる食物を貰い、飢えを凌ぐ者。こうして乞食にも種々なものがある。

そうして、何時《いつ》の一斉調査でもかかる乞食生活者は野宿浮浪の輩とその七割までがそれ〈物貰い〉である。故にかつて大正十一年に二百五十三人の宿なしルンペンが見出され、そうしてその七割の百八十人弱に当たる者は乞食であり、更に昨年十月一日の国勢調査で発見された者一千七百九十九人の七割に当たる一千二百六十人もこれまた乞食である。しかるに刻々と襲いくる不景気は宿ナシ者を生み出すこと夥《おびただ》しく、去年の暮れの十二月に東京府、東京市、商業会議所等相計り社会不安の一大脅威を防止し、これが救済に当たるべく組織せる東京〈府〉救護委員会がその一部の事業として、宿ナシ者を救けるべく八ヶ所に無料宿泊所〈臨時と常設〉を設けたが、この八ヶ所の無料宿泊所に宿泊せる者は本年二月七日の夜現在では男一千九百四十一人、女十二人合わせて一千九百五十三人の多きに上り、なおこの八ヶ所の宿泊所に泊まれないで市の内外のそこかしこに野宿せる者は六百人に上るのであって、即ち宿ナシのルンペンはその当時において二千五百五十余人である。ところが、その以後宿ナシのルンペンは減少せず、むしろ増加の情勢がみえる。要するに、今春二月の数から割出すと、二千五百五十人の七割に当たる者が物貰いであるとせば、一千七百八十五人の者はズケ、ケンタ、ツブ、狩り出し、這い出し、その他の方法による乞食生活者であり、なおこれ以外に家もち、どや、さぶり、こうした定居的もしくはそれに準じた者で、職業的に乞食を業とする者四百人を合すれば、約二千二百人の乞食がこの大東京に彷徨い、人の情けとその恵みで悲しい身空を支えている。

かかる社会現象をみると、この頃は洵に傷ましい世相と言わねばならぬ。因に東京府救護委員会の委託に係る無料宿泊所の中で、救世軍に委託されたノアの船と称するものと、その他三ヶ所は去る四月三十日限り委託が解けたので、その四ヶ所は宿泊事業は廃めとなり、それがため約一千一百人のルンペンはまたも野宿をするようになったり、それから前記救護委員会の事業に係る無料宿泊所に泊まれないで、野宿を続けていた者約六百人に上っていたから、これらを合わせると、この頃は一千七、八百人は宿ナシの浮浪者となり、野宿をしている。それから生業をもつ輩の収入状態であるが、去る二月七日の調査に係る無料宿泊所の止宿者男子一千九百四十一人につき職業別による収入をみると、人夫が四百二十九人、比例二二％一〇を占め、次は拾い屋の三百八十一人、比例一九％六二、更に次は失業の二百七十四人、比例一四％一二にして、これ以外は半ば乞食に等しい者、或いは全くの乞食であって有業者当たり一人の平均日収額は二十一銭五厘弱であるから、生業的に働く者でも木賃宿にさえ泊まることができない。

（「共栄」四巻八号　昭和六〈一九三一〉年八月）

内職しらべに現れた深刻な浮世の姿

内職しらべに現れた深刻な浮世の姿
失業地獄の世相がアリアリ映る　落ち行く先は家賃の不払い

景気のよい時には内職は掃くほどあるが、人々は他にいくらでも有利な仕事があるからあまり見向きもしません。ところが不況時になると、内職したい人々が山ほどあって、肝腎の内職がないという困ったことになります。そこで、不況時の内職状態を全区にわたり調査するのが目的で、〈昭和七年〉三月中旬から取り掛かって大体完成しましたから、要点をお話ししてみましょう。内職をしている世帯数からみても、好景気時代に二万と言われていた者が、今はわずか四千三百八十九世帯しかありませんでした。勿論、これは発見数で実数はこれより多少多いとみなければなりませんが、それにしても四分の一くらいに減っているとみて差し支えありますまい。

数字をお話しする前に結論から申し上げますと、今でも内職があることはあるのですから、どうしたらこの内職にありつくことができるかと申しますのに、現在内職をしている者が大部分同じ場所に長く住んでいた人々であるという点に注意していただきたいと思います。その理由は、長く同じ場所に定住しないと、問屋及び仲介者の信用がないことが一つ、さらに近所付き合いというものが深くないために、内職をしている人があってもなかなか教えてくれませんから、新しく内職を探す人は、浅草あたりで内職している人のたくさん住んでいる裏町へ住むか、あるいはその他の方法で顔なじみになるよりほか、チョッと方法がないと思います。

多い浅草と隠す山ノ手

一番多いのが浅草区の一千二百十三世帯、次が深川の七百四十一世帯、それから本所、小石川、牛込、下谷、本郷、四谷、神田の順位になって、その他の区はことごとく百世帯以下という少数ですが、赤坂、麴町などでは内職を恥辱と考えている人がまだ多いので、奥でしているものはどうにも発見の方法がありません。

家主が内職する世の中

自分の家を持つ者百八十四世帯、借家住まいが三千九百二十九世帯、間借りが二百七十六世帯という少数でした。これにみても転々として住所の定まらぬ者に内職は与えられないということが分かります。

大工さんが袋をはる

総人数四千七百一人のうち世帯主六百三十六人、妻三千四百五十九人、親百四十八人、子息三百八十四人、同居親族七十四人となり、総数の七割までが妻であることは、どなたも考えられることですが、ただ注目すべきは六百三十六人の世帯主です。これはことごとく失業者とみなすべきもので、大工の失業者が袋はりをしているというようなのが多いのです。

内職とはどんなもの?

そこで、これらの人々がどんな内職をしているかというのに、種類別にして総数三百三十二種類。

第一　身の回り装身具

この中に和服裁縫、洋裁、靴下編み、ゴム足袋コハゼ付け、帽子紐付け、穴かがり、マントのボタン付け、羽織紐、帯止等六十五種

第二　玩具、際物、娯楽品

この中に紙風船、紙人形、紙旗、ゴム人形、ブリキ製玩具、羽子板、売り出し用富くじ、飛行機、水鉄砲等四十五種

第三　日用品雑貨

この中には袋はり、封筒はり、ボール箱、鼻緒、草履表、下駄装、傘の骨つぎ、荷札、提灯はり、竹細工、たわし等百十一種

第四　文房具、運動具

この中にはノート、アルバム、手帳縫付け、巻紙はり、フットボール縫い、剣道、柔道着サシコ等十種

第五　印刷製本その他
第六は美術、手工業の十六種
第七は食料品の十三種
第八は医療、薬品の六種
第九が化学工業の二十種
第十が雑貨その他の十五種

となり、さてその内職王はやはりお裁縫。というのは最高は何といっても和服裁縫で、一番多いのが一ヶ月六十円、次が玩具、エプロンの六十円（いずれも最高）、以下同じですがこれは季節によって甚だしく左右されますから和服に及びません。次は毛糸編物の五十円、鼻緒ミシンかけの四十五円、草履表付けの同じく四十五円、ツマ皮ミシンかけの三十五円、五月人形の二十円、ボール紙加工の三十円、ゴム人形の同じく三十円、袋はり、封筒はりの一円五十銭。ボタン付けの一円となりますが、これらの内職をしている家庭の収入（主人の収入、子息子女の働きに出る者、間借り、小商売等すべてを含めて）を平均しますと一世帯四十一円七十七銭となり、支出平均四十四円三十一銭二厘からみて、二円五十四銭二厘の不足はどうして補うかというのに、ことごとく家賃の不払いとみてよいのです。

（読売新聞一九九五八号　昭和七〈一九三二〉年九月九日）

ルンペンの浮き沈み

一人一話　ルンペンの浮き沈み

大東京に存在するルンペンの数は非常におびただしいものである。彼等がどんな経路で、ルンペンに落ちたかをみていると、吾人の非常に注意しなければならない種々の問題が提供される。私はその話をするとともに、彼等が努力の結果、浮かび上がって成功者となったことをも話したい。さらにまた、婦人、少年、少女の社会に見離され、自ら世間を捨てた者たちの話をしてみたいと思う。

（東京朝日新聞一六九七五号　昭和八〈一九三三〉年七月二十七日）

〈昭和八年七月二十七日東京第二放送午後八時～八時三十分番組「一人一話」で草間八十雄は講演した。その放送案内の記事である〉

事変下のルンペンと更生化

どうして浮浪に流れ込んだか

浮浪は罪悪の母なりという見地から、我邦では警察犯処罰令の中に「一定の住居または生業なくして、諸方を徘徊する者は三十日未満の拘留に処す」と、かくのごとく規則の上で、住居不定と無職の者を浮浪と認め、そうしてこの浮浪に漂う者は公の秩序と安寧を害する虞《おそれ》あるという建前から、浮浪の境涯にある者に対し制裁を加えることになっている。しかし、この制裁はしゃにむにと浮浪者全体に加うべきものではあるまい。それは浮浪に陥る原因を究めると、浮浪者のことごとくを罪的生活と観ることができない。その原因の主なるものは経済的と社会的関係に淵源するものであって、すなわち、㈠失業したが、就職の機会を得ない者。㈡就労はしているが、賃金が低廉で人らしい生計を支えられないので、従って住居を定めることができない者。㈢扶養者を喪ったので放浪の境遇に陥った者。㈣水震火災または凶作等に遭い、生活の資源を失った者等々。かかる原因によるものは資本主義制度の下においては、不可避的に生まれ出づる敗残者である。

さらに原因の主なるものは、㈠個人的関係によるもので、これは(イ)疾病に罹ったため、(ロ)不具のため、(ハ)老衰のため、(ニ)精神の耗弱または異常者であるため。こうした者は個人的関係によるのであって、その個体なるものがいずれも疾病不具老衰などの生理的の欠陥から、労働その他の生業に就けないのである。なお個人的関係であっても特殊のものが一つある。それは個性の内容に精神的欠陥があって、すなわち、(イ)酒色に溺れて身を持ち崩した者、(ロ)賭博その他の僥倖的所業《ぎょうこうてきしょぎょう》で堕落した者、(ハ)性来的に怠惰放縦の性癖を持った者、(ニ)先天的に犯罪性を持った者。これらはいずれも個性的に精神に欠陥を持っている。畢竟するに、かかる精神的欠陥者は道義に悖《もと》る筋合を生みつけられたのが堕落の原因をなしている。

野宿ルンペンの現在数

上来述ぶる浮浪者は新しい言葉でいえばルンペン・プロレタリアートである。すなわち浮浪無産の階級である。そこでここに私の説くルンペンはその生活状態が最も酷《ひど》く悲惨きわまる、かの野宿ルンペンのこれが更生問題である。彼等は宿銭がないので、一泊二十五銭の木賃宿にもまた十五銭で泊まれる共同宿泊所にさえ泊まれない。また社会施設として設けてある無料宿泊所を的に辿り込んでも、満員で泊まれない。それから常に徘徊する地域とかけ離れた遠い場所に無料宿泊所があっては、そこまで辿り行く元気がない。こうした事情から諸方の公園だの軒下あるいはゴミ溜、ガード下などで野宿をする者が少なくない。

昭和十〈一九三五〉年十月に行った国勢調査の結果をみると、東京市内のそこかしこで青空の下に野宿をしていた者は一千百十七人（内女四十人）に上っていた。私は市社会局の嘱託で、この〈昭和十二年〉九月の中旬から今日にいたるまで、夜間に野宿の状態を視て歩いているが、浅草と本所はことごとく視察を終り、深川、下谷、日本橋、芝の各区は一部を視察したに過ぎないが、それでも今までに野宿者四百五十人を見出している。故に全市を踏査したら一千人に達するであろう。

彼等と更生力の有無

野宿をするまでに零落したルンペンは、果たして更生再起ができて、人並みの生活線に浮き上がることができようか。これはかかるルンペンの旗往《きおう》のコースと現在露命をつないでいる生活方法と、それから彼等の将来観を究めれば更生の可否がわかる。

私はかつて野宿者四百七十三人について、一つ一つ浮浪に陥った原因と事情を調べたが、その原因が疾病不具老衰精神耗弱等の生理的欠陥から労働能力を失った者〈百六十二人〉三四・四〇％に当たり、酒色に耽ったため、性来の怠惰放縦、先天的に犯罪性をもった者など〈九十五人〉二〇・〇〇％に当たり、この以外の四五・六〇％、実人員二百十六人の者は失業、災害、扶養義務者の喪失、事業の失敗など、これが原因でルンペンに堕落した者で、彼の生理的欠陥によるもの、あるいは性来の異分子を除いては、この他の者は就職の機会を与え、指導と保護を施せば、浮浪の境涯を脱する能動性をもっている。だが、永く浮浪の淵に漂うと浮浪の習性が強くなり、勤労を厭う虞があろう。こういう具合に詮索しても、半数までは更生の見込みはある。

これは、野宿四百七十三人の中でいかに家がなく屋根の下に寝られないでも、勤労の絆から離れないでどこまでも働いて生きようとする者に日雇人夫、大工の手伝、左官の手伝、軽子とバタヤ、それから遊芸人、行商、その他生業に就いている者合わせて二五・二〇％に上る。しかし、就労日数が少なくアブレが多いので、仕方なく野宿の憂目をなめている。それからどうかして、就職したいが働く途がないという者一一・六〇％の割合であって、要するに総数の三割七分までは勤労的のものである。

軍事方面の労務者に起用せよ

さて、野宿にまで堕ちたルンペンには現在の時という想いはあっても、後の時がない。世間には貧しい人は多くても、その貧しい人たちは今日はどうやら過ごしたが、明日はどうなるものかと気遣うのに、野宿ルンペンは今の今まではヤッと飢えを凌いでいたが、後には飢えに襲われはしないかと、時暮らしの者が多く、つまり、その時に即する時暮しという哀れな者が多く、その酷く惨めな生活をみても、彼等はまさに無為の窮民である。それであるから、彼等に対しては世の常の時代でも、また事変下であっても、救助ということは忽諸《こつしょ》にふすべきものでない。しかも労働能力をもつルンペンはおおむね産業予備軍の意志を懐いているが、無為の窮民に等しいのであるから、縋りつく的がないので、偶々《たまたま》拾い仕事にぶつかれば自己に不利益の労働条件でも厭わずに就労して、わずかの賃金に甘んじるかさもなければバタヤ……を稼いで一日ヤッと三十銭くらいの儲けで細々と生きている。

そこで、事変下において、労働能力もその意志をもつルンペンを更生させるには恰好の仕事がある。それは軍部方面の雑役夫であって、事変下に該し労務者として現地でもまたどこでも構わない、働かせたらよかろう。それには事変後、満州に移住して農耕に従事する条件を付するのである。こうすれば、宿ナシのルンペンも立派に更生ができよう。それから生理的欠陥によるルンペンは事変下といえども救護法その他公の救助を与え、不良ルンペンはこれに対する適切の矯正保護の道を開き、真人道を踏むように導いたらよかろう。

（「経済マガジン」一巻六号　昭和十二〈一九三七〉年十一月）

事変下東京のどん底生活

大東京の底に、滓《かす》のように沈殿している貧民階級……
カード階級といわれる人間は、約五十万人の多きに達している。
事変の捲き起こした物価高や品払底の波はこの人々をいかに蕩漾《とうよう》しているか……

〈カード階級。方面委員が担当地域の生活実態を調査して、甲から丁まで五組に分ける。さらに低所得生活者である丙丁には再調査して「方面カード」を作成した。ここに「カード階級」という低所得生活者である要保護階級層を指す言葉として生まれた。「あれはカード階級」ということは貧困生活者ということで、「世間のやっかいものという意を表し、肩身のせまい思いであったのである」（磯村英一「カード階級という言葉」『スラム――家なき町の

生態と運命――』講談社　一九五八年二月　一八七頁）〉

カード級と生計状態

政治経済文化の中心地、大東京の巷もその裏面を覗いてみると、カード級〈カード階級〉といわれる貧しい人々の数はなかなかに多い。

カード級の世帯数は十一万三千六百に上り、この人口は四十七万七千に達しているが、これはおおむね住居の定まった者で、たとえ裏街の「どん底」生活の人たちが群がる貧民窟であっても、そこの九尺二間のあばら屋に住む者、あるいは狭い四畳半一間の間借り住まいでも、とにかく住居の定まった者である。この外に「ドヤ」者と唱え、共同宿泊所だの木賃宿に泊まる者がある。また部屋者といって、屑物商が設けている拾い子部屋に宿るバタヤと、それから青空の下に寝る無宿ルンペンなどがある。かかる漂泊流転の者が約二万人もいるから、この広い東京には定居的の貧しい者と不定居的の貧乏人を合わせると、五十万人にも上るのである。

かかる貧しい人とその職業ならびに生計状態をみると、定居的貧民とみなされる類の世帯主十一万三千六百人の中で、刑務所に収容されている者、慈善病院に這入っている者、あるいは官公署または社会事業団体の救助を受けている者、あるいは職に離れた失業者だの更に無職の者など、現実に非生産的の境遇にある世帯主は一万一千二百余人に上る。すなわち、カード級の世帯主の約一割にあたる者は失業もしくは無業、あるいは不生産的の境遇に漂う惨《いた》ましいものである。

これを除いた十万二千四百人の世帯主はいずれも有業者であって、その職業を一々分類すると、三百六十六種の多きに分かれる。この有業者一世帯当たり平均の月収は二十七円八十五銭で、人口一人当てに割り当てる

細民街のスナップ

と、平均はたった六円五十六銭である。こうした少ない収入で家賃を払い、衣食を与えて行くのであるから、その経済的生活の貧弱なることは呶々《どど》するまでもない。いわんや今日この頃のように物価が騰貴しては、一層と生活苦の輪が大きくなる。ちなみに「ドヤ」者、部屋者などの勤労収入は前者定居的の者に比較すればいずれも少額であり、また無宿ルンペンのごときはおおむね勤労の途を離れ、物貰いとか乞食をして生きている不生産的の者であるから、これらの生計状態については別に稿を更めて説くことにする。

岩の坂の生計状態

前述のごとく、この大東京には四十七万七千人の定居的貧民がいる。この貧しい人はいわゆる貧民窟に住む集団的のものと、そうではなく、諸々方々に点散的に住むものと二通りに分かれているが、全体、この大東京には貧民窟が何ヶ所あるかといえば、大小二百三十五ヶ所に上っている。この中で集団の小さいものは二十世帯余りだが、大なる集団になると五百世帯を超えていて、その大なるものの一つは板橋の岩の坂である。

集団の大きい貧民窟ほど、世帯主だの家族などの職業は低級の類が多い。従って、生活の程度も、きわめて貧弱である。この生活程度の貧弱な大きな貧民窟の代表的のものは、板橋区板橋町十丁目と志村清水町とを輪郭として「どん底」街を形成する俚俗《りぞく》板橋の岩の坂であって、帝都における貧民窟の中で、最も特色を現している。

そこでこの岩の坂の貧しい人たちと、その生計状態の一こまを説いてみよう。ここのカード級は五百七十一世帯で、人口は二千二百四十人であるが、一世帯当たり平均の収入をみると二十二円三十銭で、一人当たり平均は五円八十銭に過ぎない。これを、東京全市を通じてみたカード級一世帯当たり平均収入に比較すると、五円五十銭だけ少ない。また一人当たり平均に比較すると、七十六銭ほど少額である。

内縁の夫婦と売られ行く女

この岩の坂に住む貧しい人には内縁関係の夫婦が割合に多く、五百七十一世帯の中で内縁の夫婦が百七十五組に上り、その割合は三割六厘に当たる。この内縁関係の夫婦とその年齢をみると、妻の年長である夫婦が四十五組あって、これはツマリ夫を失った婦女が岩の坂に流れ込む者、または岩の坂で夫を失い寡婦となった者が、若い独身者と野合の果て夫婦になったので、妻の年長者が多いのもかかる理由からである。

岩の坂に這入ってみると、そこかしこの電柱に、ほかでは見られないハリ紙がしてある。それには「芸者さん入用、見習住替とも十四歳から二十歳まで、一番安全で親孝行と成功の途、お金貸します。御報次第参上」、こうしたハリ札がある。後段貧乏と哀話に説くが、十世帯から一人くらいの割合で、芸娼妓、私娼となって色里に運ばれるので、このシマには、妙齢の婦女の姿はほとんど見えない。

夫を失い、今では女人夫を働いている某女は、十五歳の娘を金沢市の芸妓屋へ五十円で売り、二女は十五歳に達するのを待ち、台北へ二百円で芸妓の見習に売り、こうして二人まで娘を売ったが、この頃生活に行き詰まったので、金沢市の芸妓屋へ売った長女をつい十日ほど前に東京の池袋二業地へ三百円で住替えをさせた。

こうして二人の娘を売った表面の事由は、生活苦からしかたがないと言っているが、裏面を探ると、この女人夫は大酒飲みであり、賭博を好み、それでいつも生計に穴があくので、二人の娘を喰い物にしたという事実が分かった。

それから岩の坂に太郎長屋と唱えるボロ長屋がある。現在二十世帯余り住まっているが、この世帯主と配偶者、子供たちはいずれも乞食を業とし、日夜盛場に出て俗にケンタと称する乞食をするので、岩の坂地域でも、敗残者の沈澱池と言われている。この太郎長屋二十余世帯の中から売られた女は現在四人ほどあるが、彼等は幼い時から十四、五歳までは親たちと一緒に乞食をし、妙齢になると色里に売られるのだ。

東京には百九十人ほどの公認された芸娼妓、酌婦紹介業者がいて、一ヶ年に五千七百人からの婦女を色里に運び込むのである。ところが、年ごとに教育が進歩するので東京で生まれ、東京で育った娘であると親が貧乏だからと泣言を並べても、前借を負って柳暗花明《りゅうあんかめい》の色街へは運ばれては行かないで、それほどお父さんの暮らしが困るなら、女給にでもなりましょうと、芸娼妓だの私娼には容易に堕ちないので、紹介業者は地方へ手を廻して玉を探すか、さもなければ酷いどん底方面へ狙いをつけて玉を求める。

貧民窟へ出かけ、玉を探す場合には、小娘に眼をつける。尋常小学校を卒業した十三、四歳の少女を物色して勧誘にかかり、通学中の少女で、もう後一年くらいで卒業する者だと、事情によっては予約していく分か前貸しさえする。どうして尋常小学校を卒業しなければ公に色里へ運ばれないかといえば、児童虐待防止法が実施されたので、満十四歳以上で義務教育を果たさないと芸妓になれないから、いかに酷い貧乏人でもそれまでは娘を売ることができない。

ところで、ここに岩の坂の北海道長屋と称する棟割長屋に住み、人夫稼でやっと細い煙を立てている近藤直次（仮名）四十三歳は、通学中の長女某十三歳を女衒の口車に乗せられ、売買の予約をして二十円だけ前借したが、うっかりして稼業地と契約条件を決めて措かなかったので、いざ卒業して女衒に身柄を引渡す場合に、稼業地は富山市の芸者屋で、年期は六ヶ年だと女衒に主張され、やむなく後金三十円を受取り、哀れにも十四の娘は富山へ運ばれてしまったが、六年で五十円とは莫迦々々しい安値だと、親父は愚痴っている。

職業別からみた変わった稼業

この岩の坂五百七十一世帯の職業を分類すると、四十余種に分かれている。世帯主の六割までが自由労働者と称する人夫で、この中で二百人余りは登録労働者である。この自由労働者以外で数の多い者は、拾い屋と唱えるバタヤである。次はホリヤまたはヨナゲを業とする者で、それから物貰いと乞食に世間師、西行、方角屋、蛇取り、薬草の採取、メメズ取り、蛆屋《うじや》などこうした変わったものがある。

他の貧民窟から出るヨナゲとホリヤに較べると、岩の坂から出るホリヤとヨナゲには腕達者の者が多い。言うまでもなく、ホリヤは塵芥をもって埋ずまっている土地を掘り返し、金属類、ガラス、古ゴム、その他何でも価値のあるものを拾い出す業である。ヨナゲというのは、諸方の川筋だの大どぶに這入り、大ざるで底の泥をさらい上げ、その中から金属現金その他有価値物を拾い取る業である。ホリヤは近頃掘り尽くしたので、現在では有名無実になっているが、ヨナゲだけは仕事が絶えない。

岩の坂から出るヨナゲは、遠くは本所深川の川筋に出かける者もあるが、また川口市の脇を流れる荒川に出かける者もある。いずれも鉄工場のある付近の川筋を狙い古鉄を拾うのであるが、このヨナゲは晴雨を問わず仕事ができるが、体の弱い者ではできない。本所深川に出かける輩は、引潮時を狙い川筋に飛び込むが、川筋によると、胸まで水に浸り、両足でざるを巧妙に動かし、底泥をさらい上げる。一日のもうけは少なくも一円五十銭だと言っている。岩の坂辺の酒場でオダを上げる連中にはこのヨナゲが多い。

ところが近頃は、川筋だのどぶを狙わずに暗渠を狙う者がある。その仕事の一例を上げると、巣鴨から小石川を流れる千川の暗渠でヨナゲをする者があるが、こうした暗渠で仕事をするには、神田川筋、旧砲兵工廠前の千川暗渠、放射口から這入り込み、段々泥をさらって、遂には大塚の花柳界の地下暗渠まで、約二十町も這い回る。犬や猫の屍《かばね》、その他恐ろしいものが流れ込んでいるのを憶せず、かきわけ、進んで行く。困る事は夏の夕立であって、暗渠の中では夕立が分からないので、うっかりすると水かさが増し、命からがらの事さえある。つらい仕事であっても、月収四十五円ないし五十円になるから、人夫稼ぎをするより一《ママ》倍以上のもうけ高に上るから、やめられないと言っている。

それから蛇取り、薬草の採集は説明を省くが、メメズ取りと蛆屋についてちょっと説いてみよう。メメズ取りは釣魚の餌にメメズを取るのだが、蛆屋も釣魚の餌を拵えるのである。だが、この蛆屋ほどきたない商売はない。それは魚屋、料理屋等から魚腸《ぎょちょう》だの魚の頭など、俗にいうワタ樽をもらい受け、それを岩の坂の空地に運び、穴を掘り、その中へ数日間投げ込んで置き、蛆をわかし、そうして餌に売る商売であるが、こうした汚い稼業をしても、月のもうけはやっと十五円足らずであるから、体の弱い者か老人でないと蛆屋はしない。

方角屋は、インチキ商売で、廃物同様のかつ節だの、あるいはしおれた野菜その他粗悪の食品を持ち廻り、田舎訛を巧みに使い歩く不良行商である。世間師はマッチ糸針などを持って、行商を装い、その実は物貰いを業とする者であり、西行とは俗にいう売僧《まいす》で、体裁のよい門付である。こうした類の者だの、労働者の貧しい者等五百世帯が集団しているので、解剖してみると奇談哀話もあらわれてくる。ここに岩の坂におけるひどく貧しい世帯の生活とその実例を掲げてみよう。

酷く貧しい生活の実例（いずれも仮名）

一　世帯主、瀬野三次郎、四十七歳、内妻くめ、二十八歳。世帯主の職業はバタヤ。内妻くめは棄児《すてご》であったのを、千葉市の某家に拾われ養女として育てられたが、先天的低能で、金銭の勘定も三銭ぐらいしかできない状態であるから、二度捨てられ、東京へ迷い込み、放浪生活を続けた。数年前、川越の競馬場付近を徘徊していたのを、或る人が同情し、板橋の或る木賃宿に連れ帰り、女中に使っていたが、使いものにならないのでもてあましていたのを、この木賃宿に止宿していた独身者三次郎が引取り内妻としたが、バタヤの稼ぎが乏しいので、残飯屋から毎日十五銭ずつの残飯と残菜とを買って一日の食糧としている。この残飯と残菜の代が一ヶ月四円五十銭と、この外に二畳一間を四円五十銭で借りているので、この二人の生計は九円というきわめて少額のものである。

二　世帯主、中川庸三、四十六歳、妻仲、三十三歳。バタヤ。子供は長男十二歳目下奉公中、長女十歳、次男六歳、三男三歳。世帯主は元理髪職であったが、失業の結果人夫となり、不馴れな労働のため足を負傷し、労働不能となる。残飯を食し、最低限度の生活費はどうしても十七円を要するも、収入なきため塵芥《ごみ》箱を漁り、ようやく空腹を満たしているが、家賃は三畳一間で蒲団付九円であるが、これを支払う事ができないで、六ヶ月ほど滞納している。

三　世帯主、中田進、四十五歳、妻トミ、四十四歳。世帯主の職業は人夫であるが、不就労の日はバタヤを稼いでいる。子女は長女目下女中奉公中、二女十六歳、長男十三歳、三女十一歳、四女九歳、五女七歳、二男四歳、三男三歳。現在九人家族で四畳一間に住まっているが、室内は雑然足の踏場もない。雨降り続きなどあると、食物に窮し悲惨である。生計の状態をみると人夫を稼ぎ、あぶれた日はバタヤをし、一生懸命に働くので、月収は四十三円ほどであって、この中から四畳一間の家賃七円五十銭を払い、九人の者が貧しい生活に悩んでいる。

四　世帯主、織田留五郎、四十七歳、内妻いし、四十三歳。世帯主の職業は人夫で、内妻は豆むきを内職としている。子女は長女つや二十一、二女君子十一、三女かほる八、長男道雄六つ、四女京子四つ。世帯主留五郎は酒癖悪く、二年ほど前に家出して目下行方不明である。長女のつやは貧困の生活を緩和するため、桐生市の曖昧料理店に酌婦として売られて行き、稼業中妊娠したので、目下帰宅しているが、その相手の男から一ヶ月十五円の仕送りを受け、これと母の豆むきの内職による収入等あわせ、一ヶ月二十一円で一家六人の者は生きているのである。

五　世帯主、陳永根《ちんえいこん》、五十七歳、朝鮮生まれ、職業は物貰い。この男は独身者で岩の坂木賃宿の共同宿泊室の暗い片隅に泊まっている。下顎部がなく、特異な容貌はみるから気の毒な感じがする。物貰いを業とし、食事はほとんど粥と醤油のみを用いているが、木賃宿の宿泊料一日二十銭であるから、生きた屍のような生活をしても、毎月十五円の貰いがなければ生きて行く事ができない。

六　世帯主、青柳光之、六十歳、職業は洋傘とゴム靴直し。内妻ひで、三十二歳、長女十一歳。六畳一間の住居であるが、入口の戸は全部ガラスが落ち、奥まで外部から見透《みとお》せるようなあばら屋である。主人は喘息が持病であり、あまつさえ右足が不具である。常に親子三人同行して、ゴム靴と洋傘直しをして歩き、やっと一日三十銭の儲けに過ぎない故に、家賃十円は滞納となり、家主から立退きを迫られている。

七　世帯主、須田仙次郎、四十二歳、妻つぎ、四十六歳。世帯主の職業は人夫。長女たけ二十三歳、二女なみ十八歳、長男登喜雄十四歳、次男二郎十三歳、三男九三郎十一歳、四男章九歳、五男重伍三歳。長女たけは売られ行く女となり、目下浅草××楼に前借千五百円で昭和九年より五年の年期で娼妓となっている。二女なみはボール箱工場の女工となり、長男登喜雄は奉公に出ているが、六畳一間を四円五十銭で借りているので、どうしても一ヶ月の生計は四十九円を要すると言っている。

八　世帯主、滝口清蔵、六十五歳、妻みさ、六十三歳。長男清太郎二十七歳、長男の嫁歌子二十七歳。二女その十七歳、三女たま十二歳、孫與七三歳。世帯主は老いたる身で盲目であり、妻は眼病にかかり、こうして両親とも目が不自由である。長男清太郎が人夫として得る月十七円と、二女そのはルイレキ〈瘰癧〉にかかっているが、一家の貧困を補うためゴムの風船の工場に出て、女工として働き十四円ほどを貰い、最下級の生活をしている。住居は五畳一間を五円で借りて雨露をしのいでいるが、どうしても家賃以外に支出三十一円余りを要するのに清太郎と、そのの稼ぎ高は併せて三十一円に過ぎないから家賃だけは借金となっている。

九　世帯主、尾山角蔵、六十二歳、妻なつ、五十六歳。世帯主は盲目で何の仕事もできないから、妻のなつが物貰いに歩いている。食物は買ったことがなく妻の貰った物で生活している。住居は四畳半一間、二円五十銭で借りている。

十　世帯主、高田正美、五十歳、妻ふく、四十五歳。長女ひさ二十歳、次男重一十四歳、三男小太郎九歳、三女みどり四歳。主人は酒毒のため中風の気があるが、辛くもチンドンヤを働いている。長女ひさは富山地方のある都会に娼妓となっている。前借千百円は手に入ったが、借金の弁済と、生活費の不足にあてたので、一文も生産化されなかった。妻ふくは裁縫の内職をなし、月に一円ないし二円を儲け、主人はチンドンヤで二十円ほどを得て、それで三畳一間を五円で借り、ようやく生きている。

高物価と生活苦

今から七年以前の昭和六〈一九三一〉年には社会事業団体から、貧しい人達に供給した廉売米は一升十三銭であった。その後段々と値上げとなり、昨年では一升二十九銭五厘となった（市価は三十三銭）。こうして主食物は騰貴したが、さて自由労働者の賃金はどれだけ騰がったかといえば、昭和六年当時の賃金からわずかに十銭高値となっただけである。

この頃は軍需方面の景気がよいから、その影響で、自由労働者なども就労日数が多くはなった。かつて就労日数は多い者で十二日であり、少ない者で七日であったのが、今では十二日ないし十八日に上がってきた。しかし、米価は十三銭から二十九銭五厘（政府廉売米）に刎ね上がり、なお一般の日常必須品は三割以上も騰貴しているので、いつまで経っても、どん底の人達は浮き上がることができない。

論より証拠は、前段に掲げた世帯の惨ましい生計状態をみても判るのであって、三度の飯の喰えない者、残飯だの豆腐ガラで飢えを凌いでいる者さえあって、まことに哀れにも気の毒な人達が群がっている。

（「経済マガジン」二巻三号　昭和十三〈一九三八〉年三月）

乞食街道異変

乞食街道異変　帝都追放令よりも時勢の波に追われる彼等

国家総力戦下の帝都に、一時影をひそめていた街頭乞食群がまたまた蔓延し始めたというので、警視庁では都市の美観保持と、彼等の怠惰の気風を是正する意味から、近くその一掃を図ることになりましたが、この方面の研究家として知られる東京市嘱託草間八十雄氏に〝乞食談義〟の一席をお伺いして、彼等の実生活をのぞいてみましょう。

一口に乞食といっても、その種類にはいろいろあります。彼等の仲間ではそれぞれケンタ、ツブ、ハイ出し、西行、ズケ等と呼んでいますが、人数も多くいつも私たちの眼にふれるのは一番最初のケンタと呼ばれるもので、これは人の出る盛り場の往来に頑張って物を乞うもの。私は静停的乞食と名付けています。静停的ですから、別に人に危害を加えるようなことはしませんが、こいつが実は一番困る代物なのです。

乞食

確か昨年〈昭和十三年〉の十月中旬であったと思いますが、写真入りでアメリカの新聞紙に長期戦に入った日本の経済界が行き詰っているのは、これこの通り街頭の乞食が増えたことでも解る、とデマ記事が書かれ、全く困ったものです。

ところが昨年末調査してみたら、十年前の八百五十人に較べ百一人しかいなかったのです。そのうち男が六十一人で、女が四十人ですが、健康状態からみると、健康な者が四五%、半病人もしくは病人が二〇%、不具三三%となっていて、片輪を擬装している者二%。十年前には擬装が約半数を占めていたものです。以前はお腹にザルを入れて妊婦を装ったり、片手を身体にしばりつけて片手を装ったりした者ばかりというのですから、お話にならない有様でした。

また、近頃は連子乞食も少なくなって、昔は板橋区岩ノ坂あたりの貧民街から一日二十銭くらいで子供の賃借りをし、人の同情をひいたものですが、貰いは少なくなるし、うっかりすると児童虐待防止法に引っかかることになるので、影をひそめたのでしょう。今度の調査では十歳以下の子供が十三人、十一歳から十四歳までが一人という少なさで、それもすべて親子でした。

さて、乞食は一体どんな所に住んで、どんな生活をしているか、ということになりますが、一番上位が岩ノ坂や三河島の千軒長屋などにいる家持ちと呼ばれる者。次にドヤ者といって、木賃宿や無料宿泊所の厄介になっている者。それからセブリといって、自分で小屋を作って住んでいる者。野宿をするオカン者と分かれています。このうち家持ちとドヤ者、それにセブリは電車に乗れるくらいの風態で盛り場まで出掛け、公衆便所や横道で素早く汚い着物と着換え、貰いの多い場所に座り込む類です。

十年前には浅草の観音堂西口下が一番貰いが多く、一時間七十銭、少ない外れの所でも一時間に十五銭という豪勢さでしたが、今では親分もなく、縄張りもなくなったようです。

大体の収入は一日五十銭くらいに下落した。従って、昔のように朝酒をひっかけてバクチを打ち、それから盛り場に出向くという乞食は全然影を没して、木賃宿に寝泊まりできるのが最高の方でしょう。また、乞食たちに五十銭だ、一円だというバクチの金を貸して、高い利を取り、四千円ばかり蓄めた〇〇の由というのがいましたが、今は正業に励んでいますからその名前は預かっておきます。

（読売新聞二三二五四号　昭和十四〈一九三九〉年一月十一日）

労働層の合言葉と生活相

労働層の分解

昔は日稼人足と唱えた労働者も、現代では自由労働者といっている。ところで、この自由労働者を本質的にみると、なかなか複雑多岐にわたっているが、これを定義的に説くと、その内容は次のごときものである。

㈠雇傭関係と労働条件が常に変動せるものである。それはかの工場労働者、交通労働者、その他の技術労働者などはおおむね定傭的であって、雇主が一定しているのに自由労働者は道路人夫に傭われても、または雑役人夫に使われても臨時的のもので、従って雇主と傭われた者との双方において労働条件その他が意に満たなければ、随時にあるいは日ごとに、甚だしいものは作業中でも契約を破棄して、その労働者は仕事場を去ってしまうという事情のもとに働くもので、常に転換性をもつ者であるから自由労働者という。

㈡労働業態と労働現場の一定しない労働者である。即ち、前日は道路工事の労力需要に応じ働いたが、今日は荷物運搬に傭われ、さらに明くればいずれかの方面における労力の需要を俟つもので、日ごとに労力需要の動きを狙い、かくして労力の切売りをなす者が多く、故に労働業態と労働現場が一定しないのである。

㈢屋外に働く一般不熟練労働者である。即ち、工場雑役の一部または交通労働者だの土木建築方面に働く者などで、屋外に働く者は少なくないが、これらはいずれも熟練労働者であるのに、自由労働者は不熟練で、下級卑近な労働に従事する者である。

かくのごとく雇傭関係と労働条件に変動があり、労働業態と仕事場が一定しないで常に転換性をもち、主として屋外において働く者を自由労働者と唱え、または日傭人夫ともいう。しかし例外としてみるべき者がある。それは一定期間を限り、同一雇主に傭われて同一業態に従事する定傭的の者がある。ことに支那事変〈日中戦争〉以後、労力の需要が上がったので定傭の者が増加した。

これら自由労働者の業態は種々ではあるが、これを大きく分けると、A土木建築方面に働く者、B仲仕、C荷造運搬、D農事、E衛生掃除、F雑役、以上のごとく六つに分かれているが、これをさらに小さく類別すると、百十余種の業態に分かれ、この大東京の市井に働く自由労働者の概数は四万人に上り、この中で国立労働紹介所に拠って仕事に就く者が約七千人である。この以外では(イ)労働市場に拠る者、(ロ)人夫請負業者のもとに働く者、(ハ)労力需要者と直接に雇傭関係を結んで働く者等である。

自由労働者の合言葉

自由労働者が日常に用いる合言葉（隠語）を研究すると、彼等の生活状態や心情生活がその合言葉によって表れている。ここに掲ぐる合言葉は深川区富川町、浅草区山谷町その他における木賃宿に群がる自由労働者の合言葉である。

(1)労働条件についてのもの

一、万棒　一日いくらと定額給で傭われないで仕事の出来給で働くのであって、俗に言う請取仕事の一種であって、これは一定数量または一定距離を単位として、いわゆる出来高給を収めることで、例えば石炭屋に傭われて一定距離の間を石炭一荷の運搬を十銭を《ママ》決めれば、一日に三十荷を運べば三円の賃金となる。

二、小間割　一定の場所または数量的の仕事を賃金いくばくとして請負うもので、これも請取仕事の一種であって、例えばある土地の掘鑿《くっさく》工事に従事する場合において、一坪の地面を地下いく尺まで掘り下げる賃金いくばくであるとか、または倉庫内に貯蔵する荷物全部を或る場所まで運搬すると賃金いくばくという条件で働くのである。これらの万棒、小間割と唱える請負仕事は労働時間を条件としないので、労働能力の旺盛な者だと意外にも早くその仕事を果たして、夕暮どき前に吾家に帰る者さえある。

三、デヅラ　賃金のこと。

四、アタマ　人夫請負業者の収める手数料のこと。

五、コウル　賃金支払の滞ること。

六、野帳場　自由労働者の中で、労働紹介所に拠る被登録者と、人夫部屋に住み込む者と、一定期間の定傭者と、この三つを除くと他はいずれもその日限りの日傭人夫であるから、己の労力を售《う》ろうと、早朝から或る場所に集合するのである。この集合場所を俗に野帳場という。かかる野帳場は深川区富川町、本所区の緑町五丁目と東駒形、浅草区山谷泪橋、四谷区旭町の各木賃街の街頭などが主たる野帳場である。

⑵労働器具と労働現場について

一、ツル　ツルハシのこと。

二、スコ　スコップのこと。
三、ネバ　粘土のこと。
四、バラス　砂利・礫等のこと。

(3)労働契約について

一、人足廻し　労力請負を営む俗に人夫屋なるものがある。この人夫屋が毎朝野帳場に遣って来て、日傭人夫を傭い入れる。こうした人夫屋のことを人足廻しという。
二、アブレ　失業のこと。
三、ケツワル　人足廻しに傭われて、労働現場に赴く途中で意が変わり、就業を嫌ったり、また現場に到着してから賃金の割合に労働量が多いので就業を拒む者、あるいは就業中に無断で現場から逃げ去る者など、いずれも労働者から労働契約を破棄することをケツワルという。
四、ドテツク　同前。
五、バラヲフム　請負たる仕事を中途にて擲《なげう》つこと。

(4)労働について

一、ボウシン　人夫頭のこと。
二、ステカタ　親方のこと。
三、セシュ　使傭主のこと。
四、ウワカタ　肩にてやる仕事、かの仲仕水揚人足などのこと。
五、ハリモチ　肩にてやる団体作業のこと。

(5)金銭について

一、オケラ　懐中無一物となること。
二、タカル　金銭を持つ朋輩に無心すること。
三、ナタガキリ　飲食店その他において容易に借りることのできること。
四、コロス　入質すること。
五、ドヤダイ　木賃宿の泊料のこと。

(6)食事について

一、チャボダイ　食事代のこと。
二、イモチャボ　さつま芋をもって食事に代えること。
三、トトチャボ　水を飲みて食事に代えること。なお金魚チャボ、フナチャボなどともいう。
四、カンチャボ　簡易食堂にて食事をなすこと。
五、カメチャボ　牛馬等の打かけ飯。
六、マエクラ　食事をすること。
七、キス　酒のこと。
八、ズケ　料理屋飲食店鮨屋食堂などから出る残飯残肴のこと。
九、ダイガラ　曲輪《くるわ》の妓楼から出る遊客の残肴のこと。

(7)数字について

一のことを本の字、二がロ、三がツ、四はソ、五がレ、六がタ、七がヨ、八はヤマ、九がキである。

⑻その他について

一、オモチヤ　骨牌のこと。
二、オドリコ　骨子のこと。
三、サイギョウ　漂泊して各地の人夫部屋を訪れ投宿すること。
四、アンギウ　各地を渡り歩き仕事を求めること。
五、ナタフミ　縁起の悪いこと。なおカミソリフミともいう。
六、オタアゲル　ほらを吹いたり気焔を挙げる。
七、デカ　刑事のこと。
八、ヤブまたはテン　警官のこと。
九、サツ　警察署。
一〇、風呂屋　刑務所。
一一、ナシ　盗品のこと。
一二、ナミガタ　賭博のこと。
一三、ドヤモノ　木賃宿共同宿泊所等に泊まる者。
一四、ガセ　不良行為またはインチキの業をなすこと。
一五、ヒキヤ　密かに笑いを売る辻君のこと。
一六、リウコ　拘留処分を受けたこと。
一七、オカン　野宿をしたこと。

生活の浮沈

こうした隠語から稽《かん》えてみると、彼等の生活状態は低級であることが判る。ところが、今から二十年前の〈第一次〉世界大戦の終わり頃には戦時景気で一般労働者の収入も上がり、野帳場に集まって仕事を覘う下級の日傭労働者でも賃金は二円以上であった。その後段々と財界が不振となったので二円の桁が崩れ出し、昭和の初めになると労力の需要が著しく低下して、自由労働者のごときは一ヶ月に十日くらいしか就業しない。

しかも賃金は下がって、最低はたった一円という安値になったので、大の男がわずかに月の儲けが十円くらいであったから、そこかしこの「どやまち」だの貧民窟へ行ってみると、トトチャボだのノウチャボで蒼白い貌をして飢えにもがく者が少なくはなかったが、支那事変が起きてから労力の需要が昂まったので、産業予備軍として失業状態にあった者だの、浮浪の境涯に漂っていた者もようやく働き出し、しかも昨〈昭和十三年〉夏の頃から急激に労力を需めるので、野帳場に集まる者でも年寄の者は別段として、血気で働き盛りの者など「デヅラ」（賃金）は二円五十銭以上であり、また万棒小間割などの請負仕事に就く者は三円以上の所得である。しかし、老境に近い五十以上の者では一円六、七十銭が止りで、どうしても若者と同様に儲けることができない。そこで、この人たちの就業日数であるが、この頃のように労働者が払底であるとはいえ、休養のために、あるいは雨天等で一ヶ月に六日くらいは休養するから、働き盛りの者でも六十円から七十円くらいの月収であり、体の弱い者であったり年嵩《としかさ》の多い者などでは四十円内外の月収とみて間違いはない。

事変下の自由労働者

さて、酷く不景気の頃に較べれば、この頃は労働日数も増し収入は多くなったので、生計状態はいかなる具合かといえば、世帯を構えて妻子をもつ者で、しかも、その妻子も労働能力者であると、家族共々に稼ぎに就くので、かの貧しい人たちの群がる裏街として有名なる板橋岩の坂には、貧しい世帯が五百余り人口二千二百人に上っているが、この中で四十世帯ほどは主人以外の者も働く共稼の世帯であるから、かかる世帯の月収は百円余りに上るので、近頃ではラジオを備えたり、米の一升買いをやめて、十キロまたは二十キロと買い込むまでに生活が向上したが、家賃は日掛けで一日十五銭ないし二十銭のボロ長屋に住んでいるので、勿論生計に余剰が生じ、貯金もできている。

しかるに浅草・本所・深川その他における「どやまち」には四百七十余軒の木賃宿が営まれ、この「どや」には男女一万二千人が泊まっている。そうして、この内の約半数は独身のいわゆる自由労働者であるが、この頃は稼ぎ高が多くなったので、垢じみた着物をまとったルンペン風の姿から、小ざっぱりとした姿に変わってきたが、心の底から貯金をしようとする者は稀で、一泊二十五銭の「どや代」を払い、三食で六十銭くらいの飯代を費やし、なお、莨《たばこ》代その他の小遣で若干を消費し、残りは享楽費にあてる。その享楽の対象は酒が主なるものであり、青壮の者だと女の笑いを買うのである。

そこで、浅草の「どやまち」では所轄警察署長の肝煎りで、山谷町の木賃宿九十六軒の主人が銘々世話人となり止宿人に勧めて簡易保険に加入させると、意外にも被保険者となる者が多い。どうして簡易保険に這入る者が多いかといえば、保険が貯金に等しいものであり、さらに養老とか終身とかいう人生の安全弁としての結果を考えて這入るのは第二の問題で、それよりも一つの見栄から這入るのである。例えば毎月一円がけ二十年の契約で、最初にその一円の保険料を払い込むと、保険局長から「簡易生命保険を締結したり仍《よっ》てその証として本証書を交付す」、第何号保険金二百五十円と大きく書いた立派な保険証書が交付されるし、一円払ったのに二百五十円の証書とは有難いとその額面の金高に心を引かれ毎月払い込む。そうして仲間にも保険証書を見せびらかし、もう既に二百五十円也を摑んだ心持で衒気《げんき》をだしているから、貯金を勧めるよりも、このほうが成績が良い。これは要するに、その日暮らしではあり、あまつさえ理財の念には乏しく、感情のみが尖っている人たちにはこうした方法で、金を貯えさすよりほかに途があるまい。

（「国文学　解釈と鑑賞」四巻七号　昭和十四〈一九三九〉年七月）

第五回国勢調査における市内浮浪者発見数

第五回国勢調査における市内浮浪者発見数

在来東京市内における無宿浮浪者の人数は大正十一〈一九二二〉年二月二十五日に施行せる市社会局の浮浪者調査によれば二百五十三人であり、次いで昭和五〈一九三〇〉年十月一日施行の国勢調査における発見数は最も多く実に千七百九十九人に上り、その当時における財界の不況は労力需要の減退をきたし、失業者にして無宿浮浪の境遇に陥るもの少なからざりしを窺うに足る。しかして、その後においては無宿浮浪者は漸減を示し、昭和十年十月一日施行の国勢調査においては千百十七人となり、さらに市社会局が支那事変の起これる昭和十二年十月における施行の無宿浮浪者の集団的野宿地域四十ヶ所についての調査では三百六十三人を発見せるのみである。しかして、最後に本月〈昭和十五年十月〉一日施行の第五回国勢調査によれば、その数はさらに著しく減じ、わずかに二百二十九人の発見に過ぎなかったのである。今その被発見者の数を区別に挙ぐれば、次のごとくである。

麹町	／人	浅草	二九人	杉並	／人
神田	一七	本所	三三	豊島	／
日本橋	一五	深川	二五	滝の川	／
京橋	二二	品川	二	荒川	四
芝	二九	目黒	二	王子	二
麻布	六	荏原	一	板橋	／
赤坂	／	大森	二	足立	一
四谷	五	蒲田	／	向島	／
牛込	／	世田谷	七	城東	／
小石川	五	渋谷	一	葛飾	／
本郷	四	淀橋	一	江戸川	／
下谷	一六	中野	／	合計	二二九人

なお、ここに参考として既往施行せる国勢調査、市勢調査、市社会局調査等によって発見せる浮浪者の数を表示し、これが増減を示すことにする。

大正九年十月一日施行　国勢調査　浮浪者発見数　不明
大正十一年二月二十五日施行　市社会局浮浪者調査　二五三人
大正十三年十月一日施行　市勢調査　二八一人
大正十四年十月一日施行　国勢調査　三八〇人
昭和三年六月施行　市社会局浮浪者調査　四七三人
但し集団的に野宿をなす浅草、下谷、芝、四谷、深川の各地域
昭和五年十月一日施行　国勢調査　一、七九九人
昭和六年八月二十二日施行　市社会局浮浪者調査　六〇二人
但し浅草公園及びその付近の地域
昭和十年十月一日施行　国勢調査　一、一一七人
昭和十二年十一月施行　市社会局浮浪者調査　三六三人
但し市内における浮浪者集団地域四十ヶ所にて発見せる者
昭和十五年十月一日施行　国勢調査　二一二九人
〈表紙を含め、三枚綴の謄写刷りである。昭和十五〈一九四〇〉年十月、東京市厚生局庶務課計画掛刊〉

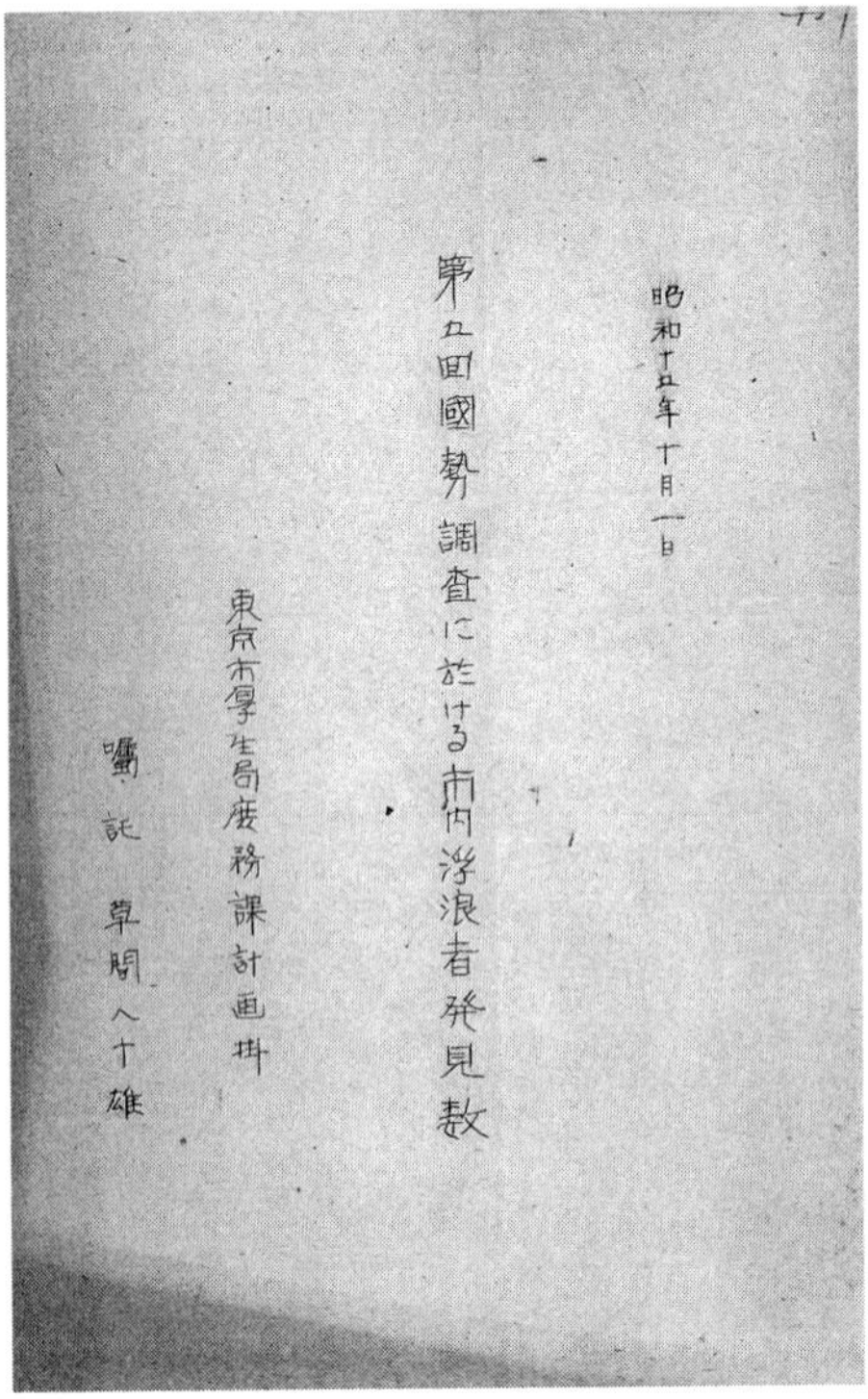

昭和十五年十月一日

第五回國勢調査に於ける市内浮浪者発見数

東京市厚生局庶務課計画掛

囑託　草間八十雄

「第五回国勢調査における市内浮浪者発見数」
表紙

児童虐待

子を持つ方は聴いて下さい

子を持つ方は聴いて下さい　権威が集まって不良少年問題座談会

今夜〈昭和七＝一九三二年五月十三日〉の座談会の問題は、

㈠どんな不良行為が行われるか
㈡不良になる原因
㈢不良癖を治すには
㈣不良になるものを防ぐには……

の四つであります。出席者をご紹介しておきます。

座談会の人々
〈右から〉宮城、草間、小野、田中、鈴木、成田の諸氏

▽少年審判所長鈴木賢一郎氏は東京帝大法科出身、元検事、少年審判所開設以来の少年審判官。昭和五年、ベルギーに開かれた国際少年審判官会議に出席し、帰路欧米各国の少年保護事業を視察してきた人。
▽帝大教授小野清一郎氏は元検事で刑法学者として知られ、少年犯罪についての多年の研究者。
▽東京市社会局主事草間八十雄氏は浮浪者の調査、特に浅草を中心とするルンペン研究の第一人者。
▽田中信男警部は警視庁刑事部不良少年係主任。
▽成田勝郎医学博士は精神病の専門家で、少年審判所の嘱託として、専ら不良少年の心理的治療にあたっておられる実際家。
▽宮城たまよ夫人は旧姓植田。奈良女高師卒業後、少年審判所に勤務、少年保護事業で欧米にも留学された方。夫君長五郎氏は東京地方裁判所検事正で、司法省保護課長兼大審院検事当時に現在の司法少年保護事業を創設された人。

（東京日日新聞二〇〇二六号　昭和七〈一九三二〉年五月十三日）

〈昭和七年五月十三日午後七時三十分東京ＪＯＡＫ放送番組「不良少年問題座談会」の紹介記事である。東京朝日新聞にも後記の通り、同番組紹介記事「不良児の生立とその行いを救う途」が載る〉

不良児の生立とその行いを救う途

不良少年少女は逐年増加の傾向にあり、社会上ゆゆしい問題である。ことにその原因なり、堕落の経過なりについて研究し、その予防法を講ずることははなはだ必要なことである。特にこの座談会は家庭の人々にぜひとも聴かせ、我家の問題として十分研究してもらいたいという趣旨の下に、各家庭の参考になるような点を目標として語り合うのである。その大体の内容を左に掲げる。

出席者

東京少年審判所長　鈴木賢一郎

鈴木所長は東京帝大法科出身で、大阪、神戸、東京その他の地方裁判所検事を歴任し、少年審判所開設以来の少年審判官で、この方面の権威である。昭和五年にはベルギーに開かれた国際少年審判官会議に出席し、帰路欧米各国の少年保護事業を視察してきた。

東京帝大教授　小野清一郎

小野教授は元検事で刑法学者として知られており、少年犯罪については多年研究している人である。

東京市社会局主事　草間八十雄

草間氏は浮浪者の調査をもって有名であるが、特に浅草を中心とするルンペン研究の第一人者である。

警視庁警部不良少年係主任　田中信男

田中警部は警視庁刑事部勤務で不良少年取締りについて責任の立場にある。

少年審判所嘱託医学士　成田勝郎

成田医学士は精神病の専門家で少年審判所の嘱託として専ら不良少年の心理的治療にあたっている実際家。

東京地方裁判所検事正夫人　宮城たまよ

宮城夫人は旧姓植田。奈良女高師を卒業後、少年審判所に勤務し、少年保護事業で欧米にも留学した人。また夫君長五郎氏は東京地方裁判所検事正で、司法省保護課長兼大審院検事当時に現在の司法少年保護事業を創設した人である。

不良児の生立とその行いを救う途
父兄達を目標として権威ある座談会

この座談会の話題の内容は大体四つに分かれ、最初に鈴木氏が司会者としての言葉を述べ、次いで、

◇第一の問題として、「不良行為の実状」について主として宮城、田中、草間の三氏、

◇第二の「不良行為の原因」については成田、小野の二氏、

◇第三に「一般的の治療方法」については宮城、小野の両氏、

◇最後に「不良防止の方法」について再び鈴木氏が中心となって、諸氏の意見を聞く事になっている。

卵から花形役者に　鈴木氏の談

不良少年少女は昔は犯罪の卵と言われたものだが、現在ではインテリ学生らが混入して、むしろ犯罪の尖端を切っているような花形の役割を持っている有様である。これは我国に限らず、世界的状態で、大人の犯罪と不良少年少女の犯罪との区別がつかなくなってきた。

寒心すべきタカリ　田中氏の談

最近もっとも多い彼等の犯罪はタカリ（パクリ）で、これは学校の門前で出て来る学生を待ち構えて、金銭や物品を強奪するものである。このタカリを我々が何故重要視するかというと、これは被害者の善良な学生を不良化する恐れがあるからで、すなわちタカラれた中学生等は、小遣銭に窮した揚句、親を欺してまたも小遣銭をもらう。それが段々昂じてくると、自分もタカリを覚えるから危険が多いのだ。

叱るにもよく考えて　成田氏の談

身体衛生と精神衛生と、この二つが少年少女の生育には必要である。

精神衛生というのは、その子供の素質々々に合った育て方をする事でして、普通両親はともすれば一つの型に子供をはめようとする。これが子供を害する事が非常に多い。

例えば叱るにしても、強く叱るのが矯正する目的に必ず合うとは限らぬ。子供によっては叱り方も中々難しいもので、要は両親が子供の知能、気質、性格をよく観察しなければならぬ。

さまざまな原因　草間氏の談

私がこの頃気付いているのに、小店員や徒弟が不良になるのが甚だ多い。

というのは、現代ではいわゆる三年も五年も年期をいれる徒弟制度が崩れてきたから、商店では地方からブローカーの手を通じて徒弟を百円、二百円で買ってくる。これらは虐待されるためもあろうが、たいがい飛び出してしまう。そして上野浅草あたりで、ズケ生活（残飯生活）に入るのです。

彼等は家庭における生育関係に欠陥があるのが多いが、失業もその一つの原因。また別な方面から不良少年の原因をいうと、現代では世帯主だけの労力では一家を支えて行けない。自然子供も女房も働く。すると、未成年者等は自分で働いて両親を助けているのだから、たまに酒を飲んでもよいという考えで、公然とバーやカフェーに出入するようになる。そして不良化して行く。これも甚だ多い。

少年法は二十歳未満に　小野氏の談

少年犯罪は法律および刑法だけの問題でなく、社会文化問題である。対策にはその性質上学校、家庭が各種保護団体と協力してもらいたい。現在では刑法をすぐ当てはめるという方針でなく、なるべく国家はこれを保護するという方針をとっている。

刑法の特別法としての少年法は、十八歳未満の少年が犯罪を犯したり、犯す可能性のある場合、少年審判所で保護するためのものであるが、私はこの十八歳未満を二十歳未満にしたい考えを持っている。

特に不良女子の事を　宮城夫人談

私は親として、家庭夫人としての指導についてお話しします。特に不良化している女子の程度、その種類、男子に対する数の比例および少女のみについての不良の特徴——例えば性に関する点等二、三の実例を御参考にしてお話いたしたいと存じます。英米の不良少女と日本の不良少女との比較も添える考えです。

（東京朝日新聞一六五三八号　昭和七〈一九三二〉年五月十三日）

〈昭和七年五月十三日午後七時三十分東京ＪＯＡＫ放送番組「不良少年問題座談会」の内容紹介である。東京日日新

聞にも前記の通り、番組紹介記事が載る〉

児童を護る座談会（一）

この座談会は児童虐待防止法案がいよいよ明日から実施されるという〈昭和八＝一九三三年〉十月一日の前夜、すなわち九月三十日午後六時から麴町内幸町大阪ビル内のレインボウ・グリルに、別項斯界の権威者が集まって催されたものである。

出席者

児童擁護協会会長　男爵　穂積重遠氏
同副会長　前田多門氏
社会局保護課長　藤野恵氏
東京保護会理事長　原胤昭氏
救世軍社会部長　植村益蔵氏
東京市幼少年保護所長　草間八十雄氏
児童擁護協会評議員　山田わか氏

児童擁護協会評議員　田中孝子氏
中央社会事業協会総務部長　原泰一氏

被虐待児童の一番多いは芸妓　半玉から客席までの苦労

穂積　今日は児童擁護協会の催しで「児童を護る」座談会を開きましたが、お忙しい皆様にお集まりいただきましてありがたく存じます。先ず社会局の藤野保護課長に、この法律の成立ち及び内容についてのお話をうかがいたいと思います。

（記者曰く、藤野氏の談話の内容は紙上既報につき省略）

前田　この法律の第七条「児童の虐待に渉り、またはこれを誘発するおそれある」業務及び行為につきては地方長官が児童を用いることを禁止もしくは制限することができることになっているが、その禁止事項にはやはり芸妓や酌婦も入っているのですか。

藤野　初めの案では芸妓、酌婦は禁止もしくは制限の方に入っておりました。

右から、草間、藤野、原（胤）、原（泰）、
穂積、前田、山田、植村、田中の諸氏

穂積　今藤野課長からも児童虐待なる事実は明白なことだからというお話がありました。これはお集りの皆さまもよくご承知ですが、世間では一体そんな必要があるだろうか、親が子供を苛《いじ》めるというが、それは継子苛めということはあるが、実の親が血を分けた子供を酷《ひど》い目に会わせるようなことがそんなにあるだろうかというようなことを言う人もあるのでございます。その実際方面にお携わりの方から、草間さんに一つそういう方面のお話をうかがいたい。

草間　芸妓の問題ですが、社会局でお調べになった被虐待児童というものの数をみると、一万三千ばかりあるということになっておりますが、その中で最も多数を占めているのは芸妓であった。ところが、芸妓が今後十四歳以上でなければできぬということになって、警視庁令によれば二年歳が多くなった。それからまた聞くところによると、正規の年齢に達せざる「仕込み」は相当あるらしい。

この内幕を探ってみると、小さな子供を仕込んで、これから本当の宜い芸妓にしようというには「仕込み」に三年かかると言っております。故に、十や十一の妓を抱えるということは近頃はないようですが、以前はかなりあったそうであります。殊に廓には七つ、八つから抱えなくちゃいかぬということを言っている。そこでこの正規の年齢に達せざる芸妓、つまり芸妓屋の「仕込み」というのは、虐待を受けた場合、どこによって取締られることになるのですか。

藤野　実は「仕込み」と申しますのは芸妓ではないので、つまり酒間の斡旋ということになりませんね。実は本法の保護からはどうしても漏れることになります。

草間　これが芸妓の裏を探ってみると、座敷や客席に出る年齢で、相当苛められているのがある。近頃はやりませんが、吉原の廓芸妓などは正規の年齢に達せぬうちに客席へ出す。それは俗に見習という名義で出す。それで、学校に行かなければならぬ、芸を仕込まなければならぬ。それで、姉《あね》さん株のものが芸を教えるのだそうですが、叩くなんていうことは平気なものらしい。そうして、刑罰はやはり食事らしい。いわゆる言うことをそむいて、よく芸を励まぬというと、飯を一回食わさぬということをやったそうです。

「仕込み」は四つに分かれている。単に仕込みと称するのと、一本仕込みというのと、半仕込み、箱屋仕込みとあるのです。この児童虐待防止に該当すべきものは単に仕込みと称するのと、箱屋仕込みの問題なんです。単に仕込みというのは、ただ今申した歳の行かない小娘を二十歳までの年期で抱えて稼がせる。客席に出さぬうちは、芸と学校をやらねばならぬ。

それから一本仕込みというのは、これは問題ではないが、お話の序《ついで》ですから申し上げます。年頃の娘を抱えて芸がないために、芸を仕込むのが一本仕込みで、半仕込みというのは、極めて例外的なもので、地方はやりませんが、東京では八十ヶ所ばかりある芸妓屋街で、半仕込をするところは三、四ヶ所しかない。これはもっとも場所柄から行くと、一流の芸妓屋であって、その半仕込みをなす者は年頃であり、芸もできるけれども、すなわち起居動作が芸妓らしくなくちゃいかぬというところから、その起居動作やトリックなども教え込んで出す必要があるから、それを仕込むので半仕込みという。

箱仕込みというのは、その場所を具体的に申し上げるのは面白くないから控えますが、これは東京では確か二ヶ所ほどしかない。これは十や十一の歳の行かぬ小娘を抱えて、そうして学校にはやる、芸も仕込む。もう一つ余計な仕事がある。それはその芸妓街は男の箱屋を使わないために、その小娘を芸妓が出場所に行く時に――待合や料理屋に行く時に、三味線を担がして箱屋の仕事をさせる。仕事が少し多い訳です。これを箱屋仕込みという。で、前にも申しましたように、芸妓の方で本法に触れるべき恐れのあるのは、単に仕込みと称するのと、箱屋仕込みという訳です。

（東京朝日新聞一七〇四二号　昭和八〈一九三三〉年十月三日）

〈昭和八年十月一日児童虐待防止法が施行された。その前夜、東京市麴町区内幸町大阪ビル内のレインボウ・グリルにて、同法施行にかかわって、児童擁護協会主催の座談会をもった。座談内容は東京朝日新聞に六回、雑誌「児童保護」に三回掲載された（本書一八八～二二三頁）。東京朝日新聞での見出し、掲載日は次のようになっている〉

一、被虐待児童の一番多いは芸妓　半玉から客席までの苦労　一七〇四二号　昭和八年十月三日。
本書一七二～一七四頁
二、曲馬団に売られる幼児のみじめさ　この残酷な芸の仕込み方！　一七〇四三号　昭和八年十月四日。
本書一七五～一七七頁
三、「虐待ッ」と聞いたら、すぐ飛び出す用意　市民と警官の協力を切望　一七〇四四号　昭和八年十月五日。
本書一七八～一八〇頁
四、徴兵まで金五十円、人身売買と虐待　心理状態が判らぬ実子いじめ　一七〇四五号　昭和八年十月六日。
本書一八〇～一八三頁
五、養育料を目当てのもらい子と新法　危ない淵にある三千四百児　一七〇四六号　昭和八年十月七日。
本書一八三～一八六頁
六、乞食も子供だけは交替制?がない　この法律を虐待するなかれ　一七〇四八号　昭和八年十月九日。
本書一八六～一八八頁〉

児童を護る座談会(二)

曲馬団に売られる幼児のみじめさ　この残酷な芸の仕込み方!

草間　次にもう一つ申し上げたいのは、サーカス団の問題ですが、このサーカス団というのはなるべく小さい者を抱えなくちゃいかぬ。当業者の話を聞くと、小学校を卒業したのじゃいかぬと言っている。それで恐らくサーカス団で就学している者はない。それは働く時間及び芸を仕込む上からみて、学齢に達しても、どうしても学校にやれない。彼等は絶えず巡業する。そうして、昼の時間から夜にかけて行動をする。

しからば、いつあの芸を仕込むかという問題であるが、たいてい今日この頃ならば、朝五時に起こして、小屋の開く或る時間前まで芸を仕込む。それから今度は午後の十時なら十時に閉場になれば、それからまた二時間くらいは芸を仕込む。そうして、一体どういう食事をしているかというと、食物は昼に必ず湯呑みに一杯酢を飲ます。これは科学的に考えたものかも知れませぬが、晩にまたコップ二杯飲ませる。一日にコップ三杯、約三合の酢を飲ませるのである。それから一日に一回は必ず塩貝、梅干を食わす。

そうして、私どものところにもサーカスから逃げた者が入っておりますから、境遇を聞いてみると、まず最初は梯子《はしご》を二段、三段くらいの上に登らして、漸層的に芸を進ませる。どうしても恐がって高い所へ登らぬと、引っ叩くなどは鞭でやるに決まっている。それから、ある場所の芸者の仕込みと同様に欠食させてしまう。

これは実に親として不当極まったものですが、某々サーカス団、このサーカス団は女の子供を三十人、男の子供を十人というから、約四十人。それから大人を加えると五十何人とかが一団だそうですが、そこへ五つになる女の子と七つになる男の子を売り飛ばして、半年ばかり経って、その兄を売りに来たので兄弟三人サーカスにおって、苦しんで、真中の男の子は到頭堪え得ずして昨年〈昭和七年〉の十二月二十二日に東京近辺の興行地から脱走した。

そういう風にサーカスや芸者は酷いことが行われているそうですが、幼い時から仕込まなければ、芸が上達しないということになると、まず本法の施行につれて、サーカスなどというものは、ほとんど将来方法を変えなくちゃいけない。軽業だの、曲乗りというものは、先ずこれによって廃《すた》ってしまうだろうと思います。芸者なども、私は恐らく今後東京辺は満十四歳からでなければできぬということになれば、芸のできるいい芸妓はなくなって、芸妓道の衰退まで行くかも知れぬ。

藤野　この五月、広島県のある方面委員から手紙が来まして、その土地に曲馬団が参りまして、興行している。ところが自分が偶々《たまたま》割合に早くそこを通り懸《ママ》った時に、悲鳴が聞こえたので、行ってみると、幼い子供が今の草間さんの言われた芸の仕込みをやられている。実に見るに堪えない。しかも、その子供は病気していて、とうとう芸ができなかった。そのうちに曲馬団は他の興行地へ行くという時になって、その子供は病気のまま置き去られてしまった。

こんな事実をみても、（児童）虐待防止法ができたら、どうしてもあの曲馬団に子供を使うことだけは役所の方で禁止してもらわなければならないというような、手紙が参っておりました。

前田　サーカス団が衰亡するかも知れぬというお話がありましたが、子供の演芸はなくても、大人がやってもおもしろければ人が来ると思われるが。

草間　ところが、小さい時代から仕込まぬと、物によってはできないと言っている。

（東京朝日新聞一七〇四三号　昭和八〈一九三三〉年十月四日）

児童を護る座談会（三）

「虐待ッ」と聞いたら、すぐ飛び出す用意　市民と警官の協力を切望

藤野　仕込みの方は今申し上げるように、禁止しないのでございます。芸を仕込むということは差し支えないのでございます。だがその方法として、虐待してはならぬ。焼ごてを当てたり、かん性《しょう》になるような酷いことはできない。

前田　危なくないような綱渡りをけい古するとか、何とかすることは構わない。芸者が三味線を習うことなどは構わないことになる訳ですね。

原（泰）　私ども考えておりますのに、世間が世知辛くなればなるほど、一番酷い目に遭うのは子供だというような気がするのでありますが、昨今のように不景気が募れば募るほど色々な意味において、今の禁止事項に当たる事柄、例えば子供を売って金にするというような事実が多く起こってくることでしょう。

穂積　先刻原さんの仰しゃった方面委員なり、児童保護委員というような、この方の専門家を作るようなことはないのですか。

原（泰）　東京といたしましては、この問題関係者に寄っていただいて、色々とやり方について打ち合わせをいたしました。その時の話では、人の悪いことを方面委員が申告するということは難しいだろう。人に喜ばれることならするけれども、殊にこれは刑罰を伴っている法律であるから、その人を摘発するということは方面委員ではやり難いだろうという議論がある。

それで擁護協会としては、会員の中に維持会員というものを認めて、そうしてその中には、金を出す会

員と、労力奉仕の会員とを認めているのでございます。それで東京市の全部の方面委員、社会事業家、小学校の校長さん、それから児童の保護者、こういう人を全部奉仕会員といたしまして、そういう気の毒な事実に直面されたら直ぐに知らしていただく、知らせる所は、これも大分問題になったのですが、擁護協会の本部に知らしてもらうのが一番手取り早いと思う。そこへ電話をかければ、電話と同時に、その職員が飛んで行って、警官と協力して被虐待児童を調べる。そうして、警察署長を経て直ちに申告する。申告したら、府の社会課では直ちに処置をする。その処置に基づいて、今度はその保護の方法は社会局の職員、監察官、あるいは児童擁護協会の第二段の委託家庭……児童擁護協会ではそういう児童を世話してやってよいという家庭を見付けだして、そうして保護しなければならぬ者を適当に状況に応じて、お分けして保護して行こうということが建前になっているのですが、要点は、発見したならば、直ぐ知らしてもらわなければならぬ。そこで、私は東京市民によくその宛名を覚えていてもらいたいと望みたいのです。

そして、もし手紙を書く時に切手が貼れないような方は、郵税先払いにてもよいというくらいに便利にして、なるべく早くその方に手が回るようにということに諒解を得たのですが、それで第一に、二十何年来児童虐待防止のために、原老人のやって参りました場所（神田区元柳原町三十）を児童擁護協会で一部引継ぎ、そこへ子供を収容しようということにして、既に何人かの職員が詰めかけている訳でございます。そこの電話番号は浪花二二〇五で、即ち夫婦和合——ここへ電話を掛けて来れば、何人も夫婦和合ということでございます。（笑声）こういう風に擁護協会ではただ今のところ手配をいたしております。

山田　「火事だッ」と言ったら、直ぐ車の出るように……（笑声）それは結構ですね。

草間　そこで、子供を引き離す折に、渡さぬということになったらどうしますか。

藤野　それは例の強制執行法の第二項かによって、実力強制ができる訳です。
草間　あ、それでやるのですか。ところで、これを今度施行されるにあたって、児童擁護協会では警察署長とお打ち合わせになりましたか。
原（泰）　その打合会では、警視庁の方から人に来ていただきまして、調査なり処分ということについては、どうしても、ある程度の警察官の協力を待たねばならぬということになりまして――。
（東京朝日新聞一七〇四四号　昭和八〈一九三三〉年十月五日）

児童を護る座談会（四）

徴兵まで金五十円、人身売買と虐待
心理状態が判らぬ実子いじめ

前田　継子いじめ、まあ実子いじめもございましょうが、そういうようなことについては、中々デリケートなところがあって難しいでしょうね。軽業などは官憲の力でできますけれど。
藤野　制限業務の方は非常にやり易いのですが。
前田　あまりに立入れば、私生活に干渉し過ぎるということになるから非常に難しい。
草間　それから、家庭的の問題で、傭人の虐待というのが相当あるのです。
山田　知らない土地ですと、「非常に子供を虐待している」と申しても、あるいは事実と違っているかも知れ

ない。ですけれども、少なくとも一町内の事は、そこに二十年なり三十年住んでいる人たちがおりますから、そういう人たちには、あそこの家はどういう家であるとか、どういう子供がいるとかいうことがほぼ分かります。

藤野　要するに、社会の中心にある部分、方面委員、あるいは婦人会の幹部だとかいう人が、この法律を本当に守り立てて行かなければならぬという気持でおってくれたならば、あそこの子守がいじめられているというような噂があれば、その噂が本当か嘘か。そうして、どうしてもこの法律を適用してもらわなければならぬという時に、その人が直ぐ通知をするというような……。

前田　善い意味でのお節介ですな。

田中　こういう事だけは必要なんですね。継親と継子との間が非常に円満に行っている時にでも、あそこではせめられてはしないか、人の見ていない所でせめられはしないかと子供にそっと聞いたりして、世間がそんな風に疑惑の目で見るために、段々親子の間が険悪になる。そういう事が随分あるのです。それから誰でもそういう事がありますから、継親になるんじゃない、継親になることを非常に嫌がるのですね。妻に別れた夫という者は非常に惨めなものです。非常に悪いおっ母さんでなければ、継母でもおっ母さんがあった方が子供は仕合せです。ところが、今言うように、世間の眼が嫌だからとて、継親になることを嫌います。そういうことだけはよく注意したいと思いますね。

穂積　それは至極もっともですね。統計なんか見ましても、継子いじめということはそんなに多く現れていないで、むしろ実子いじめが多い。実の母が子供をいじめるということはどういう心理状態か。あるいはいくらか変なところもありましょうがね。それから継子いじめよりも、小さい傭人をいじめるということが随分あるのですね。

藤野　それはありますね。

草間　私も保護所長になって、五ヶ月にしかなりませんけれども、実子の虐待が多いのです。また傭人虐待というのが相当ありまして、今ここに持っております十一のケースによりましても、そのうち五人が売買されている。いわゆる前借、それから六件が無前借。この一例を申しますと、秋田の者で十四歳。父が六歳の時に亡くなって、それでブローカーに買われて、横須賀へ参りまして、問屋へ百円で売られた。

穂積　売られた時はいくつです。

草間　それは十四歳の七月です。これはどういう意味かというと、睡眠時間が非常に短いということです。次はやはり秋田、十二歳の男子。革工場へ十一歳の八月、百八十円で売られた。これも主人の使い方がひどく、労働時間が長いとあります。

山田　東京でも子供を売るなんという事実がありますか。

草間　ありますとも。東京へ持って来て売るんです。昭和三年に私は浅草、上野の集団ルンペンを六ヶ所、四百七十三人の者を調べた。そのうち四十人は丁稚《でっち》からの家出です。その四十人の中に、数は何人か私極めておりませんが、売られて来たのは、安いのは兵隊検査まで五十円。余ほど値の好いところで二百円。それでその時の買ってきた店の種類は米屋、薪屋、洋食屋、魚屋、そういう所に丁稚、小僧、ブローカーに田舎から連れられてくる。そうして買われて来たのだから、虐待されるのではないかという心理状態から逃げ出すのかも知れない。睡眠時間が短いほど辛いことはないと言っている。

これは十四くらいだったが、浅草の馬道一丁目の出前持屋に二百円で売られた。そこでは夜二時に寝て、朝七時に起こされる。これでへとへとになってしまって堪えられないという話でしたが、こういうような傭人虐待というものが非常に多いのです。

（東京朝日新聞一七〇四五号　昭和八〈一九三三〉年十月六日）

児童を護る座談会（五）

養育料を目当てのもらい子と新法　危ない淵にある三千四百児

穂積　植村さん、何か救世軍の方からお話はありませんか。今後一層ご協力を願わなければならぬのでありますが……。

植村　今度この法が実施されますにつきまして、私どもの方としては、女の子供をお引受けして、麻布の婦人ホームの建物をそのまま用いまして、やらしていただきたいと思っております。

それで、先ほども色々虐待の事実について、お話がありましたが、現在私どもの方で収容いたしました娘の一人は、二つの理由によって収容したのです。そのお母さんの夫が死にまして、他の人と一緒になったのですが、その義理の父なる人が娘を売ろうとしたのです。なんでも八つくらいでした。それから今一つはその娘を弄《もてあそ》ぼうとした。それを発見いたしまして、警察官立会で、私どもの方に引取ることになったのであります。

山田　ちょっと中途で失礼ですが、それはどういう権限をもって引取るのですか。

植村　それは、そういうはっきりした事実があったので、警察署に話すと、警察でその親を呼出して、「そんなことをしてはいかぬ、救世軍に渡すように」ということになったらしいですね。

藤野　ちょっと、ただ今のお話で思いついたのですが、養い子の問題です。救世軍の運動も養い子の問題から起こったのでありますが、実はこの法律と養い子の問題は非常に密接な関係がありまして、養い子をここに入れるか、入れないかということが問題になり、結局法律の自然の適用に任して、はっきりと養い子の取締りをここに入れない方がよかろうということになったのでありますが、実際問題といたしまして、普通の民法上の養い子や善意をもっての養い子は別として、報酬を受けて子供を養う、つまり養育料欲しさの貰い子殺しといったようなものが随分多いのでございます。

役所で分かっているだけでも、報酬をもってする養い子が約五千三百ばかりある。殊に驚くべきことは、六歳未満の者がその中三千四百くらいあり、実際人道上看過することのできないような、非常に可哀相なことが醸される危険が非常に多いのです。それで全く本法の適用の中に、いわゆる制限禁止の業務の中には無論業務でないから、事柄がはっきりとは分かっておりませんけれども、第二条の適用――虐待を受け、または著しく監護を怠るという事実の発生は、この三千四百人ばかりの報酬を得ている者において十分起こり得るのじゃないか。だから、そういうものについての特別の注意がやはり本法の適用と相まって、本法の適用上非常に必要なことになると思います。

原（泰）　それは今お話の通りそういう著しく監護を怠るというような事実があったら、直ぐ知らしてもらうということが非常に必要であると思います。

山田　これは児童擁護ではないかも知れませんが、娘を売るとか何とかいうことは、十四歳未満ならば、この法律によって止めることができますね。

藤野　いや、これはそういうところまでは行かない。売られて、それが虐待を受けた場合に始めて適用されるのです。

山田　芸者の場合ですが、売られて参りましても、十四歳未満ならば芸妓に出せない訳ですね。

藤野　要するに、十四歳未満ならば、酌婦、芸妓に出されない訳です。

山田　それがもっと大きくなって、自分から段々様子が判ってきて、廃業したいと思えば、その自分の意思をはっきり表明すれば自由廃業ができますね。そうすると、満十四歳から、自分でこれは悪い商売だから廃めなければならぬ。「私はこの商売は廃めます」と、こうはっきり言えるだけの意識がはっきりしてくるまでの、満十四歳から十七ないし二十くらいまでの、芸者をさせられたり、酌婦をさせられたりしている娘を保護する手段はないのでございますか。ちょっとうかがいたいのですが。

藤野　芸者の問題は芸者取締法によって保護されております。本法の保護は十四歳までです。しかし、必要ありと認める時は、もう一年間はその処分ができることになっております。だから、満十五歳になるまでは、本法によって保護されることになるのであります。

山田　十六歳になったら、それは放り出してしまうのですか。

藤野　それは仕方がありません。

山田　それから、もう既得権を獲得している者は別だということになっておりましたが、あれはやはり全部入れてしまったら、あまり厳し過ぎるからという訳でございますか。

藤野　既に法律のない時に生じた事実でございますから、法律の適用というものはない訳です。ただし、現在お酌をしておって、非常に虐待されている時には無論適用できます。

（東京朝日新聞一七〇四六号　昭和八〈一九三三〉年十月七日）

児童を護る座談会（六）

乞食も子供だけは交替制？がない　この法律を虐待するなかれ

穂積　草間さん、もう一つ乞食の話を少し聞かせていただきとうございますが。

草間　私が調べた時は、板橋の岩の坂に出る子供は四十人。その中で借児が八人かあったはずです。借児の賃借料は一日飯を食わして十五銭から二十銭くらいのものです。彼等は大きな縁日、あるいは人出の多い祭礼のことを隠語で「タカマチ」と言う。タカマチというと、少々遠方でも出て行く。甚だしきに至っては、埼玉県などの方にまで出て行くそうです。私どもが東京市内で調べたのは、深川の八幡様に行っているのが一番多い。しからば、あのボロボロ着物でどうして電車に乗れるかと申しますと、電車に乗る時は当たり前の着物で現場へ行って、変装するのです。

彼等の家庭生活はどうかと申しますと、太郎吉長屋（岩の坂の乞食長屋）などが日掛け家賃十五銭ないし二十銭です。それで、朝行って見ますと、やはり白い飯を食って相当な暮らしをしておりますよ。親父は朝酒などやっております。大抵親父が遊んで、女房が子供を連れ出すというのですから、親父は一種の遊民です。

今警察で黙認している乞食の出る場所は不動前、仁王門、本堂の正面階段下、それから本堂西口の階段下、それから淡島様。子供でも連れて西口で「どうぞ」をやっておりますと、大正の末あたりは驚くなかれ、一時間一円というのです。ところが、これが朝から晩まで出ておれば、いくら酒を飲んだって、木賃宿に泊まれるのだけれども、朝から晩までは出られない。乞食をやる連中が多いから交替する。ところが、子供だけは決して交替しない。大人だけ交替して、子供は交替しない。ここに乞食児童虐待ということがいえる訳ですな。（笑声）

穂積 大変有益なお話をうかがいまして、誠に有難うございました。

今度この法律ができて、色々の社会事業団体がその趣旨を十分徹底させるように働いて行くことになれば、憐れな子供たちが助かるのみならず、我国の国家社会の品位が高まると思うのであります。

実はこの法律のできる一番始め、名前を何とつけようかということがちょっと問題になり、児童虐待防止法というのも何だか角立つから、児童保護法とか、児童救護法とかいうことにしたらというような話も出たのであります。しかしその時、私はそれに反対いたしまして、前にこういう例があるのであります。動物虐待防止会というのがあって、どうも名前が甚だ露骨でおもしろくない。こういう所〈レインボウ・グリル〉で会をやっていると、他所から電話がかかってくる。給仕が「動物虐待防止会の誰某さん」と呼んでくれればよいが、ウッカリすると、「動物虐待会の誰某さん」、あるいは、会まで取ってしまって、「動物虐待の誰某さん」と呼ぶ。これでは甚だ困るからというので、動物愛護会に変えたという話がある。なるほど会の名前はそうでしょうけれども、法律の名前としては児童愛護法というより、やはり児童虐待防止ということを国家がこの際大いに主張するのだ、そういう不正義を国家は看過しない。「児童虐待ということはいかぬことだということを宣言し、国民をしてそういう観念をもっと強く抱かせるというために、この法律が生まれたのだから、是非児童虐待防止法ということにしていただきたい」ということを申したことがありますが、私が申したからというのではありませんが、結局児童虐待防止法という名前になったことは大変良かったと思う。

どうぞ、せっかくできた法律ですから、この法律もまた十分に可愛がって虐待したりしてはいけませんから、この法律が十分成長するように護っていただきたいと思います。児童擁護協会も骨折るが、また他の色々な社会事業団体、また色々な個人の方々のご援助を乞う次第であります。

（東京朝日新聞一七〇四八号　昭和八〈一九三三〉年十月九日）

児童を護る座談会

昭和八年九月三十日夜　レインボウ・グリルにて

児童擁護協会主催

出席者

児童擁護協会長　男爵　穂積重遠氏

同副会長　前田多門氏

社会局保護課長　藤野恵氏

東京保護会理事長　原胤昭氏

救世軍社会部長　植村益蔵氏
東京市幼少年保護所長　草間八十雄氏
児童擁護協会評議員　山田わか氏
同　田中孝子氏
中央社会事業協会総務部長　原泰一氏

児童虐待防止法の成立ち、内容

穂積　今晩は児童擁護協会の催しで「児童を護る」座談会を開催いたしましたところ、お忙しい皆様に、お集まりいただきましてありがたく存じます。先ず社会局の藤野課長に、この法律の成立ち及び内容について、大体のお話をうかがいたいと存じます。

藤野　本法の成立ちについては皆様もよくご承知のことと思いますが、要するに児童虐待の随分悲惨な事実はあまりに明瞭なことでありまして、毎日のように新聞紙上その他においてみるところであります。そんなことが早くから社会的良心と申しますか、人道的仕事に携わっておられる社会事業家の心を動かし、今晩ご列席の原胤昭先生のごとき、早くからこのことに手をお染めになったのであります。けれども、当時の事情といたしましては、私どもの承っておりますところでは、実際親権者が児童を虐待いたします場合、親権者は民法の定むるところによりまして、その児童を監護教育するところの義務を持っているというところから、どんなに酷い懲《こ》らしめをいたしましても、鞭打ちましても、これは子供のしつけのためだということになれば、社会事業家などの方で、その子供を引き取って世話をするとか、或いは適当なところへ連れ出すというようなことはできなかった。

そこで、これはどうしても法律によらなければならないということを、原先生なども早くからお唱えになっておられたようでございますが、そういったようなことが社会事業家一般の世論ともなり、その世論が結晶して、ちょうど昭和六〈一九三一〉年の十月でございましたが、社会事業調査会が内務省に置かれました際、児童虐待防止に関する法律の要綱が一応定まったようなわけであります。

これが諸外国の児童虐待防止に関しまする法制などを参酌して、大体日本の国情に合うように改められた要綱でございますが、これが制度として形をとりました要綱案として具体的に現れましたものとしては、最初のものといっても宜しいと思います。この要綱案につきましては、穂積先生も当時の社会事業調査会の委員として大層お骨折をいただいたのでございましたが、その案に基づきまして法律案を作りまして、議会に出そうとしたのでございますが、ご承知の通り昭和六年の頃は、議会が解散に会いましたり、その他色々の事情で、法律案として提出する機会を得なかったのでありまして、ちょうど今回の昭和八年の議会で、一部の修正はありましたが、とにかく協賛を経まして、本年四月一日ついに法律として公布になったわけであります。

児童虐待防止法の内容は主な点が二つございまして、一つは子供が虐待を受けました場合、或いはまたそれが積極的な虐待でなくても、消極的に虐待を受けた場合、即ち児童の監護を怠る場合でございますが、この二つの場合に児童を保護することができるのであります。この処分は誰がするかと申しますと、地方長官が処分をするのであります。その保護処分の種類は三つありまして、一つは訓戒処分。つまり虐待をしました者の非違を指摘して、将来遵守すべき事項を併せて、訓戒の内容とするものであります。

それからもう一つは条件付監護であります。つまり条件を付しまして、児童を監護せしむるのであります。この二つの処分が児童従来の生活環境のままにおいて、つまり親権者、後見人、その他の保護者から引き離すことなく、その生活関係のまま保護の実を挙げようというのであります。

しかしながら、虐待が非常に強い者の場合には、到底これらの処分では目的が達せられない。そこで、児童をその保護責任者から引き離して、適当な私人の家庭とか、適当な施設に委託するという委託処分。これらの三つの処分を法律は定めているわけであります。もっとも、法律は親権及び後見というものを相当尊重しておりまして、児童を虐待したところの保護責任者が親権者、後見人でない場合、例えば雇主であるとか、或いはその他の児童監護の責任を持っております者が虐待をした場合、直ぐに委託処分にしないで、一度親権者または後見人のところに引き渡すことにしてあります。以上が第一の保護処分であります。

第二の重要な点は、事前の保護であります。児童が虐待を受けました場合、前段のような保護をするということは、いわゆる事後の救済に属することでありますから、でき得るならば虐待の起こることを前もって防止するということが一番望ましいわけであります。そのために法律では、第七条になっていますが、「児童ノ虐待ニ渉リ又ハ之ヲ誘発スル虞《おそれ》アル」業務及び行為については、地方長官は児童を用うることについて、その使用を禁止もしくは制限することができるようになっております。

それでその使用の禁止もしくは制限をなし得る業務の種類は主務大臣が定めることになっておりまして、その禁止もしくは制限をなし得る業務及び行為としましては、六つのものを内務省令で定めているのでございます。その第一は「不具奇形ヲ観覧ニ供スル行為」。第二は「乞食」。第三は「軽業、曲馬其ノ他危険ナル業務ニシテ、公衆ノ娯楽ヲ目的トスルモノ」。第四は「戸戸ニ就キ又ハ道路ニ於テ物品ヲ販売スル業務」。

これはご承知の通り辻占売であるとか、筆売りであるとか、或いはたわし売り、ちり紙売りというようなものであります。それから第五は「戸戸ニ就キ又ハ道路ニ於テ歌謡、遊芸其ノ他ノ演技ヲ行フ業務」。これもご承知の通り、獅子舞であるとか、猿廻しであるとか、時にはチンドン屋も児童を使います。こういった各種の門付の類であります。第六は「芸妓、酌婦、女給其ノ他酒間ノ斡旋ヲ為ス業務」ということになっております。これらの六つのものを特に内務大臣が省令をもって定めまして、これらの行為もしくは業務に児童を使用することについて、地方長官が制限、禁止をなし得るということにいたしてあるわけであります。

いよいよ明日からこの法律が実施されるのでありますが、この規定に基づきまして各府県といたしましても、地方長官としてこの制限、禁止の内容をそれぞれ定めて、実施されるわけであります。或いは物品販売の業務につきましては、一ヶ月四日以上の休み日を与えるとか、或いは午後の九時から翌日の朝六時までの間は業務につくことを禁止するとか、それから一日の就業時間は大体八時間以上であってはならぬとかいうように、物品販売をする点についての制限をするところが非常に多いのでございます。また獅子舞その他歌謡、遊芸等の業務に児童を使用することについても、物品販売と同様の制限をするものが多いのでございます。色々とこれからお話も出ることと思いますが、要するに法律は、事後の保護、事前の保護の二点に重点をおいているのでありまして、殊に児童の使用制限に関しては、もし違反いたします場合には相当重い罰が加えられることになっております。

即ち、法律の第十条にございますが、これらの禁止、制限に違反した者は一年以下の懲役または千円以下の罰金というかなりな重科を加えられておりまして、これによって、法律の現実の執行力も出ることであろうと思いますが、実際は高圧によってのみの法律の強制ということはあまり面白くない。社会的に、一般的の理解が何よりも望ましいことと考えております。

穂積　ご説明で大変要領がはっきりしましたが、お尋ねなり、ご批評なり、ご意見がありましたらうかがいたいものです。

前田　私の承知しておりますところでは、政府案としてお出しになりました法律案は、絶対禁止のものを最初から定めておられて、たとえば乞食とか、軽業とか、曲馬とかいうような絶対禁止でお出しになったものが、議会で修正になり、法律のおもてでは絶対の禁止ではなくなったようでございますが……。

藤野　その通りでございます。

前田　あれは、私などは非常に不満に感じておりますが、議会であの当時修正になりました表面の理由はどういうところにあったのでしょうか。議会の方で、それについて起こりました難色というのは、内輪の事情からいえば色々のことが推測できましょうけれども、理由づけてはどういうことがあったのでしょうか。

藤野　大体の意見として、私どもが承知いたしております範囲では、法律そのものが絶対の禁止をするのはあまり酷ではないか。地方の実情によっては勿論禁止してよい場合があるだろうし、またその場合の方が多いかも知れぬが、法律をもって絶対禁止をするのはあまりに強過ぎはせぬかという意見であったように記憶しています。要するに、禁止することに反対ではなかった。それで禁止または制限の方に入れてしまったのでございます。しかし、ご承知の通り貴族院におきましては、むしろ逆のご主張が随分ございまして、現に委員会におきましては希望条件のようなものまで〈決議〉いたしまして、是非これは実際の施行にあたっては禁止してもらいたいというような意思が表明せられていたことも、特に付け加えて申し上げておきます。

前田　これは官吏としてはお答が困難かとも思いますが、何か当業者の運動というようなものがあったのでございますか。

藤野　少なくとも役所に関する限りにおきましては、当業者から運動を受けたということはありませんでした。

前田　禁止事項にはやはり芸妓や酌婦も入っているのですか。

藤野　芸妓、酌婦は禁止もしくは制限の方に入っておりますが、方針としてはこれを禁止せしむるように通牒が発せられております。

前田　絶対禁止は、不具奇形の観覧と、乞食と、軽業曲馬その他危険なる業務の三つだけでございますね。この三つだけなら、絶対禁止にしても地方の事情ということがピンと来ないように思いますが、何か実例でもあるのでしょうか。

藤野　私どももそれを承っておりませぬ。ただ法律では行き過ぎるのではないか。こういうご意見のように承っております。

前田　実際上は目的を達成するために準則ができて、各府県令でそれが禁止されるわけですね。昭和八年八月二日の社会部長通牒の準則は、今のところのお見通しは……。

藤野　大体のところ通牒通りに、府県令ができているのが多いようでございます。ただ多少準則以外のもしくは準則と違った規定もございますが、実質的には禁止、制限の内容は各府県とも大体これによるように認められるのでございます。

児童虐待の事実

穂積　今、藤野課長からも児童虐待の事実は明白なことだからというお話がありました。これはお集まりの皆様もよくご承知ですが、世間では一体そんな必要があるだろうか。親が子を苛めるというが、それは継子苛めということはあるが、実の親が血を分けた子供を酷い目に合わせるようなことがそんなにあるだろうかというようなことをいう人があるのでございます。その実際方面にお携わりの方から、実際今日行われている色々な方面の児童虐待の事実をうかがうことにしたいと思いますが、まず草間さんからそういう方面のお話をうかがいたい。

草間　芸妓の問題ですが、先頃社会局でお調べになった被虐待児童の数をみますと、一万三千ばかりあるということになっていますが、その中で最も多数を占めているのは芸妓であった。ところが、これからは十四歳以上でなければ芸妓ができぬということになって、警視庁令によれば二年歳が多くなった。

それからまた聞くところによると、正規の年齢に達しない「仕込み」というのが相当あるらしい。この内幕を探ってみると、ちいさな子供を仕込んで、これから本当のよい芸妓にしようというには「仕込み」に三年かかると言っています。で、十や十一の妓を抱えるということは近頃はないようですが、以前はかなりあったそうであります。殊に廓などでは七つ、八つから抱えなくてはいかぬということを言っている。そこでこの正規の年齢に達しない芸妓、つまり芸妓屋の「仕込み」というのは、虐待を受けた場合、どこによって取締られることになるのですか。

藤野　実は「仕込み」と申しますのは芸妓ではないので、つまり酒間の斡旋ということになりませんね。で、これは本法の保護からはどうしても漏れることになります。

草間　ところが芸妓の裏を探ってみると、座敷や客席に出る年齢になっていない者で、相当苛められているのがある。近頃はやりませんが、吉原の廓芸妓などは正規の年齢に達しない中に客席へ出す。それは俗に見習という名儀で出す。それが、学校へも通わねばならぬ、芸もおぼえねばならぬ。普通姐《あね》さん株のものが芸を教えるのだそうですが、叩くなどということは平気なものらしい。そうして、刑罰はやはり食事らしい。いわゆる言うことをそむいて、よく芸を励まぬというと、飯を一回食わさぬということをやっているそうです。

「仕込み」は四つの種類に分かれている。単に仕込みと称するものと、一本仕込みというのと、半仕込みというのと、箱屋仕込み。で、年齢の点から言って、児童虐待防止法に該当するものは、単に仕込みと称するものと箱屋仕込みだけです。単に仕込みというのは、今言った歳はのゆかない小娘を二十歳までの年期で抱えて稼がせる。客席に出さぬ中は、芸と学校をやらねばならぬ。

それから一本仕込みというのは、前にも言った通りここでは問題にはならぬが、お話の序ですから申し上げます。年頃の娘を抱えて芸がないために、芸を仕込むのです。半仕込みというのは、極めて例外的なもので、地方ではやりませぬが、東京では八十ヶ所ばかりある芸妓屋街で、半仕込をするところは三、四ヶ所しかない。これは場所柄からいっても一流の芸妓屋であって、その半仕込みをする者は年頃であり、芸もあるけれども、起居動作が芸妓らしくない。この芸妓としての起居動作や色々のトリックなどを教え込むのが、半仕込みである。

箱屋仕込みというのは、その場所を具体的に申し上げるのは面白くないから控えますが、これは東京では確か三ヶ所ほどしかない。これは十や十一の歳はのゆかぬ小娘を抱えて、学校へはやる、芸も仕込む。

それからもう一つ余計な仕事がある。それはその芸妓街は男の箱屋を使わないために、その小娘に芸妓が出場所へ行く時、待合や料理屋へ行く時、三味線を担がして箱屋の仕事をさせる。仕事が一つ多いわけです。要するに、前にも申しましたように、芸妓の方でこの法律にかかるのは、単に仕込みと称するものと、この箱屋仕込みということになります。

次にもう一つ申し上げたいのは、サーカス団の問題ですが、このサーカス団というのはなるべく小さい者を抱えなくちゃいかぬ。当業者の話をきくと、小学校を卒業したのじゃいかぬと言っている。そこで、サーカス団の者で学校へ行った者はほとんどないと言ってもよい。それは働く時間及び芸を仕込む上からみて、学齢に達しても、学校へやる暇がない。彼等は絶えず巡業する。そうして、昼の時間から夜にかけて行動する。しからば、いつあの芸を仕込むかというと、ちょうど今頃なら、朝五時に起こして、小屋のあくまで芸を仕込む。それから今度は午後の十時なら十時に閉場すると、それからまた二時間くらいは芸を仕込む。食事はどうかというと、昼に必ず湯呑みに一杯酢を呑ます。これは科学的に考えたものかも知れぬが、晩にまたコップ二杯呑ませる。一日にコップ三杯、約三合の酢を呑ませるのである。それから一日に一回は必ず塩貝、梅干を食わす。

そうして、私どものところにもサーカス団から逃げて来た者が入っておりますから、様子を聞いてみますと、まず最初は梯子を二段、三段くらいの上に登らして、漸層的に進ませる。どうしても恐がって高い所へ登らぬと、引っ叩くなどは鞭でやるにきまっている。それから縄でふんじばって吊上げる。更にこれもある場所の芸妓の仕込みと同じく欠食させてしまう。

これは実に親として不当極まったものですが、某々サーカス団、このサーカス団は女の子供三十人、男の子供を十人というから、約四十人の子供を使っており、それに大人を加えると五十何人とかの一団だそうですが、そこへ五つになる女の子と、七つになる男の子とを売りとばして、半年ばかりして、またその兄を売りに来たので、都合兄弟三人をサーカスへ売りとばした親がある。ところが、仕事があんまりつらいので真中の男の子は到頭昨年の十二月二十二日に東京近辺の興行場所から脱走した。

こういう風でサーカスや芸妓の間では随分酷いことが行われているのですが、幼い時から仕込まなければ芸が上達しないということになると、まず本法の施行につれて、サーカスなどというものは、ほとんど将来の方法を変えなくっちゃならない。で、軽業だの、曲乗りなどというものは、本法によって廃ってしまいはしないか。

芸妓なども、私は、恐らく今後東京辺りでは、満十四歳からでなければできぬということになると、芸のいい芸妓はなくなって、芸妓道の衰退にまで行くかも知れぬと思う。

藤野 ただ今の草間さんのお話はごもっともですが、仕込みとかいうものは、芸妓ということでは制限は受けませぬが、第二条の方で、仕込みのために具体的虐待の事実があれば、無論保護はできることになります。ただ今の曲馬団のお話ですが、この五月、広島県のある方面委員の方から手紙が来まして、その土地に曲馬団が参りまして興行している。ところが自分が偶々朝早くそこを通りかけた時、中で妙な悲鳴が聞こえたので、行ってみると、幼い子供が今の草間さんの言われた芸の仕込みをやられている。実に見るに堪えない虐待である。しかもその子供は病気をしている。何としても可愛想なので、その後それとなく気を付けていると、その曲馬団が他の興行地へ行く時、芸ができないというので、その子供を病気のまま、そこへ捨てて行ってしまった。それで自分が引き取って一切面倒をみてやったが、この事実をみても、児童虐待防止法ができたら、どうしてもあの曲馬団に子供を使うことだけは役所の方で禁止してもらわなければならないというふうな、実に気の毒な事例を挙げての手紙が参っておりました。

また、これはもっと前の話で一昨年であったと思いますが、名古屋の、現実にその教育に携わる人ですが、その方から個人的に手紙をいただいたことがありました。その方も自分が幼い子供たちに芸妓たるべく教育する立場にありながら、その子供たちが苛められる現実のことをみて、是非とも法律を作って、これらの可哀想なる子供を救って願いたいと言われるのでありました。

草間　サーカス団などでは、買い込んだ子供は、いくら酷《むご》たらしく仕込みをしても、見込みのないのは捨てるに決まっている。捨てるといっても、今のお話のように置去って行くのもありましょうが、多くは難癖をつけて、貴様は寝小便をして困るとか、人より余計に寝るとか、なんとか因縁をつけて追い出してしまう。

前田　サーカス団が衰亡するかも知れぬというお話がありましたが、子供の演芸はなくっても、大人だけでやっても面白ければ人は来ると思われるが……。

草間　ところが、小さい時から仕込まぬと、物によってはできないと言っている。

前田　外国などではこういう法律は随分前からあるが、サーカスはやはりある。

藤野　外国では禁止してございますから、余り幼い子供はいないようでございます。この間日本へ来たドイツのサーカスでは、幼い子供は一人もいなかったと聞いております。

前田　趣を変えれば曲馬団衰亡ということにはならないでしょう。

藤野　仕込みの方は今申し上げるように、禁止しないのでございます。芸を仕込むということは差し支えないのでございます。だがその方法として、虐待してはならぬ。焼鏝《やきごて》を当てたり、患症になるような酷いことはできない。

日本で初めての児童虐待防止会

原（泰） 世間が世知辛くなればなるほど酷い目に遭うのは子供だという気がするのですが、そういう意味からいたしまして、昨今のように不景気が募れば募るほど色々な意味において、今のお話にもありました禁止事項に当たる事柄、例えば子供を売って金にするというような事実も起こってくるでしょうし、またそれとは逆に、子供をもらって、その子供についてくる金で食って行こうというような事実も起こってくるのでありますが、日本でも今から二十四、五年前といえば、同じ世知辛いとは言いながら、今日ほど酷くなかった時代において、既にそう言った虐待の事実が現れておったのであります。その当時からあって、その後も引き続いて殖えて来たというような話を原老人からうかがうことにしてはどうでしょうか。

穂積 原胤昭先生は今からちょうど二十五年前の明治四十二〈一九〇九〉年に、日本で初めての児童虐待防止会をおつくりになった方であります。一つ原先生からお話をうかがうことにいたしましょう。

原（胤） 児童保護の仕事を始める前後において、子供の酷い目に遭っていることをみて、これは捨て置かれぬと、その事実が深く私に教えたことがあったのですが、その中でも、特にこういう話があるということを考え起こしますと、今日こうして児童虐待防止法ができ上がって、官民協力して子供を護ることができることと思い合わせて、何ともいえない喜びに打たれるものであります。

私はその当時神田の神保町に住居を置いて出獄人の世話をしておったのでありますが、ある朝、子供を背負った大きな男が露路に入って来て、私どもの起きるのを待っている様子なので、戸外へ出てよく見ると、一人ではない。子供を一人背負って二人引っ張っている。しかも巡査がついているのです。巡査は私どもが出たのを見ると安心して行ってしまったのですが、とにかく家に入れてその次第を聞きますと、九段の、今は立派な場所になっているが、その当時は牛ヶ淵といわれた非常に広い崖の所にある深い谷川で、恐ろしいほどの勢いで水の流れていた所でありましたが、そこへ親子四人で投水しようとしていたところを、行掛りの巡査に見付けられて、ここへ連れて来られたという。更によく聞いてみると、母なる者はどこかへ行ってしまっておらぬ。親爺一人に子供三人というわけで、しかも、総領の男の子は膝を外して、足がぶらぶらになっている。それは、親爺が酒に酔って子供を背負っていた、そしてころんで、放り出されたためでありましたが、背負っていたのはその子供であったのであります。そういうわけ柄が分かりましたので、とにかく気の毒だというので保護することにいたしました。

その当時の警察としては、そういった犯人でもない中途半端な者を本署へ連れて帰ろうものなら、それこそとんでもない見当違いをすると言って叱られたものですから、結局気の毒な思いをしながら、私どもが起きてその者を受け入れるのを見とどけて、巡査は帰ってしまった。今からいえば随分妙な話ですが、その時代の巡査はそんなにしてでも、可哀相な者を助けてやらねばならぬというような状態にありました。

その親爺は相当に事理の分かった、文筆も立派にできる一人前の男でありましたが、不思議なことに子供たちに対して愛情というものがてんでないのです。子供の足は中々の重態で、三井病院、順天堂病院、大学病院とできるだけの手はつくしたのですが、結局癒らず、膝の上から切り取ってしまった。こんなことで、親爺はどうにか働き出してやりまして、子供たちも段々成長し、ただ今では一番上の足の一本になりましたのは雑穀を商います小さな商店をもって、一家の主人となっております。

そこで、考えられますことは機関と事柄とが伴って行くようにしてやりたいということです。今の例にしましても、もし巡査が都合よく私のところへ連れて来ることをしてくれませんでしたら、四人の生命はなくなっておったと思う。私は方面委員のような人々の中にしかるべき分担を設けて、市中を始終歩くなり、町に行くなりしている間にそういう者を見かけて、これを適当な機関へ送るという風に、機関と事柄とを常に一致させていただきたいと思います。

最後にもう一つ、貰い子を連れて行くというようなことはどうも困る。ある日私が電車に乗りますと、子供を連れた妙な男が乗っている。不審に思って、一緒に電車を降りて後をつけて行くと、向こうでも気が付いて「何で一緒に来るんだ」と言うから、喧嘩しても仕様がないし、巡査に言っても、前にも言った通りどうしようもない。残念ながら逃がしてしまった。これは何かの機関によって、平常警察権を持っていて、サアと言った時、直ぐに警察の手によって救ってやるということができるようにしなければならぬと思った。これらについては、どうぞ適当な方法を設けて、機敏に実績を挙げていただきたいものです。

山田　私の実感を申し上げますと、今まで色々と可哀相なことを見たり聞いたりしましても、どうも人様の家庭に立ち入って注意する訳にも参りません。ですから、ここ何十年というものは、児童虐待というような悲惨なことはなるべく見ないこと聞かないこととして、やってきたのでありますが、今度こういう法律ができて、その胸の痛みが癒されたような気がして、本当にうれしく思っている次第であります。

方面委員と「児童保護委員」

穂積　先刻原先生の言われました、方面委員その他から児童保護委員というような、この方の専門家を作るようなことはないのですか。

藤野　大体役所側の方針としましては、方面委員、学校職員というような方々の協力を得るようにという方針でございますが、実際問題としては、方面委員の中に、自ら児童保護委員のようなもの、もしくは児童係のようなものができるようでございます。先日開かれました社会課長会議でも、できるだけそういった風にしていただきたい希望を述べておきましたが、承るところによりますと、例えば一つのところで、十二人か十三人の方面委員がいる。その中で互選したり、また学校の先生などを入れて、児童に関する問題を専門的にやっている人ができているところも相当にあるとのことで、そういう風に、分科的に児童係というものができる趨勢になっております。

原（泰）　東京といたしましては、先日、府の社会課の方、市のその方面に関係のあられる方、それから警視庁の方に、児童擁護協会主催の下に、お寄りをいただいて、色々とやり方について打ち合わせをいたしました。その時の話では、人の悪いことを方面委員が申告するということはしにくいだろう。人に喜ばれることならするけれども、殊にこれは刑罰を伴う法律であるから、その人の悪を摘発するということは方面委員としてはやりにくいだろうという議論が出ました。

それで児童擁護協会としては、会員の中に維持会員というものを認めて、これを二つに分け、一方を金を出す会員、他の一方を労力奉仕の会員ということにいたしております。それで、東京市の全部の方面委員、社会事業家、小学校の校長さん、それから児童の保護者、こういう人を全部奉仕会員といたしまして、そういう気の毒な事実に直面されたら直ぐに知らせていただく、これも大分問題になりましたが、結局児童擁護協会の本部へ知らせてもらうのが一番手っ取り早いということに定まりました。そこへ電話をかければ、電話と同時に、そこの職員がとんで行って、警察と協力して被虐待児童の調査をする。そうして、警察署長を経て直ちに申告する。申告したら、府の社会課では直ちにこれを処置する。その処置に基づいて、今度は保護を開始するという順序になるわけです。

収容保護についても色々と意見が出ましたが、児童擁護協会では、ただ無暗にそういった子供を収容して、これをいつまでも世話するということをせずに、そういう子供を世話してやって宜いという家庭を前もって見つけておいて、事情に応じて、これを委託して行く建前になっているのですが、要点は、発見したならば、直ぐに知らせてもらわなければならぬ。そこで、東京市民によくその宛名を覚えていてもらい、そして、もし手紙を書く時に切手が貼れないような方は郵税先払いにしてもよいくらいに便利にして、なるべく早くその方に手の廻るようにということに諒解を得たのです。

それで、二十何年来、児童虐待防止のために、原老人が働いてまいりました場所（神田区須田町二ノ七）を児童擁護協会で一部引継ぎまして、そこへ子供を収容することにして、既に何人かの職員が詰めかけている訳でございます。そこの電話番号は浪花の二二〇五で、即ち夫婦和合――ここへ電話を掛けて来れば、何人も夫婦和合ということでございます。（笑声）

山田　「火事だッ」と言ったら、直ぐに車の出るように……（笑声）それは結構ですね。

草間　そこで、子供を引き離す折に、渡さぬということになったらどうしますか。

藤野　それは例の強制執行法の第二項かによって、実力強制ができるわけです。

草間　あ、それでやるのですか。これを今度施行されるにあたって、児童擁護協会では警察署長とお打ち合わせになりましたか。

原（泰）　前にお話いたしました打合会では、警視庁の方から人に来ていただきまして、調査なり処分ということについては、どうしても、ある程度の警察官の協力を俟たねばならぬということになりまして、その節充分諒解を得ておきました。

また、会といたしましては、充分にこの法律に関する各種のパンフレットを作って、東京全市の警察官、方面委員、社会事業家、学校の校長さんなど全部に行き渡るように計画をたてています。ただ今できておりますのは、お手元に差し上げてあります「児童を護れ」でありますが、これとは別に、十月の末から十一月の初めにかけて、全市を七つに分けて講演会を開くことになっています。

穂積　この法律が本当に動いて行くためには、どうしても官民全体に、法律の細かいところと、その精神の両方が徹底しなくちゃならぬ。

山田　四谷の方でも、是非一つ、その講演会を願いたいものです。

藤野　実際今のお話のように、警察官、方面委員、社会事業家、学校の先生にこの法律をよく呑み込んでいただくのが一番必要ですが、同時に、ここにはご婦人の方もおいでになりますが、ご婦人の方々が、その子供さんを可愛がられるその立場から、先程もちょっと申し上げました児童保護員になったつもりで。「私の隣りにこういう事実がある」「私の筋向こうにこういう事実がある」という風に、世間の子供をご自分の子と心得て通知して下さるというようなことになれば、この法律は本当に国民の法律として生きて行くのではございますまいか。

山田　実はちょっと方面が違いますが、私どもの関係しております四谷婦人会といたしましてもいくらか、子供のことについて考えているのでありますが、表を通る時によく子供の悪戯を見かけます。例えば用もないのに公衆電話の中へ入ってガチャガチャ悪戯をしてみたり、街燈のホヤを割ったり、小さい子供を苛めたりしています。「どうしてそんな悪いことをします?」と寄って行きますと、「何言ってやがるんだい」というような顔をして、「デブがまた来た」（笑声）ということになる。

それから考えまして、この頃では、何か用があって外を通る時には必ず手帳を持って出て、悪戯をしている子供を見かけますと、「あんた学校はどこ?」と聞いて書きつけるのです。そうすると吃驚して逃げ出してしまいます。この頃校外指導ということがやかましく言われていますが、私はこれを婦人会の仕事としてやって行きたいと思っています。それやこれやで、是非私ども四谷婦人会の幹事、また会員たちにこの法律の話をしていただきたいと思います。

藤野　今、仰しゃいました方法などは、是非この児童虐待防止法にも応用していただきたいと思います。

前田　継子苛め、まあ実子苛めもございましょうが、そういうようなことについては、中々デリケートなところがあってむずかしいでしょうね。軽業などは官憲の力でできましょうけれども。

継親の虐待、雇主の虐待

藤野　制限業務の方は余ほどやり易いのですが。

前田　あまり立ち入っては、私生活に干渉するということになるし、これは中々むずかしい。

草間　それから、家庭的の問題で、傭人の虐待というのがこれまた相当あるのです。

山田　知らない土地ですと、「非常に子供を虐待している」と言っても、或いは事実と違っているようなことがあるかも知れぬ。けれども少なくとも一町内のできごとは、そこに二十年、三十年と住んでいる人たちがおりますから、そういう人たちには、あそこの家はどういう家であるか、どういう子供がいるか、というようなことがほぼ分かります。

藤野 要するに、社会の中心にある部分、方面委員、或いは婦人会の幹部などという人がこの法律を守りたてて行かなければならないという気持でいてくれれば、あそこの子守が苛められているというような噂が本当か嘘か。そうしてどうしてもこの法律を適用してもらわなければならぬという時に、その人が直ぐに通知をするというような……。

前田 よい意味でのお節介ですね。

田中 こういうことだけは必要なんですね。継親と継子との間が非常に円満に行っている時にでも、それが継親であり、継子であるために、あそこでは苛められてはいないか。人の見ているところではよいが、人の見ていないところでは苛められはしないか、などと子供にそうっと聞いたりして、世間がそんな風に疑惑の目でみるために、円満であった親子の間が険悪になる。そういうことが随分あるのです。誰でもそういうことがあるから、継親になることを嫌がるのですね。妻に別れた夫というものは誠に惨めなものです。また非常に悪いお母さんでない限り、子供には継母でもお母さんがあった方が仕合わせです。ところが、今言うように、世間の眼や口が嫌だからということで、継親になることを嫌います。こういうことによく注意したいと思います。

穂積 それは至極もっともですね。統計を見ましても、継子苛めということはそんなに多く現れていないで、むしろ実子苛めが多い。実の母が子供を苛めるということはどういうことか。或いはいくらか変なところもありましょうがね。それから継子苛めよりも、小さい傭人を苛めるということが随分あるのですね。

藤野　それはありますね。

草間　私が東京市幼少年保護所の所長になりましてから、まだ五ヶ月にしかなりませんが、実子の虐待が多いようです。けれども雇主の虐待というのが相当ありまして、今ここに持って来ております十一のケースによりましても、そのうちの五人までは売買されている。いわゆる前借であります。それから六件が無前借であります。その一例をあげますと、秋田の者で十四歳。父が六歳の時に亡くなって、兄弟が三人、それでブローカーに買われて、横須賀へ連れ出されて、問屋へ百円で売られた。

穂積　売られた時はいくつの時ですか。

草間　十四歳の時の七月です。これは睡眠時間が充分与えられなかったそうです。

次はやはり秋田の者ですが、十二歳の男子。革工場へ十一歳の八月、百八十円で売られた。これも主人の使い方が酷く、労働時間が非常に長いとあります。

それから今一人は青森県の者。年齢は十四歳。売られたのが十三の五月。これもやはりブローカーに売られております。これは豆腐の売子をさせられて、自転車で豆腐を売り歩く。ところが豆腐屋の協定価格は一丁五銭ですが、その主人は「一丁三銭か、二丁五銭で売れ」と言う。こういう訳で、他の豆腐屋に見つかると、たちまち引っぱたかれる。で、自然他の豆腐屋の目をかすめて売り歩く。そうして販売は朝から晩までですが、夜分になっても酷使される。労働時間は朝の四時半から夜の九時までというのです。

もう一人はやはり青森県。十三歳。父がなく、母と三人兄弟ですが、十二歳の三月、日暮里の紙屑屋へ売られて来た。仕事の時間は朝七時から夜の九時まで、給金は月五十銭。しかも主人に非常に虐待されておった。

山田　東京でも子供を売るなどということがあるのですか。

草間　ありますとも。東京へ持って来て売るのです。

次は愛媛県。十三歳。これは両親揃っているのですが、両親とも無学であります。十三の四月、五十円で売られた。これは薬の行商をするのですが、商いがないとひどく虐待されるので到頭逃げ出した。これは前借の、いわゆる買われて来た後の虐待です。

次は青森県の者で、こんなのがあります。十二になる男の子。これは両親揃っておって、兄弟六人中の三番目の子ですが、これを桂庵《けいあん》〈口入屋、肝煎とも称されて、雇い人、奉公人を周旋した。江戸時代から始まった民間の営利職業紹介業者〉に頼んで、東京へ売ろうとした。桂庵はこれを最初名古屋へ引っ張って行った。ところが名古屋で売買不調に終わって、それからどういう関係からか千葉県の船橋へ引っ張って来られた。そこで売ろうとしたが売るところがなく、到頭桂庵が船橋の山城屋という宿屋でお陀仏になってしまった。それでその子供は鉄道線路に沿い、夜中歩いていると、ある人に四銭恵まれたが、上京の途中巡査に捕った。

昭和三年に私は浅草、上野の集団的ルンペンを六ヶ所、四百七十三人の者を調べた。そのうち四十人は丁稚からの家出です。その四十人の中に、数は何人かよく憶えておりませんが売られて来たのは、安いのが兵隊検査まで五十円。余ほど値のいいところで二百円。それでその時の買店の種類は米屋、薪屋、洋食屋、魚屋などでありますが、たいていは睡眠時間が短いと言っている。これは十四歳くらいの子供であったが、浅草の馬道一丁目の出前持屋に二百円で売られた。そこでは夜二時に寝て、朝七時に起こされる。それでへとへとになって、とても勤まらないという話でしたが、こういうような傭人虐待が非常に多いのです。

原（泰） 先年新聞に出ている虐待の著しいものを調べたことがありますが、その時調べた数は全部で六百七十六人〈以下の計、五百八十三人〉でしたが、そのうち一番多いのは三百十六人の、雇主に虐待された者で、全体の約半分になっています。それから実父母に虐待されたというのが百四十七人。本当のお父さんだけに苛められたというのが五十三人。お母さんだけにやられたというのが四十三人。継父母に虐待されたというのが十三人。養父母にやられたというのが十一人。こういうわけで、雇主の虐待が一番多いようです。

児童の労働禁止

穂積 どうもそうなると、この法律も大切だが、商店法も早くなんとかしなくてはなりませんね。

前田 私もそれは非常に同感で、少し皮肉な見方かもしれませんが、この法律が明日から実施されるということは大変結構なことで、人道的に一般の被虐児童というよりは全体がそういうことを問題にする。社会がそういうことを問題とする。そういうことをやめさせるということが社会全体の気品を高める上に非常によいことである。

しかし、一面から考えると、商店法の方はまだほとんど問題にされていない。それからまた、虐待防止に密接な関係のあるのは、今の少年労働の禁止であろうと思うのですが、それはご承知の通り、工業労働と海上労働の方には今から十年ほど前に法律ができている。ところが商業労働には中々難関が多くて、事理は極めて明白でありながら、それが通らない。それは何故であるかというと、それには色々と他の理由もありましょうけれども、この問題には資本家団の非常に強い反対があるために、他の工業労働、海上労働のようにうまく行かないのであります。商店法もご承知のようなことで、資本家が反対している。

児童の労働禁止ということは、工場などでそれを禁止するということが、資本家の利益と人道的の要求とが相当容易に一致できるようになったからできたので、あれを施行する前から実は段々児童労働者の数が減りつつあったのであります。とにかく産業革命が起こってから、この児童虐待という問題は非常に減った。英国でいえば、ディケンズの小説に現れているような、色々の児童虐待ということは産業革命以前のことである。日本では産業革命が遅く起こって、初期から中期あるいは爛熟期くらいに段々向かいかけて来ているのですから、その経過から申せば、もう少年の虐待防止とか、少年の労働禁止とかいうことは、皮肉に言えば、政府としては大したお手柄でないと思うのです。これは当然の傾向を、当然に追って行ったに過ぎないのであります。

ただ事実上に色々と困難があり、そうして藤野さんなどの非常なご奮闘の結果、今日これができたのでありますが、これができて、一層不釣合に考えられるのは商店法の実行問題であります。この商店法における少年労働の制限を工場労働のそれと同じようにするかどうかということは、条文の作り方もありましょうけれども、とにかく商業界においては工業界にあるような労働禁止をしておらぬということは非常に遺憾であり、不釣合と考える次第であります。一方は非常に有力な反対があるからできない、一方はそう大した反対がないからできた、というようなことでは、皮肉に言えば、弱いもの稼業だけを苛めるということになりはせぬか。それだから、私はこれはいけないというのではないが、そういう考えが起きるのであります。

養い子の問題

穂積　植村さん、何か救世軍の方からのお話はありませんか。今までも随分お骨折になりましたし、今後一層ご協力を願わなければならぬのでありますが……。

植村　救世軍が初めてこの方面に携わりましたのは、大正十一年の夏、浅草新福富町にある夫婦がおって、その養女を虐待し、到頭苛め殺してしまって、そうしてその発覚を恐れて、その死体をバラバラにして行李か何かに入れて海へ流した。その事件が非常に社会を刺激しまして、そういうことが、かねてこういう方面にも働かしていただきたいと思っておりました。その念願を具体化する動機となりまして、それで前から永くこの運動をやっておられました原先生のご事業を継承させていただくということにいたしまして、働いたのでありました。

ところが、その次の年に大震災に遭い、救世軍も非常な損害を受け、それに携わっておった社会部の人が死んだりいたしまして、実は一頓挫を来たしておった訳であります。しかし、それでもその一年の間に七十件ほどのものを扱いました。その当時収容いたしておりました者がちょうど十六、七になり、そろそろ家へ帰るような者もできているようなわけであります。

今度法律が実施されますにつきまして、またご奉仕をさせていただく機会を与えられて喜んでいる次第であります。私どもの方としては、女の子供をお引受けして、麻布の婦人ホームの建物をそのまま用いまして、やらせていただきたいと思っております。

それで、先ほども色々と虐待の事実についてお話がありましたが、ご飯を食べさせないとか、あるいは打つ、殴る。あるいは焼火箸を当てる、あるいは突き刺すというような虐待を多くいたしますが、もう一つシリヤスな問題があると思います。英国の救世軍でもこの方面に力を入れておりまして、三歳から十六歳になる女の子供を収容しているのですが、その中には極く小さくて弄ばれた者が少なくない。それが日本にはないかといえば、私は余ほどあると思います。現在私どもの方で収容いたしました娘の一人は、二つの理由によって収容したのです。そのお母さんの夫が死にまして、他の人と一緒になったのですが、その義理ある父が娘を売ろうとしたのです。なんでも八つくらいでした。それから今一つの理由はその娘を弄ぼうとした。それを発見しまして、警察官立会で、私どもの方に引き取ることになったのであります。

山田　ちょっと中途で失礼ですが、それはどういう権限をもって引き取るのですか。

植村　それは、そういうはっきりした事実があったのですから、警察へ行って、「こうこういう事実がありますから」と言うと、警察でその親を呼出して、「そんなことをしてはいかぬ」「救世軍に渡すように」ということになったのです。こういった方面のことも勿論、この法律は考えておられるのでしょうね。

藤野　勿論考えております。なおちょっと、ただ今のお話で思いついたのでありますが、養い子の問題です。救世軍の問題も養い子の問題から起ったのでありますが、実はこの法律と養い子の問題は非常に密接な関係がありまして、養い子をここに入れるか、入れないかということが問題になり、結局法律の自然の適用に委して、はっきり養い子の取締りをここに入れない方が宜かろうということになったのでありますが、実際問題といたしまして、普通の民法上の養い子や善意をもっての養い子は別として、報酬を受けて子供を養う、つまり養育料欲しさの貰い子殺しといったようなものが随分多いのでございます。

役所で調べましたものだけでも、報酬をもってする養い子が約五千三百人ばかりあります。殊に、驚くべきことは六歳未満の者がその中三千四百人くらいあり、これらがあの恐ろしい貰い子殺しとなって現れているのであることを思いますと、誠に危険千万なことであります。それで、これらはいわゆる制限禁止の業務の中には、業務でないから、事柄がはっきりと謳ってありませんが、第二条の適用……虐待を受け、または著しく監護を怠るという事実の発生は、この三千四百人ばかりの報酬を得ている者において十分起こり得るのではないか。こういうものについての特別の注意がやはり本法適用上非常に必要なことになると思います。

芸妓の問題

山田 これは児童擁護ではないかも知れませんが、娘を売るとか何とかいうことは、十四歳未満ならば、この法律によって止めることができますか。

藤野 それはできません。売られて、それが虐待を受けた場合、または著しく監護を怠られた場合に初めて適用されるのです。

山田 芸妓の場合ですが、売られて参りましても、十四歳未満ならば芸妓に出せない訳ですね。

藤野 そうです。出せません。

山田 それがもっと大きくなって、自分から段々様子が判ってきて、廃業したいと思えば、その自分の意志をはっきり表明すれば、自由廃業ができますね。そうすると、満十四歳から、自分でこれは悪い商売だから廃《や》めなければならぬ。「私はこの商売は廃めます」と、はっきり言えるだけの意識がはっきりしてくるまでの、満十四歳から十七ないし二十くらいまでの、芸妓をさせられたり、酌婦をさせられたりしている娘を保護する手段はないのでございますか。

藤野　芸妓の問題は芸妓取締法によって保護されております。本法の保護は十四歳までです。しかし、必要ありと認める時は、もう一年間はその処分を続けることはできます。ですから、満十五歳になるまでは、本法によって保護されることになるのであります。

山田　十六歳になったら、それは放り出されてしまうのですか。

藤野　それはもう、本法では仕方がありません。

山田　それから、もう既得権を獲得している者は別だということになっておりましたが、あれはやはり全部入れてしまっては、あまり厳し過ぎるからというわけでございますか。

藤野　それは未だ法律のない時に生じた事実でございますから、法律の適用というものは過去の事実には適用しない立前から、別問題となるわけです。ただし、現在お酌をしておって、非常に虐待されている時は、十四歳未満であれば第二条によって無論適用できます。

児童乞食の話

穂積　草間さん、もう一つ乞食の話を少し聞かせていただきとうございますが。

草間　板橋にある岩の坂のことですが、私が調べた時は、乞食に出る子供が四十人おりました。その中借児が、たしか八人あったように記憶しています。借児の賃借料は一日飯を食わして十五銭から二十銭までです。あそこに太郎吉長屋というのがあります。ここは全部乞食です。先ず彼等の言うところを聞くと、「子供を連れて行かなければ金をくれない」と言う。さもなければ、「老人のヨボヨボした者か、あるいはまた不良などでない限り、満足な身体で乞食などしては金はもらえない」と言うので、満足な身体の者は子供を連れて出る。こういう訳です。

この節では子供を連れて出て、一円のもらいはおぼつかないのでないか。これは不景気のためもあるが、世間が職業的乞食であるということを意識してきて、金をくれないのです。そのために大分減収をきたした。乞食の失業というわけですね。それから、連れ出す場所は、遠いのは深川の不動様の縁日などへ連れ出す。彼等は大きな縁日、あるいは人出の多い祭礼のことを隠語で「タカマチ」と言っている。このタカマチというと、少し遠方でも出かけて行く。甚だしきに至っては、埼玉県などの方にまで出て行くそうです。私どもが東京市内で調べたのでは、深川の八幡様に行っているのが、一番多い。

そこで、それらの乞食がその職場へ出かけて行くのにどうするかというと、あのボロボロ着物では電車に乗れない。そこで、電車に乗る時は当たり前の着物を着ていて、現場に行って変装するのです。よく注意していると分かるのですが、彼等は必ず小さな風呂敷包を持っています。その中に商売道具の着物が入っているわけです。

それから焼場の乞食はちょっと違います。もらいの分配が、ちょうど妓夫太郎《ぎゅうたろう》社会とよく似ている。十人なら十人、十五人なら十五人、もらったものを合計して、午前と午後と二度に頭数に分ける。彼等乞食の家庭生活はどうかと申しますと、家賃は太郎吉長屋などでは日掛家賃十五銭ないし二十銭です。それで、朝など行って見ますと、やはり白い飯を食って相当な暮らしをしております。親父は朝酒などやっています。たいてい親父が遊んで、女房が子供を連れて出るというのですから、親父は一種の遊民です。

浅草の話を少しばかりいたしますが、今警察で黙認している乞食の出る場所は不動様、仁王門、本堂の正面階段下、それから本堂西口の階段下、淡島様などです。子供でも連れて西口で「どうぞ」をやっておりますと、大正の末あたりは驚くなかれ、一時間一円というのです。私はちゃんと時計を持って、彼等の営業の妨害にならぬ所で見ていたのですが。それから階段下が一時間五、六十銭、仁王門へ行きますと一時間三十銭、不動様淡島様が一時間十銭くらいです。ところが、これが朝から晩まで出ておれば、いくら酒を飲んでも、木賃宿くらいには泊まれるのだが、朝から晩までは出られない。乞食をやる連中が多いので、時々交替をする。ところが困ったことには子供だけは決して交替しない。この点、児童虐待防止法の問題になるわけです。それから乞食の子が大きくなったのはどうかというと、これは板橋へ行ってみるとよく判るのですが、二十歳くらいになると、どうも、こんどはそれが子供を使う側になっているようです。

穂積　世襲だな。

草間　世襲的になっているのです。名前は一つ変名にしますが、岸亀吉という乞食がいる。これは子供の名前をみると、皆学者のつけた名前、見たような名前をつけている。親父は何もしていない、酒ばかり飲んでいる。女房が一生懸命稼いでおります。この間その女房に「どうだ近頃は」と言うと、「いや旦那、近頃はもらいが少なくて困る」と言っておりました。

そこで、彼等はケンタと申しまして、人通の多い所に座ってもらうのを廃めて、借出とも言いますし、あるいは世間師とも言いますが、それに変わってきた者がある。それは束子《たわし》やチリ紙を持って目星をつけた所に行く。そうして、世間慣れない奥さんに巧いことを言うと、着物をくれるとか、存外くれるところがあるそうです。割合に労力を費やさずしてもらいが多いというので、この世間師が随分多い。また臨時に世間師をするのがある。親父が月に五日か六日しか仕事がない。どうも仕方がないからというので世間師をやる。毎日はなんだかどうも面白くないからというので、臨時的に世間師をやる。どこかのタカマチを狙いまして、人出の多いところに行ってチリ紙をならべたりして、物品販売の一方に乞食をしている。最も板橋の連中が多く出る代表的の場所は四の字のトゲヌキ地蔵で、線香などを売っているが、これは常時よりも臨時の方が多い。それから浅草はどのくらいあるだろうか。東京府の人が案内してくれというので案内したが、やはり浅草は多い。浅草に行きますと、あの十銭に四冊、五冊という赤本売りです。あれを調べたところが、十四歳以下の者が二十人からおりました。そうして、彼等の態度が乞食よりすれています。先ず吾々を見ることが早い。これは警察じゃないか。いわゆるデカとも言うし、テンとも言うし、ヤブとも言いますが、そうじゃないかというのでもう逃げ足になる。それで、「そうじゃないよ、大丈夫だから」と、しばらく引き留めて、一日にどのくらい儲かるかというと、まちまちのことをいいますが、先ず四、五十銭のところが上等らしいです。これがおおむね木賃宿に親父と一緒に泊まっているのです。宿のヤの字を取って「ドヤ者《モン》」と言います。

それからこういう実例がある。私、先年野宿ルンペンを細かに調べてみたのです。その時に、野宿ルンペン四百七十三人の中に地方生まれの者が三百五十三人。あとは東京生まれですが、東京生まれの者は四分の一しかありませぬ。四分の三が地方生まれですが、それらに上京の目的を尋ねてみたところが、「東京へ乞食をするために出て来た」と言うのが十六人あった。何もわざわざ東京に乞食をしに来なくてもいいと思うが。ところが、ここに一つの立派な理由があるのです。地方で乞食をしておっては、あっちの村、こっちの村、小さな町と、一日何里歩いても、先ず現金三十銭くらいのものだと言うのです。ところが、東京へ来て浅草で「どうぞ」をやれば、少なくとも一日一円五十銭になる。だから吾々は東京へ出て来たのだ、こういうことを言いました。

それからご参考までに申し上げておきますが、世間師、借出、這出、こう三つある。この這出というのは何にも持たない。それで目星をつけた所に行って、失業したとか、あるいは包帯で巻いて、「怪我して働けない」とか言って、金をもらう。あれをいわゆるアブれた労働者がやりますと、山の手だと一円五十銭というのが相場だそうです。下町は五十銭あったら上等。山の手のサラリーマンの家庭を脅かすのが一番よいということです。

前田　ちょうど好い機会ですから、お伺いいたしたいのですが、自分の見たところでは子供の時分からみると、乞食は大分減ったように思う。ところが、イタリアなどへ行くと、乞食が方々にいて、自動車で旅行した時も、自動車がちょっと故障が起こると、臨時乞食でしょう、村の子供が銭くれと周囲に集まったことがありますが、日本ではそういうことはないと思って非常に喜んでいたのですが、この間私は非常に意外に思ったのは星ヶ岡の茶寮、イギリス人の友達が訪ねて来たから、「日本料理を食べさしてあげよう」と言って、昼食を食べにあそこに行って、帰りに自動車に乗ろうとしたところが、ヒョッと、十くらいのみすぼらしい女の子がやって来た。まさかあんな所に乞食がいるとは思っていないから、しばらく黙っていると、手を出して、「金をくれ」と言う。私は西洋人もそこにいるので恥しいような気がして、自分の身体で蔽うようにしていないように見せましたが、向こうの方に女親らしいのが木蔭に佇んでおりましたが、あんなところまで乞食が出没するのは、世相が悪くなったためにそういう乞食ができたのじゃないかと思いますが……。

草間　私、昨年の暮から春にかけて、四十日ばかり児童虐待実例に関する調査をやった。その調査にかかる前の夜の十一時近く浅草公園を歩いていた。すると仏教会館の前に十か、十一くらいに見える女の子が新聞紙を敷いて、その上に座ってチリ紙をならべている。「お前さん、家はどこだい」と言っても、「浅草の宿屋だ」とは言うが、決して宿屋の名前を言わない。それからさらにこっちへ来まして、水族館の前に十二、三歳の男の子がやはり新聞紙の上に座って、チリ紙を売っている。「お前、あれは妹だろう。どこにいるの」。「ウン、宿屋だい」。「どこの宿屋だい」。「浅草だ」。「何と言う宿屋だい」と聞くと、ウッカリこ奴《やつ》は「朝日館だ」と言ったのです。すると瓜生〈岩《いわ》〉さんの銅像のある近くに男女二人が見張をしている。一人は職工みたいな洋服を着て、下駄を履いた四十くらいの男。それから五十五、六の婆さん。二人がジッと僕に眼をつけている。「あそこにいるのは、あれは何だい」。「小父さんと小母さんだい」。「小父さんと小母さんじゃないらしいナ」。「本当だい」と言う。これはどうも後に付いている奴があって、こんなことをやって虐待、酷使されているのだという観察を抱いて立ち去った。

それから、私は実例調査で木賃宿を探して歩いた。朝日館というのは第一から第五まである。それをこうこういうわけで二人の子供が「朝日館に泊まっている」と言ったが、「宿帳を見せてくれ」と言って、探して歩いた。こちらは警察ではないのですけれども、割合に向こうも快く調査に応じてくれた。すると第三朝日館で、第四朝日館に泊まっているということを教えてくれた。そこで調べてみると、その子供たちは親父と三人で泊まっておって、親父は針金で足袋掛けを拵える。そうしてその拵えた製品を、二人の子供が戸々に就き、あるいは道路で売っておった。それで親父は家で拵えて、子供にそれを売らせては甘い汁を吸っておった。

すると、子供が浮浪的なものですから、出先で誘拐されてしまって、親父のところを離れて誘拐者のところに行った。そこで親父は、この二人の子供が売ってくれないといくら親父が拵えても生きていけないから、何とかして職業を転換しようと思っているると、偶々府中に競馬場ができるというので、そこの人夫になって行きましたが、働いている時に何か高い所から落っこちて、負傷して病院に入った。

そうすると、思い出されるのは子供のことでしょう。そこで木賃宿の主人に、どうも二人の子供が気になるから、もし浅草の木賃宿に姿を現せば、「その子供をあなたが一時抑えて置いて、私に知らせてくれ」と懇々と頼まれたものですから、木賃宿街にある日ポカンと姿を現したのを早速捕えて、「お父さんはこうこういうわけで病院に入っている。大変心配しているから、俺の所におれ」と言って留めたのですが、一日くらいおって、またとび出してしまって、その誘拐者について歩いている。そうして、浅草で売っているというわけです。

児童虐待防止法という名前

穂積　大変有益なお話をうかがいまして、誠に有難うございました。まだお話もつきませんが、時間も大分遅くなりましたので、この辺で打ち切りたいと思います。今度の法律は先ほど前田さんが申し上げましたが、虐待されている子供を救助する法律でありますが、同時に吾々社会の品位を高める法律だというお話で、これも至極ご同感で、こういうものがあるのに、国家社会がこれを放って置くということは、国家社会の品位にかかわることですから、遅まきながらもこういう法律ができたことを誠に喜ばしく思うものであります。

実はこの法律のできる一番初めの要綱を作った社会事業調査会でも、正式に議題になったわけではありませんが、この法律の名前を何とつけようかということが問題になり、児童虐待防止法というのも、何だかあまり角立つから、児童保護法とか、児童擁護法とかいうことにしたらというような話も出たのでありますが、しかし私はそれに反対しました。というのは、児童虐待などというけしからぬことを、国家は看過しないということを宣言し、国民をしてそういった観念をもっと強く抱かせるには、はっきりとした文字を使うのがよいという考えからでありました。

私が申したからそうなったというのではありませんが、結局児童虐待防止法という名前になったことは大変良かったと思います。不正義のことはいやしくも許さない。みんなで、協力して正しいことを行っていきたい。殊に子供は自分の子供ではない。親が子供に焼火箸をあてるとか、あるいは主人が傭人を虐待するということは、自分の買ったものだ、俺の物だ、即ち子供を財産視することが根本の考えなのでしょう。その根本の考えがそもそも間違っている。子供というものは次の社会、次の国家を造るべき大事なものだ。国の宝なのだ。この国の宝を護るというような意味でやっていきたいと思います。

どうぞ、せっかくできた法律ですから、この法律もまた十分に可愛がって、虐待したりしてはいけませんから、この法律が十分成長いたしますよう護っていただきたいと思います。

児童擁護協会も骨折るが、また他の色々な社会事業団体、色々な個人の方々のご援助を乞う次第であります。

（「児童保護」三巻一一、一二号　昭和八〈一九三三〉年十一、十二月。同四巻一号　昭和九年一月）

〈前述のように、児童虐待防止法施行前夜、児童擁護協会は「児童を護る座談会」を主催した。その内容は前掲東京朝日新聞だけでなく、「児童保護」にも「児童を護る座談会　その一」「児童を護る座談会　その二」「児童を護る座談会　その三」の各タイトルで三連続に掲載されている。本書では、このような個別にではなく、一つにまと

見出し	個別タイトル	巻号・刊行年月・頁
児童虐待防止法の成立ち、内容 児童虐待の事実	児童を護る座談会 その一	3巻11号 昭和8年11月 9～17頁
日本で初めての児童虐待防止会 方面委員と「児童保護委員」 継親の虐待、雇主の虐待	児童を護る座談会 その二	3巻12号 昭和8年12月 14～21頁
継親の虐待、雇主の虐待 児童の労働禁止 養い子の問題 芸妓の問題 児童乞食の話 児童虐待防止法という名前	児童を護る座談会 その三	4巻1号 昭和9年1月 16～26頁

めて掲載した。さらに、それらの原文には見出しがないので、座談内容に即して新たな見出しを上表のように設けている〉

家を嫌う娘を語る座談会

出席者

文化学院院長　西村伊作
婦人セツルメント　奥むめお
山脇高女教諭　竹田菊
東京市幼少年保護所長　草間八十雄
文化学院教授　河崎なつ
富本一枝
本社社長　嶋中雄作
本誌記者

娘たちはどうして家を嫌うか

記者　今日は「家を嫌う娘」ということについていろいろお話をおうかがいしたいのですが、毎日の新聞で見るように、国際政治問題に血眼になっている社会の半面には、重大な問題でありながら、可憐な娘たちの生活を護ることに、随分おろそかになっていると思います。小さな娘の心にさえどうにもならないような社会的な矛盾が反映しているのかと思いますと、痛々しくなりますが、先ずどうして娘たちは家を嫌うか。家出がしたくなるのか。そして、それはどう導いて行かなければならないかということにまで及んで、うら若い娘たちに反省を促し、苦悩に一助ともなるように、また娘を持つ親たちへの警告ともいたしたいと思います。

嶋中　それにちょっと補足しますが、昨年〈昭和九＝一九三四年〉全国愛読者訪問をした時、それを非常に感じたのですが、おそらくここにおいでになる河崎さんもそういう相談を受けておられると思いますが、漫然と家を出たいという気持と同時に、どうしても根本的に家庭そのものと相容れない感情や、若い娘を抱擁することのできない、重苦しい空気があるのではないかという、いろいろの点を明らかにしていただきたいのです。

右端より、奥むめお、草間八十雄、西村伊作、河崎なつ、竹田菊、富本一枝、嶋中雄作の各氏

夢にあこがれる

記者　河崎先生どうぞ……。

河崎　十五、六から十七、八の娘さんたちからそういう相談を随分受けます。はっきり家を嫌う嫌わないにかかわらず、だんだんある夢を描いてくるんですね。家を出てどこかへ行けば、何か今よりもっといいことがありそうに思うのです。また事実、家を出て成功している人も多いのですが……下田歌子さんが飛驒の家を出る時に、「あやにしき着て帰らずば……」という歌を詠まれたそうですし、ビョルンソンの作でノルウェーの若い青年たちが「あの山を越えて……」と始終思ってるという場面を読みまし

たが、私も田舎に生まれて、ものごころついた頃にはやはり「あの山越えて」という気持を抱き通しでした。これという原因がなくて、ある時代になると夢に憧れるのが、一つの原因にもなるのではないでしょうか。

富本　そうですね。……。

都会中心の教育

記者　雑誌は殊にその傾向が強いのですが、学校の教科書でも随分都会中心の教育をしているようですね。もっとも都会、その中でも東京は文化の中心地ですから、進歩的なことは全て東京を中心にして取り扱われるのもやむを得ないのでしょうが、空想時代の少年少女たちの心には、それがかなり大きな影響を持つのでしょうね。

河崎　そうです。地方の人たちは実に都会の人たちを有難く思い、どんなに偉い人かと思っているんですね。今思い出すと嘘のような話ですが、自分が小さい頃一番見たかったものはバナナとチョコレートでした。（笑声）そんな物にさえ好奇心を持つのですから、今の時代ならもっと難しい大きなものに興味のひかれるのは当然です。学校生活で教えられるものが無批判に中流階級か、中流以上の生活を教えられるのですから、貧しい農村の娘たちにとっては、自分の家や親にさぞ不満だろうと思います。

西村　子供が華やかな都会に憧れるのは無理ありませんよ。ちょっと修学旅行に行って帰って来ても、大喜びするんですからね――。富本さんはお若い時に家出したいと思ったんですか？

富本　のべつに思っていました。でも私の場合は、自分で何か本当に勉強したいという一心でした。そのために随分東京を憧れたものでした。

美しい仕事を求める

記者　娘であれば、誰でも美しくなっていたいのが人情ですが、家庭のつまらない雑務を嫌って、何か都会にはきれいな仕事があるように思っているようですね。

奥　私どもへくる相談は、多くは非常に貧しい家庭の娘で、勉強もできないし、刺激もないし、子守や洗濯やお炊事が日課で、養蚕期にでもなれば、なおさら雑務に追われるし、盆暮には下駄や着物くらいは買ってもらっても、現金はもらえないし、とにかくそういう、娘として非常に割の悪い立場にあるので、「都会へ出て、苦労をしてもいいから面白そうなきれいな仕事に就いて働いてみたい」と言って寄越すのが多いのです。ばくぜんながら貧乏の辛いこと、今していることに希望のないことは随分考えさせられるようですね。現状を不満に思うんですね。

竹田　娘さんたちの不満な気持ちはよく判るようですが、自分に与えられている境遇で、最善を尽くそうという考え方も必要なんですけれどね……。

奥　ええ、誰でもいい境遇にばかりいられるものではないですからね。以前にはよくいろいろ世話をしておりましたが、今ではそれをみんな応じている訳に行かなくなったので、手紙できびしく忠告をしております。

嶋中　世話をした人たちの仕甲斐はありましたか。

奥　ええそれが三分の二くらいは仕甲斐がなかったんです。はっきりした考えがないからなんですね。

草間　私の所でも随分世話をしますが、確かにいいのは三割くらいで、あとは駄目ですね。

記者 空想したり、都会を憧れたりする程度の娘たちは、まだたやすく救われる場合もありましょうが、どうにも我慢のできないような醜い家庭の事情もありましょうね。

嶋中 草間さんの所あたりにはそういう実例は随分ありましょうね。

草間 私どもの方はほとんど特殊の事情で家出して来る者が多いんです。男女幼少年が一年に五百人もあって、その中女子が百人、男子が四百人の割合です。そして、必ず両親がないとか、どちらかが欠けているとかで、家出の原因は、満足に養ってもらえないためや、酷い虐待のためなんです。時によるとその中には指を切られたりして、片輪になっている者もあるので、職業紹介所へも廻せないという困る場合が非常にあるんです。

河崎 学校でたくさんの娘さんたちを扱っていますけど、いたいけな少女たちを虐待することなど、親の身では余ほど酷《むご》い気持でなければできませんね。両親の揃っていない事も、殊に多感な娘たちには暗い影を持たせますね。今の時代では、両親があって学校へ通えるという身分は有難く思わなければなりませんね。

封建的な家庭生活

竹田 実際、社会の進んでいる割合に、日本の家庭生活が封建的ですね。そこに飽き足らないで、外へ向かって出ようというのが大多数だと思いますの。私どもの学校では家出する生徒はありませんが、だんだん職業を望んで、家庭の労働より外へ出て、自分の生産力を付けて行こうという考えのようですね。そこで自分の自由な天地を作って行こうというんじゃないかと思います。大多数の家庭の母親という者が、もう少し良妻になる前に賢妻にならなければ、子供がだんだん成長して、その子供と歩調の合わない家庭にするんじゃないかと思います。

奥　家を嫌うのは娘だけでなく、奥さんも随分嫌っているんでしょう？（笑声）

嶋中　奥さんの方が多いかも知れませんね。（笑声）

河崎　私の相談はその方が多いようです。

記者　西村先生、お宅のお嬢さんたちはそういう点いかがですか。

西村　うちの子供たちは偉くないんだから、駄目だと思うんですがね。今の家出する子供は偉いんですよ。

嶋中　いや、そういう意味じゃないんです。

西村　つまり今の若い人は、ある命の強さを持って来たんだと思う。昔はあまり家を不満足で飛び出すという人は聞かなかったんです。今はどの人でも割合に飛び出すという気持が働こうとしている。それはやはり日本の人が偉くなっている結果で、ばくぜんとしたことではあっても、何か新しいものを求めようとする気があるのは、それだけ生活力が強くなって、それがために今の日本もまた偉くなりつつあるんじゃないかと思うんですよ。うちの子供たちはどうもその偉さがない。楽に暮らしているからカナリヤみたいで、偉さが消えちゃっている。

河崎　それは生活に余裕があって、西村さんの理解が行き届いている上に、お嬢さんたちが賢いからですよ。学校を卒業してから、家庭にいてただお嫁に行く支度で変化がない、希望がない、面白くない、生活が単調ですね。その場合、実際にその不満の気持をどう自分の生活の上に切り開いて行ってよいか、娘さんたちは知らないんですね。ですから、いつかの新聞を賑やかした娘さんのばくぜんとした家出ということになるんですね。生活に困らない娘さんたちにもやはり何かの不満はあるんですから、いつでもそれをよく導くことに努めなければなりませんね。それが私どもの仕事なんですが……。

西村　そうですね。中流の家庭では、少しは家出をして脅《おど》かしてやらなければいかん家が多少あるんですよ。（笑声）たまには脅かした方がいい。

奥　そんなことを言ったら、皆本当に出てしまいますよ。娘さんたちが……。（笑声）

娘に及ぶ親の権利

記者　親の子供に対する権利について、富本さんは……？

富本　近頃しみじみ考えることですが、昔自分が度々《たびたび》家出をしたいと思った頃と同じ年頃の娘を持って、最近子供の心理を考えてみますと、二十幾年の隔たりで、随分違ってきておりますね。

嶋中　その比較を仰しゃって下さい。

富本　結局子供についてあまり考え過ぎるんです。子供がある年齢に達したならば、自分の子供だっていう考えを先ず棄てなければならないんだと、非常に考えてきました。母親も子供も同時に社会人であって、その態度をはっきり持たない限り、家庭から悲劇というものがなくなる時がないと思うんです。子供の家出とか、子供が家を嫌うとかいう一つの問題があった時には、それを子供として考えるより、子供を社会人として考えてやらなければ、到底解決がつかないと思います。それは親として責任回避的な考え方だと思われるかも知れませんけれども、どうもそうでなければならないんじゃないかと思います。親が叱るだけで済む間はそれでいいんですが、その年齢が過ぎた時には、子供を社会人としての一箇の人格を認めてやることは、その子供を本当に進歩させる道じゃないかと思いますね。

西村　人間に対する所有欲がいけないんですね。

富本　そうなんです。自分の子供とか、自分が親であるとかという考え方は、親である自分を非常に縛り、子供も縛り、親子ともどもに苦しんでいるということを、近頃自分の問題として考えております。

奥　親は親、子供は子供で、自分たちの都合のよいことばかりを考えているんですね。

富本　子供の方でも本当の意味で家のため、親のためでなくて、ただ批判的になっていますね。

河崎　私どもの時代では今よりもっと封建的な家庭に育ちましたから、どうしても親ということが頭から離れないで、そのために随分余計な苦しみをしましたが、この頃ではかなりその点解ってきているんですから、もっと自由に率直に考えて欲しいですね。

嶋中　親が自分の旧い考え通りに、娘を育てようとするために縛られて、身の置きどころがないというような娘さんがたくさんありますね。

家名で娘を縛る

奥　どんな娘だって、本当に生かしてやれば、いくらでも生かしてやる途があるんですけれどもね。

西村　家名を重んずるというやつですね。

草間　家名とか社会的地位が、非常にその娘に対してある型を要求するんですね。進歩的な娘さんにはその型が耐えられないんですよ。

奥　もう一つ、相当な家柄でありながら、その親たちが家庭を乱すような行動をしている時、例えば父親が待合や妾狂いをしているし、母親はそれの反動で享楽気分に憧れることになり、感じ易い娘はそれが耐えられなくなって、逃げ出すということもありますね。

竹田 娘に行儀作法を喧《やかま》しく言う上流の家庭でありながら、一方にそういう乱れた生活をされては、我慢できないでしょう。いつかの桜内事件も明らかにその一例ですね。

嶋中 この頃の娘たちは随分鋭さを持っていますからね。

河崎 親としては尊敬も持ち、感謝もあり、好きでもあるけれど、ああいう暮らし方が嫌《いや》だという煩悶を随分訴えられますね。

嶋中 そういう点ではむしろ中流家庭の方が穏やかですね。

西村 家を出たければ、思い切って出た方がいいと僕は思う。その代わりにうまくやるんですね。(笑声)つまりあまり損害のないように、音ばかりの爆発でやったら……ねちねちと煩悶しているより、その方が効果的ですよ。(笑声)

経済的な圧迫

記者 こと新しい問題でもありませんが、経済的な圧迫ということは、非常に重大な問題だと思います。簡単に家庭が不満だとかいうことでも、その根本にはどうにも動きの取れないような根強い経済問題が横たわっているのではないかと思います。家庭に潜んでいる封建的な思想も煎じ詰めれば、この経済問題からきていましょうし、ことに現在一番ひどいのは経済状態が都会に偏して、いつになっても農村の疲弊状態が救われないで、そのためにその娘たちが都会へ出たくなるということ等々、こう考えてきますと話は難しくなってきますが、とにかく大きな問題でしょうね。

草間　それは娘ばかりじゃなく、一家の主婦にとっても大きな問題ですね。ですから昔の家出と、今の家出とではその動機にも随分変化があるわけです。

河崎　経済的の事情で家を出たい。つまり外へ出たいという相談はひっきりなしです。そういう意味では、娘より奥さんたちの方が多いし、悩みも深刻ですね。

記者　奥先生の処ではそういう相談は……？

奥　女給でも女工でもいいから働きたいという息の詰りそうな問題を持って来ますよ。

草間　東北地方の、食べたくても食べられないような娘さんたちにとっては、私どもからはあまり勧めたくないような女給や、芸妓の仕事口でも喜んで受けるんですからね――。身を売っても食べて行かなければならないんだから、実に重大な問題ですよ。

思想上の不安と性的の圧迫

富本　それからこういうこともあるんじゃないかと思いますが、家を嫌うとか、親を嫌うとかということよりも、自分自身の問題で、生きて行くことに対してしっかりとした目標が見つからない。こんなに勉強をしても一体社会に出てどうなるんだろうかという疑問とか、懐疑的な気持になって、ただ何とはなしに家にいたくないという気持になる人もあるんじゃないでしょうか。最近そういう人たちを二、三知っていますが、忠告してもなかなか人の言うことがたやすく聴き入れられないんです。ほとんど病的に懐疑的になっているんですから……。

西村　それは不完全だけれども偉さだと思う。

富本　先刻のお話の偉さだといえば偉さかも知れませんけれど……。そういう考え方がよく導かれて飛躍して、積極的に動き出せば、非常にいい場合になりますけれど……。

竹田　はっきり自覚する前に、何をしてもつまらないと考えることが多いんですね。

西村　そのつまらないというのは、私の考えでは道徳や教育の目的が、最も自然でなければならないセックスを圧迫しているからだと思う。社会一般にその戒律みたいなものが非常に人の希望や要求を蔽い隠しているから、いらいらして来るんですよ。社会全体にそういう厭《いや》な不自然な圧迫がある。

嶋中　それは私も大いに同感ですね。

富本　社会機構に対する疑問、その解決ができているようでできていませんね。これは先ほどの経済問題と非常に密接な関係のあることなのですけれど……。

記者　少し考えを持った娘たちには、そういう疑問は随分あると思います。その疑問に対して素直に考えて行く人と、自暴自棄的になげやりになるという人とありますね。自暴自棄になると、無暗にものごとを否定したくなるようですね。結婚問題に対しても……。

西村　僕は性的圧迫の解決は、難しく社会とか経済問題へもって行く前に、芸術に変形するとか、恋愛をするんですね。するとケロリとして何でもなくなっちゃうんですよ。（笑声）

嶋中　それは大いに賛成ですが、いろいろの事情があるんですから、そうばかりも言い切れないでしょうが、たしかに恋愛によって、娘の異常な焦燥的な気持も救われて、そこに落ち着けるようになることもありますね。

娘に結婚を強いる

記者　河崎先生、ご担当の相談欄に毎日のように結婚の相談が出ておりますね。身の上相談には違いありませんけれど、それより結婚相談と言った方が適切なくらいに……。

河崎　そうです。余ほど、娘さんたちは強いられる結婚のために悩むようですね。そんなに娘のために心配しなくてもいいだろうにと思っても、やはり自分の娘となると、滅茶苦茶に夢中になるんですね。ごたごた事件の起こらないうちに早く片付けたくなるんですね。

竹田　それは本当に娘の幸福というより、親の利己的な気持、つまり娘の身の上の心配から逃れたいという気持もあるんですね。

草間　それほど心配した結婚が、ほとんどは幸福に行っていない事が多いんですからね。

嶋中　特殊な人を除いて、大抵は今の状態では結婚生活もよく行くはずもないから、それをよく観ている娘たちは、そう親が思うほどには気の進まないのは無理ないですよ。

西村　生活のしっかりとした当てもなく、フラフラと結婚させるのは実際可哀いそうですよ。周囲の人たちが棒を持って追っ立てるんですから、神経衰弱になりますよ。

河崎　今の娘さんたちは生活をもっと実際に具体的に考えていますし、もっと経済的な打算も頭においていますからね。

西村　河崎さんご自身がまだ結婚なさらないのに、結婚しなくともいい年頃の娘さんを、今までにいく人くらい追っ立てたんでしょうね……。（笑声）

嶋中　お母さんが勧める結婚というものは、娘の欲している結婚とは非常に距離がありますね。

富本　近頃では大分娘の意志も尊重するようになりましたが、まだまだそういうお母さんが多いですね。

草間　家を飛び出してカフェーとか喫茶店とかの女給になるのも、一つは結婚の相手を物色するというのがありゃしませんか。

嶋中　しかし、暗々裡にはないこともないかも知れませんが、そういう目的は少ないと思いますね。

竹田　女給のような商売をするにも、もっと本気で考えていますよ。

富本　私はこんなことも感じていますが、娘に結婚を強いるという意味でなく、二、三の縁談を持ちかけるということなんです。娘自身にはちゃんと一つの考えがあるんですから、別にその縁談にすぐ乗ってしまうということはありませんが、ほどほどにちらほらとそういう話をしてやることも、たしかに娘の心を和やかにしますね。

西村　全然縁談の話がないと、自分の生きている価値がないように思うんですね。女の子は遂にその弱さで詰まらないことで、自分を測るんですよ。嫌だと思っていても、話が出れば心の中ではほほえんでいるんですから。

嶋中　昔は娘の買手の付くのを待っていたんだから……（笑声）。今でもそれは残っているんじゃないでしょうか。

富本　やはり残っておりますね。

草間　家出をする人たちをみると、女工たちにはそれが少ないようですね。異性と混じって生活しているからでしょうか。

河崎　一つには仕事を持っているからでしょうが、無意識的に気持の上にある和やかさとか、調和というようなものができるんでしょうね。

竹田　男子と一緒に働いていますと、特別に男性からの刺激に誘われなくなるので、落ち着くということになるんですね。

どう導いたらよいか

記者　以上で大体、家を嫌う娘の気持についてのお話をいただきましたから、次にその娘たちをどう導いたらよいかということについて……。先ず具体的なお話を奥先生に——。

奥　自分の周囲が嫌だから家を出たいという相談に対しては、「どこへ行っても同じだから我慢しなさい」と言ってやります。そして、費用なしでいくらでも働ける仕事を教えてやります。つまり自分の与えられている境遇で最善を尽くすように……。

嶋中　どんな仕事を教えてやりますか。

奥　私どもには各府県に一人や二人、仕事をしている友達がありますから、そこへ紹介してやるんです。旅費がなければ半分くらいは援助してやります。で、そこでいろいろ話をしたり、ヒントを受けたりして来るのです。若い人は向こう見ずですから、どんどん一人で行くようです。そして、いい仕事があったと喜んで礼状を寄越します。そんな時は私も嬉しくなりますね。

河崎　それはいい方法ですね。忙しく働くということは気分転換でもあるし、人間性に従っているんですから……。私もそういう相談に対しては、「何でもいいから手近にある仕事。例えば子守でも掃除でもよい。片っぱしから働いてみなさい」と。殊に農村では共同の仕事がたくさんあるはずです。農繁期には託児所のように大勢の子供たちの世話をしてもいいでしょう。それだって大きな社会的な仕事ですものね。

記者　自分の仕事を卑下することは、自分の生活とか自分の人格を卑下するのと同じですから――どんな仕事にだって意義を見出して行きたいものだと思いますね。

奥　ある農村でとても評判のいいお産婆さんがいるんですけれど、その人が何故そんなに評判がいいかというと、ただ産婆だけの仕事でなくて、その人の家の掃除から炊事のことまでして帰るんだそうです。そういう奉仕的な気持になるのは本当に尊いと思いますよ。私のセツルメントの仕事も、大体そんな風に働かせております。

嶋中　私はいつも平凡な詞《ことば》ですが、「雑巾がけをしなさい」と言っております。「社会が悪いんだ」「親が悪いんだ」と言って、他に原因を求めるような態度はいけないと思いますね。そういう甘やかすやり方は悪い結果をもたらすんです。

富本　私もそう思いますけれど……あまり子供を労《いたわ》り過ぎますね。本当に労るのなら、もっと徹底した自由主義で、子供の手近にある仕事をさせて、各々小さくても自分の責任を持った生活の中に追いやるんです。そこで気持の転換もできるし、いろいろ経験してきますから……。とにかく今の母親時代が一番難しいですね。

奥　私どもの仕事も一つの社会事業ですから、少しも恥ずかしい事はないはずですが、お母さんたちにとっては、自分の娘をそんな処へ働きに出すことは傷つけるとでも思って、とても恐れているようですね。

竹田　つまらない恐怖心ですね。

草間　私の処ではほとんどは郷里へ送還してやります。それが一番効果があるようです。はっきりとした目的もなく飛び出して来るんですから、いろいろ説諭して帰しますと、それで感謝して落ち着くようですね。ところが男の子になりますと、帰しても二、三度は飛び出して来ますよ。

嶋中　女の子はやはり弱いし、また境遇に順応する力もあるし、諦めも早いんですね。

河崎　東京の職業紹介所さえ行けばいいと思っているようですけれど、なかなかいい働き口のあるものじゃないんですからね。私はいつもそう言って忠告しております。それでも飛び出したい者は出て来ますけれど、自分でやってみて、やっぱり駄目だと思うと、そのまま帰って行きますね。

竹田　近頃では上級の学校へ行くほかは、大半が就職したい希望ですね。私どもでは大体知識階級少年（少女）職業紹介所と市の方にお願いしてありますけれど、子供たちを紹介しても、なかなかたやすく話がまとまらないし、またやってみても続かないことが多いんです。で、続く子供はそれで働き、続かない子供ははじめて自覚して、自分の能力に適した家庭内の仕事に専心するようになるんです。ですから、何でも希望のままに一度はさせてみる方法を取って、決して圧迫的には出ないのが私の主義です。

河崎　近頃は子供でさえ就職すると、とても大悦びして、クラスで祝賀会をするんですよ。

奥　それだけ現実的になってきましたね。

西村　私は何事によらず、非常に積極的な態度に出るんです。例えば、自殺がしたいんならしてみろ、その結果は鮫に喰われるだけだとか、目的もなく家《うち》を飛び出せば、家《いえ》もなく食べるものもなく、ルンペンになって、結局は不良児で懲役になるぞ……と。小説家が暗い生活を描写するように、すっかり話をしてやるんです。女給になりたいという娘にもそういう風に説明をしてやります。すると、気の弱い娘たちですから、たいていは実験し来《マヽ》ような気持になって考え直しますね。

草間　家出娘のほとんどは女給志願ですね。

西村　僕は女給も悪くはないと思う。女給商売で救われる娘なら、それでもいいと思うんですよ。もしもその娘が変質者だったら、正常な仕事をさせようというのは無理だと思いますね。

草間　家出には正常児が五〇％もないですな。異常児が多いんです。

西村　とかく社会事業をする人たちは自分の仕事をよく見せかけようとして、立派な仕事を授けようとしますが、それは間違いですね。その子の性質に最も適した道を選んでやることが肝心じゃないかと思う。と言ったからとて、女給をする人たちが変質者だと言うんではないんですが……。それから話は違いますが、家庭で親と子供とが友達のように仲良しになることは必要ですね。どんなことでも率直に娘たちに話すということは、今までの親としては努力が要るでしょうが、親と子の心が離れないためには、かなり大事なことだろうと思う。

富本　子供に対しても、決して探りを入れるような態度はいけませんね。どこまでも大きな気持で接して行くことが大事ですね。

西村　万一子供が失敗した時にも決して咎めないで、人生の経験としてむしろ賞めるような気持で傷んでいる心を慰めてやることですね。

記者　ではまだまだお話は尽きないようですが、この辺で。ありがとうございました。

（「婦人公論」二〇巻五号　昭和十〈一九三五〉年五月）

性差別

時代的にみる公娼制度の変革

一 緒言

昔から人身の売買は禁止さるも、年季奉公人あるいは抱え女などの名義で、その実露骨に人身の売買が行われたのである。しかるに明治五〈一八七二〉年十月太政官第二百九十五号及び司法省布告第二十二号をもって、この年季奉公人は厳禁されたので、ここに桎梏と拘束の渦中に漂える奴隷的の弱者に救いの浮木《うきぎ》は投げ与えられたのである。しかも、以後しばしば保護を目的とする法規が発布されたのである。しからばこの累次の制令はあたかも荊棘《けいきょく》に掩われて咲けるがごとき曲輪《くるわ》〈廓〉の水無し花に自由と権利の水巴をどれだけ漑《そそ》ぎ与えたであろうか。これを観測すればその制令の恵みは涓滴《けんてき》に過ぎざるの憾《うら》みがある。

私はここに明治初年代からの公娼に関する法規を掲げ、かくして公娼制度の変革と更にこれにともなう公娼生活の実情を説き、果たして制度のごとく公娼は桎梏と搾取の手から離れ、自主的生活にあるものかいかん、これらについての管見を述べることにする。

二　明治維新後初めての制度

明治の維新はすべてにわたりそれぞれ制度の変革を行うのであった。故に公娼に関しても、夙《つと》にその取締法を制定せるのである。それは明治六〈一八七三〉年十二月にして、警保寮から貸座敷渡世規則と題し次のごとき規則が発布されたのである。

貸座敷渡世規則（概要）

（一）壬申十月被仰出候年季解放の御趣意弥々堅く相守るべき事
（二）渡世致度者は願出鑑札申受候上店頭に看板を可掲候尤も免許無之場所にて営業不相成候事
（三）無鑑札の娼妓等へ座敷貸与へ候儀堅く不相成候事
（四）類業并《ならび》に娼妓芸妓に至る迄犯則の者有之候はゞ早々可訴出候若し情を知て不訴出者は屹度処分可申付事
（五）月々鑑札料五円を相納むべき事
（六）娼妓出稼部屋借りと雖も凡て一家の出入と定め他貸座敷に出入するを故障する等の儀決而不相成事
（七）客の望みに依ると雖も一昼夜以上滞留は決而為致申間敷事
（八）金銭遣ひ方は勿論其他不審なる者と身受候はゞ最寄邏卒《らそつ》〈巡査〉屯所番人詰所へ早々可訴出事

以上は当時における貸座敷営業者に対する取締規則にして、今より実に五十四年の昔に当たる。次に同時に制定発布せる娼妓規則は次のごとくであった。

娼妓規則（概要）

（一）娼妓渡世本人真意より出願の者は情実取糺候上差許の鑑札可相渡尤も十五歳以下の者へは免許不相成候事

但し寄留の者は本籍引合の上差許事

（二）自宅より出稼するも貸座敷に同居するも各其自由に任すと雖も渡世は免許貸座敷に限り可申候事

（三）自宅に客を誘ひ或は客の誘引により他所宿泊等一切不相成候事

（四）類業并に貸座敷等犯則の者有之候はゞ早々可申出候若し情を知て不訴出者は屹度処分可申付事

（五）月々鑑札料二円を可相納事

（六）毎月両度宛医員の検査を受け其差図に従ふべし、病を隠して客の招きに応すること不相成候事

（七）客の望みと雖も一昼夜以上の滞留為致間敷事

（八）金銭遣ひ方は勿論其他不審なる者と身受けたるときは最寄邏卒屯所番人詰所へ早々可訴出事

以上の規則についてみるに、旧来の陋習《ろうしゅう》〈悪い習慣〉を打破せる事項としては貸座敷営業者においては「壬申〈明治五年〉十月被仰出候年季解放の御趣意弥々堅く相守るべき事」。この事項は明治五年十月布告による、かの人身売買に等しき娼妓の抱えを一層と厳しく取締るのであり、次はその筋において娼妓稼業を許可せざる者は娼妓たらしむることができざるのであり、更に次は抱主は他の貸座敷から娼妓を招く者あるときはそれを拒むことができざるのである。また貸座敷営業者は鑑札料の名義で公課金を負担することになった。

しかして、次に娼妓規則をみるに娼妓の年齢が制限され、なお無理に娼妓稼業を強うることができなくなっ

た。即ち「娼妓渡世本人真意より出願の者は情状取糺候上差許」云々。

それから「十五歳以下の者へは免許不相成候事」、この規定は害悪を矯正するにはすこぶるその当を得たもので、悪漢不逞の徒の婦女誘拐掠奪はこれによって幾分は防圧され、また年端《としは》〈年齢のほど〉の行かざる少女の醜業を止めることができたのである。

要するにこの当時まで十四歳となれば娼妓の勤めに就いたもので、それは俗に「十四出の二十七明け」という曲輪の合言葉があった。昔の娼妓年季奉公なるものは、十四歳から二十七歳までで、幼女時代に買われた者は十四歳に達すれば、醜業を強いられそれから二十七歳まで十四年間浮川竹《うきかわたけ》の勤めをするのがこの社会の通則であった。故に年少にして抱えられた者ほど永く苦しい勤めをなさねばならぬ。たとえば十三歳の少女が抱えらるれば、翌年は娼妓となり二十七歳まで勤むるのである。十五歳なればその年から二十七歳まで、または妙齢十八歳の婦女なればその年から二十七歳まで、かくのごとく抱えられた者は二十七歳までが年季であって、従ってこの間に身受けをされざる限りは解放されない。しかるに、上記のごとく娼妓規則は「十五歳以下の者へは免許不相成候事」と規定せるので、従って慣習的就業年齢に比すれば一年を昂《たか》めたのでる。またこの規則により「毎月両度宛医員の検査を受け其差図に従ふべし」云々の事項はいうまでもなく、公衆保健の上から強制検黴をなすのであり、ここに公娼制度に一新を施せるのであった。以上は実に五十余年の往時において初めて施行されたる貸座敷渡世規則并に娼妓規則についてその主なる事項を説いたのである。因みにこの規則は東京地方の類業者に施行されたのであるが、東京以外の地方においてもこの規則に基づきほとんど同一なる条文をもって第一次の規則を施行したのである。故にこの規則は典範《てんぱん》的のもので公娼制度研究資料としては極めて重要なるものと思われる。

三　第二次の制度と張店廃止

前掲規則が施行されてから、満二年二ヶ月を経たる明治九〈一八七六〉年二月警視庁令をもって東京地方における貸座敷規則并に娼妓取締規則が改正された。この改正の主なる要項は次のごとくである。

貸座敷規則

（一）貸座敷営業者は免許地に限る
（二）貸座敷営業をなさんとする者は戸長奥印を以て警視庁に出願すべし
（三）黴毒《ばいどく》検査并に病院入院として月々商高の一割納金すべし
（四）各地同渡世中元締并に副元締を設け総て警視庁の命令を奉承し業体諸般取締向及黴毒検査等費金上納方取扱ふべし
（五）娼妓の写真并に其価付を店頭に掲出すべし
（六）娼妓に見世を張らせ又は通行人に遊興を勧むることを得ず
（七）娼妓と契約の条件は必らず其条約調印の前に警視官吏の検閲を受け其契約書には元締又は副元締に於いて奥印をなすべし
本文の手続をなさゞる契約は他日争論を生じ訴出るも取上げざることあるべし
（八）貸座敷娼妓規則を各娼妓に渡置き違背なき様注意すべし但し解せざる者には篤と教示すべし
（九）娼妓契約に背き或は命令に従はざる等の事あるときは警視官吏に訴出其処分を受くべし、自儘に苛刻の取計をなすべからず
（十）娼妓疾病あらば何病に拘はらず速に警視官吏に届出医官の診察を受くべし、黴毒其他伝染病と認むる

ときは特に注意すべし
（十一）娼妓は猥《みだ》りに区域内に出すべからず、若し已《や》むを得ざる事故あるときは慥《たし》かなる者を付添はしむべし
（十二）娼妓より正業に転就せんと欲するときは故障なすべからず
（十三）娼妓をして早く正業に転ぜしむるに注意し従前の如く物日等の弊習を襲ひ無益の出費を促すこと堅く禁止す
（十四）此規則に違背したる者は貸座敷免許鑑札取上げ又は三十円以内の罰金若しくは六ヶ月以内の苦役に処す

娼妓規則（概要）

（一）娼妓とならんと欲する者は現住籍の戸長奥印を以て警視庁に願出で免許鑑札を受くべし
（二）黴毒検査并に病院費用として月々稼高百分の七納金すべし
（三）七日毎に一回ず、必ず黴毒の検査を受くべし
（四）自他の健康を保つがため身体及臥具は最も清潔を要すべし、黴毒等を発するを秘し客に交接すべからず
（五）現住の貸座敷を去り他の貸座敷に移らんとするときは相対示談の上たるべしと雖も其主故なく之を拒み苛刻の取扱をなすに於いては警視官吏に訴出べし
（六）此規則に違背の者は罰金二十円以内又は苦役五ヶ月以内に処す

かくのごとく改正せる規則をみるに、貸座敷にかかるもので、旧規則に比し長所たる点は、（イ）娼妓の張

見世禁止に関する件であり、（ロ）楼主と娼妓の契約条件はその条約調印前に警察官吏の検閲を受くるの件であり、（ハ）娼妓疾病あらば何病にかかわらずすみやかに警視官吏に届出医員の診察を受くべき件、これらは娼妓を保護する上から定めたものと思われる。しかして、短所欠陥とみるべき点は「各地同渡世中元締并に副元締を設け総て警視庁の命令を奉承し業体諸般取締向及黴毒検査等費金上納方取扱事」。かくも官憲直接の取締りを行わずに、その営業者の中から取締を挙げ自治的に取締りを行わせたのである。しかるにこの自治は斯界《かい》〈この社会〉の改善風俗の矯正を促すに足らずして、むしろ貸座敷営業者に潜勢力を培《つちか》わせ、ひいては団結的となり、まさに社会の裏面において蟄伏的《ちっぷくてき》〈隠れひそむ〉に営むべき風俗上の稼業者を臆面なく台頭させ、今日のごとくほしいままに跋扈《ばっこ》〈はびこる〉さすの動機を与えたるがごとくみなされる。ことに苦々しく思われるのはその規則施行後元締等の申請も容《い》れ、貸座敷引手茶屋の中から行事と称し、役員を設けさせた。ここにその当時吉原を所管せる警察署長より上司に伺出の一項を掲げ、いかに当時の警察官吏が迂遠《うえん》〈役立たない〉な策を執れるかを述べることにする。

明治九年三月十八日発、新吉原町正副元締より行事差置度先般伺の通りと御指令相成候に付別紙の通り人撰書差出候間尚篤と元締へも事実推問に及び候処廓中固着の弊癖を洗滌候には貸座敷引手茶屋の中行事申付候上漸次着手候より外無之との趣旨右は営業上の義務にて無給の儀にも有之旁々御許可相成候様致度且つ御允許の上は該署長より申付候方可然と存せられ候条達書式相添及相伺候也

用紙奉書二つ切り

姓　名

新吉原町年行事申付候事

年　月　日

第何方面第何署　印

こうして元締等からの申請を容れ所轄署長から監督庁に伺書を出し、結局前掲のごとく警察官署から公式辞令をもって行事を命じたのであって、蟄伏的の稼業者を官署の手で公然的に向上させたのである。この誤れる策は自然と欠陥を暴露せずにはいない。それは数百年の永き間にわたる弊習としてみられていた娼妓張店は前記規則によりせっかく禁止されたのに、明治十四年七月五日をもってその禁止が解かれ、またもや憂いを脂粉《しふん》〈化粧〉に紛らわし、張店をなさねばならぬ可憐な娼妓の態を見ることになった。この張店を復活し写真を撤するについての申請書は次のごときものである。

貸座敷規則第七条娼妓の写真并に其価付を店頭に掲出すべき事とあるを以て、同業のもの写真を額面に仕立て店頭へ掲出置右者売淫の看板を公道へ顕し置くものにして、風俗矯正主義に背反するのみならず、官私共有害不益に属する方法に付右七条削除相成度云々。

当局はこれに対し前記のごとく七月五日付をもって左の指令をなすにいたった。

貸座敷規則第七条娼妓写真并に其価付を店頭へ可掲出事削除候条渡世筋の者に可相達事

こうして逆転的に張店を許し、写真は撤廃せるのである。爾来張店を続くること三十五年の永にわたるのであったが、大正五〈一九一六〉年にいたり、それを禁止し写真を掲げさすことになった。要するに、大正五年の張店禁止以前すでに一度は張店禁止の時代があったのである。しかるに陳情または運動の結果は前記のごとく写真を額面に仕立て、店頭へ掲げ置くは売淫の看板を公道に顕すものにして、風俗矯正主義に背反するのみならず、官私共に有害不益に属する方法なりと、このごとき謬見《びゅうけん》〈誤った考え〉をもって逆転的に張店を許せるのであって、時代錯誤の処置をなせるのであった。
またこの改正により娼妓の検黴一週一回の施行となり、従前の月二回に比すれば、回数は倍加となり、それだけ公衆衛生の上に保護改善の途が拓けてきた。即ちこの点は規則改正の長所としてみるべきものである。

四　第三次の制度とその長短

前述の規則改正が行われてから、約六年を経たる明治十五〈一八八二〉年四月に第十八号をもって貸座敷娼妓取締規則の改正が行われた。なお同時に引手茶屋取締規則が制定せられたのである。即ち第一次規則の制定は明治六年であり、第二次は同九年であり、ここに第三次の制定をなすのである。その改正の主なる点を掲ぐれば次のごとし。

娼妓渡世をなさんとする者は満十五歳以上とす、娼妓出願者にして父母及最近の親戚あらざる者は慥かなる証人二名と其寄寓すべき貸座敷主と共に其願書に連署すべし
（一）吉原を除く外新規又は譲受けに依る開業を許さず（貸座敷）
（二）娼妓は父母、祖父母、伯叔父母、兄弟姉妹の吉凶及看病の外通常の区域外に出づるべからず
（三）二十年未満の者は娼妓免許を満三ヶ年以下とす、其期限満ちたる者は貸座敷の結約其他如何なる事情あるを問はず鑑札を返納すべし、但し従前渡世の者は此限りにあらず

明治六年に出せる初めの規則は娼妓稼業をなさんとする者は本人真意による者に限り、免許するのであった。第二次明治九年の規則は区長または戸長の奥印を受け出願免許を得るに改め、この明治十五年の規則改正により、区長または戸長の奥印、貸座敷元締の奥印を受け、更に親戚の連署を要するのであり、親戚なき者は慥か

なる証人二名と貸座敷主との連署をもって出願するのである。

それから吉原のごとき遊廓はとにかくこれ以外の地においては、新規及び譲渡しのいずれにするも貸座敷営業を許可せざるのであって、畢境《ひっきょう》〈結局〉するにかかる業者の増加を防止し漸次縮小を図るの見地から、かく制定せるものであろう。また娼妓稼業に関しては親権者の連署を要し、なお二十年以下の者の免許期限を三年以下と定む。以上三事項は旧則に比し特色を表せるもので、従って従来の取締りに優るのである。

五　第四次の制度と娼妓年齢の引上げ及び稼業年限

更に明治二十〈一八八七〉年五月二十三日警察令第十号をもって貸座敷引手茶屋娼妓取締規則が改定された。この規則は第一条より第四十八条に及べるもので、その改正にかかる重要なる点を挙ぐれば、次のごとくである。

（一）娼妓たらんとする者は願書に其実情を詳記し父母及び証人二名并に寄寓すべき貸座敷主と連署し此等格揚代金及結約条件を付記し籍面を添へ取締加印の上区長又は戸長の奥印を受け警視庁に願出で免許鑑札を受くべし、但し十六歳未満の者は娼妓たることを得ず

（二）娼妓の賦金は一等月額三円、二等二円、三等一円、四等五十銭とす、該賦金は前月分を翌月五日限り警視庁に納むべし、休業中は日割を以て賦金を免除す

（三）学校の徽章を著けたる生徒并に十六年未満の者を遊興せしむべからず

（四）婦女は客人の同伴たりとも遊興せしむべからず、但し遊客に面会を要するものあるときは之を拒むべからず

（五）業体に関し貸座敷主と娼妓との間に紛議を生じ裁判所に出訴せんとするときは其事由を詳記し所轄警

察署に申出し承諾を受くべし

（六）娼妓免許期限は満三年以内とす、其期限満たる者は貸座敷主と結約其他如何なる事情あるを問はず鑑札を返納すべし、満期の者猶其業を継続せんとするときは更に新規の手続を以て願出免許鑑札を受くべし

但し其期限は前後通算して六ヶ年を超ゆることを得ず

この規則改正の上において、最も重要なる点は娼妓年齢の引上げである。明治六年以来この改正の当時にいたるまでの娼妓年齢は十五年以上としてあった。しかるに本則によりそれを十六年以上に改めたのである。また旧則は二十年以下にして娼妓稼業をなせる者の期限は三年以下であり、二十年以上の者については稼業年限の定めがなかった。それが本則では娼妓免許期限は満三ヶ年以内と定め、満期後なおその業を続けんとする者は手続更改のうえ免許するも前後を通じ六ヶ年を超ゆることができない。また娼妓負担の賦金《ふきん》〈割あて金銭〉は旧則によれば稼高百分の七を徴されたのである。本則はこれを月額に改めたので、娼妓の負担はいくらか軽減されたのである。なお遊客を制限し徽章を着せる生徒学生及び十六年以下の者を遊興せしめることができなくなった。

六　第五次の制度と許可について

次に明治二十二〈一八八九〉年四月一日よりの施行をもって貸座敷引手茶屋娼妓取締規則が改正されたのである。この改正の要点は根津遊廓を洲崎に移せるので、それに対する取締方針を改めたのと、元締の処理事項の限定、規則違背の者に対する罰則の改正などにして、これ以外の事項に関しては旧則とさまで異ならざるの

である。

しかしながら取締執行心得を発して、これにより従来の取締りに比し、厳重に処理をなすことになった。即ち訓令第十五号貸座敷引手茶屋娼妓取締執行心得の概要を挙ぐれば次のごとくである。

娼妓稼を願出たる者あるときは左の条件を取調べ認許の指令を与ふべし

（イ）父母の代人は他の娼妓の父母の代人となりたることなきや

（ロ）父母の貧困は事実なるや

（ハ）父母養奉の真意に出でたるや否や

（ニ）父母の圧制に係らざるや

（ホ）他人の誘導に係らざるや

（ヘ）略取誘拐せられたるにあらざるや

（ト）父母代人となりたる者にして他の娼妓五名以上の父母代人となりたるや否や

（チ）左記各府県に係る者は娼妓稼願に関し該県警察署又は郡役所の添簡なきときは認可するを得ず

静岡、愛知、高知、神奈川、大分、愛媛、広島、青森、宮城、秋田、島根、佐賀、栃木、長野、千葉、岩手、大阪、石川

尚お東京府下に転籍したると否とに拘わらず、該府県警察署の添簡なきときは認許するを得ず、但し全家転籍者は此限りにあらず

以上のごとく旧則に比較すると娼妓稼業許可に関しては厳重に調査を施すこととなった。

七　各府県娼妓年齢の引上げ

東京府下においては前述のごとく、明治二十〈一八八七〉年五月の規則改正により、娼妓年齢を十六年以上と定めたのであるが、地方においてはなお十六年以下にして娼妓となるものあり、これらについては明治二十二年五月三十一日訓令第四百五十一号をもって内務大臣より次のごとき訓令があった。

自今娼妓営業は十六年未満の者には許さざる様注意せられたし

この訓令により各地方とも十六年未満の者は娼妓稼業をなしえざることになった。

明治九年内務省の訓令により士族の婦女には娼妓稼業を許さざるのであった。しかるに明治二十四年十二月訓令甲第五十三号をもって士族の婦女といえどもその稼業を許可することになった。

八　第六次の制度と稼業期限の撤廃

明治二十年五月発令の規則改正により、娼妓稼業期限は満三ヶ年以内と定められたのである。しかるにその後この稼業期限の制限に関し、貸座敷営業者は結束してその制限解除の陳情をなすこと頻々《ひんぴん》たるもので、この陳情運動の結果は明治二十四年十二月二日警察令第十九号をもって貸座敷引手茶屋娼妓取締規則一部の改正となり、ここに公娼制度の上に逆転的施行をみることになった。これは明治二十年五月発令規則の中第四十一条及び第四十二条はこの改正により削除されたのである。

即ちその第四十一条は娼妓稼業期限は満三ヶ年以内とす。また第四十二条は年期満限の後なお娼妓稼業をなさんとする者は更に願出認許を受くべし。但しその期限は前後を通算して六年を超ゆることを得ず。

娼妓にとりては金科玉条《きんかぎょくじょう》であった、この稼業期限に関する制度は撤廃されてしまった。しかしてかくも逆転的改正を行うにあたり貸座敷所在地各警察署長の意見を徴せるのであったが、各署長は協議の結果、左記意見書を上司に差出せるのである。

楼主等嘆願の要旨は娼妓稼業期限は、貸座敷営業者と娼妓との相互自由に放任さるか若くは七ヶ年以内とするかにあり

小官等は此等情願に依り改正をなし期限の延長をなすは当を得たものとす、何となれば楼主等は娼妓の弊害を列挙し期限三年の規定は恰も金円攫取《かくしゅ》の手段的期間に過ぎざるなりと、又婦女をして破廉恥の念慮を起さしめ社会の弊害を醸成すと

然しながら楼主等自己営利に関する見地にのみ重きをなし、婦女の利益を考慮するもの少なく、依て小官等に於ては期限延長の改正は不可なりと思料す、然れども娼妓稼業期間を三年となすために、其期間を経過すれば借財残金の有無に拘わらず廃業をなし得るの故を以て、間々逃亡又は故意に依る休業の弊害あり、而して曩《さき》に楼主等より出願せる現に其業に従事したる日数を算し三年となし、逃亡故意休業など空しく過せる日数を控除したる現実日数三年を期限と定むるを以て妥当なるべし云々（原文）

以上は明治二十三年十一月貸座敷所在地署長六名より出せる意見書である。しかして当局は一方に楼主等の情願を聴き更に調査をし、この娼妓稼業期間の制限を解決するに努めたるもののごとく、同二十四年五月一日の発議書をみると当該員の決議は左のごときである。

曩に娼妓稼業年限を定めたるは、畢竟彼等をして、正業に復さしむるの目的にあり、故に独り貸座敷営業者の請願を以て解決なり難し、亦各署長上申に依り実業日数を以て期限を定るも妥当ならず、今や娼妓は稼業期限三年を経過せば苦境を脱するものとの妄想を懐き、自己負担する所の義務あるにも拘わらず、濫

りに逃亡又は故意休業をし楼主の損害をも不顧の実況にあり、此弊風を矯正するの方法たる休業日数を控除し実業日数を以て期限となし拘束するに於ては少しく干与に過ぐるの嫌あり、依て相互対談により就業日数を計算すると否とは両者の適意に任かすべきものと考料さる云々（原文抜録）

当該係員の意見は以上のごとく一致し、同二十四年十二月にいたり、前記規則の改正となり、ここに娼妓稼業期間に関しては全く無制限となり、娼妓の多くがせっかく光明に導かれようとしたのも束の間で、またまた奈落の底に陥ると同様に果敢無《はかな》い身空となったのである。

九　第七次制度

次に明治二十九〈一八九六〉年七月七日をもって庁令第四十号により貸座敷引手茶屋娼妓取締規則が改正され条文四十九条に上れるのである。しかし娼妓については、稼業出願の場合、父母もしくは父母の存せざるときは最近親族の承諾書及びこれらの印鑑証明書、稼業年限、前借金額などの届出をなさしむるのである。これ以外別段に旧則とさして異ならざるもので、従って保護を与えるがごとき条文は見当たらない。

一〇　第八次制度と未成年者の遊興禁止

明治三十三〈一九〇〇〉年五月、内務大臣の訓令による娼妓年齢に関する改正が行われ、同月二十一日庁令第二十二号をもって、娼妓年齢十六年を十八年に改めたのである。この年齢の制限は各府県とも同一のもとに改正されたのである。

同年九月六日庁令第三十七号をもって貸座敷引手茶屋娼妓取締規則改正さる。条文五十五条に上り、この中貸座敷営業者に対しての著しき改正は、(イ)妓楼の構造制限にして即ち三階以上の建物その他人目を惹くがごとき構造及装置をなすを止められたのである。(ロ)学校の徽章をつけたる生徒学生及未成年者を遊興せしめざること。この(ロ)は旧則においては十六年未満云々であったが、それを未成年者云々に改めたのである。娼妓については願書を出さんとするとき取締において加印を示さざるときは、その理由を具し直ちに所轄署に差出し得るのである。これは明治初年代から自治を主眼に取締を設けさせすべてにわたり干与的機能を有させたのをここにいたり、その一部を剥奪せるのである。

一一　統一的制度と自由廃業

更にこの明治三十三年十月にいたり、内務省令第四十四号をもって、娼妓取締規則が発令された。これは本邦における統一的娼妓取締令の嚆矢《こうし》にして、また実に公娼制度の大改革である。

第一条より第十五条に上り、この条文中に娼妓の自由廃業は認められている。本則公布と共に、内務大臣は訓令を発し、その施行に関する標準を示せるのである。ここに訓令の中において主なる事項を挙ぐれば左のごとくである。

（イ）娼妓は名簿に登録して居常厳重の監督を行ふを要す、而して監督の目的たるや主として風俗及衛生上の取締に在りと雖も娼妓を保護して体質に耐へざる苦業をなし若くは他人の虐待を受くるに至らざらしむるも亦目的の一たらざるを得ず、而して監督の結果娼妓稼を続行せしむべからざると認めるときは庁府県長官に理由を示さずして何時にても稼業を停止し又は禁止することを得るものとす

（ロ）思慮なきの女子にして他人の誘惑若くは誘拐せられて娼妓となり終に一生を誤まる者世間其例に乏し

からず、故に娼妓取締規則は登録申請者に同一戸籍内に在る最近尊親者又は戸主の承諾書を添付せしめ、殊に未成年者に在ては養女の名義を以て他人の女子を娼妓とする弊風を防がんがため、更に実父母又は実祖父母の承諾書を添付せしむるの規定を設く、登録に際しては宜しく周密の注意を加へて是等弊風を取締るべし

（ハ）有夫の婦は娼妓名簿に登録すべからず

（ニ）娼妓稼の廃業は各自の自由に属するを以て名簿の削除を申請する者あるときは娼妓取締規則第五条の手続に違はざる様凡て之を受理すべし

（ホ）娼妓名簿の削除は娼妓より之を申請すべきものなりと雖も未成年者に対し許可を与へたる者は其許可を与へたる民法上の原則に準じたるものとす、又他人に委任し名簿削除の手続をなさしむることを許さゞるは情夫其他の輩が娼妓を誘出して徒に紛擾を惹起するの媒《なかだち》たることあるを以てなり

（ヘ）口頭を以て娼妓名簿削除申請をなすものあるときは警察官署は調書を作り之を読聞かすべし

（ト）娼妓名簿削除申請は口頭を以て之をなすことを許し必らずしも書面を要せざるを以て廃業届に楼主又は取締の連署をなさしむるが如き従来の規定は当然廃止さるものとす

（チ）娼妓名簿削除申請に関しては方法の如何を論せず、一切妨害をなすことも許さゞるを以て違反者あるときは娼妓取締規則に依り之を処分すべきは論を俟たず、必要の場合に於ては当業者に対しては業務の停止又は禁止、無頼漢に対しては予戒令執行等適当の措置に依り之を取締るべし

以上の訓令は人権の尊重弱者の保護に関し、周密なる注意を与え、当該係員をして旧来の積弊を一掃さするのであった。宜《うべ》なるかな〈当然にも〉、この自由廃業の制度を設けたので、当時桎梏《しっこく》に苦しむ娼妓らは翕然《きゅうぜん》〈多

く集まり〉として、この保護のもとに救いを求めたのである。従ってこの省令の出ざる前年、即ち明治三十二年十二月末日現在における東京の娼妓総数は六千八百七十一人に上れるのであったが、同省令施行の三十三年十二月末日現在総数は五千六百二十一人となり、実に千二百五十人の減少となり、更に翌三十四年十二月末日現在は五千一百五十人となる。要するに三十二年の現存数に比すれば千六《マ》百七《マ》十一人の激減をきたし、ここに貸座敷営業者に大恐慌を与えたのであった。

しかし、この以後において漸次増加をみたのであるが、大正六〈一九一七〉年からまたも減少をきたし、以後数字は一昂一低を示すも大正十四年十二月末日現在によれば五千百四十七人となった。

一二　第九次制度と張店禁止

しかして大正五年にいたり、当局は私娼撲滅の方策をたて、ここに私娼の根本的絶滅を期するために一面公娼の改良を図るを目的に、同年五月八日貸座敷引手茶屋娼妓取締規則一部の改正あり、この改正により、公娼取締に関する件と題し、通牒が発せられた。この通牒の要領を示せば次のごとし。

娼妓外出願は口頭又は代理人を以てするも差支えなし
娼妓と楼主との貸借計算簿は時々之を点検し娼妓保護上遺洩なきを期すること
娼妓名簿登録の際娼妓稼契約年限は可成短期に依らしむべし

上のごとく規則改正により娼妓の張店を禁止せり、しかしてこの廃止については約三ヶ月の猶予を与えたのである。

また更に大正五年十二月二十五日内訓第四号をもって、貸座敷引手茶屋娼妓取締規則執行心得を改正し、今なおそれを施行するのである。

一三　結語

貸座敷引手茶屋娼妓取締規則の初めて施行されたのは明治六年十二月にして、即ち前項所説に係る警保寮より発布せるのがそれである。この警保寮より出せる該規則はいわゆる典範的となり、各地方ともこれに拠ってそれぞれ取締規則を制定せりとのことである。東京地方は先ずもってこの明治六年を初めに、次は同九年、更に次は同十五年、同二十年、同二十二年、同二十四年、同二十九年、同三十三年、大正五年、以上のごとく第一次より十次にいたる、各々《おのおの》時代的に規則を改正し今日に及んでいる。しかして明治維新後間もなき明治六年の公娼制度も現在にいたるまでの各時代的の制度とにより、娼妓自体はいかに保護され、また風俗衛生の上にいかなる改善的事象を顕せるか、これについては遺憾ながら著しき矯正をみざるのである。ただただ娼妓については稼業年齢が十五歳に改まり、それから十六歳に上がり、更に十八歳に改められたのである。これは東京に始まり、延いて各府県に及べる制度で、総合的に革新されてきた。また東京地方に限れる改善的制度は今から五十年の昔において娼妓張店が禁止となり、当時としては破天荒の先覚的制度であったのに、いくばくもなく撤廃され以前のごとき張店となり、それが漸《ようや》く大正五年に旧体に復したのである。しかして明治三十三年に省令をもって統一的取締法が設けられ、これによって人権の尊重と社会的倫理化の一端として自由廃業が認められたので、人身売買の弊風はここに打破されてきた。しかし、この制度は資本家と労働者の塩梅《あんばい》調節を慮《おもん》ぱかり規則そのままの活用はできないのである。それから東京においては明治二十年娼妓稼の契約年限を三年以内と定めたのに、それが幾星霜《せいそう》〈歳月〉を経ざるうちに撤廃されてしまった。これ以外には種々と保護的方法も執られたようであるが、これは枝葉の事柄で根幹的の保護策は唯一つ自由廃業の制度のみである。

時代は駸々《しんしん》〈速く進むさま〉乎として旧套《きゅうとう》〈古いやり方〉を破り、共存共栄の声を高め、かの労資問題のごとき根本的に革新を現そうとしているのに、反面には今なおとかくに虐待され易き境涯にある公娼の生活実情をみるのである。

予はこの憐れなる公娼の生活実情については稿を更めて説くことにする。ここには公娼制度の変革とこの変革にともなう管見を述べ筆を擱《お》くのである。


（「社会事業研究」一四巻九号　大正十五〈一九二六〉年九月）

世界の怪奇と怪美とを探る座談会

〈出席者〉長田秀雄
中野江漢
木村　毅
布　利秋
赤神良譲
丸木砂土
草間八十雄

世界中で一番面白いところ

高田義一郎
加藤武雄

加藤　今日は一つ、非常に猟奇的な場所とか、事件とか、風俗とか、その他、どんな方面でもいいのですが、面白い、珍しいと思われる話を、各方面にわたってお話し願いたいのです。まあ、最初は世界のあらゆる地点の中でどこが一番面白いか――そういうことから始めていただきたいと思います。どうですか、布さん、あなたは世界中残る隈なくご旅行なすったそうですが。

布　それは、私が帰ってから始終聞かれる問いですが、これは主観的と客観的によりますけれども、私が歩いた国がまァ五十五ヶ国あります。それを十八年間の自分の海外生活からみて総計算する訳ですね。そうすると、やはりどうもパリの方面――パリといっては語弊があるが――フランスを中心にしたものに、人間味が一番あるような気がしますね。そうしてパリのモンマルトルがやはり中心ですね。モンマルトルは世界の総ての風俗、総てのエロ、グロを集めているような気がするようですね。これは誰がみてもそうだろうと思う。それで、モンマルトルのそういう風潮が今度は、モンパルナスに移動しつつありますが……。

また、人によると、ベルリンがいいという。ところが、戦争〈第一次世界大戦〉後のベルリンは多少変態的な――先にお話のあったように、非常に困ったから、その結果、何物か、凄い物を要求している。だから、ベルリンはエロ、グロがよほど発達してきました。それで、変態性欲にかけては、ドイツが一番材料が多いといわれていますから、先ずパリに次ぐベルリンでしょう。

しかし、日本人という立場を多少考えてみると、こういう黄いな人相をした人間はどこへ行っても面白く遊べるとか、面白い生活をみられるとかいうわけにはいかない。やはり人種的に皮膚の問題をあまり頓着しない国の方が気持ちがいい。だから、広い意味においても、フランス人は皮膚をあまり問題にしませんから、住みいい。そうして、パリあたりにおる外国人は五十万人くらいありますが、それが主にスカンディナヴィア、南米、北米から来ている。それが皆、ブルジョア階級ですから金にあかしてエロ、グロを探すのですよ。だから、客観的にみても、主観的にみても面白いですね。

ベルリンの方は、人種的に排斥とまではいかんけれども、やはりチュートン民族の関係で、どうも皮膚という問題がテン・パーセントくらいありますから、パリほどのいい感じを持たない人が中にある。ロンドンに行くと、英国人は表面だけ紳士で、心はまるで夜叉が多いですから、外国人のためにはいい感じを持つ生活とか、享楽とか、興味とか、そういうものを求めることが非常にむずかしい。だから、結局、住みよくないという意味になるですね。

木村　アントワープはどうですか。僕の友人が、あそこの本屋へ寄ったら、売り子の美しい娘さんがわざと足を踏んで、それからにっと笑ってくれたと言って、悦に入ってたことがある。

布　そういう部分的なことになると、アントワープなどは港ですから――海から四十マイルも奥に這入った港は世界でもあまり多くないし、河港としては先ずヨーロッパ第一で、ヨーロッパのインランドの物を総てあそこへ持って行っている。だから、港としては繁昌する。しかし、住みいいという点になってくると、気候、風土が関係するから、あの霧の多い、風は多くないけれども、陰気な一つの空気を持っている所ですから、さほど住みいい気持ちはしない。むしろ、港としたらマルセイユの方がずっと明るい。それより、もっと明るい港が欲しいなら、エジプトのアレクサンドリア港ですね。

加藤　上海などはどうですか。中野さん。

中野　私は外の国へ行ったことがないからよくは分かりませんが、上海はほとんど各国のある意味の風俗が、あそこへ集まっているように聞いております。自分でも目撃しましたが、各国のいわゆるエロとかグロとかの風俗をみるには、上海まで行けば、その程度は分かりませんが、大体のことは分かるのじゃないかと思っております。

加藤　ある人が、日本の東京などは、世界のあらゆる都会の中でも一番面白い都会の一つじゃないかというような事を言っておりましたが……。

中野　私が最近に上海に行ったのは、去年の暮から今年の春にかけてでした。その時には外務省の文化事業の関係で、国民政府が支那の文教に及ぼしたる影響というのを調べたのですが、南京に事件が突発〈一九二七年〉したために、上海より以外に出ることができず、上海にずっと留まってよく研究してみましたが、東京とはどうも比較にならないようですね。東京は——私は最近帰ってきたばかりですけれども、随分、悪友がおりまして、いろいろな所へ連れて行かれたですが、とても比較にならない。第一日本と支那とは社会状態が根本から相違していますし、日本では警察の取締りがやかましいから上海のようなことはしようといってもできやしません。それと東京にはあまり外国人は集まっておりませんでしょう。

長田　それから日本人という者は、実に淡白な点がありはしませんか。

木村　東京は地域がだだっ広いから、散漫な感じを与える。

加藤　木村君はどこがいい。

木村　僕もやはりパリだね。それからスペインのバレンシア。ここは道で会う女がみんな美人だった。
赤神　カイロはどうです。
木村　カイロも面白いですが……。
赤神　私の聞いたところでは、カイロはパリ、ニース、モンテカルロと、どこも遊びに飽きて、全部卒業して、どこももう面白くないという奴がカイロに集まってくる。それが年に四十万人からあるそうです。
加藤　どういうところが面白いですか。
赤神　やはり変態的のところが面白いのでしょう。それから変わった血に対する好奇心というか、血が変っているからということでしょう。また学者に言わせると、感情的に最も発達しているのは黒ン坊、智的に発達しているのはヨーロッパ人、行動の上において発達しているのは黄色人だということですから、黒ン坊が感情的に最も発達しているから面白いのでしょう。
長田　感情的というのは、官能的に発達しているのですか。
赤神　官能的にはどうですか。ただ感情的なんですね。オーギュスト・コントという男の言っているところによると。
木村　もっともコントの時代にはその方面の研究も発達していなかったから……。
布　私は、黒ン坊が生理的に□□□□〈四文字分空欄〉がよほど進化していやしないかと思う。だから、パリあたりのデカダン婦人には黒ン坊を連れて歩いている者が多いようですね。
長田　生理的に進歩しているというのは、かえって弱くなっているのじゃないですか。社会的の刺激が強いから、文化人ほど生理的に弱くなっているけれども、黒ン坊は強い。

布　地中海をめぐるラテン系の女たちは常に言っています。それは自分等の□□が他の人種よりは生理的にずっと発達しているというようなことを……、そして黒ン坊の女は□□□が強いそうです。それから男性は□□がよくできているということですね。だから、白人の女が一度黒ン坊と関係すると、もう生理的に忘れられないそうです。それでいわゆる黒白結婚というのが随分ありますよ。

赤神　モンマルトルなんかには黒ン坊専門の店が並んでいるじゃないですか。

布　並んでいます。黒ン坊専門のも、ユダヤ女専門のも、人種的に……。

長田　人種的に違うのがいいというのは、エキゾチックなところに興味があるのじゃないですか。我々が西洋人と□□欲望のあるのもそうだろうと思う。

高田　インドの黒人は□□の温度が高いとか、日本人に対して特に好感を持っているからという人もあります。

木村　パリの女が黒い靴下を穿いたというのは、アフリカあたりの黒ン坊の兵隊、それを隠し男に持つ、その関係で、黒い靴下が流行りだしたという話ですから……。

中野　上海あたりでも、各国の売笑婦がおりますが、黒ン坊が一番そういう、何といいますか、□□がどうとか、こうとか言いますね、皆が。

赤神　それに今一つ、黒ン坊に対しては人種的の優越感を持っておって、黒ン坊は人間じゃない、玩具だというので、積極的にやれるから……。

中野　日本人は支那人に対しても、人種的の優越感を持っております。支那の売笑婦は運命に順応する一種の宿命観を懐いているから、自由自在になります。恐らく世界の女の中で、支那の売笑婦くらい自由になるものは少ないだろう。しかし、条約を締結しないうちは非常に素っ気なく、傲慢のようですが、いよいよ規定の料金を払い、条件が整ってから、部屋の中に二人で這入った後は驚くべき□□になってしまいます。要求を容れてくれたお客ですから、その金に対してだけでも□□□になるのは当然なわけです。日本の娼妓のように「ふる」なんていうことは絶対にありません。

草間 これは世界的の話じゃないが、日本でいっても、お説の通りですね。今東京にいる六千五百人の娼妓の中で、文化程度の低い東北が半数を占めておりますからね。殊に秋田、山形、宮城……。

赤神 しかし、それは近代的の欲求には添わないですね。今の男はそう従順な奴よりも、向こうから積極的にくるように、むしろ好意を持つですね。外国人は買われるというと、自分が買ったつもりで、向こうから積極的にくる。だから、向こうへ行っている日本人などは勘違いして、非常にもてたという訳ですっかり得意になってしまう。

木村 あれは部屋の関係もある。日本では□□や何かに唐紙一つ隔てているくらいで、遠慮しなくちゃならんが、向こうでは何をやったって、□さえ掛けてしまえば構わない。だから、向こうの女は貴婦人的の一面と、夜叉《やしゃ》みたいな一面とある。

中野 男の□□の数も日本人と西洋人とでは、非常に違うですからね。

草間 そうですよ。それで特殊の女になると、普通の男では満足ができないですね。僕等が段々みていると、売笑婦といえども恋愛というものがある。いくら女郎でも惚れた男ができなくちゃならん。それはどういう男と恋愛関係になるかというと、二段になっているですね。先ず芸者でも、娼妓でもそうですが、大店の娼妓になると、五十人はなじみ客がある。後は初会で終わったり、三月に一度くらいしか来ないけれども、五十人というものはちゃんと決まったお客で、月に二度とか、三度とか、中には土曜日ごとに行く男もある。五十人のなじみ客があって、しかして五十人の内の一割、五人――なじみが百人あれば十人――の者に惚れているというのですね。しかして五人の中に一人、中心的の男がある。これはあの社会でシモという。芸者の方でもそうです。それはどういう訳かというと、五人には惚れた関係があるけれども、その内の一人を除く外の四人は電話をかけたり、手紙をだせば金を都合してやって来る。そこで、男の持って来た金で感情においても、性的においても享楽をなしているけれども、一人のシモに対しては女の方で金を掛ける。

そうして、年齢からいいますと、遊廓なり、いわゆる色街に這入っても、二十前の女には恋愛関係は発達しませんよ。けれども、二十を過ぎ、殊に三十という年増になると、熱烈なる恋愛関係を結びたくなる。そこで、これだと思った男には、自分が金を掛けるのです。要するに、待合の方ではこのことを「承り」といいます。しかし、それも年齢関係からいけば、芸妓に種類が七つある。「仕込み」に、「丸抱え」に、「分け」に、「七三」に、「逆七」に、「看板」に、「自前」と、こうある。だが、この内、最も多数を占めている「丸抱え」には惚れた男を待合へ連れて行っても、待合では応じないのです。「丸抱え」の階級を抜けて、「分け」とか「七三」になれば待合では貸すのです。それは、どうかというと、「丸抱え」というのは収入の一割しかもらえない。申すまでもなく、芸者の収入は玉代、祝儀、寸法とある――寸法というのは淫売のことです――この収入が三百円あっても、四百円あっても一割しかくれない。ところが、「分け」となりますと、半々。「七三」になれば、抱主が七割、女が三割。「逆七」になると、抱主の方が三割、女が七割もらうというように雇傭契約が向上してくる。だから、「丸抱え」以上になると、シモを連れて行って、「私が承っておきますから。願います」と言うと、あの社会では貸すことになっている。そうして、彼がもし払わなかったら、抱主に談判に及ぶ。抱主がもし払わなかったら、箱を入れないことになる。いわゆる箱止めで、それが辛いから払う。だから、今いう「丸抱え」以外の女には遊ばせる。

加藤 長田さん日本の中で、一番面白いのはどこです？

長田 私はそう諸国の都会を知りませんが……。

加藤 あなたが日本全国津々浦々のローカルカラーに通じておられるということを聞きましたが、……。

長田 それは弟の方が知っているでしょう。私は中野さんに伺いたいことがある。私の知っている人に医者がありまして、支那の纏足《てんそく》というのは性的の理由からだということを言っておりますが……。

中野 纏足の起こりは、やはり男が女の自由を束縛して、自分で独占したいためだったろうが、それが性的方面に変化してきたのではないかと思います。纏足をすると、非常に腰部が発達する。肥えた家鴨みたいに歩いているうちに、□□□□□□□□が発達してきて、先のお話のあれみたいに□□が強くなると言われる。それで纏足の女に関係した者は、普通のいわゆる「纏足」――自然の足の方には興味がなくなるということです。それでいかに禁令ができましても、やはり隠れてやる。

木村 西洋の靴の踵の高いのも同じ理由ですね。

中野 西洋のダンスと、日本の踊りと、支那の纏足は或いは偶然一致しているのじゃないですか。腰部を発達させるという意味において。

長田 踊を踊った後の女と□□□特殊な□□□ということですね。

赤神 世界の醜業婦は皆、足を高くするようですね。日本でも昔から木履《ぼくり》を穿いたり、高い足駄を履く……。

加藤 花魁の八文字を踏むというのも、そういうことからきているかも知れませんね。

高田　女が内輪に歩くことも非常に腰の方に関係があるということを聞いたですが……。
加藤　西洋婦人のハイヒールもそういう点を意識して用いているんでしょうか？
長田　意識しないでも、そういうのがいいということになると、真似をするから自然に起こるのじゃないですか。
赤神　ギリシャ時代には、女は皆、爪立って歩いたということを聞いております。それからローマになると、フロレンスに結婚して初めて寝所に行くところの名画がありますね。お婿さんが手を出しておって、お嫁さんが媒酌人に押しやられている絵ですが、それにはお嫁さんがスリッパに高い台をして履いている。そういう高い台の靴がパリのクリニーの博物館などにはたくさんあります。それなんかもやはりそういう欲求からきたのじゃないかと思いますが……。
中野　支那では足の小さいということは美人の一要件となっていた。
長田　女の足に垢が溜まっている。あの臭いを嗅ぐのが、ある特殊な性的刺激になるということですね。
中野　そうです――それで花柳界に行きますと、普通のお客には靴を脱いで見せないけれども、特別にお客のお好みとあれば靴を脱いで嗅がせる。
長田　特殊の興味ですね。
中野　芝居でやっていますが、女の足を小さく見せるために、足の下につぎ台をして、ほんとうの足を裙《くん》〈もすそ〉でかくしてしまいます。そのくらいに足の小さいということを尊ぶですよ。
長田　モダンな人たちは脚線美を言っておるのですが、それよりも、隣の支那の纏足の方が、その点は発達しているのじゃないか。
赤神　パリでは足の指を切るじゃありませんか。小さい靴を履き、足を小さく見せるために。

草間　日本の方はそこへ行くと、□□技術で行くんですね。それでシモなんという者は、人格において零だということ、女も知っている。多くは院外団だとか、破落戸〈ごろつき〉だとかいう者であるが、それでも好む。それはどうかというと、彼等は多くアルコール中毒になっている。それで私どもの調べでは、アルコール中毒者というものは、三十分でも、一時間でも、女の□□に応じられる。しかして技巧に富むのですが、普通じゃ□□ない女が□□□□というところまでは。それがアルコール中毒者なら長いですよ。

長田　支那のアヘンの中毒者——癮者《いんじゃ》というのですか——あれになった者はアヘンが高価なために、全財産を蕩尽する。それでも女房は喜んで、ある者は売春をしてまでも、亭主に貢いでアヘンを飲ますということですが、それは□的の関係が長くなるからでしょう。

草間　とにかく、三十前後の芸者になると、□く掛かるから……。

中野　支那にはアヘン窟があって、そこに淫売婦がいます。アヘンを飲んだお客が飲まない女の所に行くこともあるが、飲まないお客が飲んだ女を買いに行くことが多いようです。なかには客も女もアヘンを飲んでふざけるのもある。一体アヘンに酔うた気持ちは酒の微酔《ほろよい》ですね。微酔の状態で朦朧《もうろう》としている訳で、そういう女を買うというと、非常に興味があるわけです。グロ的の人にはアヘンに酔うと、極端な空想を実現することができますからね……。

木村　文学者は飲むことだね。

中野　もしも、自分があれになろう——支那でいえば皇帝になろうと思えば、黄袍《おうほう》をまとい南面して、群臣に令を伝えているような気持ちになれる。また、女が欲しいと思えば、いわゆる後宮三千の美女に擁せられているようなことが実現できる。金が欲しいと思えば、金銀財宝の中に埋まっているような気分になれる。

だから堪《こた》えられない。

長田　同じもので、□□□というものがありますね。□□□の方はアヘンとは空想の状態が違うらしいですね。どっちも飲んだ体験はないから、分からないけれども、読んだ限りにおいてはよほど違うらしいですよ。

中野　アヘンを飲むのを日本は誤解している。アヘン飲みといえば、顔色が蒼白く、ひょろひょろしている瘠身の一見して分かる陰者のように思っていますが、そうではない。若い時から中毒している者はほんとうの陰者で、それは色が蒼白くて、常には元気がない。飲むと元気がついてくる。ところが、中年から飲み始める者がある。それは毎日飲まない、一週間に二遍くらい……。それは非常に血色がよく元気がよい。しかし、それは段々量を増さなければならんから、普通の者にはちょっと飲めない。それを飲み続けられる者は非常に元気で、長生きをする。続く限りは。

長田　ところが、アヘンというものは、支那だけかと思ったら、全世界のアヘンを飲む習慣の報告書みたいなものを読んだことがある。それによると、ヨーロッパでも非常に盛んですね。その本には、世界大戦の時のドイツの将軍でファルケンハインなんという人も支那で覚えてきたアヘンの癮者で、ふだんは役に立たない人だというようなことも書いてある。そうしてみると、これは文明と逆に西漸《せいぜん》して行って、今にヨーロッパも支那のようにアヘンを飲む国になってしまいやしないか。

中野　北京の英米の公使館員などはほとんど陰者だそうですよ。ですから、英米人は密輸入を平気でやっているようです。日本人では商人が少しばかり密輸入すれば、出先の官憲が直ぐ訴えて罰するけれども、英米人は公使館の自動車に載せて公然と運び込む。公使館用の自動車は治外法権ですからネ……現に支那の役人がそれを憤慨して書いたものがあります。

長田　今、禁止国でも、アヘン癮者はどんどん増加してきているそうですね。

加藤　アヘンは性の方を連関しているんですか。

中野　そうなんです。支那人がどうしてアヘンを飲むかというと、簡単に申しますと、支那人の理想というものは仙人になりたい――羽化登仙《うかとうせん》したいというところにある。羽化登仙するのには霞を食ったり、蕨を食べたりして、修行をしなければならん。その苦行は凡人にはちょっとでき難い。できないけれども、なってみたいのは人情でしょう。それでいろいろと想像してみます。紫雲たなびく中に聳えた大廈高楼《たいかこうろう》〈大きな家〉の上で、美人に取り囲まれている仙人――よく絵にあるやつです――その気持ちはどんなであろうということを想像してみた。――これは少し穿《うが》ち過ぎているけれども――それを、□行為をやっている時のある瞬間の□味を長く引延ばしたものでないかと思ったのです。しからば、それを長く引延ばすのにはどうするかというに、それはアヘンを飲むに限るのです。アヘンに酔っているのが一番いい。アヘンに酔って□□□をやると非常に□□□が出てくる。男と女と両方とも飲んでいるのが一番長くかかる。

草間　ここにおいて、日本みたいにアヘンを取締っている国ではアルコールを飲むのですね。

中野　面白いことは、支那では花柳界などで□□□□に死ぬ者がよくありますよ。その死ぬのを支那語でロースと言います。――楽死と書く――支那の新聞や小説をみますと、よく楽死という文字がみえます。花柳界において楽死するというのは何だろうというと、アヘンに酔って仙人気分を味わい過ぎるからです……（笑）。

加藤　支那の名士でアヘンを飲んで死んだ人はありませんか。

中野　名士になれば、死ななくてもいい。段々量を増していけるから……。

長田　量さえ増していけば、生命には影響がない訳ですね。

中野　貧乏人が飲むと、破産してしまう訳ですね。だから、終いにはモルヒネの注射を盛んにやる。注射器を持っておって、それで彼等は衰弱して早死する。

加藤　僕らが大連へ行った時も、道端に癮者がころんでいましたが、ああいうのも飲む時には元気になるんですか。

中野　金をやって少しばかり飲ませると、まるで泥水にフカフカしている鮒に清水を与えたごとくに、みるみるうちに元気がよくなってくる。それはわずかばかり、三十銭か、五十銭もやって飲ませると、みるみるうちに元気がよくなる。それは実に見ていると、面白いですよ。今でもたいがいの名士は飲んでいます。張学良などものべつに飲んでいる。張作霖も飲んでいた。だから、支那の名士は一定の時間が来ますと、来客を断ってしまいます。

赤神　羽化登仙する訳ですね。

加藤　仙人の理想を実現した訳ですね。文字通りの地上天国なんだな。

草間　そういうと、日本の酒精中毒とよく似ていますね。

長田　燐というものは人間の□的快感を強めるものですか。

高田　さァ、かえって弱めやしませんか。

長田　燐を飲むと、□行為のエクスタシーの時に非常に快感が強くなるということで、燐が手に入らないので、西洋燐寸を飲んで□□□□があるそうですね。

高田　ある目的に蠟燐寸の頭を飲むやつがあるということは知っていますが……。

長田　そのために、腹上死ということがあるそうです。つまり楽死ですね。
高田　田中〈義一〉総理大臣の楽死説もあります。
木村　高田さん、ロンドンの淫売婦の淫売している平均年数は四年半くらいで、後は□□がいやになって、淫売を廃めてしまうという風に書いた本がありますが、生理的にいやになるのですか。
加藤　そういう淫売は終いには同性愛になるのじゃないですか。あれには、やはり医学的根拠が……。
高田　それはあるでしょう。それはご馳走に飽きて茶漬けに行くようなものじゃないですか。変態的になるのは……。
長田　同性愛に行くやつと、マゾヒズム、サディズムの方に行くやつとあるでしょう。
高田　もっといろいろ種類が分かれるでしょう。
加藤　一体、ベルリンあたりの変態的の傾向というのは、どういうのですか。
布　ベルリンの変態的といったら、今じゃパリ以上でしょう。同性愛――殊に女同士の同性愛などもなかなか発達しています。とにかく乱調ですね。犯罪にそういうのがある。これは戦争直後にあった話ですが、肉屋の親爺が独身を続けていて、そうして自分の家に特別の二階を作っておき、そこへ淫売を引張って来ては殺してしまう。とにかく、三十八人殺した。これなどは最も変態的だと思う。その殺す時は、ベッドの横に斧《ハンマー》をぶら下げて置く。淫売だから、親も身許も分からないでしょう。それを連れて来て、クライマックスに達した時に、その斧で一撃のもとに殺してしまう。とても凄い話です。その時の□□収縮痙攣――医者はよく知っていましょうが――その快感美が何ともいえないのでしょうね。だから、それを一つやってみたら、大変にいい。それで第二回、第三回と、三十八人まで殺した。ところが、死骸をどうするかという問題。それは肉屋ですから、始末がし易い。骨は豚の骨と一緒にして、肉は腸詰の中にすり込んだり、ハムブクステッキ〈ハンバーグステーキ〉、そういうものにしてしまった。

中野　それは殺人淫楽者とか、殺人淫虐狂とかいうのですね。

草間　それは日本にもありましたよ。大米《おおこめ》龍雲がそうですね。私はあの公判に行きましたが、あれは必ず□□□女を殺す。あれは強姦ですが、いよいよ□□□□という時になると、きゅっと喉を突く、その刹那の□□□□つたらないということですね。

長田　机龍之助もその傾向があるのですね。

赤神　殺生関白〈豊臣秀次〉などはそうじゃないですかね。

布　それがどうして挙がったかというと、とにかく、淫売がそこへ這入ったきり出て来ないものですから、幾夜も幾夜も密偵がつけておった。そうすると、髪の毛だけはどうにもできないので、それを束にして、風呂敷包のようにして夜中に河岸に持って行って棄てるところを見たから、それで挙げたのですね。そのベッドも斧も、現に警視庁の博物館の中に入れてありますが、特別の人でなければ見せません。

長田　何時か、日本で特殊の事実だったと思って、興味をもって読んだんですが、浅草の千束町あたりで、女郎上がりの女が薄馬鹿の大工と一緒になって、□行為にもただの□行為では満足ができないで、初めは指を切り込んでもらって、終いには硫酸を背中にかけてもらう……。

草間　それは小口末吉という男でしたね。

長田　背中で硫酸が爛れてきて、それで死んだということがあった。

加藤　その死体の写真を見たことがあります。

中野　高田さんが解説を書いておられたですね。犯罪科学研究同好会から出た写真帖の中に……。

高田　あの男は未決で死にましたが、初めは知らないものだから、殺人だと思っていたが、段々調べてみると、合意らしいということになったのですね。

加藤　それの鑑定書も何かで読んだことがある。

高田　あの亭主は薄馬鹿ですから、女の方が註文してやらしたらしいですね。それから面白いことは、あの男は鉄瓶を盗んでくる癖があるのです。新婚の夫婦などが□□□□□□ちゃんと□□いておって、□んだ時分に、そこにある鉄瓶を持ってくる。そういう鉄瓶が何十とあった。それを見てはその時の気持ちを回想して、独りで悦に入っていたのですね。

長田　そうなると、男の方も変態ですね。

中野　女の腰巻などを集めて喜んでいる者はよくあるようですが、鉄瓶を持ってくるというのは変わっていますね……。

長田　フェティシズムというのは、人の肌についた物を持ってくるのですが、これは□行為を見て……。

高田　そばにあるものを持ってきて……。

長田　そういうのはフェティシズムじゃないですね。

高田　やはりそれなんです。

長田　現代の人間は、少なくとも昔より、変態になっているのじゃないですか。

加藤　野蛮人は性的にはどうですか。

高田　蛮人は性的にも原始的で簡単なんですね。

布　デリケートの細胞が発達していないから、感じが鈍い。しかし、一旦、精力を消耗する段になると、恐らく全人類の中で黒ン坊の系統が一番強いでしょう。その次がスラブじゃないかと思う。文明人ほど弱い。白色婦人が黒ン坊を愛するというのもそのためです。さっき話した数において、草間さんが出された数どころでない。いくらでもダブルのです。それもアヘンとか何とかの助けによらないで、自然のエナジーで行く。

赤神　外のことにあまり頭を使わない奴は強いのですね。スラブなんか鈍感ですからね。

長田　数においてそうでも、快感においてはどうですか。

布　その点にいたっては分からない。それから、さっきのベルリンの変態の話ですが、私の帰る頃に流行っておったのは、電車の中などで、不良少年が美人の据《す》わった温もりの所に行っては据わる。そうして段々次へ次へと席を変えて行く。注意していますと、そういうのに一週間に一人くらいぶっつかる。

中野　南洋に行くと、惚れ薬があるということが伝えられているですが、そういう何か特殊の薬があるのですか。南洋の惚れ薬は世界一だという伝説があるのですが……。

長田　それは□□を助けるのですか、媚薬ですか。

中野　媚薬です。惚れ薬です。コーヒーか何かに入れると、その人を恋い慕うというのです。

木村　惚れ薬を作るのには、子供を産んだ時に出る胞衣、あれを干したのと、蜂蜜、柳の葉、それから何とかいう毒薬をこねて作るのだというようなことを書いたのを読んだことがありますが……。

中野　支那ではそれを紅鉛といいます。初産の胞衣を干したのと、それから女の初めての経血の干したので拵えたそうですが、『五雑俎《ござっそ》』という本などにも書いてあって、昔から伝えられている。それが日本にも伝わったのですね。

木村　胞衣は、それを食うと昂奮して元気がでるそうですね。ちょうど蝮《まむし》を食うとエナジーがでるように。

高田　動物は産んでから後で、あれを食うのですね。あれを食べると、乳がよく出るそうです。そうして子供に対する母性愛を喚起さすのだということを聞いたことがある。

中野　今、東京には胞衣会社というのがあって、わずかな料金で産婦の汚物を始末しますが、それが、もし惚れ薬になるなら、胞衣の長命丸でも作るといいナー。

長田　支那には蛇がたくさんいるので、それで補腎薬を作るということですが……。

中野　そうです。広東あたりへ行くと、生きた蛇の胆を配達しますよ。シマ蛇、青大将、コブラのいわゆる三蛇の生きたのを持って来まして、手拭《てぬぐい》をよるようにして、胆を見出し、そこを鋭利なナイフで切って取る。それを焼酎か老酒かにまぜて飲む。そうして五日飲み、また五日休み、またそれを四、五回も繰り返すと非常によく利くのですね。胆を取った蛇は、そのままうっちゃって置くと、一週間か二週間すると、また新しく胆ができるらしいです。調法ですネ……。

長田　蛇ばかりでなく、蜈蚣《むかで》も利くということですね。

中野　それは蛤蚧《こうかい》というやつ——青蜥蜴《あおとかげ》ですね。これは非常に利きますね。梧州から竜州の方に行くと、交尾期——春ですが——になりますと、蛤蚧が□□して仮死状態になったのがそこら一面の草原や、岩石の間に転がっている。支那人はそれを拾ってくる。□□したままのを。……それを酒の中に入れて作ったのが蛤蚧酒というのですね。これは一番利くんです。上海あたりでも売っていますが、高いものでなし、税金もそうたくさん取られない。

長田　今度、お持ち帰りになったら一罎《びん》ちょうだいしたいですね。

中野　承知しました——少しずつ味りんか砂糖でも入れて飲めばいい訳です。非常に利きますよ。

赤神　上海などでも売っていますか。

中野　どこにでも売っています。支那では珍しい酒ではありません。

長田　いくらくらいですか。

中野　高いと言わねば効き目が薄いようですから、今まで贈った人々に非常に高くて珍物のように宣伝してあるので、値段を公開するとちょっと困るが、なに四合罎が一円くらいですよ。

長田　それくらいなら、企て及ぶですね。

中野　日本に保命酒とか、何とかいう蝮酒《まむしざけ》がありますね。あれなんか、蝮がそれほど獲れるかどうかも疑問ですし、それに七種の薬草を交ぜているというんですが、その中に淫羊藿《いんようかく》〈イカリソウの漢名〉というのがある。この淫羊藿というのは支那にはいくらもある。干して一匁、一銭か二銭で売っているから、番茶代わりにがぶがぶ飲んでいる。しかし、日本で採れる淫羊藿というのはイカリグサというのですが、これは支那でいうほんとうの淫羊藿じゃないようです。勿論利目も薄いようです。それを淫羊藿と称しているのはけしからんですよ。淫羊藿というのは、昔、支那の函谷関に羊飼いがいて、一頭の牡羊が三百頭の牝羊を二、三十年間にわたって相手にして衰えず、なお余裕あるのを不思議に思っていると、ある夜、その牡羊が函谷関の谷間に下りて、草を食べていたのを見た。それが淫羊藿であった。そういう伝説がある。

高田　淫羊藿にはまた「□□たけりぐさ」の名もある。

布　今、黒ン坊の性欲のお話があったけれども、黒ン坊は裸でしょう。アフリカの赤道直下に住むマサイ族なんか。ああいう土人は男も女も裸でいつも□□を見ているので、感じが起きんらしいですね。だから、情欲をどうして起こすかというと、女の□□□□□臭いを嗅ぐ。それを待たなければ情欲が起きない。だから、第二段になる。これは性的美に対する感情が発達していないという証拠ですね。

加藤　犬みたいに嗅覚が発達しているわけですね。

長田　それから支那には狗魚《えそ》という魚があって、非常にうまいものであり、精力をつけるそうですね。

中野　それは海狗《あしか》というのじゃないですか。海狗というのは膃肭臍《おっとせい》のことですが。

長田　山椒魚《さんしょううお》に近いもので、非常に高価なものだから、大官《たいかん》の家の料理でなければ出ないそうですが……。

中野　それは知らないですね。狗魚は鯢《はんざき》といい、日本でいう山椒魚のことです。

加藤　布さん、食べ物や何かで奇妙なものだとお感じになったものは何ですか。

布　アラビヤで食べさせられた珍しい動物の頭――脳味噌、これを煮た物なんか、ちょっと困りましたね。羊の脳味噌なんぞ、うまいですけれども、それは何とかいう獣の脳味噌ですが……。

赤神　パリでは羊の脳味噌はよく出ますね。

木村　あれは食えないね。

高田　なま臭くて、吐きそうになる。

長田　身体にいいというのでしょう。

布　脳がよくなるといいますね。

高田　パリあたりの安料理屋に入ると、腸のだんだらに切ったのを出す。あれは見て気味がよくない。

布　それから蛇のフライを食べさせられたことがあるが、非常にうまいものですね。

長田　長崎へ行きますと、鯨の腸を薄く切って、その中に毛のような物が生えている奴がある。酒の肴にうまいものですよ。

中野　支那は食べ物の発達している国ですが、特に性的方面の強壮剤として食べるのがたくさんあります。例えば鶏の睾丸のことをヤオズ――腰子といい、それだけの料理がある。鶏の牡の背中の肋骨の下から二枚目の処を切り開いてピンセットのようなもので睾丸を抜く。――去勢するのですね。鶏はそのまま放して置けば、太ってきて、柔らかくてうまいし、これを騸鶏といいます。一種の肥満法ですね。

長田　こういう話を聞いたことがある。ある支那の金持ちの未亡人が羊を□□さして置いて、まさに□境に達した時に、その□□□を切って煮て食うのが非常にいいという……。

中野　羊の陰茎も催情薬として盛んに使用されますが、陰茎では山獺《やまうそ》の陰茎がいいですよ。山獺即ち挿翹の牡は非常に淫乱で、牝を苦しめる。牝は堪えかねて、逃げてしまう。そうすると、精のやり場がなくて、石といわず草といわず□□□□て行き、ついには木を抱いて枯死する。それをみると、□□が二寸くらい這入っているそうです。それを土人が掘り取って来る。

また、土人――苗族――の女は春となると、皮のズボンを履いて七、八人連れでこれを獲りに行くそうです。すると、陰気に感じて、女に□□□□来る。それを四、五人で首をねじって捕えるのだそうです。そうして獲った山獺の皮を川獺《かわうそ》の皮だといって攫まされることがありますが、その陰茎は非常に催情薬として効目があるそうで、土人は他売を禁じて、同族以外に売ったことがわかると殺されるそうです。これでも、広東あたりに行きますと、容易に求められます。私は最初支那の本や日本の『柳《りゅう》 葊雑筆《あんざっぴつ》』などで読み、そんなことがあるものかと思っておりましたが、支那へ行ってみると、実物をそのまま売っているから驚きましたよ。

加藤　支那の文献には、食人の事実が挙げられているようですが——現在にもそういう事実があるんだそうですね。

中野　人肉を食うことは文献にも実際にもたくさんあります。人肉の料理法までできておりますからね……。

加藤　今でもありますか。

中野　今でもあります。最近では甘粛《かんしゅく》〈中国西北部の省〉あたりの飢饉の際に人肉を食べていると、フランスの宣教師の報告が新聞に載っていました。一体人肉を食うのは飢饉の際、食糧が欠乏して食うのと、敵を食べてしまうというのと、嗜好で食べるのと、三通りある。殊に敵を食ってしまうということはたくさんあります。

長田　それは歴史をみても出てきますね。

中野　支那人は人間は現形のまま埋めて置けば、必ず生まれかわってくると信じております。火葬を嫌うのは、焼いて灰になってしまえば、生まれかわることができぬからといいます。また、死刑囚などが首を落とされることを非常に嫌う。首を落とされると、生まれかわる時に首なしの例えば蝸のようなものになって、生まれてくる思っている。だから、首を取られなくてすむことならば、殺されてもよい。死刑場に臨んでも従客として死に就く。これは修養でなくて、生まれかわるという迷信に囚われているのですね。支那に骨をしゃぶり、肉を喰うという形容詞がありますが、嘘でないです。食べてしまえば、その人間が化けて出て来ないと信じます。この思想は昔の刑法にまで現れてきます。「凌遅《りょうち》」という酷刑があります。一寸刻み、五分試しと、首は首、胴は胴、手は手、足は足、耳は耳というように寸断にしてしまう。そうして殺しておけば、悪人が再びこの世に生まれて来ないというのですね。これは昔からずっと行われてきた刑法です。そうしてみると、我々は頭から迷信だといって笑う訳にいかなくなります。支那の食人風習は文献にある通りですね。

加藤　『新斎諧《しんせいかい》』でしたかに、黒い人は甘い、白い人は渋いとか、若い女の肉は値段が高いとか書いてありますね。

中野　人間の肉にはちゃんと名前がありますよ。女の股が一番いいことになっている。その肉のことを香股肉というのです。また、一般に女の肉を想肉とか羊羹とかいう。それから嬰児の肉を和骨爛、婦人や子供の肉を美羊とか両脚羊とかいう。それから尻の肉は男でも女でも、豊盤肉といって、非常にいいとしている。その料理法はなかなか細かく研究されていますよ。支那では人間を食うことは大して珍しいことじゃないようです。

加藤　日本でも徳川の末期ですね。奥州の飢饉の時には人肉を食ったという記録がある。柳田国男氏のところでみせてもらいましたが、自分の子は食えないから、子を取り換えて食ったということが書いてある。

高田　維新時分に、薩摩の武士が京都で町人の娘の肉を食った事実がある。強姦した後に殺して――。

長田　人胆は薩摩人が薬として使います。

加藤　里見弴氏が「ひえもんとり」という小説に死刑囚の生胆を奪うことを書いていましたね。

草間　六神丸などはそうでしょう。

中野　支那の六神丸というのは、今は熊本でつくって逆輸をやるそうです。

長田　あれは蛙か何かだということですね。

中野　蛙は死んでも性行為を停止しないそうです――スパランッアニイ氏の書いたものの中に、蛙が□□している際に、その腿を切断してみたが、彼等は猶平気、その仕事を続けていたとありましたが――マアそういうわけで、蛙の睾丸は強壮薬になっています。――蛙が冬眠をする時には、いろいろなものを食べて、脂を背負っている。支那には蛙とりがありまして、冬眠している場所を知っているから、それを引き出して掘ってくる。そうして、脂だけを擦《こす》り取る……。

加藤 布さん、食人国は知りませんか。

布 今喰っているのを見たことはありませんが、食人しているという所は歩きました。今本当に食人をやるのは南洋に残っているでしょう。

赤神 フィジーでしょう。

布 そう、英領フィジーの蕃人、そのほかにボルネオのダイヤ族くらいの者だろうと思う。

加藤 ずっと前に、博覧会の時に食人種が来て、それが浅草に行って、淫売を買って梅毒に罹ったという話がありましたね。

布 アフリカの西の方にセネガルという河がある。その辺に人食い人種の子孫がおりますが、そこは今フランスが知事を置いて、土地の王様というような者に政治を執らしている。つまり自治制をとっている。そこにタリという木がありまして、さっき支那のお話の中にあった人間の胆ですね。それがやはりアフリカにもあるのです。胆とか腎臓ですね。そういうものを取って、そのタリという植物の葉や樹皮などから絞った汁の中に入れて毒薬を作るのです。

今は食人しませんけれども、とにかく彼等の部落の中に何か罪人ができる。たとえば泥棒をやるというと、刑罰として王様の前でタリの汁を飲ませる。それを飲むと大抵死ぬのですが、もし死ななければ無罪になる。ところが、今支那のアヘンの話がありましたね。それと同じように、金持ちは昂奮剤として普段から少量ずつその汁を吸っている。それで免疫になっているから、刑罰としてタリ汁を飲まされても死なない。金持ちは助かるし、貧乏人は死んでしまうのです。

木村 法律の階級性がここにもみえる。

高田 日本でも人肉を食うということがあるようです。汽車などに轢かれて、まだ動いているような新鮮なところを黴毒の薬になるものと考えて飛んで行って切り取ってくる。千葉県あたりにはそういうものがあるらしい。それから火葬の時に垂れる脂を飲むのも、おもに黴毒の治療の目的らしい。京都で、これがために赤ん坊等が捕えられたことがある。

中野 あの有名な野口男三郎の臀肉切り事件は、癩病を治すためか何かでやったのですね。

加藤 そういうことは何か医学的に根拠があるのですか。或いは単に嗜好からやるのでしょうか。

長田 それは口の嗜好の、いわゆる味覚よりは、性的の嗜好で、そういうことをやるのではないか。

高田 珍しいものをやってみたいということもあるでしょう。

赤神 人間の肉を食うことは極く困難なことだから、そういうものは癒るに困難であるということを意味しているのじゃないか。

高田 従来の薬品で癒らない場合には、別に何か変わったことをやってみたら癒りはしないかという考えから、そんなことをやるのではないでしょうか。

赤神 田舎の火葬は藁で焼きますね。その時に自然薯《じねんじょ》を入れて、それを老衰した人が食うとよいというのですね。

長田 自然薯自身が身体の栄養によいということですね。

中野　支那でもそんなようなことがある。死刑の時に首を落とすようなことがあると、そのときに竹の先に饅頭を付けたのが見物の中から二十本も三十本も一時に現れる。そうして、血の迸《ほとばし》っているのをつけて、それを食べるのです。

加藤　芥川〈龍之介〉君の『湖南の扇』という小説には、支那の芸妓が、死刑になった情人の血のついたビスケットを喰ったことが書いてあります。

中野　そういうことは前清時代――二十年前にはよくありました。最近はなくなったけれども、それでも北京あたりで運よく行き遭わした人が実見している。これを撮った写真がよくあります。面白いのは殊にそれが悪人の血ほどよい、効き目があるということです。（大笑）

赤神　人間の血の味はどんなでしょうね。

中野　青島の屠殺場あたりで牛を殺した時に、女がまだ熱い湯気の立っている血を飲んで、口のあたりを真っ赤にして出て来るのがありますよ。

長田　日本でも身体の悪い者が、肺病なんかによいというので、やるのがあるのですね。

赤神　老衰した者が水牛の腹を断割って、その中に血が冷めるまで入っていると、大変よいという話がある。

長田　十六世紀あたりにフランスなどにはあったのではないでしょうか。少女を殺して血の風呂に入るというようなことが、『血の伯爵夫人』などというものがありましたね。何か血というものについて迷信があるのですね。（この一項は小生の話にあらず）

赤神　生蕃から熟蕃になった酋長のお母さんが死ぬ時に、「何かこの世に望むことはないか、何でも叶えてやる」と言ったところが、「今一度人間の肉を食ってみたい」と言ったということがあるから、余ほど旨いものらしい。

長田　しかし、人間の肉を食ったという伝説はありますね。

加藤　平貞盛が自分の嫁の腹を裂いて胎児を食おうとしたという記録がある。

長田　岩見重太郎だったか、昔、武者修行に行って、やはり人間の肉を出されたということがある。

赤神　一体葬式の時にご馳走をするのは、昔死体を食わした遺風ではないかと思う。饅頭などを出すのは、親父が死んで、そこへ食わせろ食わせろと言って来る。それをまあこれで我慢してくれという訳で、その形式だけが今日にまで残っているのではないかと思う。

――丸木砂土氏出席――

世界各国の女性について

加藤　丸木さん、あなたの来るのを待っていたのです。これから女の話になるので……。

木村　いよいよ見えたから……。

加藤　一体どこの女が一番よいですか。

木村　スペインではないでしょうか。

長田　これは主観的の問題になりやしませんか。

布　美人というと、皆自分の国の者を美人だと言うから、どこと言って決めるのは余ほど難しいことでしょうが、ポーランドの女やスウェーデンの女なども美人の中に入りはしないかと思う。

木村　オリンピック〈アムステルダム大会。一九二八年〉に出たポーランドのコノパッカという女の選手は背も高いし、素晴らしい美人だった。

赤神　どうも日本人の嗜好ではないでしょうか、ユダヤ系の女を好むのは……。ベルリンあたりで得意になって、女を引っ張って歩いているのを見ると、たいていユダヤ系の女です。日本人にはああいうのがきれいに見えるのでしょう。または、ユダヤ系の女でなければ相手にならないのかも知れないが。

布　ユダヤ人でもウクライナのオデッサ系統の女は実によい。

赤神　それは東洋人の、韃靼《だったん》〈タタール〉の血が混じっているから、日本人にとってはよく見えるのじゃないかと思う。

布　フランスの女は技巧的ですから……。しかし、やはり美人だと思うが、ドイツの女は豊満で、足が大根のような者が多い。けれども可愛い美人がいますね。

高田　この間の「アスファルト」〈一九二九年製作〉に出た女主人公アマンは、何種族の女ですか。

丸木　あれはラテン系ですね。

中野　一体美人という標準はどういうのですか。

赤神　これは主観的のものだから、それは問題ですね。

布　英国の女には美人というほどの女はいないという感じがしますね。瘠せた姿が多くて……。

木村　しかし、英国でも田舎に行くと美人がいる。スコットランドの田舎の女はいいと思う。

赤神　やはりそれは技巧的でなくって、健康美がいいのでしょう。田舎の女は働いているせいか知らんけれども、健康美がある。都会の女は駄目ですね。

木村　目に残るのはやはり健康美だ。

赤神　日本人の嗜好か知らんけれども、ユーゴスラビアあたりの女にもいいのがいる。だから、どうしても日本人としての主観が入るから、ちょっとどこが一番よいということは言えないだろうと思う。

草間　どうです。高田さん。美人というものは足が大きいのですか、小さいのですか。よく足袋は八文七分ということを言う。その程度の者は美人だという。

赤神　ロダンの彫刻を見ると、皆足が大きい。フランス人にあんな大きい足の者はないだろうと思う。ロダンの彫刻を並べてある博物館に行くと、足が大きく出来ているので、こんなにフランス人は足が大きいかということを訊いてみると、足の大きいのが精力的だというところから、それを誇張して大きくしているのだろうと言っていた。

長田　美人も時代によって変遷していますね。

中野　その国の美人の標準は、やはり文学などに現れているのをみればわかるようです。支那では皇室に撰女の法があるから、美人の標準はきまっています。『雑事秘辛《ざつじひしん》』などをみればよくわかる。

長田　日本だって、今は随分変わってきましたね。

草間　今はどんなのを美人というのですか。

木村　「主婦の友」の表紙絵のようなものを美人というのでしょうか。

加藤　「婦人公論」の美人投票で一等になったのは、やはりクラシックな美人だった。

長田　日本では九條武子さんを崇拝するような傾向がまだ多いのではないでしょうか。

木村　僕には九條武子さんは湯葉《ゆば》ばかり食っていたような感じがして……、美人には、もう少しうまい物を食ったという感じが欲しい。

加藤　気質から言って、どこの女がよいのですか。それからまた遊ぶ相手としてよいのはどこの女ですか。

丸木　遊ぶ相手としても二た通りあって、さかんにシャンパンを飲んで騒ぐのと、四畳半式にシンミリと世話女房式なのと……。

加藤　世話女房式ではどこがいいですか。

丸木　ドイツには美人はいないかも知れんが、可愛らしい女がいる。それもラインランド地方にいる女がよいと思う。

加藤　木村君はどうです。スカンディナヴィアは……。

木村　あっちへは行かなかったのです。

赤神　スカンディナヴィアは冷たい感じはしませんか。

丸木　髪はブロンドでよくはないですか、イギリス式に顔が長い憾みはあるが、全体にパッと明るくってよいじゃないですか。

赤神　ドイツではラインランドの、マルクスの生まれた所のモーゼル河畔のトリエル、あそこあたりがよくはないかと思う。

丸木　純粋にベルリンの女というものはないだろうと思うが、ミュンヘンに行くとやはり違います。ピュアで明快でいいですね。それとラインランドですが、ベルリンには非常にユダヤ系が入っている。

木村　あそこはきれいでしょう。

丸木　けれども、やはりそういうものはユダヤ系の特徴が現れているから、その欠点もある。

加藤　丸木さんはどんな女がよいですか。

丸木　世話女房式に限りますね。

草間　日本の立場からみると、日本の美人系はどこです。名古屋ですか、それとも越後ですか。

木村　それは越後でしょう。

加藤　僕は秋田の方がよい。

赤神　越後には美人はいないという感じがする。

草間　青森、秋田の女は眼がよい。

木村　明眸皓歯《めいぼうこうし》ですか。

草間　そうです。売笑婦にはもってこいですね。

木村　長崎の女がきれいじゃないですか。

長田　そうですね。

赤神　美人はやはり将来東京に集まると思う。

長田　大阪の女がよいと思う。少し下品なところがあるが……。

草間　東京にいる芸者が一万八百人。その内、東京生まれの者が七千五百人。その次が神奈川……、神奈川といっても横浜ですね。それから千葉です。娼妓になりますと、六千五百人ばかりの内、東京生まれの女も八百人くらいおりますが、やはり多いのは山形、秋田ですね。

布　天草の女はいませんか。

草間　いませんな。三十年ばかり前と比較してみると、出身地がずっと変わっている。その時分は新潟が一番多くって、千五百人くらい東京に売られて来る者があった。それから岐阜が多くって、三重、愛知というような順であったものが、最近においては新潟の女は百五、六十人しかいない。

加藤　それはどういう訳ですか。

草間　これはつまり、女郎なんというものは体験の上から良くないことが分かったものですから、なるべく外の方で前借ができたら、外へやるというようになった。つまり産業が発達した結果、紡績などの方へ行ってしまう。それで驚くべきことは明治三十〈一八九七〉年には秋田から二人しか出ていなかったものが、今は六百人も出ている。それから山形が九十二人だったものが、今は東京に九百人くらい出ている。

加藤　それは経済的の理由からですか。

草間　前には女衒があっちまで手が伸びなかったのですね。越後とか愛知、岐阜に行けば浚って来られた。それがピタッと止まってしまったので東北に手を伸ばすようになった。そうして娼妓の前借は最近では平均して千百十余円です。千円近くの金でどんどん売るのですね。それから面白い現象は亀戸とか玉の井にはどこの者が多いかというと、東京の者とか近県の者が多い。埼玉、千葉、茨城、群馬、そういう者が多い。それから客を取らすまでにはなかなか難しい。それはこういう風になっているらしいですね。とにかく誘惑の網があって、それに引っ掛かってきたところが、直ぐ客を取れではだめですね。先ず良い着物を着せる。浅草に連れて行くとか、帝劇あたりに連れて行く。それから「お前、気に入った客だけ取ってくれ」と言うのですね。「気に入った者だけ取ってくれ」と言われると、いい男も来るのですから、そこで取るようになる。そういう風に漸進主義で客を取るようにする。前借は安くって先ず七百円などというのは最高ですね。平均して三百五十円くらいです。それで売笑婦を職業的売笑婦と、臨機的売笑婦と分ける。娼妓などは実際今なお丁髷《ちょんまげ》時代の伝統でやっているから喧しいのです。

利益の配当の関係が、後からできた亀戸とか玉の井の特殊売笑婦の方が良い。十円稼ぐと一割の一円を前借に入れて、後の九円が四分六分になる。女が四分、抱え主が六分である。娼妓の方は吉原が改善したと言っておりますが、まだ四分の三を楼主が取っている。十円稼ぐと楼主が五円五十銭で、女が二円五十銭、その二円五十銭の六割の一円五十銭は借金の方に取ってしまう。女は玉割と称して正味一円しか取れない。そうして、さっき言ったように一発式の客が多くなって、一年間に遊興する者は昭和三年は四百七十万人。昨年は五十万人ばかり落ちて、四百二十万人ばかりである。一客の遊興費は大店、中店、小店を合わせて平均三円七十銭。そうするといかに一円五十銭、二円の客が多いかということが分かるが、一円五十銭や二円では一客取って、自分の手には十五銭か二十銭しか入らない。それで着物は職業服も通常服も拵えなければならんし、髪も結わなければならん。こんな配当ではだめだということを貸座敷の方へ行って言うと、「それじゃ草間さん、芸者の方を見て来てくれ」と言いますが、芸者の方は六千五百人というものは丸抱えで、これはやはり一割しかもらえない。どうしても芸娼妓の方は丁髷時代のままを踏襲しているから良くない。結局、後からできた亀戸、玉の井の方がうまくいっている。

加藤　そういう所は客は一人平均してどのくらいですか。

草間　新聞などは大きなことを書いておりますが、客の数は平均して一夜三人くらいのものです。

加藤　客一人の消費額はどのくらいですか。

草間　消費額は、先ずチョンと泊まり込みと二つに分かれる。チョンは一円から二円、はなはだしいのは三円まで吹っ掛ける。それから泊まり込みは二円から五円までですね。貸座敷の方は一定の格があって、玉がいくら、寸法がいくらということが定めてある。あそこはそういう格がないから、人体といって、客種によって搾取を定める。僕らみたいの者が行って、「どうだチョンで一円にしろ」と言っても、「冗談言っちゃいけません」という訳で取り合わないが、印半纏でも着て、垢だらけのような者が行けば、それでいいのです。とにかくお互い様のような者が行っても一円にはならない。そこは女の腕にある。

布　年齢はどのくらいですか。

草間　一番多いのは十九から二十くらいですね。十五くらいにみえるのもいますが、やはり彼等も法律が怖い。刑法百六十条ですが、十六歳以下の婦女を営利のために淫行をなさしめた者は云々という、あれが怖いからそう若い者は抱えない。若いようですが、十九くらいにはなるのでしらばくれているのです。

加藤　公園などにいるのは……。

草間　街娼婦ですか。「土堤のお金」などは、僕が書いたのですが、もう死んでしまって、今「おいらん」というのがおります。一昨日も浅草で会ったのですが、今年五十四です。あそこの街娼は三十以下の者はいません。三十から四十、五十ですね。それはどういう訳かと思うが、前身を洗ってみると肯けるのです。それは大概娼妓か田舎の達磨屋にいた者です。それがあそこへ落ちるには一つの癖がある。酒が非常に強いのです。だから根引きするとか年明けになって亭主を持っても、二合か三合くらいは我慢するけれども、五合とか一升の酒を要求されちゃ亭主が我慢しきれない。そこで離別とくる。面付も何ですが、若ければ抱え手もあるけれども、とにかく年を取っては抱え手がなくなってしまう。そうかと言って、真面目な商売はできないから、あそこに落ちるということになるのです。

加藤　その「おいらん」というのはどこにいた女ですか。

草間　「おいらん」というのは元角海老にいた女ですが、日本橋とか京橋とかの生まれで、江戸時代にはお城に出入りした道具屋だとか言っておりますが、角海老にいて年明けになって、それからシモに売られて勝浦に酌婦に行った。それから千葉県を大分渡って、四十くらいになってこっちへ来た。それで面白い話があるのです。僕もばかくさくって、しようがないけれども、昨年〈昭和四年〉の夏でした。僕が眼を光らして行くと、「先生、お願いがあります。私の亭主に説諭してください」と言うのです。「どうした」と言ったら、「亭主が私を棄てにかかっている。若い女と夫婦になるらしい」と言う訳です。その亭主というのが、女より十五、六年齢が若い。だから僕は「それは当然だ。お前のような婆さんは若い亭主が棄てるのは必然的だから、覚悟しなければいけない」と言った。「けれども、今まで木賃宿に置いて食わしていたのに、みすみす奪《と》られるのは残念だから説諭していただきたい」と言うのですが、「それは警察にでも行け」と言って逃げたことがありました。これが浅草にいる筆頭で淫売前科二十何犯ありますよ。

それから「おせい」というのがいる。これは四十二、三になりますね。前科三十犯です。浅草にいるのは、いずれも淫売前科十犯以下の者はないです。はなはだしいのは昼間でも、それがある。墓地がある時は墓地を使ったのですが、今は墓地が皆整理されて、鉄筋コンクリートの塀か何かの中に小さくしてしまった。それで墓地を使うことができないから、共同便所なども使われるのですね。

高田　路傍の鉄管の中は具合がいいとかいうことがありましたね。

草間　私が一昨年入梅の時に一ヶ月浅草におったことがありましたが、十四ばかりの女の子を巡査が引っ張って来た。「お前は淫売をしているだろう」と言うと、「そんなことはしていません」と言った。その調べているところを不良少年が覗いておって、「こいつは淫売をしているのですよ。あんなことを言って、旦那に嘘を言っているのですよ」と言っておった。しかし、こちらはそう執拗《しつこ》く淫売をしているだろうと言って、無理に言わせる必要もないから、終いに感化院にやってやるぞと言って、追い払ってしまった。

そうして、暁方助手を連れて廻ったのですね。そうすると、こんな太い土管です。直径三尺くらいのところがある。長さは六尺か八尺ある。その両方の入口にトタン板が押付けてあるから、その中は怪しいぞと言って、取ってみたら、それに寝ておった。男は三十ばかりの労働者で非常に恐縮してしまったが、女はしゃあしゃあとしたものだ。「お巡りさんでなくって、社会局の旦那なら怖いことない」と言っておりました。それで二十銭くらいで、また十銭くらいのこともあるでしょう。

木賃宿に連れて行くようなのは良い方です。木賃宿は二円かかる。宿賃が一円、それから女に一円で……、僕はそういう者に聞いたことがある。「二円出せば、吉原に行って白粉臭いのが買えるじゃないか」と言ったら、「旦那、そういう野暮を言っちゃいけない。あっちへ行ったら□発か、せいぜい□発だ。これだったら暁方まで、□発でも思う通りだ。だから、それを買うのだ」と言ったが、性的対象として自由になる訳ですね。

加藤　そういうのは何人くらいですか。

草間　下等の街娼は約三十人。上の奴は分からないです。活動の跳際《はねぎわ》に多い。これは相当あるらしいですね。

赤神　子供を借りて来る者があるそうですね。

草間　それは十二階〈凌雲閣〉のあった時分のことです。今はないようです。

加藤　そういう街頭外娼は普段何をやっているのですか。それが専門ですか。

草間　大抵オヤジがありますね。そうして専門にその方をやっている。

長田　女の方でモーションをかけるのですか。

草間　そうです。あれが面白いですね。僕らは眼を光らして歩いていますが、なかなか熟練しておって、女の後から行って「姐さん」と声をかけても決して振り向きません。そうして、向こうから来る者ばかり眼をつけている。これは外国でもそうでしょう。パリあたりでも……、向こうから来る者に眼をつけている。後から来る者は刑事が来るか、どんな者が来るか分からん。それで妨害の用意をしていかなければ駄目です。大抵検挙してみますと、約六十五パーセントくらいあるのです。亀戸、玉の井は六十くらいあったものが、今は二十以下になりました。花柳病予防法という法律が案外利いたのですね。

布　本牧の方はどうです。

草間　あっちは行きません。

珍しい犯罪について

加藤　今度は犯罪というものを中心にして、何か面白い話はないですか。

草間　犯罪というと、浮浪者は犯罪公行ですね。

木村　どういう種類の犯罪ですか。

草間　掻っ払い、屋外窃盗です。本所でも、深川でも、下町方面には雨樋のような金属性の物は皆剥がされている。それで富川町に行ってみると、驚くです。屑屋が朝から往来で売買している。一体屑屋は物を売る人の居所に行って、買わなければならんのが、往来で盛んなものです。掻っ払って来た物を売っている。

中野　そんなありふれた犯罪でなく、奇抜な面白いものはありませんか。

草間　大したものはありませんね。どん底に落ちるというと、案外正直なものですよ。強盗などをした者が浮浪者の中に入ってくるということはあっても、浮浪者自体の中から強盗などは出ない。そういう気力はないですな。浅草あたりにいる者は性的にも力の鈍いことは驚くべきです。欲というものはないのです。やはり食物の関係じゃないかと思う。

丸木 さっきの話の娼妓とか芸者で、全身彫り物をしているというような者はおりませんか。

草間 少ないですな。まァ絶対ないと言ってもいいです。

加藤 やはりああいう所は犯罪者を検挙するのに便宜があるのですか。

草間 犯罪者を検挙するのに一番容易な所は吉原です。あそこは八部になっておって、警視庁から吉原の事務所に通知すると、事務所から各部にそれが行って、吉原が一番早い。洲崎はその点はいけないそうです。亀戸、玉の井は近来は黙認制度をとっているから、重大犯人でもあって写真などを廻すと、密告はやるらしい。結局吉原あたりに行けば、泥棒は捕まるようになる。小店で二十円使いますと、その客の帰らん内に届けなければならんようになっている。そうすると、客は大抵嘘を言って、小石川、音羽、何丁目何番地などと言っておりますが、直ぐそこに電話をかける。そうして、所轄警察署からそんな者はいないということになると、ちょっと来いを食らう。もしくは確かにその居所に住んでいるということになっても、それならばどうしてああいう風に濫費するかということを、翌日の十時までに調べることになっている。たとえば破産して自棄になって使ったとか何とか……そういう訳ですから、吉原あたりでまとまった金を使えば長持ちはしない。

長田 その代わり犯罪者は吉原には立ち寄らないことになるですね。

草間 そうなりますね。ところが、洲崎では一週間くらい流通していても届出ないのです。これは一警察署長の権限にあるのですから、勝手にやっている。

高田　そこに行くと、説教強盗は利巧だった。度々新宿に行ったのですが、ケチな遊びをした。ワザと値切ってみたり、何かして――。

草間　東京全体で一夜一万一千人、洲崎が四千人くらいで、その内六割七分は労働者です。後の三割三分がサラリーマンもいるし、いろいろな者がいる。官公吏は少ないですね。一晩に三十人くらい、偶々警視庁が楼主に命じ、楼主は娼妓に命じて、客の職業を調べさせる。遊びに行くような者は正直に言う者はないが、段々女に調べさせると大体の見当はつく。それでみると、洲崎には運転手が多い。それから自由労働者が行っている。一円で遊べるのですから……、殊に二時からとなると、一円で酒を一本つけるというようなことで、木賃宿より安い。

加藤　浅草の犯罪で多いのは、やはり掻っ払いですか。

草間　象潟警察の管内では窃盗の数字のうち、七割までは掻っ払い、屋外窃盗です。

加藤　そのほか、どういう種類の犯罪がありますか。

草間　あそこは浅草で犯したという者は少ない。外でやって遊びに行く。活動写真が十一時からあって、十時から入れますが、入れる時間になるとずっと並びます。そこに刑事が四十人くらい行っている。そうして挙げるのはうまいものです。ヒョッと睨んだら引っこ抜く。そうして、横町の人目につかない路地に引っ張り込んで調べる。いよいよ活動が始まると中に入って挙げるのですが、浅草では大物は挙がらんらしい。窃盗くらいですね。あそこで一番僕ら困るのは女の浮浪者です。女の武器をおろしてしまえばよいのですが、その武器をおろす女の保護所ができてないから困る。ただ小菅刑務所の前に有馬という人が小菅家庭楽園というものを拵えている。そこは収容人員三十人。それだけしか予算の関係で容れられない。それですから、浅草にいる女の浮浪者全部は容れられない。

高田　入れると、直ぐ逃げ出すのではないですか。

草間　そうです。逃げ出してしまう。浅草の淫売は大概感化院とか養育院とかに、二回や三回入っていない者はない。養育院の待遇はかなり良くって、一日五十五銭ですから、不味い物を食わせる訳ではないのです。段々聞いてみると、煙草は喫めますが、酒が飲めないから、飛び出して、また浅草に戻って来るということになる。

赤神　浅草で淫売をしておって、三千五、六百円の貯金をしておった女があったそうですね。

草間　そうはない。九百円でした。

加藤　新宿にも一万三千円とか貯金をしている淫売婦がいるそうです。

草間　浅草に変態の奴がいる。これは妙な男で、田舎廻りの役者をしている間に、役者にやられた。それから浅草に来たのですが、三人くらいおります。

加藤　お客はありますか。

草間　ありますよ。彼に聞いてみると、「馴染がある」と言っている。馴染といっても、時間を決めておいて、仁王門の所とかお堂の所とかで待ち合わせるのですね。一人日本橋の自動車屋の主人とかが馴染で、「五円くらい払ってくれる」と言っている。そうして、これは女はいくらみても性欲は起きないのですね。美男子を見ると、「堪《たま》らない」と言う。

長田　美男子ですか、逞しい者だとかいうことですか。

草間　それは私の友人の医者が、「あれは二つあるのじゃないか」と言って、検診してみた。ところが、一つしかなかったのですが、その医者が五尺五寸くらい背があって、相当きれいな男です。それに惚れた。「ああいう人なら堪《こた》えられない」と言った。

長田　それは芝居の楽屋にもたくさんおりますよ。そうして、そういう奴になると一種のバンドを持っている。それで身体の一部分を締めるのですね。

中野　男色にかけては支那が一番盛んで、研究されていると思う。〈中華〉民国になる前ですから、今から十何年前までは北京あたりにも陰間茶屋《かげまぢゃや》があった。男娼とシャンコン――「相公《しょうこう》」と言うのですが、娼妓とか、芸妓の置屋は門が締っていたが、男娼の置屋は半分門が開いていて、赤い提灯が点けてある。それで直ぐ分かる。今でも、公然にはないが蔭ではいくらもあります。「兎子爺」と称する取締がおったことなどはつい近頃でした。上海では今でも盛んですよ。女形になっている役者は――そう言ったら梅蘭芳は怒るか知らんが――みんなシャンコンの上がりですよ。支那の男娼は態度、接待、同衾《どうきん》〈ひとつ寝〉、すべてがちっとも女と違いませんよ。

加藤　何か中野さん、上海あたりに面白い犯罪の話はないですか。

中野　そうですね。面白い犯罪と言って……。

丸木　今支那で斬罪というのは、往来で公衆の前でやるのですか。

中野　皆そうです。公衆の前でやります。監獄には洋式の機械がありますが、それは余ほど知識階級の者でなければやらない。

丸木　突くのですか、斬るのですか。

中野　斬るものもありますが、今は大抵鉄砲で撃ちますね。それを東京でいえば、日比谷公園とか、浅草の仲見世とか、尾張町の交差点とか、朝の魚河岸とかいうような盛り場で、公衆に見せつつやったものです。だから昔は「市に棄てる」と言いました。今そういう所ではやりませんが、北京などでは天壇の横――公園の付近でやります。罪状と死刑執行日を書いた立札を持ち、罪人を荷馬車に乗せて、厳重に警護して市中を練り歩くのです。群集が従《つ》いて来る。それから一定の場所に立たして置いて、兵隊が来て一斉射撃をする。一斉射撃をして、死んでしまえばそれでよいが、もし、それが幸いに弾がそれて、死なぬ場合があるが、それは執行されたと同様となり、助かるのです。今まで助かった者がいくらもあります。

木村　今日本に面白い政治犯罪はありませんかね……。近頃ハンガリーで、村中六十何人か細君が組んで男を毒殺しようとしたのが、正月頃からポツポツ新聞や雑誌に出ていたが、この頃アメリカの雑誌をみると、その詳しい記事が載っていた。

加藤　伝染性を持っているのですね。

木村　そうらしい。やはりハンガリーは国が狭くって土地が少ないためと、老人を夫に持った女が若い男と持ち換えようというので毒殺する。

高田　何ですか、欧州戦争に出て行って、その留守にちゃんと若いつばめを入れていた。そこへ亭主が帰って来て、邪魔になるので殺したのが随分たくさんあった。

木村　それも一面にある。

加藤　岩の坂で、赤ん坊を殺したというのは、あれは一種のロオヴルな風習なんですか。

草間　私はこの間巡査と一緒に、雨の降った時に行きましたが、やはり眼につくほど痩せた子がいました。「貰って一年以上になる」とか言ったが、あれは干乾《ひぼ》しですね。

赤神　貰って殺すのを罰して、くれるのを罰しないというのは訝しい。くれるのはその実殺してもらうために、くれるのだからね。

草間　岩の坂の乞食の子が五十人ばかりあって、それを調べてみたところが、二割三分は無籍です。それですから小学校にもやれない。金をつけてもらっている。色街からも来る。とにかく娼妓でも芸者でも警視庁の統計によってみたところでは、百人について二人子を生む。そうすると娼妓だけでも東京に六千五百人おりますから、一年には相当の子が生まれる。それがどこに行ってしまうか分からん。芸者だってカフェの女給だってそうだ。岩の坂はいわゆる私生児始末屋です。今問題になったが、僕らはとうの昔から知っている。

赤神　私生児の死亡率が一番多いのですから、アメリカのように私生児保護令、里子監督法というものをやればよい。

布　ヨーロッパは非常に知能犯が発達して、保険金を取るための犯罪が多いですね。ロンドンでは上手に七人まで女房を殺した者があって、これはどうして殺したかというと、バス……お湯の中で咽喉を抑さえ、そのまま湯の中へ押し込む。それは医者がみても分からんそうですね。殺して保険金を取っては、また次の女と結婚して、七人まで殺した。

中野　薬で自然的に死ぬようなものがあるのではないですか。

丸木　今度は犬を殺すのに、ガスでやるそうだ。

赤神　それは脳を解剖したら、分からんでしょうか。

高田　分からんでしょう。溺死になるのですね。

赤神　私の聴いているところでは、酒を飲まして、氷の上に寝かして置くと、自然的に死ぬそうですが。

高田　それは夏はできますね。お湯で死んで、家の中で溺死というのならばできる。それなら知っている医者に診てもらって、予め癲癇《てんかん》を起こすとか何とかいう診断書をもらって準備しておけば、良いかも知れない。

中野　支那では鴆毒《ちんどく》というものがあるが、ああいうようなもので少しずつ飲まして、知らず知らずの間にじりじりに衰弱さして殺すというような薬はないのですか。

高田　それは書けませんけれども、そういう物は毒薬の中にあるのです。

中野　それで殺された者は、専門家が検屍しても分からんのですか。

高田　分からん事はないが、証明が厄介です。

中野　モルヒネはどうですか。

高田　モルヒネは苦いから分かる。香も味も色もないもので□□□というものがある。

長田　それは中毒病状は起こしませんか。

高田　分からないのです。あれで何人も殺して保険金を取った者がある。それは土瓶の中に入れて置いて、風邪なんか引くと、煎じ薬に入れて飲ませた。

草間　板橋の栄養不良にしたのは皆罰金刑ですんだのですが、一番最初に挙げられた者がこの間帰ってきた。三十円です。

布　完納できますか。

草間　「それができないから、そろそろ労役に代わるようになるでしょう」と、巡査が言ってた。

布　そうすると、三十日ですか。

草間　あれは二円にする場合もあるし、五円にする場合もある。その人の生活程度によって決めるが、板橋あたりの者は一円くらいです。

布　かえって喜ぶでしょう。ああいう者は……。

草間　その方が飯が食えるのですからね。今労働者なんかでも、拘留を食いたがってしょうがないのです。巡査に喧嘩を吹っ掛けたり、飯屋で食って金を払わなかったりするのですけれども、一々処分ができないです。象潟警察で監房が十四ある。三畳間が十四ですが、その三畳間へ多いのは十三人も叩き込んでいる。

高田　この頃のように大臣級も入るし、そういう者も入ると、刑務所の中に色々等級を拵えなければならんでしょう。

中野　三畳に十三人はひどいですネー。どうしています、座っているのですか。

草間　夜などどうして寝るかと思うと、皆牛蒡《ごぼう》でも束ねたようにして寝るのだそうです。

中野　昔の揚屋《あがりや》みたいですね。

草間　だから一々挙げ切れない。一年に十八歳以下の女のグレだけで百五、六十人、男の方が九百人ある。今困っているのは東京駅をもつ日比谷と、上野駅をもっている上野の警察です。上野だけで一年に田舎から来て上野公園あたりで行き詰まって野宿するのが、女が昨年は九十四、五人、男は三、四百人もある。東京駅の方はもっと多い。大体において、巡査の手にかかった者がそういう数ですが、巡査の手にかからない者はどのくらいあるか分からんのです。どこかのカフェとか、玉の井にでも売られる者がありはしないかと注意している。

加藤　誘拐なんか多いですか。

草間　今日その誘拐の実情をお話しようと思ってきたのですが、こういうのがあった。夫婦喧嘩の末に出て行く者がある。「お前は食わしてくれることができない」とか何とか言って、自棄腹《やけばら》で飛び出す。それから浅草へ来て活動を見て、家へは帰れず、ベンチなどで思案している。それを狙う専門の奴がある。一人ではできない。ある奴がうまいことを言って話しかける。そこにご隠居さん然とした年輩の、質屋の旦那というような恰好の曲者が来るのですよ。そうすると、「どうも旦那、珍しい所でお目に掛かった」と言うことになる。

「何だ、お前はよそのご婦人と何を話しているのだ」

「いえ、実はこの人は家を出て、困っていると言うのです」

「そうか。それは気の毒なものだ」

「どうでしょう。旦那、家へも帰れないと言うのですが、一つ世話をして女中にでも使ってくれませんか」

「これは質屋の旦那だ」とか、「酒屋の旦那だ」とか言って、それに引き渡してしまって、そうして殺すということをやる。

その他、さまざまの方法がある。だから今は若い頭の髪を長くしたような男が浅草に行って、女を引っ掛けてやろうと思ってもできませんよ。とにかく刑事が眼を配っているから、巧妙な手段をやるのですね。

亀戸や玉の井へ入って行く経路を色々調べてみましたが、紡績の女工が多いですね。それで紡績会社の付近にある氷屋とか蜜豆屋に連絡がある。一人やると二十円くらいになる。そこへ氷を飲みに来たり、蜜豆を食いに来た者を説き落としてしまう。こういう訳で亀戸、玉の井などへ来る。

昔からの芸娼妓、酌婦紹介業というような、いわゆる女衒があるが、この方には掛かって来ない。それにこれは脱法行為をやって淫売に売ったとなると、営業禁止を食う虞があるから、それは用心している。東京の女衒は二百五十人あって、その手で色街に売られる者が一ヶ年どのくらいあるかという統計をとってみましたが、全体で一年に平均五千三百人はある。芸者に三千人、娼妓に約千人、後の千人余が田舎の達磨屋に行く。貧乏のために東京に売られる女が一年に五千三百人もあるとは驚くべき数です。

丸木　さっき支那の話がありましたが、蔣介石とか張作霖には替玉があるのですか。

中野　替玉は聞きませんが、暗殺を恐れて自分の居所を明らかにしない。汽車に乗ってもいる場所をのべつ換え、「出発をした」と言って、出発しないとか、とにかく居所を明らかにしない。

丸木　張作霖が死んだという時に、僕はそれは替玉で、後の列車に張作霖が乗っていて奉天の停車場へ着くと、本当の張作霖が「ハロー」とか何とか言って、汽車の窓から首を出すのではないかと思ったのですが……。

中野　替玉ということは民国の初めから今日までありませんね。ただ居所を明らかにしないくらいです。張作霖の死などは余ほど内部と連絡がなければ、あのようにちょうど座席の上からボカンとやるということはなかなかできないことだと思う。張作霖の顧問をしている人に聞いてみると、いつも一ヶ所にいない。のべつ動いている。その中に乗っているという車はちゃんとありますが、その車には滅多にいない。暗殺も巧妙な代わりに逃げる方も巧妙ですね。それから変装して逃げることはよくある。男が女になって逃げるとかいうことはある。一体支那人は服装の関係から、身体の作りが男が女になり易い。また女が男にもなり易い。そうして帽子をかぶるから変装にはよい。章炳麟が日本の海軍武官室から、日本の紋付羽織を着て逃げ出そうとして、北京の停車場で捕まって、腰をぬかしているところを目撃しましたが、普段大きなことを言っても、いかにも支那人だと思いました。ざまはなかったです。

長田　食事の毒見もするのですか。

中野　それはします。支那の料理は初めは別々に食べておったのですが、戦乱が激しくなり、敵の間者や裏切りが現れて毒を盛るというような疑いから、皆して一つの碗の中をつついて食べるようになった。だから主人が毒見をして、お上がり下さいとすすめます。それで、毒が入れてないことが分かり、安心して皆でつつき合いつつ食べるのです。その点は非常に厳重ですね。そうしなければ実際入れますから……、さっき話した鴆毒などで、自然に弱るというような不思議なことがある。重要な人が一日おいて死んでみたりする。日本の山座〈山座円次郎。一八六六年十二月二日～一九一四年五月二十八日〉公使が亡くなって、その翌日《ママ》に水野〈水野幸吉。一八七三年十二月二十五日～一九一四年五月二十三日〉参事官が亡くなられた時などはちょうど袁世凱の問題のあった時分でしたから、毒殺されたのではないかという噂が盛んでしたよ。歴史を繙いても、不思議な死に方をする者がよくあります。

丸木　アメリカの飛行士がたくさん来ましたね。あれはスパイじゃないかと思うのですが。

長田　「そうじゃないか」と言う噂があるね。

丸木　スパイとすると話の筋が一番よく分かる。前に来たスミスなどがアメリカのスパイの一番初めだろう。最近に至っては非常に露骨になって、ああいうようなことをやっている。

長田　自分で選定して青森のあそこから飛んで行くというのは、随分危険な話ですね。

布　実際は霞ヶ浦から飛べたそうですね。それをわざと飛ばなかった。

丸木　そういう眼で見ると、総てよく分かる。そういう眼で見るのは悪いか知れんが……。

高田　しかし今度は陸軍が寛大ですね。この前イタリアの飛行機が朝鮮海峡を飛ぶ時には、喧しく言ったが、今度は解体しないでもよいとは、随分陸軍として破格な待遇だと思う。
丸木　これも新しい形の国際犯罪だね。
加藤　それではこのくらいで……。

（「文学時代」二巻一一号　昭和五〈一九三〇〉年十一月）

女ルンペン物語

東京市社会局では〈昭和六＝一九三一年八月〉二十二日午前零時半から払暁にかけて、磯村係長、草間主事の下に二十数名の係員が浅草公園、上野を中心に蒸暑い夏の夜のルンペン調査をやりましたが、その中に数名の女ルンペンもいました。女のルンペンという変わった存在について、市社会局主事の草間八十雄氏の話を聞きました。

夏の夜の公園に野宿する女ルンペン物語

大正十一〈一九二二〉年二月の調査によると、東京市に二百五十三人のルンペンがいて、そのうち女のルンペンが十二人いました。その後昭和三年には四百七十三人のうち二十人。そして昨年〈昭和五年〉の国勢調査によると、ルンペンの数は大変に増して一千七百九十九人になったにもかかわらず、女ルンペンは依然少なくタッタ四十人でした。だが、いわゆる流転漂泊の末、オカン（野宿）をするようになる女の数は決して少ないとはいえぬでしょうが、何しろ女は性的の武器を持っていますので、多くはそっちの方に転んでしまいます。それでこれらのルンペンのうち、二十代から三十代の若い女は極めて少なく、四十歳から五十歳以上が七割を占めております。

これらの女ルンペンたちはどうして暮らしているかというと、男ルンペンたちと違って、男ルンペンはズケ（残飯）をもらうものと、バタヤといって紙屑を拾って暮らす、つまり物もらいと勤労によるものと二つありますが、女ルンペンのほとんど大部分は性の商売で生きているので、働く者はほとんどないといってもよく、むしろ昼間は昼寝をしているのです。

一体にルンペンと乞食とどう違うかといいますと、乞食は家を借りるとか、木賃宿に泊まっているとか、とにかく決まった宿を持ち、物もらいで生きているのですが、ルンペンの方は別にこれと定まった住居がない。例えば、浅草公園のベンチのようなところで寝泊まりしているのです。一体これらの人間がどうしてルンペンになったか。年の若いルンペンは多くは孤児で、しかも地方から流れ込んだ者、東京生まれはほとんどいない。東京に出て来て、誰に教わるともなく浅草公園に集まってしまい、ルンペンの群に入ってズケの味を覚えたらもう駄目、十日以内に救い出さねば絶対に浮浪の習慣は除けません。殊に女ルンペンは男ルンペンよりはたちが荒んでいるので始末にいけません。

また夫婦のルンペンが相当にいますが、これらは初めからの夫婦で、ルンペンになってから夫婦になったものはほとんどない。長い失業や病気の結果、家を追われて木賃宿に落ち、ここでも叩き出されてルンペンの群に落ちるのですが、先日も上野で子供を二人背負った夫婦のルンペンを見ましたが、これなど気の毒とも何ともいいようがありません。

（東京日日新聞一九七六七号　昭和六〈一九三一〉年八月二十五日）

事実探訪　女はこうして堕落する

この物語は、記者の質問に草間先生が答えて下すったものです。写真はその経路を示したものです。恐るべきこれらの事実を、読者よ、どうかよくお考え下さい。

――新聞をみますと、毎日、家出人の記事のないことはないようですね。それも特に若い女に多いようですが、一体どういう動機が主となるのでしょう。

「誘惑！　都会への憧《あこが》れ！　そんな程度のばくぜんとした動機からです。そして、最後は悲劇で幕を閉じるのが多くの場合です。単身、田舎から飛び出してくる冒険娘もありますし、都会から来た青年の後を追って来るのもあります。東京駅、上野駅、新宿駅。そのなかで、こういう事件の一番数多いのは上野駅です」。

――その一つの例、家出娘の悲劇を話して下さいませんか。特殊のものでなく、一般的のものの方がよいと思います。

「では、最近、私のよく知っている事件を一つお話しいたしましょう。――機業地の××県××町、相当大きい紡績工場に働いていた女工、仮に名をお葉としておきましょう。世間のことは何も知らない純で無智な娘でした。そのお葉が東京から遊びに来ていた青年と恋に落ちたというわけです。偶然の機会から見識りあって、青年の単純な悪戯心から、この恋ができ上がったというわけです。もともと青年は女をどうしようなぞという考えがあってやったことではないのでしたが、どう話が縺れたか、淋しい田舎に住んでいるよりは、一そ東京へ！　ということになったのです」。

――それが悲劇の最初の幕なんですね。

「そうです。で、首尾よく二人は工場の町を脱け出して、いく時間も汽車に揺られて、上野駅に着いたのです。夕方でした。お葉は男が付いているとは思うものの、やはり不安でふと田舎の町が恋しく感じられたりしました。二人はしばらく駅の玄関にたたずんでいましたが、もともと男には真実は初めからないのでしたから、駅員なんぞに怪しまれないうちにと、電話をかけてくるからとか何とか言って、姿を隠してしまったのです。一時間も二時間も、いつまで待っていても男は帰って来ない。初めてだまされたことに気づいたのですが、もうどうすることもできません。全く知らない東京、これからどうなるのだろうと思いに沈みながら、お葉の足は不知不識《しらずしらず》、浅草公園の方へ向いていました」。

――家出人は、ほとんど一度は浅草公園の土地を踏んで、それから迷い出すようですが……。

「そうですね。公園は東京の塵芥函《ごみばこ》です。何もかも一緒くたになって、投げ込まれるのです。悪の華が牙を砥いで跳梁《ちょうりょう》するのも、この浅草公園です。都会性を帯びた犯罪が統計的に一番多いのも、この公園です。まるで汚水が低きに流れこんでくるように、いくら汲み出しても、公園はいつでもじめじめ湿っているのです。

ここへ、やはりお葉も流れこんで来たのです。樹立《こだち》の多い共同椅子に、彼女はぼんやり腰掛けて、黄昏の空を眺めていました。後悔の念が湧いてくるものの、帰国の旅費は無し。今となってはどうすることもできません。そこへ現れてきたのが、例のポン引です。こういう類の女を食い物にしている彼等ですから、この好餌《こうじ》を見逃すわけはありません。甘い手ですが、馴れ馴れしく女に話かけて慰めながら、早速相棒の一人と女の取引きをやることになったのです。迷いに迷っている小娘のことですから、救いの神とばかりに縋ったたから堪りません。完全にポン引かれてしまったわけです」。

――そのポン引を官憲はなぜ厳重に取締らないのでしょうか。

「無論、水を漏らさぬ警戒はしていますが、彼等もそれが職業です。裏の裏を掻いて跳梁しているのです。

で、取引きが終わると、つまり買い取った方のポン引が女を自分の

家《うち》へ連れて帰る。そして、女を安心させるためにきれいな着物を買って与え、二、三日東京見物をさせる――という順序になるのです。初めて見る東京！　都会！　ここで楽しく面白く暮らして行けるのかと思うと、お葉は全く幸福な気持に浸り切るのです。自分を欺いて東京まで連れ出して捨てた男のことも、故郷の家のことも忘れ果てて、華やかな東京の魅惑に有頂天になってしまうのです。まだ身に付けたこともない衣裳を着ることができた。美味しいものもたくさん食べることもできた。

そこで、この喜び切っている小娘を、ポン引は予定通りに第二段の陥穽《かんせい》の中へ追い込むのです」。

――女を売ってしまうのですか。

「そうです。売る前に必ず自分で悪いことをして、つまり女に覚悟をきめさせるのですな。売る先は魔窟です。ここで初めて――売られて行くのだ――ということを、女は気づいたのでしたが、もういくら足掻《あが》いてもはじまりません。逃げ出そうとすれば、捕えられて、蹴られる、撲られる。泣いても泣いても泣き切れない思いで、とうとう魔窟へ売り込まれてしまったのです。そして、昼となく夜となく、わずかな金で春を鬻《ひさ》ぐ女に落ち込んでしまいました」。

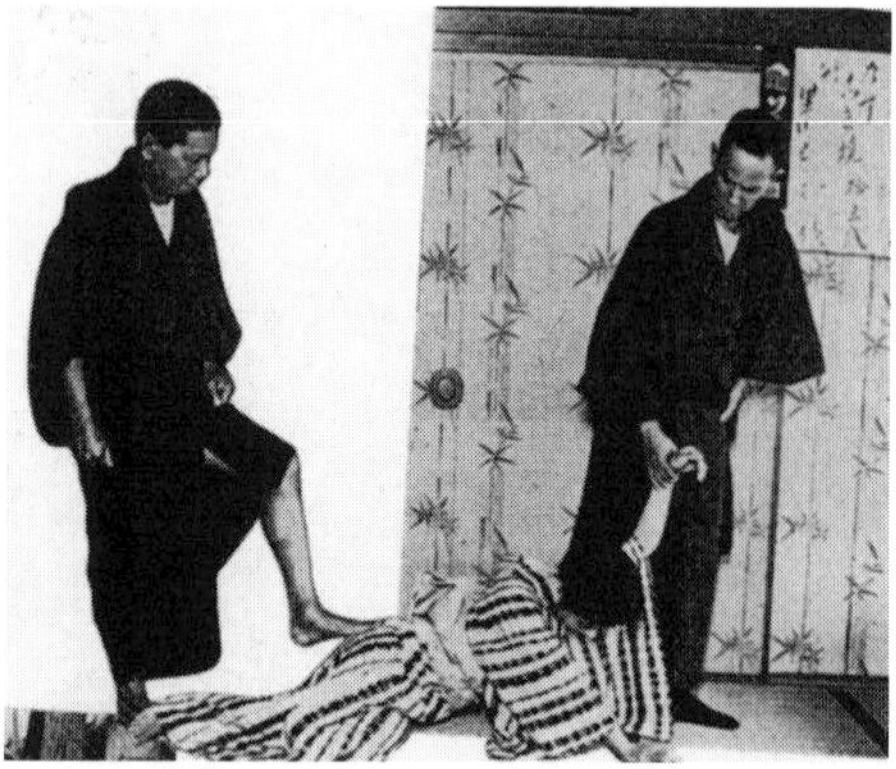

——そこまで落ち込まないうちに、何故女は交番に駈け込むなり、手紙なりで救いを求めることができなかったのでしょうか。

「そこはポン引も長年の悪党です。手抜かりのあるはずはありません。女の身体にいくばくかの金がかけられてあります。衣裳代、食費、何のかのと名目をつけて手も足も出ないように縛りつけてありますから、もうこうなっては蜘蛛《くも》の巣に完全に捕えられた蝶《ちょう》のようなものです。藻掻《もが》けば藻掻くほど、自由はきかなくなって行くばかりです。ですから、一旦ここへ落ち込んだ以上は、容易に浮かび上がることができないのです。血も肉も搾りとられて、病気で倒れるか。それは実に悲惨なものです」。

——何故、国家はそれを保護しないのでしょう。

「それはまた別の問題になりますから、話を進めましょう。そうこうしているうちに女の気持は追々変わって、もうどうにでもなれ！といった心になってしまったのです。いくら悲しがったってもとの身体に戻れるわけではなし、どうせこうなったからは面白おかしく世渡りしよう、その日その日の命だ！ といった気持になるのです。で、酒は飲む、言葉もげすになってくる、すべてに自暴自棄の振舞いをする、喧嘩をする、手のつけられない女になってしまったのです。田舎

の工場にいた時よりわずか二、三ヶ月で身も心も変わり果てた夜の女になったのかと思うと、戦慄せずにはいられません」。

――一体、彼女たちの生活はどんなものなんでしょうか。

「それは全く、悲惨！　の一言です。栄養不良、睡眠不足、激しい労働、精神的苦痛、まるで生命を削られていくようなもので、恐らく健康体の者は一人もいないでしょう。その泥のような中へ落ち込んだお葉です。そうした生活をしているうちに、思う男が一人できたわけです。男の方も憎からず思っている。なじみが重なる。女も意中を打ち開ける。男も自分の考えを語る。そして、こんな処に長くいては身体を壊してしまう。いっそのこと二人で逃げてしまおうではないか、関西へでも行って働こうじゃないか、と相談がまとまる。女も用意をする。男も用意をする。そして時機を覗っている。

やがて、その好機がきました。朝早く、まだ皆がぐっすり眠っている折をみて、お葉は家を脱け出しました。そして兼ねて打合わせておいた場所へ駈けつけました。男は約束の時間より早く来ていて待ちかねていたのです。で、早速、手に手をとって、魔窟の街を辛くも脱け出した。市内へ出て、そこでタクシーを拾って、品川駅へ駈けつけて、大阪へ落ちのびようとしたのでしたが、もうちゃんと手が廻っていた

のです。店の主人と用心棒が待ち構えていて、有無を言わせず押さえてしまったのです」。

——可哀相に、すべて世の中はそうしたものですね。もうひと足というところで捕えられてしまう……。

「そうです。魔窟の女も堪らなくなって、時々逃げ出す者もあるのですが、成功する者はほとんどありません。そういうことが全く成功しないような組織になっているんです。魔窟側でも職業ですから、そうどしどし足抜きされては堪りませんから、あらゆる組織をもって、十二分に警戒してあります」。

——怖ろしいことですね。人間としての自由なんか、全く認めてないんですね。

「勿論です。いちいち気の毒がって同情していたんでは商売になりません。彼等はこれが一つ投資営利事業だと思ってやっているんですから、どんな場合にでも損はしないようにやっています」。

——で、その女はどうなりましたか。

「再びもとの巣へ引き戻されたのです。大事な商売品ですから傷こそつけませんが、食事を与えなかったり、さんざん酷《ひど》い目にあわせて、もう二度とこんな真似はさせないように警戒しながら、商売に出しま

した。

自分の不心得からとはいいながら、ただ都会へ！　東京！　街の華やかさに憧れたばかりに、東京から来た青年の誘惑に乗って、東京へ出て来たばかりに、もう脱け出すことのできない深淵へ落ち込んだ。お葉は心から後悔せずにはいられなかったのです。

絶望！　絶望！　全くどうこの身体を始末してよいか分からないのです。

女はとうとう決心して、隙をみて、二度目の脱出を試みました。今度は見事に成功しましたが、初めから彼女は死ぬつもりだったんです。魔窟から闇にまぎれて、隅田川の堤防へ出ると、そのまま投身自殺をしてしまいました」。

——ああ、とうとう死んだのですか。

「そうです。朝になって、川端にフェルト草履やパラソルやその他の遺留品があるのを通行人が発見して、交番へ届け、それから騒ぎが大きくなって、死骸をさがしたが見つからなかったそうです。

魔窟の主人は『とうとう死なせてしまった。大変な損だ』とカンカンに怒っていたそうです。

それから二日たって、お葉の死体はずっと下流の吾妻橋の付近に浮

き上がりました。彼女は田舎の紡績工場を脱け出してから、三ヶ月目で死んだのです。歳は十九でした。東京！　その裏面の一つは全く魔の都です。ただ東京へ出さいすれば幸福が摑めるような単純な気持で、住み慣れた田舎を飛び出して来る。若い女の末路はこうした悲惨で幕が閉ざされるのです。中にはまた自分から淪落の女となって、元気な女はそれでも二、三ヶ月のうちに借金を返し、一流どころのバーに女給などになって出るのもありますが、まあ女が身を誤る経路といえば、大体こんな調子ですね。余ほど心を引き締めていないと、若い娘さんたちはつい釣られてしまうのですね」。

（「文芸倶楽部」三七巻一一号　昭和六〈一九三一〉年十月）

春と女性の犯罪

数から観る犯罪の実相

都会の生活にはいく筋かの暗流が渦巻いている。罪悪もその渦巻きの一つである。貧困、虚栄、淫蕩などもその流れの一つである。

殊に広くて大きく人口の多い東京では暗流の一つである罪悪の波が年々と高まり、今から十年の昔にあたる大正十一〈一九二二〉年には、刑法その他の法令に触れ就縛されたる犯罪者の数は、三万四千五百三十二人（内女二千三百八十七人）であったものが、昭和五〈一九三〇〉年には六万五千七百二十人（内女四千十二人）となった。

かくのごとく十年以前に比較すれば、就縛者の数は約三万一千人の増加であって、一日平均百八十一人の者は手錠腰縄で金網張りの自動車に乗せられ検事局へ送られる訳だ。更に、この人数の中から、女子の数を引き抜くと、毎日平均十一人の女が検事の前へ引き据えられ罪の所業を調べられている。

ところで、この大東京で罪を犯し、就縛された者の人数は前述のごとくであるが、犯罪件数はどのくらいかといえば、大正十一年には四万九千三百八十六件であったが、昭和五年には五万千百十三件となり、三倍《ママ》強の増加となる。また、密売淫で検挙処分された女の数は、大正十一年が千五百七十人で、昭和五年には二千八百九十六人となる。

こうして数の上から観ると、大東京の生活層から生み出される犯罪は、年とともにその数が多くなっている。それから、季節的に犯罪の件数を見ると、最も犯罪の多いのが十月から十二月で、次は四月から六月であり、更に次は七月から九月であって、一月から三月にかけては割合に犯罪件数が上がらないのである。つまり、初秋から師走の寒空にわたり犯罪の多くなるのは、この季節になると、日常生活に変化の起こる時で、第一に移りかえの更衣期に迫り、その内種々と生計費の嵩《かさ》む時であるから貧しい者だの、心根の曲がった者は、男も女も窃盗を働く者が多いからである。

そこで、悪事を働きその筋に就縛された者一万人につき、男女の割合をみると、男は九千三百九十人で、女は六百十人であるから、男性に比較すれば女性の犯罪は著しく少ないのである。女性はどのような罪を犯す者が多いかといえば、四千十二人の就縛者の中で賭博犯で挙げられた者が千五百二十三人。それから「忍《しのび》」「空巣」「掻払《かっぱら》い」「万引」「目見得《めみえ》」「板の間」などの方法による窃盗で挙げられた者が千三百九十四人。女だてらに掏摸《すり》が三十一人、詐欺二百七十七人、人殺しの重い罪を犯した者が十八人、殺人未遂七人、嬰児殺しが十人、放火三十二人。この以内の七百二十人の女は文書偽造、故買、横領、棄児《すてご》、堕胎、傷害、猥褻、姦淫、重婚、姦通、等々種々の者であるが、男性とは違い詐欺横領を除き、他の知能犯はすこぶる少ないのである。

春と姦通、強姦の罪

春陽の季節には窃盗、詐欺、賭博等は別問題として、これ以外で女性はどのような罪を犯す者が多くなるであろう。刑は傷害、殺人、棄児等の犯罪が割合に多い。また、春に目覚める性欲の刺激から、猥褻、姦淫、重婚の罪を犯す者も、春の季節になると割合に多いのであって、即ち財産に関する犯罪よりも人に関する犯罪が多い。

畢竟するに、長閑《のどか》な春となり、若葉は萌え出し霞はたなびく頃になると、激情性の犯罪が起こり易く、また性欲的の犯罪も突発したり、ヒステリックの女であると春の気分に惑わされ、とんでもない病理的犯罪を行ってしまう。花見がえりに酒が過ぎて、判断も用意もなく、盲目的に偶々性欲の罪を犯す女などもある。世の中には、裏に隠れて有夫の婦人が、姦通を犯す者が少なくないようである。

露顕しても、体裁のよくない醜い問題であるから、十中の九までは仲裁をする人の顔を立てたり、妥協をしたりして、夫はその妻の罪を宥《ゆる》し、内密で事を済ますのであるが、夫の中には、どうしてもかかる非倫の妻を宥すことができないとがんばり、公式の沙汰にする者がある。

昭和五年中に大東京で姦通罪で処罰された人妻が四十三名あった。――姦通をした人妻の教育程度を調べると、無学五人、尋常小学中途七人、尋常小学卒業十二人、高等小学中途五人、高等小学卒業七人、高等女学中途一人、高等女学卒業六人であった。無学と義務教育を終らない女は四分の一強で、四分の三までは尋常小学卒業以上の者で、この中に高女卒業の者が六人に上るなど、姦通を犯せる女のことごとくが教育の欠乏からでないことが判る。

それから年齢を調べると、三十歳以下の者は比較的に少なく、その数が十人で、年増ざかりの三十一歳から三十五歳の者が十二人。性的爛熟の年頃といわれる三十六歳から四十歳の者が十人。もう徐々と色香の褪せる四十一歳から四十五歳の者が七人。小皺《こじわ》を白粉《おしろい》で塗り隠さねばならぬ年頃の四十六歳から五十歳の者が三人。五十六歳以上の者一人であった。かくのごとく、姦通をなす女の年齢は年増女、または顔に小皺の寄った年頃の女に多いのである。その犯罪の原因を調べると、家庭の不和からある男を頼り、ついに道ならぬ恋仲に陥った者。或いは性的に締りがなく夫との間のみでは性欲を満たすに不足だという者。これらが主なる原因になっているが、十五人の女は偶発的の出来心からとんでもない事をしたと悔いている。

これらの犯行の季節をみると、一月から六月までの間においては三月が最も多く、七月から十二月の間においては九月が最も多い。いずれにするも花咲く陽春の候と、秋めきて物淋しい初秋の頃に、姦通罪は割合に多く行われる。

なお大東京において、昭和五年中に強姦罪で検挙された者は八十一人に上っている。この中に女性が二人だけ含まれている。女性の強姦罪とは不審に思われるが、これは男が婦女の強姦に、別な女が教唆し、または犯行を帮助したりすると、その女は同罪に該《あた》るのである。検挙された二人の女はいずれも強姦を帮助した者で、一人の女は二十五歳で尋常小学中途退学の者。一人は三十四歳の女で高等小学卒業の者であった。二十五歳の女は運転手の妻で、夫の仲間が会社員の娘を強姦するのを帮助した。また、三十四歳の女は大工の妻で、あるメリヤス商の色魔が四十女の未亡人に狙いをつけたので、その未亡人を言葉巧みに連れ出し、高尾山付近の旅館でその目的を遂げさせた。二人とも犯人から金をにぎらされ、利欲のために図太い仕業に加担したのであるが、前者は花片の舞う弥生の月であり、後者は青葉の燃える真夏の八月に恐ろしい罪が犯されたのだった。

芸者街の性的犯罪相

色街では屠蘇《とそ》気分の漲る新春の頃と、桜の梢《こずえ》が織り交《か》わし花の咲く弥生月と、それから蓮芭《はす》が美しく開き、盂蘭盆《うらぼん》の宵から軒に風鈴の音を立てる納涼時などが、千客万来の賑いをみるのである。この季節的の書き入れ時になると、そこかしこの芸妓街では恐るべき性的犯罪が続出する。それは刑法第百八十二条に該る「営利の目的を以て淫行の常習なき婦女を勧誘して、姦淫せしめたるもの」云々の罪悪〈犯罪〉が比較的に多く行われる。犯罪の正犯は芸妓屋の主人であり、更に被害者が十三歳以下であれば、遊客は刑法第百七十七条の強姦罪にあてはまる。ところで、いずれにするも、かかる犯罪には幇助者があって、その幇助者は待合の仲居であり、場合によれば、待合の女将《おかみ》もその罪はのがれない。

故に、こうした犯罪の幇助者には女性が多いのである。即ち、この社会では年端の行かぬ雛妓《おしゃく》に醜いことを勧め、色に飢えた、ひどい変態性の遊客から、百円から二百円、或いはそれ以上のまとまった金を出させる。この金は抱主からその行われた待合へ二割を与え、待合の仲居が手伝うから、その仲居に一割くらいを与え、残りはそっくり抱主が儲ける。かくのごとき処女性を破る残虐な事件はいくつと聞こえているが、色街では俗にこれを水揚げと唱え、平気でかかる恐ろしい性的犯罪が行われる。

ここに二、三の事実を語ってみよう。

××津の守のある芸妓屋では、十四になる半玉を客に侍らせ百五十円の馬鹿金をセシメたが、その半玉は傷ましい障害に遭ったのを口惜しがり、親のもとに走り抱主の酷いことを話したところ、その父親は大いに怒り、抱主を告訴すべく弁護士に依頼したので騒ぎが大きくなり、とうとう抱主はセシメた金をそっくりと、その外に慰謝料百円を出し、剰《あまつさ》え前借の証文を捲いて、その半玉を解放して梟《けり》をつけた。これなどは、親が強く出たから抱主が往生したのであって、もしも父親が、売った子だから仕方がないと、諦めればそのままにされて終《しま》ったのである。

××の待合喜楽へ、繁々浮かれくる五十くらいの紙問屋の主人は、性来の変態もので喜楽の女中おきみに、常々から初心《うぶ》な半玉が出たら知らせてくれと頼んでおいた。披露目をした半玉で、全くの初心と観れば、おきみはその客に取りもち、その料金の一割を自分が貰い、二割をそこの待合が儲け、七割を抱主にやることにきめ、いく人かの半玉はこの漁色漢の毒牙にかけられた。

昭和六年の皐月《さつき》中旬に、藤本という芸妓屋から小吉と名乗り、十四の半玉が披露目をしたので、いつものように女中のおきみは初心な半玉の出たことを漁色漢に知らせると、すぐに遣ってきて、二百円で談合《はなしあ》いがつき、四畳半で小吉を笑わせようと段取にかかった。いざ落花狼藉《らっかろうぜき》に及ぼうとすると、その半玉は大声で泣き出し、素早く座敷から廊下に飛び出し、隙を狙い外に逃げ出して、そのまま父親の処へ行き一伍《いちぶ》一什《しじゅう》〈一部始終〉を話したので、問題がやかましくなり、凌辱の訴えを起こそうと息捲いたので、抱主も閉口し、とうとう証文をまいて、小吉を解放して終った。

××公園の芸妓屋立花屋では、十五になるシコミを抱え、蘭子と名乗らせ披露目をすると、その晩に待合の春本から蘭子に口を懸けたのは六十余りの爺さんで、大枚二百円を投げ出して、すてて踊りのパートナーを決め込んだ。

その後、二日ほど経ってから待合の君の家から蘭子に口が懸《かか》ったのでそこへ行くと、女将は「御披露目をしたばかりだから、お客さんのお相手になったことはないでしょう」と尋ねた。蘭子は正直に披露目の晩に蕾を破られたことを告白すると、女将はそれは困ったと、早速蘭子の抱主の処へ行き、話をつけ、蘭子をどこまでも初心《うぶ》らしく客に対するよう知恵をつけて、客の処へ出した。

客は二十五、六の商人風の男であったが、年の若いだけに、喰わせ者だと気がつかずに、うまうまと欺かれ、水揚げの金を二百円捲き上げられたという話もある。

以上のような少女凌辱姦淫の罪には、従犯としてキッと、待合の女将と女中がつきもので、これらの女たちがその罪の構成を幇助するのである。

しかるに、こうした犯罪の被害者は根が貧しい家の娘であり、色街に売られた弱い立場にある女が多く、頭にはいつも宿命観が深く刻み込まれているので、抱主やこれに関係のある者に惨虐の鞭を加えられても文句を言わずに忍んでいるから、姦淫罪で検挙された女の犯人は一ヶ年間にたった十人余りに過ぎないのである。

花時から跋扈する不良少年少女

花の春になり、人の春になると、人の心も自ずから浮き立つので、この花どきに一層と跋扈しだすのが、不良少年と不良少女である。

最近一ヶ年間にその筋へ検挙された不良少年は七千四百人、不良少女は八百十九人で、これらの犯罪と不良行為を調べると、犯罪で最も多いのは窃盗で男が二千八百四十五人、女が二百九十人。次は横領で男が四百六十八人、女が十五人。更に次は賭博で男三百六十二人、女十四人。詐欺、男二百三十一人、女二十八人。恐しい殺人は男女合わせて十四人。これ以外の傷害、強盗、恐喝、放火、誘拐、強姦等が九百五十五人である。

それから、不良行為では詭矯激《ききょうげき》、喧嘩、暴行、凶器携帯、遊惰、家財持ち出し、浪費、強請、悪戯、猥褻、浮浪、その他で検挙された者は男が二千五百八十三人で、女が四百十四人である。

かくのごとく、種々の悪事不良の行為をなせる八千二百十九人の不良少年少女は、刑事処分に付する者は比較的に少なく、検事局に送致した者は男三千七百六十五人、女二百七十八人で、この以外の四千五百七十六〈四千百七十六〉人の者は説諭放還、感化院送り、保護団体引渡し、少年審判所へ送る者、こうして始末をつけている。そうして、検事局に送致した者でも起訴猶予の恩典を与え、なるだけ刑与の人としないようにしている。

花の春になると、俗に野天と唱え不良少年少女に○○行為がさかんに行われる。一ヶ年の間に猥褻行為で挙げられた者は男百七人、女八十一人である。

春と女性の犯罪、この綴りの文句から考えるも、春の季節は自ずと人の心が浮き立つので、どうしても性的犯罪が行われ易い。昔から春情、春思、春画、かくのごとく色情の思いを表すに春の字を冠するのも、要するに春の季節は春情発動の時機であるから、女性の犯罪もこの季節には性的に関する罪がその主位を占めるのは当然の事である。

（「探偵小説」二巻四号　昭和七〈一九三二〉年四月）

苦界から浮かび上がるまで　人肉市場清算帳

四万二千人の堕ち行く先

年々歳々人口は多くなり、貧乏線の輪も波紋のように大きくなって行くので、売られ行く女の数も増すばかりである。

最近一ヶ年の間に全国各地の色街へ売られて、媚《こび》と情《なさ》けを売らねばならぬ、悲しい境涯に堕ちた女は驚くなかれ――、芸妓になった者一万七千人、娼妓になった者一万人、それから私娼窟だの、かの表にお料理の暖簾《のれん》をかけ、裏面でひそかに笑いを鬻《ひさ》ぐ乙種酌婦になる者一万五千人に及び、芸娼妓酌婦私娼窟の女等々を合わせると、一ヶ年に四万二千人からの女がどん底に堕ち込んでいる。現に各府県下の色里で稼いでいる芸妓の数は八万五百人、娼妓五万二千人、色々な私娼五万人（女給を除く）〆て十八万二千五百人の売笑婦が、昼夜の別なく浮かれ男に身を売っているのである。

しかし、また売笑婦の境涯を脱け出すため、廃業する女も少なくはない。最近一ヶ年間に曲輪《くるわ》勤めの娼妓を廃めて、その濁り江から這い上がった者は九千三百六十一人であって、芸妓と私娼の廃業数はハッキリ判らないが、一ヶ年に芸妓の廃業はおよそ一万五千人、私娼は一万三千人くらいであるから、一年の間に廃業する売笑婦の人数は約三万八千人とみるのが妥当であろう。

この憂いを白粉《おしろい》で塗り隠し、齷齪《あくせく》と働かねばならぬ色街から、離脱する廃業の道筋は大体次のような五通りに分かれている。

一、稼高で前借と称する彼女の身代金を償還したので、抱主から解放される者

二、客に身受けされた者
三、親元身受けの者
四、契約の年期を勤め通して解放された者
五、病気その他の事情から前借金未済のまま廃業する者

等であるが、それ迄に浮かび上がるまでには、人の想像も及ばない哀話が潜んでいる。今、その実例をここに記そうと思うのである。

※　※

今から八年前の大正十四〈一九二五〉年――この年も押しつまった師走の二十三日に、東京郊外和田堀にある救世軍結核療養所のベッドで、看護婦にみとられながら、独り淋しく死んで行った女があった。この女は秋田県平鹿《ひらか》郡醍醐村の生まれで、幼い時父に死に別れ、つづいてある事情から母は行方不明となった。この哀れな女には姉一人に妹が一人あって、父母に離れた三人の姉妹はあたかも捨て小舟のような身空となったが、幸い一人ずつ身寄りの者に引取られ、かの逝ける女は伯父が引取って育てることになった。

伯父に引取られてからは、つつがなく尋常六年を卒業し、十七の時秋田から埼玉の機織工場へ女工に売られた。まだそれ迄はよかったが、二十の時伯父の貧しい生活に心をうたれ、義理故に悲しくも覚悟をきめ、浮川竹に身を沈めた。年期は六ヶ年、前借金は一千円で、東京洲崎遊廓弁天町二丁目十番地の〇〇楼から小春と名のり辛い勤めに出たのであるが、娼婦の常として数多い遊客を相手にするうち肺結核に冒され、日ごとに病気は募っていく。けれども窶《やつれ》たこの病体を、色に飢えた男に啖《く》われまいとしても、それを避けることができない。ついに堪えかねて、地獄から遁れようと、闇の夜に紛れて廓を脱け出し、救世軍の本営へ転げ込み、喘ぎ喘ぎ病の苦しさを訴え、自由廃業をしたいと頼んだので、救世軍でも力を添え、自由廃業をさせて、和田堀の療養所に収容したが、手厚い施療の甲斐もなく、入院してから十ヶ月目に果敢《はか》ない終りをとげたのである。

女の屍《かばね》の下から二通の手紙が発見された。一通は姉からのもの、また一通は妹からのもの、二通とも病める同胞《はらから》を慰めようと血の泪で綴ったものだった。妹から来た手紙は、ちょうど死ぬ前に届いたもので、妹が病める姉を思いやる心根のいじらしくも、また哀れである。

上の姉様より今日拝見いたしました御手紙によれば、姉様の御病気は日増しにすいじゃくしますときいて、私はどんなに泣いたか知れません。姉様よ、その淋しさは自分の心のもちようですから、なんでも気をながくもち、淋しいことは思わないで、すぐ養生して下さい。それからお金を送って下さいとのこと、私はいま一銭も持って居りませんから七日のちに人にかりても送りますから、それまでまっていて下さい。私はいまのうちは思うように、お金はとれません。それに姉さまの病気が心配で会社の工場に出ても仕事が手につきません。ああ姉さま、親がこの世にいたならば、いくらか楽な境遇でいることも出来るであろうに、何という不幸な運命でしょう。思えば、この小さいむねははりさくばかり、見るもの聞くものにつけても、姉さまの病気を思い出します。ああ姉さま気をたしかにもち一日も早く全快して下さい。私も少し足が悪くて思うように働けません。姉さまわたし働いてお金を送りますから、七日すぎまでまって下さい。

先ずはおたよりまでさようなら。

十二月一日

姉上様

きみ子

妹のきみ子は埼玉の神根村に機織女工となって働いている者で、その後金五円を送ったのだが、いく日を経ないで彼女は死んだ。この五円は生きている間にわずか二十銭を費《つか》っただけで、その残りの四円八十銭はベッドの下に遺してあった。なお、この後に姉からの手紙にも金五円を送ったことが書いてあった。

それから彼女が自由廃業をして、病める身を療養所に運び入れるまで、一切の世話をしてくれた救世軍のＩ将校に送れる書面は、彼女の遺書ともみなせる次のごときものである。

尚一層神さまにすがって、生きるも死ぬるも、そんなことをかんがえず、すべてを神さまにおまかせして、苦しみのうちにも、よろこんで月日をすごそうと決心しました。

先生どうぞよろこんで下さい云々

この手紙をみると、幼い時から荊棘《いばら》の途をたどって来たものに違いなかった。

裏長屋の四畳半も同じ泥海

廓の勤めに就いてから日数を累ねると、なじみの客も多くなり、同一の妓楼に三年から勤めていると五十人くらいのなじみ客を持つようになる。娼妓の中には、そのなじみ客のうちの一割にあたる五人くらいのなじみ客には、女の方からも恋心を感じて恋愛関係を結ぶようになる。つまり情夫《まぶ》なのだ。情夫には勤め人もあれば商人もあり、或いは職人労働者もある。また地廻りや無頼漢の類を持つ女もある。そしてこれらの情人《まぶ》を順繰りに引き寄せて恋を味わう女と、商人は商人、勤人は勤人というように定《きま》った情人を持つ女と二通りある。

娼婦勤めは辛いものだということは、売られる時から諦めているのだが、一日も早く情人と夫婦になりたいと、恋の焔《ほのお》に煽られて、大正八〈一九一九〉年十月十日吉原江戸町二丁目三十二番地の鈴○○楼から脱け出した娼妓がある。この女は秋田県雄勝郡川連《かわつれ》村の生まれで、十二の時父に死なれ、母の手一つで育てられた貧農の娘であって、小学校へは一日も通学したことのない女であった。十七で福島市の曖昧《あいまい》料理屋へ酌婦に売られ、二十一の年に前借金八百円、年期六ヶ年の契約で鈴○○楼の抱えになったのだ。

突出《つきだ》しになってから一年たち二年三年を過ごすと、苦しみのうちにも娯《たの》しみが欲しくなり、数あるなじみ客の中から恋の的をさがしあて、運転手、料理人、会社員、理髪職人、店員と、五人の情人をもった。その中でも末は夫婦と言い交した一人は、向島あたりの料理屋に働く板前の松田某であった。

会う度ごとに二人の気持ちは次第に熱して、ある夜ついに廓を脱け出し、男の住居《すまい》を尋ねると、小梅の裏長屋で四畳半の侘しい住まいなので、暗い感じを懐いたが、せっかく辿り込んだので同棲を続けていると、日々の暮らしの貧しさと、渡り者の料理職人の常として、博奕はうつ、酒は飲む、借金取りには責め立てられる、といった有様なので、四十日余りで女は男の許を逃げ出し、市ヶ谷の救世軍出張所に飛び込み、婦人救済係の伊藤富士雄氏に一伍一什《いちぶしじゅう》を語り、身の振りかたを頼んだ。

伊藤氏は彼女を引連れH警察署に出頭して自由廃業の

申請をすると、係員は「この娼妓に対しては楼主から既に逃亡届が出ている。逃げてから四十日余りも行方を晦《くら》まし、今になって自由廃業もないものだ。当署ではこの女を逃亡罪で処分する」と、忽ちその場で即決七日の拘留を言い渡された。この処分に対し、救世軍では「この女が曲輪を脱け出てから経過せる日数が例え四十日余りであっても、それは別問題である。理由の何たるにかかわらず、娼妓はその稼業がいやになったら何時《いつ》でも廃業できるように法規の上で認めているのだから、この不当の処分には服せない」と頑張り、東京区裁判所に正式裁判を申請した。これによって間もなく同裁判所で審理が開かれ、その結果次のような判決が下されたのである。

本件公訴事実は被告人は大正八年十月十日午前十一時頃浅草〇〇〇警察署の許可を得ずして、一定の地域外なる牛込区市ヶ谷富久町百二十二番地救世軍出張所に到りたると云うに在るも、被告人は警察署に出頭して自由廃業の手続をなすために救世軍出張所に到りたることは当公廷における被告人の供述により明らかなるを以て、被告人の所為は罪とならず。（下略）

かくのごとく裁判所では、国家が娼妓の自由廃業を認めているから警察署の許可をうけないで外出しても、それは自由廃業を遂行するのが目的であるから逃亡罪にはならない。こうした理由で無罪を言い渡したのである。

この救われた女は、その後救世軍の手で郷里の秋田へ送り帰されたが、これなどは恋の破滅が反《かえ》って仕合わせになった例である。

古狸古狐をだまして売る

神奈川県小田原在の早川村に生まれた山本たき〈たき子〉という女は、十一の時母に死なれ、その翌年は巡査であった父が職に離れたので、一人の兄は横浜の金物屋へ丁稚《でっち》奉公に行き、父とたき子に妹の三人で貧しい世帯を張っていたが、父の失業から日に日に募る貧しさは、十二になるたき子を色街に売り、いくらかまとまった金を手に入れねば、家の暮らしが凌げないほどで、女衒に頼んでたきを浅草公園の芸者屋へたった身過ぎ五十円で「シコミ」に売った。それが大正十二〈一九二三〉年の四月である。

義務教育を終らないと東京地方の官憲では芸妓稼業を許さないから、芸妓屋ではたきを小学校に通わせ、傍ら遊芸を仕込み、十四の春から雛妓《おしゃく》として客席に出した。一本になって間のない十八の時、京橋木挽町のある資産家の倅に身受けをされ家庭を持ったが、「色街で月日を過ごした女であるから、まじめな家風に嵌《は》まらない」と、両親たちは文句を言う。たき子も鹿爪《しかつめ》らしい家庭が嫌いであり、夫は年若のキザな男でどうしても心の底からその夫に惚れることができなかった。

で、一緒になってから三年目にそこを飛び出し、実家に戻ったが、父は相変らず貧乏のどん底、またも前借九百円で深川辰巳で左褄《ひだりづま》を取り、それから神楽坂へ住替えたが、このシマも面白くないのでさらに大塚へ住替えた。その頃はたき子の年は二十二で、辰巳、神楽坂、大塚と三つのシマを廻った結果は、前借が千二百円にも上がっていた。そのために当時小千代と名のっていたたき子は、一生懸命に不見転《みずてん》でも何でも稼がねばならなかった。その頃、待合藤の家（仮名）が初会で、その後度々通ってくる大野という四十男があったが、この大野は金遣いもきれいで気性もなかなかさっぱりしており、殊にこの男は色街に働く女を迷わせる〇〇に長けた〇ガレであったから、たき子はいつか心も身も蕩《と》けるばかりにこの男に惚れ込むようになっていた。

ところが大野の方では、阿魔《あま》めおれに惚れているなと睨んだものか、ついに旨い口車に彼女を乗せてたき子

を脱走させ、荏原の小山辺へ半年余り潜伏させた。その間に無論目ぼしい品物は捲き上げてしまい、その揚句は「気の毒だが、おれを可愛く想うなら、いま一度苦労をしてもらいたい」と言い出して、今度は栃木の小山へ酌婦に出ることを承諾させた。しかし、ここで困ったことには、たき子は芸者屋を逃亡している日蔭者のために、酌婦になるにはどうしてもその筋の身元調査を誤魔化さねばならない。それで図太い大野は仲間の無頼漢と共謀し、その娘の戸籍謄本を誤魔化し、たきを無頼漢の娘として前借金一千円で小山の曖昧茶屋へ売り飛ばした。

彼れ大野は婦女誘惑の常習者であるから、たき子を売ろうと口説き落とす時、売られた先で十日ほど辛抱しろ、それまでには屹度おれが客に化けて行き、時機を狙ってひそかにお前を連れ出すのだ、そうして東京で再び愛の巣をつくり、二人仲よく暮すからと旨く騙して売り飛ばした。

今日は来るか明日は来るかと大野の来るのを待ち焦がれたが、彼れは姿を見せないばかりでなく梨《なし》の礫《つぶて》で音沙汰がない。さあ、こうした怪しい雲行きになってはたき子も安心して勤められず、さては騙されたかと気がついた時はもう後の祭り。踠《もが》いたところで詮方がないので、予《かね》て知り合いである深川の××という女衒へ人知れず今の逆境を訴えると、××もあの玉なら素的なものだ。ヨシ、おれの手で鳬《けり》をつけてやろうというので女衒社会で唱える立ち金なるものを持ち、小山に出かけてたき子を即座に身受けした。それから曩《さき》に逃げ出した大塚の芸者屋に談判して一千二百円の前借を一千円にまけさせ、ここの梟をもつけ、これでやッと日蔭の身からたき子を救ったが、無論腹に一物ある女衒がそのままで女を放す筈はない。

早速他への売り込みにかかったが、曖昧茶屋と芸者屋の借金に二千円を払っているので、女衒としては此度《こんど》はたき子を娼妓に堕すより外には途がない。で、彼女の父にも因果を含め、大正十三年十二月十八日に、洲崎の大籬《おおまがき》○○楼へ前借二千七百円で娼妓に売った。もっともこの時は前借の内から立ち金と周旋手数料を引き、残りの内から更に身仕度の品々を搾えたので、結局、たき子の父に渡った金はただの五十円に過ぎなかった。

こうして遂に娼妓となった彼女は、顔がいいのでお職を張るかさもなければ二枚目より下がらないという売れっ子であったが、一客からうける玉割《ぎょくわり》は五十銭で、この玉割で衣類身の廻り品を搾え、それから日々の小遣から髪結銭化粧のものまで購うと、一日平均三人の客を取っても借金はなかなか減らないのである。搾取と虐待は曲輪の通弊で、こんな雰囲気の裡《うち》で年期六ヶ年を勤め通しても借金はとうてい切れるものではない。たき子も浅ましい業を六ヶ年にわたり勤め通したが、昭和五〈一九三〇〉年十二月二十七日に満期となっても残借がまだ八百余円もあった。

が、東京地方の公娼街では、年期及び歩合折衷制という契約が行われるので、残借があっても約定の六ヶ年を勤め通せば、楼主はその娼妓を解放する。で、たき子も年期を畢《おわ》ったという廉《かど》で証文を捲いてもらい、自由の境遇に這入ることができた。金で縛られて芸妓街に働き、それから曲輪に這入り、前後を通し十八年間を濁り江に漂い、三十歳の年増となってやっと明るみに出たわけである。彼女は今、ある会社員の妻となって砂町辺りに小さな所帯を張っているという。

二十円で買い一万円を捲き上げる

吉原の曲輪で働く芸者には、仲の町芸者と横町芸者との二通りがある。仲の町芸者とは仲の町に昔風の角行燈《かくあんどん》をかけ連ねている四十軒余りの引手茶屋と四軒の大籬《おおまがき》に出入する芸者で、横町芸者の方は中籬から通り店小格子を出場所にしている芸者である。ツマリ仲の町は一流で横町は二流ということになるのであるが、その京二に御神燈をぶら下げている横町芸者の梅の家（仮名）というのへ、九つの時養女名義で買われて来た娘がやがて一本になって、ある金持ちに金一万円で根引きされたという興味百パーセントを語ることにする。

麻布の六本木に大川松吉という貧しい人形作りがあって、男四人女三人という諺《ことわざ》通りの子沢山。どうにもその日その日がやって行けないので、背に腹はかえられず長女、二女、三女と、順々に芸妓街へ売り込んでは辛うじて生計をたてていた。九つになる二女のきみ子をたった十円札二枚で吉原の梅の家へ売ったのは今から二十五年以前の明治四十一〈一九〇八〉年であった。

おきみはすこぶるつきの美人の上に生まれながらの愛嬌もので、お酌から一本になって秀松と名のる頃には、数多《あまた》の遊冶郎《ゆうやろう》にもてはやされ、文字通り御座敷の切れ間がなかった。この秀松が二十の春、初めて呼んで以後毎夜のように揚げ続けるダタら遊びの客があった。浅草公園近くの有名な割烹店の主人で、この男、秀松の色香にすっかり魂を奪われ、惜しげもなく金目の品物を買ってやったり、遠出をかけて連れ出したりする。が、秀松は、「どうしても私をモノにしようと思うのなら、きっぱり身受けをして下さい」と、表情たっぷりに切り出した。

男も後へは引かれないので、「よろしい」と男らしく言ったものの、やがて抱主に掛合うと「一万円なら」と言うのである。「いかに芸ばかりが売物で、体を売らない曲輪芸者とはいいながら、一万円とは高すぎる。八千円までは出してもよい」と値切ってみたが、一万円よりは鐚《びた》一文も引けないと頑張るので、惚れた弱味と男の意地で、とうとう大枚一万円也で秀松を身受けとなった。秀松を一万円で売ったこの梅の家はボロイ儲けをしたわけで、やがて日本堤に別宅を新築したり、その当時の泡沫会社の株を持ったりして、一時は威勢が良かったが、財界の変動で株は反故紙に化け、建てた別宅は大震火災で灰燼と帰し、今では稼業も振るわないようである。

莫迦げた大金を出して秀松を身受けした割烹店の主人も、その後左前になって囲った秀松へも満足には扶持が送れないとか何とか。薄情稼業の環境で育った秀松は、もうここらが切り上げの潮時だと身受けをされてから四年目に、とうとう別れ話を持ち出し、未練に焦がれる旦那を棄てて元の古巣へ舞い戻り、またも芸者に出ているというが、寄る年波は今年三十四の年増になる筈である。

（「文芸倶楽部」三八巻六号　昭和七〈一九三二〉年六月）

貧乏線に喘ぐ寡婦の生活——三つの哀話——

数の上からみる寡婦の種類と年齢

離縁の憂目に出合い独り淋しく暮らす出戻りの女だの、夫に死なれ名残り惜しく、悲しい思いでその日を過ごす後家だの、夫の生死が判らないで裁判所からその夫が失踪の宣告を受けた者。かかる悲哀と寂寥の境遇にある者を寡婦と唱え、それから夫の行方が不明であったり、夫が精神病で入院して後に残った妻であるとか、夫が罪を犯し入監した者。こうした事情で夫に離れている者を準寡婦という。

世の中には夫に死なれ、または生き別れ、いつも心に晴れ間がなく、薄命・悲哀・怨恨・恋慕・不遇・生活難等々、即ち精神的に或いは物質的にいつも暗い翳《かざ》しに掩われて、辛い思いを懐く寡婦の数はけだし少なくはない。ところで、寡婦の中でも殊に傷ましく思われるのは、貧しい境涯にあって健気《けなげ》にも家を守り、肉親の者を扶けている貧乏世帯の寡婦ほど気の毒なものはない。故に母子保護施設を図る上から、東京市社会局では無産の境遇にあって何日《いつ》も貧しい暮らしをなせる寡婦世帯の調査をしたのである〈昭和七〈一九三二〉年三月〉。この調査の結果によると、東京市内〈旧市域十五区〉で調査員の発見せる貧困寡婦の世帯数は二千百九世帯であって、この世帯主である二千百九人の寡婦はいずれも家庭の中心となり、これに付きまとっている親だの子女など家族の数は四千七十四人である。即ち、世帯主である寡婦とその家族の数を合わせると六千百八十三人に上り、一世帯あたり平均三人の割合であって、この人たちは夫のない、また父のない家庭で淋しさと貧乏に悩まされている。

この貧しい波に浮く二千百九〈二千百八〉世帯の寡婦とその年齢をみれば、花の盛りに近いそうしてまた色香の盛りである十六歳から二十歳の若き寡婦が八人で、二十一歳から二十五歳の者四十一人、花の満ち漸《ようや》く色の薄らぐ二十六歳から三十歳の者九十七人、三十一歳から四十歳の者四百三十六人、色も香も通り越そうとする四十一歳から五十歳の者六百五十人、五十一歳から六十歳の者四百七十七人、老いの坂を登り詰める六十一歳から七十歳の者が二百八十二人、老いの波が掩いかぶさった七十一歳以上の者が百十七人で、寡婦とその年齢の中心点はどうしても四十一歳から五十歳の者で、この年頃の者は総数の三割一分を占め、次に五十一歳から六十歳の者で二割三分弱であり、若年増といわれる者未だ花の色を惜しまれる三十一歳から四十歳の者が二割一分で、これによって観ると、自動的からまたは他動的から配偶関係が破れ、女性の運命に暗い翳しのさすのは四十女に多いようである。

どうして寡婦となったか

そこで、どういう事情から後家となり、また女性の身で世帯を張って行かなければならぬ境遇になったものか。その寡婦となれる事情を調べると、言うまでもなく、一つは他動的であり、更に一つは自らの心が動き寡婦になったもので、ここに寡婦となれる事情を挙げてみよう。

二千百九人の者が寡婦または準寡婦となれる事情を分けてみると、

（一）夫に死に別れた者千八百二十人

（二）離婚のため百人

（三）夫が家を離れ七年間にわたり生死が判らない者、戦地に臨みたる者、沈没したる船舶中に在りたる者が戦争が熄《や》んだ後、船舶が沈没した後、三年間生死が不明であると、利害関係人の申請があれば裁判所から失踪の宣告を受ける。そうして、その生死の判らない夫は死亡した者と看做される（民法第三十条、第三十一条）。こうした事情の者四人
以上の事情による者を合わせると千九百二十四人で、これは即ちいずれも寡婦である。それから、
（イ）夫が悪事を働き入監した者五人
（ロ）夫が精神病で永く入院している者十一人
（ハ）夫が老衰したり廃疾疾病で妻子を扶養する能力なき者百五人
（ニ）夫が行方不明の者六十四人
以上四つの類を合わせた百八十五人の者は準寡婦である。

かくのごとく段々数をあげて説くと、総ての数の八割二分三厘にあたる者、例えば千人の中で八百二十三人までは夫に死に別れた者で、この人々の中には打ち寄せる波はかえるが、帰らぬ人を恋い慕い、或いは二人で愛の巣をつくり間もなくその愛人に死なれ、春の夜のただ手枕の夢の間にその愛の短きを銜《くく》つ女性もあろう。

独り者と子女を有つ者

死に別れた者、別離となった者、そのいずれにするも配偶関係が破れて寡婦の境遇に生活せる者で、ただ己一人で暮らす者、児と二人で暮らす者、児を有ちなお親だの兄弟と一緒に暮らす者。いわゆる一人世帯、二人世帯、または三人世帯等々、これが数をみると、
（一）児がなく、その他の累類もなく、自分一人という一人世帯で過ごす者は四百四十九人
（二）児であるとか、または片親、或いは弟なり、いずれか家族一人を有ち二人世帯の者五百四十人

（三）三人の者四百四十一人
（四）四人の者三百三十九人
（五）五人の者百七十九人

である。こうした数からみると、孤独の生活状態にある者は四百四十九人で二割三分〇厘にあたる。ところで、一人の児をもつ者、二人の児をもつ者、子供二人に親を抱えている者など、女の弱い細腕でこうまでいく人かの家族を抱え生きて行くのは容易でない。ところが、まだまだこれ以上の家族を抱え世帯を踏ん張る者がいく人もある。それは六人家内の者八十五人、七人の者四十八人、八人の者二十人、九人の者六人。十人の者二人、等々である。これだけ多くの家族をもち、寡婦の身空で貧しい世帯を支えるとは傷ましい思いがする。

それで児を有つ寡婦に付きまとう子供の年齢とその人数をみると、

（一）七歳以下の幼児が八百九十七人
（二）八歳から十五歳まで千五百五十七人
（三）十六歳から二十歳まで七百十一人

これを合わせると二十歳以下の者は三千百六十五人になり、この児はどうしても育て上げねばならない。故に寡婦の中には子供可愛さに、打ち寄せる波があってもそれを刎ね除け、二度と人妻にならないで飽くまで寡婦の身空で押し通そうと心を決めるのも、畢竟するに子を思う親の愛からである。

有業無業と、それから職業の種類

前にも述べたが、この寡婦調査は有産階級だの或いは中流社会の者、または無産の階級にあっても酷く経済的の生活に悩まない寡婦を調べたのではなく、貧乏線に喘ぐ後家さんを調べたのである。ここに二千百九人につき有業者と無業者、更にかつては有業者であったが不景気のために今は失業せる者。かくのごとく有業・無業・失業などこれを数的にみると、次のごときものである。

(イ) 有業者千五百三十一人

(ロ) 無業者五百二人

(ハ) 失業者六十人

(ニ) 業の有無不詳十六人

合わせて二千百九人（無業状態にある者はおおむね家族のある者が有業で、これに養われているらしい）。

職業を有つ千五百三十一人の職業をみると、その種類は様々なもので百三十五種の多きに上る。中で、荒仕事では深川のある後家さんは漁師をしていた。内職の者、本職の者で工業に従事する者七百五十人。商業的職業が四百八十九人。交通業一人。公務自由業八十七人。家事使用人六十七人。雑役百三十七人等であった。

「工業」に就いている者では仕立て内職が最も多く、これが二百十六人。ミシン掛け十二人。製本職四十二人。紙袋貼三十七人。鼻緒内職四十九人。草履内職二十一人。手袋内職十五人。玩具職二十八人。女工四十一人。その他硝子工、時計工、ラジオ工、荷札内職、割箸内職、袋物内職、この他色々の仕事をやる者が合わせて二百八十九人である。

「商業的」の者では行商が百七人。駄菓子屋百四十四人。露天商三十一人。おでんや二十四人。雑貨商十二人。煙草屋十人。屑買六人。新粉細工六人。お好み焼六人。飲食店五人。焼き芋屋四人。古着屋三人。薪炭商三人。貸ふとん屋、周旋屋、文房具店、新聞売子、外交員等、この外交員の中には保険外交員があり。灯の巷に或いは色街で働く者では女給が四人。芸妓が四人。遊廓のやり手、新造など二十一人。ゲーム取二人。料理屋女中十一人。それから素人下宿五人。その他様々のものがあり、この商業的方面の者は総てで四百八十九人である。「公務自由業」では女行者十六人。按摩十三人。看護婦二人。事務員九人。三味線師匠二十一人。派出婦十六人。この他チンドンヤ、生花師匠、易者、産婆等々で十人。家事使用人の中で通い女中が二十一人、子守五人、その他四十七人の者は賄婦、裁縫などに使われている。

「雑役」の中で多いものは掃除夫四十四人、小使二十三人などで、こうして有業者は種々の働きに就き生活の資料を得て世帯を支えている。

二千百九世帯の経済生活

それならば、稼ぎの途についている、その千五百三十一〈千五百四十〉人の女主人は銘々月にいくらずつ儲けを得ていよう。その月収額を調べると、

(一) わずか三円未満の者百六十七人
(二) 三円から五円未満の者百六十一人
(三) 五円から十円未満の者四百五十二人
(四) 十円から十五円未満の者二百九十七人
(五) 十五円から二十円未満の者二百九人
(六) 二十円から二十五円未満の者百一人
(七) 二十五円から三十円未満の者七十九人

（八）三十円から三十五円未満の者二十二人
（九）三十五円から四十円未満の者二十六人
（一〇）四十円から四十五円未満の者十人
（一一）四十五円から五十円未満の者たった五人
（一二）五十円以上の者は十一人

であって、つまり数の上からみて、月収五円から十円までの者が人数が多く、比例で表すと、かかる五円から十円というのは二割一分四厘〈二割九分五厘〉にあたり、その次は、わずかに五円未満という者で、これが一割五分四厘〈二割一分四厘〉にあたり、更に次は十円から十五円の者でこれが一割四分一厘〈一割九分四厘〉であり、なおその次は十五円ないし二十円の者九分九厘〈一割三分六厘〉であって、前掲のごとく二十五円の者、三十円或いは四十円または五十円以上という者があってもそれは総数の半分もなく、三割九分二厘〈一割〉にあたる者がそれであり、残りの六割八厘〈九割〉は気の毒にも月の稼高が二十円以下の者である。

そこで、この職業を有つ千五百三十一人の後家さん達の収入を合わせると、一ヶ月間に二万一千二百十一円三十五銭であった。故に、これを一人あたりに平均すると、十三円八十五銭に過ぎない。

前にも述べたが、この調べに表れた寡婦の家庭一軒あたりの人口は約三人であるのに、有業寡婦で一人あたり平均月収十三円八十五銭という少ない所得では生活するのがなかなか困難である。従って、子供、兄弟、誰でも家族のうちで働く能力のある者は稼ぎの途につき、家計の補助をなさねばならぬ。であるから、家族で職業の途についている家庭が少なくない。殊に世帯主の寡婦で無業の者、失業の者などは家族の誰かが働かねば生活ができない。有業・無業・失業の家庭を合わせて二千百九世帯から、子女で稼ぎについている者が七百六十五人であり、なお子女以外の者で、例えば兄弟だの親などで職業を有つ者が八十六人ほどある。それで、七百六十五人の子女たちで一ヶ月に所得せる総額は一万七千五百七十八円で、一人平均二十二円九十銭の割合である。それから子女以外の者八十六人の有業者が得たる一ヶ月の収入総額は千四百五十一円で、これを一人あたりにすると十七円二十七銭の割合となる。

世帯主である母親とその子女、または子女以外の家族の月収を比較すると、子女の所得が最も多く、次が子女以外の者の所得で、割合に少ないのは母親である。これはつまり母親の中には家事取締りの上から、家を外に勤めること、働くことのできない者があって、おおむね家にいて内職をする者、薄元手で小商いをする者があるので、どうしても儲けが少ない。それとは反対に子女だのその他の者は意のままに外に出て、工場に働く者、会社に勤めるなど、家を外に稼ぐから母親よりも所得が上がるのである。

さて、母親だの、子女、それから子女以外の家族等々の収入を合わせ、これを二千百九軒の寡婦の家庭に割り付けると一軒あて平均額十九円八銭となる。これが一世帯あたり平均親子三人の生きる資料である。これではいかに生計を切り詰めても不足であるから、ある家庭では家を離れて他家に働く子供だの、または親戚知己その他から送金をしてもらい、ある家庭では貸間をして間代を儲けたり、こうした別途の収入を得てやっと生計を支えている。それならば、この別途の分はどのくらいの月額に上るかといえば、一軒あて平均三円六十四銭である。即ち、

（一）母親の稼高
（二）子女または子女以外の家族の稼高
（三）別途の収入

この三つの収入を合わせ、これを二千百九軒に割当てると、一軒あたりの平均は二十二円七十二銭であって、一人あたりにするとタッタ七円五十七銭というわずかな金で、家賃・米代・副食物・衣服・雑費を支え辛うじて命を繋ぐとは、父なき家庭に幸薄く本当に同情せずにはいられない。

貧困と不遇に泣く寡婦生活の哀話

寡婦だの準寡婦が艱難と闘い、児を育てる者。または貧しさと不遇の波に漂いながら、生活苦にもがく者。かくのごとき傷ましい寡婦生活の哀話をこれから二つ三つ語る事にする。

その一例

深川猿江裏町に十六を頭に五人の子供を擁して、酷い貧乏の中にその児達を育てている北村たみ（三十五―仮名）という寡婦がいる。夫の孝一は震災前まで相当の薪炭商を営んでいたが、性来の放蕩者で、しかも震災後事業で失敗したので、自暴自棄から日ごと遊蕩に耽り、不義理な借銭に追われ、遂に妻子を棄てて行方不明となった。妻たみは五人の子供を抱え、ひたすら夫の行方を探したが判らない。仕方がないから店をたたみ、懇意の家へ同居したが、日を経るにつれ、親子六人は糊口に窮してくる。

この傷ましい生活状態をみつけたのが土地の某方面委員である。早速、救護の手続を履《ふ》み、金品を与え、夫に棄てられたたみの覚悟を聞くと、「どんな難儀をしても、五人の子供は立派に育てたい」と言う。そこで、某委員の斡旋で、たみは女労働者の群に這入り、塩倉庫に出て毎日働き、日給七十銭をもらい、また十六の長男は大嶋辺りの工場に通い、わずかでも給金がもらえるので、親子二人の働きから、貧しいながらも六人の者が飢えからのがれ、次男と長女は区学務課のはからいで、授業料免除並びに学用品・教科書等一切を給与される第三種救育児に加えられたので、この一家はヤッと飢餓線から這い上がることができた。そうして、母のたみは飽くまで寡婦生活を続け、ただもう子供の成長を待っている。

その二例

多田信吉（仮名）。この男はかつて呉服屋であった。親から二十の時家督を譲られたので、間もなく妻のタケを娶り、親からの呉服屋を営んでいたが、父の金兵衛が死んだ頃から世の中は俗にいう世知辛く、資本主義の色は濃厚となり、中小商工業者はバタリバタリと倒れ出し、信吉の事業も支え切れないでとうとう店を閉め、流れ歩く呉服の行商人となった。そのうちに肺炎に冒される、資本はタネナシに喰い込むという悲況に陥った。金はなく、患いは重なるので、方面委員に縋りつき、市の病院に入院し、施療をうけたが、入院後十日ほど経て、彼れ信吉は死亡した。

妻のタケは途方に暮れ、どうしたら己と四人の児が生きて行かれるだろうと、悲嘆の泪にかきくれた。けれども泣いたとて刻々に襲いくる生活難を凌ぐことができない。心を決めたタケは夫の這入っていた簡易保険金八十七円が払い渡されたので、これを資本に甘酒の露店を開いた。そうして、昼間は洗い張り、仕立物の内職に精を出し、二階三畳の間を他人に貸し、いくぶんの間代を儲ける。

こうして夜の甘酒に、昼間の賃仕事、それに間代で、一日やっと一円くらいの儲けがある。これで家賃十一円を払い、残りが親子五人の生計費である。これなど貧しい寡婦生活の代表的のものである。

その三例

「お祖母さん、店を仕舞って帰ろうよ」

「でも、明日食べるお米がないのよ。もうしばらく我慢しな」

「だって寒いな」
七十八、九に見える老婆は孫のような十一、二の男児と二人で道端に露店を出し、三冊十銭の子供の絵本を売っている。この婆さん黒の頭巾を冠っているが、どことなくそこら辺りの露店商人とは違い、高雅な気品を備えている。
「お婆さん、ひと晩にどのくらい売れるかね」

と問えば、

「わずかなもので、今夜のように寒いと、どなたも買ってくれはしません」

と言う。京都の人らしい言葉――。

「一番よく売れる晩でどのくらい売れます」

「夏の暖い夜どすと、一円五、六十銭も売り上げのあったこともありますが、そんなことは稀どす」

京都の万寿寺通り堺町で、今から四十年ほど前には、加須屋といえば、界隈で誰知らぬ者もない有名の葉茶屋があった。

主人の八郎左衛門が死んだ時は、この婆さんは未だうら若い三十一の時で、当時四歳のただ一人の息子がある。未亡人は五、六人の店の者を使い、生計に困るような事はなかった。人の好い未亡人は今まで通りに店の信用と人気を落とすまいと焦慮《あせ》った。今まで現金で買ってもらった客へも、月末払いを承知する。どこまでもお客本位で望み通りにしたので、一時はそれで良かった。けれども、この貸売りが失敗の原因《もと》で入るものは這入らないで、出すものは期日違わず出さねばならぬ。そればかりでなく、月々支払う利子だけでもかなり大きな苦痛であった……到頭永年続いた店を閉じてしまった。

思案に暮れた未亡人きみ子は当時息子の文右衛門が十二になったので、金物屋へ年期奉公に出し、自分は精々と針仕事や洗濯内職に雇われる身とまで落ちぶれた。息子文右衛門もようやく年期があけて、主人の暖簾を分けてもらって、小さな金物屋を出すまでに運んだので、親子二人が水いらず仲よく、朝な夕なに死んだ父親の位牌に向かって念願し、命の続かん限り働こうと堅い心を決めた。かくて続いた三年もいつしか夢のように過ぎた。

文右衛門の妻ハル子はその年の一月に男児を生んだが、産後の肥立ちが悪く、五ヶ月から病の床につき、それから入院したが、到頭生後七ヶ月の新之助を残して、ハル〈ハル子〉は他界の人となった。

百ヶ日も過ぎて、後妻のツル子を娶ったが、このツル子はとかく病気勝ちで、断えず薬と親んで薬餌から離れる間はほとんどなく、それから入院して手術を受けねば望みがないので手術を受けたが結果が悪い。こうして後妻は永い間入院はする、世間は段々不景気になるので、せっかく盛り上げたばかりの店は債権者に渡すという始末であるから、妻のツル子を未回復のまま無理に退院させ、一族揃って東京へ出て来たのは数年前のことで、西も東もさっぱり事情の解らないのに、差し当たり病苦に悩む妻を何とかしなければならない。けれども資力がない……考えあぐんだ末が築地の施療病院に入院が叶ったが、京都の病院から未回復のまま連れ出し、道中を無理したため、妻は間もなく死出の旅路へと行ってしまった。

文右衛門は金物については永い間の経験があるので、毎晩金物の露店を出したが、吹きすさぶ東京のから風に酷く悩まされ風邪を引いたが、貧乏の悲しさは安静を要する大切な時にも露店が休めない。無理に無理を重ね遂に肺炎となり、それが肺結核に革《かわ》り、病症の昂進した頃にやっと市の療養所に収容されたが、間もなく冷たい屍となった。

後に残った老婆のきみ子と孫の新之助二人は、どうにも動きのとれぬ捨て小舟……哀れきわまる身空となった。けれども、年寄りのきみ子は「どうしても死ぬまで孫と暮らしたい……」。八十に近い身でありながら、寒風の揺ぐ冬の夜でも厭わないで、三冊十銭の絵本を道端で売ってまで、孫と二人で貧しい暮らしを立てている。

天にも地にもたった一人の骨肉である孫と別れたくないのも、人間の至情である。しかし、時々刻々に迫ってくる経済問題に対しては、何とか工夫を立ててやらねばならぬ。二人を引き取って保護する篤志家を物色するか、それとも別れ別れとなり、老婆は養老院へ、孫は孤児院と、それぞれに保護機関に頼らすか、いずれかの一途をとらねばならぬ。ここが世の中の弱い者を救ける社会行政機関の執るべき業である。

東京市社会局麻布方面事務所主任河村舜応氏はつとに済民についてはなかなかの努力家で、熱誠と同情をもって救護にあたる人である。この老いたるきみ子、幼い新之助の憐れきわまる窮状をみては棄てて措けない。

「日ごろ往き来もしない遠い親類でも良い。また誰か近しい知り合いでもないか……心当たりを良く考えてご覧なさい」

と、心やさしく河村主任が尋ねると、老婆はしばらく考えていたが、やがておもむろに長い長い物語りを続けたが、

「実弟が未だ生き存らえているはずだ。京都市で金物屋を営み、相当の店舗を構えていよう。今まで全く音信不通で、十年余り絶交の状態になっている。それも度重なる家内の不幸続きに、金銭の援助を求め、無理な要求をしたので、今では先方で見向きもしてくれない」

と言う。そこで、河村主任と方面委員の清水氏二人から、きみ子の実弟といわるる嘉右衛門に対し、姉きみ子と孫の新之助の貧苦に悩める窮状の一伍一什《いちぶしじゅう》を知らせてやった。よもや社会局の厄介にまでなっているとは夢にも知らなかったらしい嘉右衛門は、突然に東京市社会局から姉一家の貧しく行き詰った顚末を知らされて、騒いだものとみえ、

「御厄介をかけまして何とも申し訳がない。二人とも私が引き取ります」

との返事を寄越した。

かくて嘉右衛門は上京してきた。久しぶりで姉に会い、今まで見なかった甥の子の顔も初めて見た……嘉右衛門の瞼からは泪がにじみ出る。老いたる姉の面影とあまりにやつれた姿を眺め、哀愁の想いは胸を衝いたが、やがて二人を引き取り、姉にとっては懐かしい京都へと連れ戻って行った。

これなどは貧しい寡婦生活では代表的のものである。

(「社会事業研究」二一巻九号　昭和八〈一九三三〉年九月)

都市の売淫と性病

売淫の分類

社会組織の上から観るもまた倫理道徳の上から説くも、かの公娼といい私娼といい、すべての娼行為はこれなきを理想とすべきである。しかるに実際においては、時の古今洋の東西にかかわらず、売淫の存在せざるは

なく、要するにその存在のゆえんは根底が深く社会組織の欠陥と人間欲望の放肆《ほうし》によるもので、まことに避くべからざる社会現象と言わねばならぬ。ところで、この売淫より受くる一般社会の風紀と影響、これに伴う自然の結果である花柳病伝播の防止等については万全の策を樹てねばならぬ。風紀の問題はもとより重い。しかれども保健の問題は一層と重い。ここに売淫と花柳病につきその軽々しく観ることのできない事実を語ることにする。

これを語るには先ず売淫婦の種類とその表裏の流れ具合から説かねばならぬ。それは人口六百万人が動いている、この大東京には性的享楽の対象となっている女の数はなかなかに多いのであって、これが類型を大きく二つに分けると、㈠職業的の売淫婦、㈡臨機的の売淫婦、とかくのごとくに分かれている。

第一の職業的の売淫婦とは、売淫を欲する男に出会えば露骨に売淫をする類の者で、㈠娼妓。㈡玉の井、亀戸辺の集団的私娼。㈧芸妓の中で自前と看板と称する無前借の芸妓を除いたる、仕込み、丸抱、七三、逆七等の前借をもつ芸妓。㈡源氏屋。これは女はある場所に潜んでいるが盛り場で遊客を探す男があってこの男に誘われて「シキ」と称する潜在の場所に連れ込まれる客に笑いを売る女。㈭俗にゴウカイヤと唱える、昔の夜鷹と同様の下等売淫。㈮高等内侍という類のもの。これらはいずれも職業的のもので、その行動は露骨なもので、金さえ出す男であれば誰にも笑いの紐を解くのである。

㈡の臨機的売淫婦は、おおむね表面的では業態に携わる者で、カフェーの女給、ダンサー、料理屋、飲食店などの女中、その他いわゆる白粉労働者が男は女の容子を窺い、その女は男の色のあらわれを狙い、思い内にあれば色外に現れるので、その機に臨み売笑の協調が整うのである。

公娼街の遊客増加と消費額

さて、この大東京における売淫婦として表面に現れているその女の数は昭和九〈一九三四〉年十二月末日現在では娼妓七千三百十四人、芸妓は一万百七十一人（この中の七割くらいは俗にいう不見転《みずてん》芸者とみなしてよい）、また集団私娼は昭和十年六月末日現在において、玉の井九百十三人、亀戸九百三十七人、合わせて千八百五十人であって、即ち娼妓、芸妓、集団私娼この三つの類を合わせると一万九千三百三十五人に上る。このように風紀を紊《みだ》す虞《おそれ》がないので特殊飲食店の制度のもとに営業せるカフェー、喫茶店、料理屋、その他の客商売に働く女の数は三万二千二十七人（昭和九年十二月末日現在）に上っている。

しかして、公に認められている娼妓とその遊客数をみると、今から十二年前の大正十四年には吉原、洲崎、新宿、品川、千住、板橋、この他四ヶ所の貸座敷所在地における遊客数は三百七十四万三千九百九十二人で、この消費総額一千五百九十八万五千余円に上り、遊客一人平均の消費額は四円二十七銭であった。当時の娼妓数は最近と比較すると二千人余り少なく、五千百五十九人であって、娼妓一人一日平均の遊客数は二人であった。しかるに昭和九年には娼妓は増加して、前述のごとく七千三百十四人となり、遊客も増加して五百六十万七千五百五十二人となり、百八十六万三千余人の増加となった。しかし、消費額は客数の多い割合に低下して千二百七十三万四千円余となり、三百二十五万一千円から減少し、従って遊客一人あたり平均消費額も二円二十七銭となった。

これは言うまでもなく、年ごとに不景気が募るので、安値で遊ぶ客が多いからである。しかし、いかに不景気でも遊客の増加したのは大東京の人口が年々と増加し、しかして生活事情の上から妻をもつことのできない独身者が多くなり、かかる境遇の男子は勢い一夜妻である売淫婦に接近するからであろう。この昭和九年の娼妓一人あたり一日平均の遊客数は二人と一・一の割合である。

集団私娼の稼高と点散私娼の本体

それから芸妓だの、玉の井亀戸の私娼などの笑いの紐を解いた遊客数は秘密的の業であるから、その数の判るべきはずはない。ただ玉の井亀戸の私娼とその稼高をみると、昭和十〈一九三五〉年六月に警視庁衛生部の調査によると、千八百五十人の私娼の中で一ヶ月の稼高の最も多い者は六百円であり、最も少ない者は八十円で、一人あたり平均にすると一ヶ月百八十円である。こうして稼高の上から観ると、この玉の井亀戸の私娼一人あたり一日の遊客数は娼妓の客数より多いように思われる。またこの玉の井亀戸の私娼とこの以外のものではどのような類の女が密売淫で検挙されたものか、これを昭和九年中における東京の各警察署の検挙数をみると、次のごとくである〈員数大から小に並び換えた〉。

密売淫を犯せる女の業態	員数
玉の井亀戸の私娼	一、三二三人
無職	四一二人
特殊飲食店その他女給を含む	三九二人
その他	一五人
女中	一四人
宿屋の女中	七人
ダンサー	五人

裁縫業	四人
女工	三人
小売商人	三人
遊技場の女	三人
有夫の婦	三人
女事務員	二人
芸妓屋の女中	一人
看護婦	一人
合計	二、一八九〈二、一八八〉人

この中で初犯一千二百六十七人、再犯五百六人、三犯以上が四百十六人である。

売淫生活に漂った女と花柳病

警視庁衛生部では新たに娼妓稼業に就こうとする者に対しては健康診査を行うのである。生活に行き詰まった揚句または家庭の貧困から娼妓となる哀れな女の前身をみると、かつて既に売淫生活の波に漂った者が少なくない。即ち芸妓、酌婦、前に娼妓を勤めたことのある女、女給等々こうした接客婦の経歴をもつ者が少なくない。それから堅気の女中だの女工、家事手伝その他の者からも娼妓に堕ちる者がある。昭和八〈一九三三〉年八月から同九年九月までに吉原遊廓で新たに娼妓稼業登録申請をした者六百五十一人に対し、健康診査をした結果によれば、有毒率の最も高い者はその前身が女給であった者で、次は地方の曖昧《あいまい》料理屋に働いていた酌

前職業	総数	不健康者	同率　%	病率の順位
芸妓	46	15	32.4	3
酌婦	281	94	33.5	2
娼妓	27	8	30.0	5
女給	68	23	33.8	1
女工	47	10	21.3	7
女中	87	26	30.1	4
家事手伝	71	7	9.9	8
その他	24	6	25.0	6
合計	651	189	28.1	—

婦であり、その次は芸妓と女中などで、ここに各有毒率をあげてみよう。ただし、不健康者とは診査時の臨床的性病患者一般をいうのである。

前〈上〉表によれば、新たに娼妓稼業登録申請者に対し、その登録前に厳密に一般性病の有無を検診すると、黴毒《ばいどく》または淋毒そのいずれにせよ、それが例え軽重の差こそあれ、女給であった者は三割三分八厘までが有毒者であり、次は酌婦芸妓とも三割以上の有毒者が見出されている。最も少ないのが俗に「親出」と言って、家庭から直ちに曲輪に運ばれた家事手伝をしていた者で、これが九分九厘にあたっている。

以上の有毒者は一時的不合格として、治癒してから再び健康診査を受け、そうして娼妓稼業に就くのであるが、かつて密かに笑いを売った女に花柳病の比較的に多いには驚かずにはいられない。

花柳病の伝播を怖る

更に前に説いた密売淫によって検挙された二千百八十九人と外に三十八人の媒合などをした女、これらを合わせ二千二百二十七人の女に対する健康診査の結果をみると、有毒者では黴毒七人、淋病百十六人、軟性下疳二十七人、その他三十五人、合わせて百八十五人が有毒者で八・三三%の率にあたっている。

それから集団私娼の玉の井亀戸における健康診査の状態をみると、昭和三年から花柳病予防法が実施されたが、本法の施行されない前までは酷いもので、玉の井亀戸を合わせ私娼の花柳病有毒率は三六・六%、即ち百人の中で三十六人と六分の割合だったが、以後定期健康診査が施行されてから病毒率は次のごとくに低下してきた。

	玉の井	亀戸
昭和四年	一〇・二〇%	九・七〇%
同　七年	二・六〇	三・六〇
同　九年	二・八八	四・九九

大東京の公娼街における娼妓に対する定期および臨時健康診査の成績をみると、大正十五〈一九二六〉年には百人の中で有病者は三人と〇六であり、昭和九年には百人の中で一人と八八に低下している。

上記述べた密売淫被検挙者（玉の井亀戸を含む）と玉の井亀戸の定期健康診査等に娼妓に対する健康診査はいずれも警視庁の調査によるものであるが、その数的事実は絶対的に信ずべきものか否か、それはとにかくとして、芸妓、女給、小料理屋の女中、ことに近頃素晴らしく台頭せる源氏屋などこうした職業的のもの、あるいは臨機的のもの、かかる密売淫婦の健康状態はどんなものであろう。前記吉原病院の診査にかかる娼妓前身別による性病率の高いのを観るも、まことに性病の伝播を怖れるのである。

（「都市問題」二三巻二号　昭和十一〈一九三六〉年八月）

人口増殖の障碍たる売笑婦

諸言

今日この頃はいずれも世を挙げての新体制時代となり、政治、経済、文化、社会等々すべてが変り行くべき趨勢をみるのであって、新体制の要求に副わないものは自然と崩れようとする有様を現している。随っていま国民一般が新体制の標語のもとに、あるいは無駄を省き生活を節し、ひたすらに自粛の一路を辿り、新しき生活の彼岸に達しようと緊張しているので、将に建設のためには古い体制はある程度まで壊されるのも新体制を確立する過程上やむを得ないことであろう。

ところで新体制の確立にあたり、どういう職能的の部門に置かれるものか、ここに疑問を懐く一つの部門がある。それはかの歓楽の巷とそこに働く、いわゆる白粉労働者の群についてである。ことに狭斜《きょうしゃ》の籬《まがき》にいて、複数の男性に対し報酬を得て、性的享楽の対象となる芸娼妓及び私娼などの売笑問題である。この売笑婦の存在はいうまでもなく、道徳的に観ればきわめて顰蹙《ひんしゅく》すべき問題であり、さらに衛生上からは花柳病の交叉的源泉であり、また風紀を紊《みだ》す虞のあることは掩いがたい事実である。なお、かの女そのものは女性として大切なる節操は全く崩されて、人格的には劈《へき》〈くさび〉がい〈入〉り、たとえ濁り江から浮き上がっても空蟬《うつせみ》のようなもので、とかく悲しい身空となる者が多く、しかも、かの女たちが浅ましい稼業を廃めて俗に堅気の生活に這入っても、かつて為せる醜業に禍いされて生理的欠陥をきたし、児を生む生産能力を失い、石女《うまずめ》となる者が割合に多いのである。すなわち、かれ個人としては子なき不遇を歎くは勿論のこと、これを人口問題の上から究めても、売笑婦は人口増殖に障碍を及ぼすもので、今や人的資源は強調され、「生めよ、殖やせよ」と叫ばれる時、醜い稼業中は勿論のこと、それを廃めても生産のできない女となる者が多いのは「国策に副わない社会的の存在物」と言ってもよかろう。

そこで、人口増殖の障碍たる売笑婦は一体全体どのような妊娠分娩の状態を現すものか。それを説くに先だち売笑婦の種類と生活環境、および風紀警察のもとに稼業を営む女給、その他接客婦などこれらの人数を挙げ、時局下今もなお売笑の波が広く漲る状態から述べることにする。

売笑婦の種類

売笑婦の類は種々なものであるが制度の上からは、㈠公娼、㈡私娼と、かくのごとく二つに分けているが、筆者はそうした類に分けるのは時代錯誤であるとみなして、(A)職業的売笑婦、(B)臨機的売笑婦と、こうして類を分けるのが今の時代では妥当であろうと思われる。

しからば職業的とはどのような者かといえば、かの公に売笑を営む娼妓と、それから世俗に不見転《みずてん》といわれる二流以下の芸妓であり、なお闇に咲く花といわれる私娼などである。臨機的のものは料理屋の仲居とか、あるいはカフェーの女給だのその他水商売に働く女が、もしも性交を欲する男に出会った場合には、ただに酒間の斡旋をなすにとどまらないで、その男の物質量と人物を窺《うかが》い、この男ならばと見定めがつくと女の自由意志から笑いの紐を解くのであって、すなわち客種を択んで売笑を為すもので、現今では時代の流れと社会情勢の趨移から、こうして売笑婦の種類を分けるべきであろう。故に、公娼だのヤレ私娼など言って分類するのは時代の流れが既に洗い去っているので、職業的のものあるいは臨機的のものそのいずれについても官憲は風俗衛生等に関し、きわめて適切なる取締りを施し、さらに弱き立場にあるかの女たちに対し保護を加え、その更生指導にあたるべきである。

いわゆる白粉労働者の数

今や、白粉労働者も新体制に副って自粛し、かつ時代に当箝《あては》めるように機構は改まるであろうが、さてこの白粉労働者はどのくらいの数に上り、また時局の関係からその数はどのように増減を表わせしものか、これが人数を挙げてみよう。

註　数字に関するものはいずれも内務省警保局の調査による

（イ）北海道および各府県を合わせたる数

	昭和五年	同十年	同十四年
娼妓	五二、一一一人	四五、八三七人	三九、八三七人
芸妓	八〇、〇七五	七四、八五五	七九、九〇八
女給	六六、八四〇	一〇九、三三五	九一、九四六
酌婦	七五、五三五	八二、六二一	七四、四七二
合計	二七四、五六一	三一二、六四八	二八六、三一〇

（ロ）数の減少と前借金の高値

前表のごとく、娼妓は昭和五〈一九三〇〉年には五万二千百十一人であったが同十年には四万五千八百三十七人となり、同十四年には三万九千八百三十七人となり、かの九年以前の昭和五年と比較すれば、実に一万二千二百七十四人（二三・五五％）の減少となる。また芸妓は昭和五年には八万七十五人であったが、同十年には七万四千八百五十五人となり、五千二百二十人だけ減少したが、その後は増加して同十四年には七万九千九百八人となり、五年以前の昭和十年と比較すると五千五十三人の増加にして、これをさらに遡って昭和五年と較ぶれば、同十四年十二月末日現在においてはわずかに百六十七人だけ減り、娼妓の減数に比せば問題にならない。

かくのごとく娼妓の減少せる訳柄は三つの事情によるのであって、その一つは遊客たる者の中には、俗に通人といわれて比較的に金遣いが多くて、享楽的の情調と花街の気分を濃く味わうとする者は古い型で時代の流れに遅れ、しかも行動が機械的である公娼の籬を嫌い、当世風の粋な芸妓を好むのであって、散財の多い客種が減ってきた。さらに一つは生活苦その他の事情から女が花街へ身を売るならば、自由を阻まれ、あまつさえ売笑行為があまりにも露骨で苦労の酷い娼妓に堕ちるよりも、売笑行為の内面は娼妓とほとんど同様ではあっても、酒間の斡旋と遊芸を事とするのが表面の業であるから、都会に育ちいく分でも教えを受けた女は娼妓を嫌って芸妓となるので娼妓の数は上がらない。なお一つの事情は、資本家である貸座敷の楼主は娼妓を抱えようとしても娼妓になる「上玉」が少なく、ツマリ「タマ」が払底であるから、勢い他の楼主と「タマ」を抱えるのにせり合い、身代金をせり上げて、この頃では高値で抱える。由来、警視庁の規定では娼妓稼業契約年期は四ヶ年に限定してあるが、吉原遊廓における一流の妓楼では上玉であると、庁令による四ヶ年で四千円ないし六千円の前借で抱える。

警視庁ではかつて昭和十年六月に大東京の各遊廓に稼ぐ七千三百人の娼妓前借金を調べると、一人あたり平均額は八百二十九円であった。しかるに筆者は最近の娼妓前借金について概観的調査をしてみると、高値と安値を合わせ一人あたり平均額は約二千円に達している。こうした高値で抱えても、前に述べたように金遣いの多い客種が寄りつかないで、労働階級の者、薄給のサラリーマン、店員などの客種が多く、吉原遊廓でさえ遊客一人あたり平均の消費額は三円七十銭であり、東京の遊廓でも三流といわれる千住遊廓のごときは一人あたり消費平均額は二円七十銭に過ぎないのであって、日支事変〈日中戦争〉以来労働界は好況であるから、客数は増加したが消費額が上がらないので、楼主の中には投資の割合に儲けが少ないので、青息吐息の者さえある。

こうして資本の割合に利益が伴わないのは、ただに東京の遊廓ばかりではなく、各地方も同様とみえ、昭和二年には北海道および各府県を合わせ、貸座敷営業者は一万一千三百八十三人であったのに、同五年には一万八百六十一人となり、同十年には九千五百二十六人となる。さらに同十四年には減少して八千五百十四人となり、かくのごとく、かの昭和二年と同十四年とを比較すれば二千八百六十九人を減じ、それから昭和九年までは公娼廃止となっている地方は青森、秋田、群馬、埼玉、長崎の五ヶ所であったが、同十四年には茨城、富山、三重、宮崎の地方も公娼廃止となって、以上の九ヶ所には一人の娼妓もいない。こうした種々の事情から娼妓は著しく減ってきた。

また、昭和五年の頃は産業界は不振に陥り、そこかしこには失業者が群がり、生活難を銜《くく》つ者が少なくない時代ではあったが、ネオンサインに照らされる灯の街に軒をつらねるカフェーから唄う文句に吸い込まれ、帷《とばり》をくぐる男が多いので、女給の数も年ごとに増し、昭和十年には十万台を超えて、十万九千三百三十五人に上った。日支事変が起こり世間一般が自粛緊張せる影響か、カフェーのごときようやく衰頽の状を現し、同十四年には女給の数は九万一千九百四十六人となり、これを同十年と較ぶると、その減率は一五・九〇％にあたり、実数一万七千三百八十九人の減少となった。

さらに酌婦の増減であるが、これは地方庁によって取締りが異なり、ある地方では酌婦を甲乙の二種に分け、甲種酌婦はただ酒間の斡旋を業とする者で、性的享楽の対象ではない（しかし、臨機的に売笑を為す惧れがある）。乙種酌婦は俗にいう曖昧茶屋《あいまいぢゃや》に働き職業的に売笑を為す私娼の類である。こうして甲乙を合わせた酌婦の数は前表に掲ぐるごとく、昭和五年には七万五千五百三十五人であったが、同十年には八万二千六百二十一人となり、すなわち七千八十六人の増加となる。しかるに同十四年には七万四千四百七十二人となり八千百四十九人の減少をみるのであって、これもその年度によって数に増減があっても、畢竟《ひっきょう》するに最も多数であった昭和十年と同十四年との数を比較すると、十四年にいたっては一〇・八〇％にあたる割合で酌婦は減っている。

（八）総合的にみる数の増減

こうして芸娼妓、酌婦等につき、その各々の数を述べたのであるが、なおさらに昭和五年、同十年、同十四年、この各年における白粉労働者の総合的数字を挙げ、歓楽境に働くいわゆる白粉労働者は時局の影響によって、その数はいかに高低を現せるものか、ここにそれを掲げてみよう。

	昭和五年	同十年	同十四年
芸娼妓、女給、酌婦等	二七四、五六一人	三一二、六四八人	二八六、三一〇人

このごとく昭和五年と同十年の数を比較すると、その十年には三万八千八十七人の増加となり、一割三分九厘の割合（増加率）にあたり、同十年の数と同十四年の数を比較すると二万六千三百三十八人の減少をみるのである。しかしてこの減少の割合は九・〇％強にあたっているが、しかしながら十年以前の昭和五年の当時と較ぶれば、その後に起これる事変の関係から産業は殷賑となり、女性の働く途は伸び出して勤労をモットーに産業部門に働く者が多いといっても、未だ白粉労働者となる者がそうまでめっきりと減らないで、十年を経たこの頃においても昭和五年より一万一千余人ほど多く、その割合は四・三％だけ多いのであって、これら白粉

労働者を内地人口推計による男性人口〇〇《マ》〇〇〇〇〇《マ》〇人に割当てると、幼少の者から青壮者、さらに中年者から老いたる者を合わせ、男性百二十二人に嬌態なまめかしい女が一人宛になっている。

分布状態

(イ) 娼妓

古い時代からの遊び場として根強く生い繁っている公娼の籬も時代の風に吹かれて、群馬地方をはじめに九つの地方は公娼廃止となり、ようやくその花も萎《しな》びてきたが、それでも今なお各都会の曲輪には乱れ花が咲き揃い、蘭燈の影で遊女を相方に酣酔《かんすい》の夢に耽《ふ》くる者が絶えないので、大東京その他の都市には数千の娼妓が働いている。

ここに昭和十四年十二月末日現在における娼妓一千人以上の地方を挙ぐれば次のごとくである。

昭和十四年十二月末日現在

大阪	八、一六一人	東京	六、三六〇人
京都	三、二八四	愛知	二、八四四
兵庫	二、三八九	広島	二、三五五
福岡	一、三九八	沖縄	一、〇四六
神奈川	一、〇四四	山口	一、〇二〇

次に三百人以上一千人以下の地方を挙げると、左の十三地域である。

岐阜	八八一人	北海道	七九四人

静岡	七五四人	岡山	七四五人
熊本	七四二	奈良	六三二
新潟	六三〇	福井	五四八
香川	五二六	鹿児島	三七七
千葉	三四三	佐賀	三二九
長野	三〇三		

さらに次は娼妓三百人未満の地方を挙げると、左の十四地域である。

高知	二九六人	徳島	二七五人
滋賀	二七四	栃木	一八三
宮城	一六六	岩手	一六三
福島	一四三	山形	一四一
和歌山	一二〇	山梨	一一九
愛媛	一一〇	島根	一一〇
鳥取	一二	石川	一

前記のごとく娼妓の最も少ない地方は石川であって、たった一人をみるのみである。しかるに、同地方には三百六十四軒の貸座敷が営まれているのに、娼妓がただ一人とは訝《いぶか》しく思われるので、段々と調べてみると、同地方の貸座敷と遊廓なるものは公娼に関する貸座敷というよりも、むしろ芸妓ならびに私娼の巣窟であって、東京地方で多く営まれる待合茶屋と同様なもので、同地方には前述のごとく娼妓は一人であっても、芸妓

は千七百三十四人に上り、私娼とみなす酌婦が七百七十四人で、これらを合わせると、密かに笑いを売る女は二千五百八人に達し、形式的にみれば公娼が廃止され、私娼だの芸妓が性的享楽の対象となっている。

ここに再び記するが、公娼のない地方は青森、秋田、茨城、群馬、埼玉、富山、三重、長崎、宮崎の各地方である。しかし、この地方においては芸妓と酌婦は後段に掲げるごとく少なからぬ数に上っている。

(ロ) 芸妓

徳川氏の中葉時代から芸者なる接客婦が現れて、遊芸を本業として客の招きに応じ、容易に笑いの紐を解かないので柳暗花明の巷で稼いでも、かの遊女とは桁が違い、意気と張りとで押通したのである。ところが、時代を経るごとに芸者が増すので、ただ酒間の斡旋を為すとか、三味線の音色で客の機嫌を迎えるという本業のほうはようやく没却され、今の芸者なる者は一部の類を除いてはほとんど売笑が専門的となり、いわゆる不見転芸者なる者が多くなって、風俗衛生の上に悪い影響を及ぼすことは説くまでもない。

ここに芸妓一千人以上が稼いでいる地方を挙げてみよう。

昭和十四年十二月末日現在

東京	一四、二二一人	大阪	八、四四三人
愛知	六、五九〇	兵庫	三、六五三
福岡	三、五二八	静岡	二、七九五
新潟	二、六九一	北海道	二、五三六
神奈川	二、三八五	京都	一、九三二
長野	一、八八〇	岐阜	一、八一三

広島	一、七六九人	石川	一、七三四人
群馬	一、四三七	山口	一、二八六
長崎	一、二八〇	福井	一、一六〇
三重	一、〇七二	福島	一、〇八八
愛媛	一、〇三三	栃木	一、〇〇一

次に芸妓五百人以上一千人未満の地方は左のごとくである。

熊本	九〇六人	和歌山	八六五人
茨城	八一二	宮崎	八〇六
千葉	七七六	香川	七五八
埼玉	七一六	岡山	六〇八
島根	五七三	大分	五四二
秋田	五二三		

芸妓五百人未満の地方を挙ぐれば、左のごとくである。

奈良	四四一人	徳島	四二八人
佐賀	三九〇	高知	三七九
滋賀	三五六	鹿児島	三三四
山梨	二九一	沖縄	二七九
鳥取	二六六		

（八）酌婦

前段において述べたが、地方庁によっては酌婦に対する取締りが二様に行われている。すなわち、甲種のものは酒間の斡旋のみに従事するものであり、乙種は私娼とみなしている。この甲乙の種別による各人数は判明せざるのであって、これは内務省警保局について調べても具体的にその数は判っていない。

ところで、大阪地方のごときは他に比較して酌婦の数は少なく八百三十五人に過ぎない。これは料理屋などに働く仲居とか女中だけの数かといえば、そこに疑問が生じる。それは大阪地方では二千三百七十七軒の料理屋が営まれているので、この料理屋に使用される酌婦とすれば数が不足であり、また、兵庫地方は酌婦の数が著しく多く、その数は八千七百三十人であって、これらはいかなる客商売に雇傭されるものか判明しない（兵庫県料理営業者二千七百六十三人）。

なお東京地方ではかの有名なる玉の井と亀戸の各私娼街には千八百五十人の私娼が抱えられているが、俗に（銘酒屋と称する娼家は亀戸玉の井を合わせ九百二十五軒）この銘酒屋は酒を鬻《ひさ》ぐものでなく、料理を供給するでもなく、また喫茶店でもなく、ただ売笑を営むもので、ここに働く女はいずれも脱法的なもので、勿論酌婦としての取締りの許に動いてはいない。

かくのごとく酌婦には酒の酌のみに従事する者と、醜い業を為す者とがマゼコゼになっているが、いずれにするも風紀と取締りの上に油断のできない業態の者であるから、ここにまずもって酌婦一千人以上の地方を挙げてみよう。

昭和十四年十二月末日現在

兵庫　八、七三〇人　東京　七、〇六三人

福岡	六、二六七人	広島	四、二一六人
愛知	三、七三八	北海道	三、六二二
神奈川	二、九六七	長崎	二、六八八
山口	二、五八八	静岡	二、一〇一
愛媛	二、〇七八	岡山	一、九三八
茨城	一、九一六	山形	一、六三六
高知	一、三七八	栃木	一、二〇三
奈良	一、一七〇	京都	一、一五二
千葉	一、一〇九		

次に酌婦一千人未満の地方は次のごとくである。

宮崎	九七七人	長野	九四四人
福島	九四〇	和歌山	九三三
鹿児島	八七三	大分	六九
熊本	八四〇	三重	八三八
大阪	八三五	宮城	八一一
佐賀	八〇六	埼玉	七七三
山梨	七〇五	青森	六八五
香川	六七九	福井	六〇二

岩手	五九六人	群馬	五九一人
滋賀	五二二	石川	四七四
岐阜	四六四	秋田	四四二
沖縄	二六七	鳥取	二五五
徳島	七七	島根	七三
富山	四七	新潟	〈記載数字なし〉

(二) 女給

大東京の巷でカフェーが初めて開業したのは明治四十〈一九〇七〉年頃で、西銀座に屋号を「プラッタン」といって、一軒のカフェーが営まれ出し、その後年ごとに増加してどこの地方でも営まれ、この新しき歓楽の波は諸方に拡がるので女給の数も年々と増加したが、時局となってからはこのカフェーも漸く衰えの色が見え出した。しかし、昭和十四年十二月末日現在では各地方を合わせたるカフェー、バーの軒数は二万九千六十四軒であり、ここに働く女給の数は九万一千九百四十六人に上っている（カフェーの最も多かったのは昭和九年の三万七千五十九軒である）。

ここに一千人以上の女給が分布されている地方を挙げることにする。

昭和十四年十二月末日現在

東京	二五、〇七八人	大阪	一九、七三〇人
兵庫	八、三八二	北海道	五、〇八六
神奈川	四、五六三	愛知	三、二九七

埼玉	二、七五三人	三重	一、五七四人
福岡	一、四九三	広島	一、四三五
岡山	一、三一八	京都	一、三一七
新潟	一、二三二	和歌山	一、一五一
青森	一、〇四六	群馬	一、〇一一

次に女給一千人以下の地方は左のごとくである。

静岡	九五五人	山口	七二九人
千葉	七二九	愛媛	六七八
長野	六五〇	岐阜	六四六
茨城	六一八	岩手	四八九
福島	四一二	宮城	四一〇
奈良	四〇九	福井	四〇四
香川	四〇四	石川	三六六
栃木	三二六	鳥取	三〇八
島根	三〇四	高知	二九〇
長崎	二八七	富山	二八三
秋田	二六二	徳島	二五九
大分	二三四	滋賀	二〇二

宮崎	一九六人	山形	一八九人
山梨	一七四	鹿児島	一〇六
熊本	九八	佐賀	五九
沖縄	九		

地方別による総合数

各地方における芸娼妓、酌婦、女給などの数を見ると、人口七百万を抱擁せる大東京の巷にはさすがにその数が多く、すなわち芸娼妓、酌婦、女給を合わせると、五万二千七百二十二人に上り、次は大阪地方の三万七千百六十九人にして、さらに次は兵庫地方の二万三千百五十四人であるが、これ以外において一万人以上の地方は、愛知、福岡、北海道、神奈川であり、最も少数にして一千人以下の地方は鳥取だけである。要するに産業が殷賑であり、なお人口の多い都市の在る地方はどうしても売笑婦が多いのである。

ここに(イ)娼妓、(ロ)芸妓、(ハ)酌婦、(ニ)女給を合わせ、この総合的の数が多い地方から少ない地方へと順々にその数を掲げた一覧表をみられたい。

	総数	娼妓	芸妓	酌婦	女給
東京	五二、七二二人	六、三六〇人	一四、二二一人	七、〇六三人	二五、〇七八人
大阪	三七、一六九	八、一六一	八、四四三	八三五	一九、七三〇
兵庫	二三、一五四	二、三八九	三、六五三	八、七三〇	八、三八二
愛知	一六、四六九	二、八四四	六、五九〇	三、七三八	三、二九七

	総数	娼妓	芸妓	酌婦	女給
福岡	一二、六八六人	一、三九八人	三、五二八人	六、二六七人	一、四九三人
北海道	一二、〇三八	七九四	二、五三六	三、六二二	五、〇八六
神奈川	一〇、九五九	一、〇四四	二、三八五	二、九六七	四、五六三
広島	九、七七八	二、三五五	一、七六九	四、二一九	一、四三五
京都	七、六八五	三、二八四	一、九三二	一、一五二	一、三一七
静岡	六、六〇五	七五四	二、七九五	二、一〇一	九五五
山口	五、六二三	一、〇二〇	一、二八六	二、五八八	七二九
岡山	四、六〇九	七四五	六〇四	一、九三八	一、三一八
新潟	四、五五三	六三〇	二、六九一	／	一、二三二
長崎	四、二五五	／	一、二八〇	二、六八八	二八七
埼玉	四、二四二	／	七一六	七七三	二、七五三
愛媛	三、八九〇	一一〇	一、〇三三	二、〇六九	六七八
岐阜	三、八〇七	八八一	一、八一三	四六四	六四九
長野	三、七七七	三〇三	一、八八〇	九四四	六五〇
三重	三、四八四	／	一、〇七二	八三八	一、五七四
茨城	三、三四六	／	八一二	一、九一六	六一八
和歌山	三、〇六九	一二〇	八六五	九三三	一、一五一

	総数	娼妓	芸妓	酌婦	女給
群馬	三、〇三九人	／人	一、四三七人	五九一人	一、〇一一人
千葉	二、九五六	三四三	七六六	一、一〇九	七二九
福井	二、七一四	五四八	一、一六〇	六〇二	四〇四
栃木	二、七一三	一八三	一、〇〇一	一、二〇三	三二六
奈良	二、六五二	六三二	四四一	一、一七〇	四〇九
石川	二、五八九	一	一、七四八	四七四	三六六
熊本	二、五八六	七四二	九〇六	八四〇	九八
福島	二、五八三	一四三	一、〇八八	九四〇	四一二
山形	二、四〇二	一四一	四三三	一、六三九	一八九
富山	二、三七七	／	二、〇四八	四七	二八二
香川	二、三六七	五二六	七五八	六七九	四〇四
高知	二、三四三	二九六	三七九	一、三七八	二九〇
青森	二、〇二一	／	二九〇	六八五	一、〇四六
宮崎	二、〇一五	／	八四二	九七七	一九六
大分	一、九九三	三四八	五四二	八六九	二三四
宮城	一、七六一	一六六	三七四	八一一	四一〇
鹿児島	一、六九〇	三七七	三三四	八七三	一〇六

	総数	娼妓	芸妓	酌婦	女給
岩手	一、六三三人	一六三人	三八七人	五九七人	四八八人
沖縄	一、六一九	一、〇六四	二七九	二六七	九
佐賀	一、五八四	三二九	三九〇	八〇六	五九
滋賀	一、三五四	二七四	三五六	五二二	二〇二
山梨	一、二八九	一一九	二九一	七〇五	一七四
秋田	一、二二七	／	五二三	四四二	二六二
島根	一、〇六〇	一一〇	五七三	七三	三〇四
徳島	一、〇三七	二七五	四二八	七七	二五七
鳥取	八四一	一二	二六六	二五五	三〇八
合計		三九、九八四	七九、九〇八	七四、四七二	九一、九四六

以上四つの類を合わせると（昭和十四年十二月末日現在）二十八万六千三百十人である。

売笑婦となる原因

笑いを売るために色の籬に這入り行く女の境遇に対しては、誰でも同情の思いを濺《そそ》がねばなるまい。かの女の多くはこの悲しい籬に這入ってからは、おおむね心の哀愁を化粧の色で塗り隠し、意にもなき笑いを売るのであって、すなわち芸妓、娼妓、私娼などそのいずれにするも、色の籬に売られ行く原因の主なるものは貧困と生活苦であって、筆者はかつて公務の上から東京洲崎遊廓の娼妓一千六百二人について娼妓となれる原因を

調べると、

（一）貧困なる家計補助のためという者六百七十九人
（二）自己生活困難のため五十一人
（三）前借金整理のため八百七十二人

であった。しかして、この第三にあたる前借金整理のためというのは、娼妓となれる者の中には既に売笑婦の生活にあった者で、ツマリ娼妓となり職業的の売笑婦にはなったが、その直前に芸妓であった者、あるいは酌婦であった者が娼妓に転換せし者、あるいは他の遊廓に働いてはいたが面白くない事情から洲崎遊廓へ住替えた者で、要するに十中の九までは貧乏に禍《わざわ》いされ娼妓となった者とみなされる。

また、東京の深川辰見の芸妓二百十三人につき芸妓となった原因を調べると、

（一）貧困なる家計補助のため六十九人
（二）前借金整理のため八十七人
（三）自己生活困難のため二十二人

にして、これらは娼妓となる原因と同様であるが、ここに一つ娼妓とは異なった原因の者がある。それは、

（四）自己希望による者が三十五人

を見るのであって、すなわち一割六分四厘にあたるものは貧困によるのではなく、むしろ堅気の生活を嫌って、かかる花明の色街に入り、浮華、虚栄、放肆等々の自堕落生活を好むものであった。

さらに大東京の私娼街として有名なる玉の井の私娼二百五十人について、その原因を調べると、左のごとくであった。

貧困なる家計補助のため	一〇五人
父母もしくは兄弟病気のため	四五
夫病気のため	二
家庭借金整理のため	二〇
子女養育のため	八
家庭不和のため	八
家出誘惑されて	一四
自己希望のため	四七
その他	一

ここの私娼街は前段において概貌を述べたが、娼家なるものは料理屋、飲食店、カフェーその他いわゆる水商売の看板をかけないで、愛嬌商売を為すもので、働くかの女は娼妓のごとく稼業申請をして登録されてから就業するのではなく、また芸妓のごとく許可によるのでもなく、したがって、ここの女は警察方面の厳しき身元調査を受けない者で、ある女は誘惑の挙句にこの淵に投げ込まれた者もあろう。ある女は自堕落から闇に咲く花となる者、または家庭不和のために家を離れてかかる白粉労働者に堕落せる者など、その原因が貧困でない者〈家庭不和のため、家出誘惑されて、自己希望のため〉が二割七分に上っている。

それから都を落ちて田舎の曖昧料理屋へ売られて行き、酌婦の名義で密かに笑いを売る私娼三百一人についても原因を調べると、次のごとき訳柄であった。

（一）貧困によるもの

家族病気のため　六七人
家族の婚姻、葬儀費整理のため　七
扶養者喪失　二
家庭生活難　一五七
震災その他災害のため　八
自己生活難　一九
計　二六〇

かくのごとく貧困等の事情に悩まされて、私娼となった者は八割六分四厘にあたり、この以外の原因による者は実数四十一人、一割三分六厘にあたっているが、これらの私娼となれる原因は左のごとくである。

(一) 自己希望によるもの　一一人
(二) 欺瞞誘惑に懸りて　一二
(三) 実父放蕩のために、
実父賭博に耽りたるために、
実父投機に失敗せるために、
内縁の夫素行不良離縁するに臨み手切金を強請されたるため等々、
また原因不詳のもの、これらを合わせて二十九人である。

(「社会事業研究」二九巻二号　昭和十六〈一九四一〉年二月)

人口増殖の障碍たる売笑婦(続)

芸娼妓酌婦の紹介業

風俗警察の上から取締るべき雇傭婦の中で、カフェーの女給となるには周旋屋を経ないでも、カフェーの店先に女給さん至急入用の貼紙をたよりに、雇主と直接に雇傭関係が結ばれる。ところが、芸娼妓と酌婦はそのほとんどが周旋屋を経て柳暗花明の巷へ売られて行くのである。こうして周旋屋の紹介を必要とする訳は、娼妓になる者はことごとくが前借金で抱えられ、芸妓酌婦の中でも極めて少数な者を除き、他はいずれも前借が的で抱えられるので、稼業に就いてからもしも逃亡とか自由廃業をなすと、抱主は先ず第一にその周旋屋に交渉して鼠《けり》をつけさせるので、かかる社会の習慣として周旋屋が介在しないと都合が悪い。

また「タマ」の配給についてもこの周旋機関がないと需給の調節を欠くのであって、この芸娼妓酌婦(周旋紹介業者に対しては内務省令による営利職業紹介事業取締規則は全然適用されないで、特殊のものと認め、庁府県令によって取締っている。この芸娼妓酌婦紹介業者の最近における数は判らないが、内務省においては昭和五〈一九三〇〉年六月末日現在によって調査したので、これによってその数を知るより仕方がない。ここにその当時において該業を専業としている者、または物品販売だの雑業の傍ら営んでいる者などを合わせると、次のごとき数に上っている。ただし、東京地方は専業にあらざれば該業を許可しない。北海道および各府県を合わせたるもの、芸娼妓酌婦紹介業五千六百三十人。この内で百五十人以上の地方を挙げてみよう。

福岡三百九十人、愛知三百七十七人、熊本三百十三人、長崎二百四十七人、東京二百九人、大阪百九十九人、和歌山百七十九人、山口百七十六人、北海道百七十三人、広島百六十一人、岡山百六十人、茨城百六十人、

鹿児島百五十九人等にして、他の地方はいずれも百五十人以下で、その数の少ない地方は島根五十人、富山四十六人、山梨三十五人、岩手二十一人、沖縄のわずかに二人である。

しかして、この周旋屋の取扱いによって、一ヶ年の間にどのくらいの数に上る婦女が売られ行くのであろう。これについて、全国にわたるその数は内務省当局によっても判然しないので、やむなくかの女たちの稼業年期の関係から割出して推定数を挙ぐるに過ぎない。しかし、貧乏、自堕落、その他の暗翳《あんえい》なる事情から醜業に陥る女が何ほどに上るものか。かかる売笑婦の発生は現実生活の低級なると、貧困という暗流に捲かれる社会層の輪の大小と、はたまた社会的倫理の渦巻を識る上において、その発生数を知りたいので、筆者はせめて大東京から生み出される売女の数を確かめようと、警視庁文書課について調べてみると、大東京の生活場裏から意外に多くの女が売られ行くのである。

警視庁管内には公認の芸娼妓酌婦紹介業者は前述のごとく二百余名であるが、これら紹介業者が一人の婦女を紹介し、それが芸娼妓酌婦そのいずれかに成りたる場合には左のごとき紹介手数料を収めることができる（警視庁により定めらる）。

前借金五百円以下の者	一割四分以下
同　一千円以下の者	一割三分以下
同　一千五百円以下の者	一割二分以下
同　二千円以下の者	一割一分以下
同　二千円を超えたる者	一割以下
前借金なき場合	

日給または月給の場合もしくは一定の給料なき場合は手数料三円以下

前項の手数料は雇主とか抱主などいわゆる主人から七分以上を受け取り、残額の三分は紹介された女から受け取る。しかし、その女の事情によりては主人より手数料の全額を受くるのであって、前借金五百円の女を売り込めば七十円の儲けがあり、二千円の者であれば二百円の儲けがある。しかしながらAの色街からBの色街へ住替える場合には、その事情によっては手数料を割引くものがいく分かはある。

一ヶ年に売られ行く女の数

ここに大東京で営まれるこの類の周旋屋によって売られ行く女となった者とその人数を挙げるには、過去の時代と、最近一ヶ年の数とを比較的に挙げ、かくして俗に一昔前の大正時代と最近における売女の数を表してみよう。

大正九〈一九二〇〉年、同十年、同十一年、同十三年、同十四年、昭和二〈一九二七〉年、以上六ヶ年に紹介業者のもとへ身売りをしたい、また身売りの女があったら抱えたい。そうして売る者と買う者で契約が成立して芸娼妓酌婦そのいずれかになった者。これらの需給状態を説くために、㈠女を抱えたいという者、㈡抱えてもらいたい者、㈢双方談合の結果、色の巷に運ばれる者。すなわち求人、求職、就職の数を挙げることにする。

前記六ヶ年の芸妓紹介成績

求人	三万五千三百六十三人
求職	二万八千五百九人
就職	一万八千三百五十九人

同　娼妓紹介成績

求人　一万五千七百九十七人
求職　一万九百四十五人
就職　六千七百六十四人

同　酌婦紹介成績

求人　一万二千九百三十八人
求職　九千七百三十七人
就職　六千四百六十五人

笑いを売る女を求める求人数は三種を合わせて、六万四千九十八人に上る。これに対し、己の躰を商品化しようとする求職者は四万九千百九十一人であり、双方で談《はなし》がまとまり就職した者は三万一千五百八十八人であって、これを一ヶ年に平均すると五千二百六十四人の女が悲しい色の籬《まがき》に運ばれて行くのである。

かくのごとく、女を抱えようとする数は六万四千九十八人であるのに対し、身売りをしようと紹介を頼む女の数は四万九千百九十一人にして、結局双方で談がまとまり抱えられた女の数は三万一千五百八十八人である。要するに求人に対する就職は四割九分三厘に過ぎない。また身売りをしようとした求職者にして就職せる者は六割四分二厘で、残りの三割五分八厘にあたる者は買手のなかった不就職者である。

次に、最近における紹介成績を見るに、時局となり殷賑産業は振興し、したがってその方面では労力の需要が昂上したので、花柳の巷だの曲輪の籬に植えつけられる笑いの花も萎靡《いび》して輪が縮まるはずであるのに、事実はそうでなく、ここに昭和十三〈一九三八〉年中に東京地方で営まれる芸娼妓酌婦紹介業者二百五人の取り扱った需給状態をみると、左のごとくである。

	求人	求職	就職
娼妓	四、六〇五人	二、二三九人	一、八四六人
芸妓	五、九〇九	三、二九七	二、九二三
酌婦	一、六一六	七九二	六〇八
合計	一二、一三〇	六、三二八	五、三七七

跛行《はこう》的景気で歓楽の巷は賑うので、抱え女が多ければそれだけ儲けが多いので売女を求める数は前記のごとく一万二千百十二〈一万二千百三十〉人に上り、これに対し身売りをしようとする女の数は六千三百二十八人である。すなわち求人に対する求職の割合は五三・〇%にあたり、この五割三分にあたる求職者（六千三百二十八人）の中で結局就職せる者は八四・〇%（五千三百七十七人）にあたっている。

大正の末頃から昭和の初めには財界の不況がようやく段階的に襲い来た頃であって、身売りをしようとする女が比較的に多いので、抱主は可及的に良き玉を選択して抱えたので、求職に対し就職の割合は六四・三%に過ぎなかった。しかるに、最近においては八四・〇%まで身売りができるのは言うまでもなく、醜い道を踏もうとする求職者が減ったので、玉の良否は二の次の問題で、抱主は互に競い合い、前に述べたるごとく、かつては娼妓一人あたりの前借平均額は八百二十九円であったものが段々せり上げて最近では約二千円となり、また芸妓も一人あたり平均九百五十九円であったものが今では二千円に跳び上がり、こうした金の轡《くつわ》を大きくして抱えようとすれば、人間はやはり金の力には弱いもので、この頃は婦人の働く職場はまともの産業方面にいくらでもあるのに金嵩《かねかさ》で縒《より》を強めた絆に引かされて、濁り江に落ちる女の数は減らないで、かの露骨で醜い娼妓になる者は最も多い当時より約三割の減少をみるが、芸妓は時局以前の数とほとんど同様であり、酌婦もそうまで多くは減っていないのである。

さて前段においても述べたように、大東京の巷で営まれる、俗に「女衒《ぜげん》」という芸娼妓酌婦紹介業者は昭和十三年十二月末日現在では二百五人であって、この種紹介業者を経て芸娼妓酌婦となった者は五千三百七十七人である。かくのごとく大きく広い東京の巷からは一ヶ年に多数の売笑婦が発生している。しからば東京以外の地方においては一ヶ年にどれくらいの数で売笑婦が発生するものか。これまた前段で述べるがごとく、内務省につき当局に尋ねてもその数は判然しないが、これを推定によって数え上げると、北海道および各府県で営まれるこの種紹介業者の員数は五千六百三十人（昭和五年六月末日現在）であったが、その後はいくらか減じている（最近の業者数調査未詳）。故に、この頃においてはこの紹介業者を五千人とみなしたら間違いがなかろう。そこで、さらに説かねばならぬ事は、東京地方で営まれる業者の事業成績をみると（昭和十三年）、業者一人あたりの平均売込み数（紹介就職せる者）は十八〈二十六〉人にして、この十八〈二十六〉人の者が芸娼妓酌婦そのいずれかへ就職せるものである。

この数字から推すと、一ヶ年には九万〈十三万〉人の女が柳暗花明の巷に這入り行く訳であるが、しかし、東京と各地方の都会とを通じて同一の数で推すのは妥当でない。すなわち、東京方面では芸娼妓酌婦紹介業者一人あたりの売込み平均数は十八〈二十六〉人であっても、東京以外の地方ではその半数とみなしてよかろう。そうして全体を通じて一ヶ年に発生的に白粉労働者となる婦女の数は四万五千人くらいと観るべきであろう。

なお、非公認なもぐり桂庵《けいあん》なる者があり、また身売りの女と抱主の間で直接に雇傭関係を結ぶ者も稀にある。これらは別問題であるからここに説述を省くことにする。

公娼街と遊客の増加

男性が性的享楽を遂げるため遊客となって、花柳の街に這入る者につきその数を調べると、公娼方面は官憲の取締り関係から各地とも一般的に遊客数は判明している。また東京における風変りで特殊的の私娼街である玉の井、亀戸などの遊客もほぼ判るのであるが、芸妓だの酌婦を相手に遊興をなす客はいずれも燈燭の蔭で密かに笑いの紐を解かせる遊客であるから、公には勿論のこと、また側面からも窺い知ることは容易でない。ただここには公娼街において娼妓を相手にせる客数を挙げるにとどまるのである。

年ごとに娼妓は数を減ずのに、これとは反対に遊客は年々増加の実状を現している。これは経済的関係と結婚難から壮年の独身者が多いものか、あるいは性的の放肆に流れる男が繁く遊里に踏み込むものか、または殷賑産業方面に働く人々の中には享楽重点主義から曲輪に繰り込むものか。とにかく遊客の数は次のごとくに増加を現している。

北海道および各府県を合わせたるもの　内務省警保局による調査

昭和二年	二千二百二十七万三千八百四十九人
同　五年	二千二百八十二万七千七百三十人
同　十年	二千五百八十三万八千七百七十六人
同十四年	三千三百二万九千八百二十六人

以上のごとく、遊客を昭和二〈一九二七〉年と同十四年と比較すれば、千八十五万五千九百二十二〈千七十五万五千九百七十七〉人だけ多い。すなわち昭和二年に較ぶれば、十四年の遊客数は三三・七〈四八・三〉％の割合で増している。

ここに昭和十四年中に遊客数五十万以上の地方を挙げるとその最も多きは大阪府の九百四十三万四千二十二人にして、次は東京の六百六十七万八千五百七十六人であり、さらに次は愛知県の二百四十五万三百三十二人などは多い方である。

大阪	九、四三四、〇二二人
東京	六、六七八、五七六
愛知	二、四五〇、三三二
京都	一、九八四、八四二
兵庫	一、九〇八、三〇六
神奈川	一、〇八四、一二六
静岡	八三七、四四二
岐阜	七八七、八九九
広島	七六六、三四〇
北海道	五四二、九九三
福岡	五〇六、八三五

前記のごとく遊客五十万人以上の地方には東北区には一ヶ所もなく、また四国方面にもなく、関東区では東京と神奈川であり、東海区では愛知静岡であって、要するに現代の享楽境としては鳥渡《ちょっと》時流に副わない公娼街に遊ぶ者は愛知から近畿地方に多いので、東京よりも大阪は娼妓の数が多く、したがって遊客数では東京の数を超えること、二百七十五万五千人余りに上っている。

娼妓の妊娠分娩

（イ）大阪地方の状態

貧困とか、もしくは自堕落から、あるいは誘惑の魔手に禍いされ、または尊親者でありながら愛情に乏しく生活難に陥れば、しゃにむと家のためなり親のために犠牲たるべしと、利己一点張りの父兄に迫られたり、そのいずれにするもおおむね悲運の波に乗り売笑婦となる者のあるのは、そこに社会的にさらに経済関係において、なお個人関係からもたらす社会悪の現象ではあるが、一たび浅ましくも売笑婦に陥ると、売笑行為の祟《たた》りから不孕性となる者が多い。現下においての国策の一つとしては生めよ殖やせよと、人口増殖問題が叫ばれる場合にあたり、生まれつかぬ石女《うまずめ》を年々数万人ずつ発生さすのは国策の上から観ても忽諸《こっしょ》に付する訳には行かない。

この売笑婦と不孕性については医学的の方面からその学説は既に発表されてはいるが、実際問題を具体的に説いた学者は少ない。今から二十余年以前のその頃に、大阪府衛生課長であり府立難波病院長であった上村行彰氏が、大阪の娼妓について娼妓とならざる以前に妊娠分娩の有無を調べた（同氏著『売られ行く女』大鐙閣大正七年九月）に掲げられた記述によれば、いわゆる素人時代においては妊娠分娩せる者が少なくないのである。

同氏の調査によると、娼妓となる前に正式の婚姻をなしたことのある者の数は明瞭でないが、本人の言うところを事実として調べてみると、二千五十三人の中で結婚したりと称する者は三百二人（一割五分）で、この中で百七十七人すなわち婚姻者の五割九分にあたる者は妊娠分娩を終えた経産者であった。これらの婚姻年齢は十八歳が最も多く約三割を占め、十七歳から十八歳と十九歳の者これを合わせると七割にあたり、十四歳から十六歳までが一割で、最年長者は二十六歳で分娩をしているが、要するに十九歳を超えた者は二割であった。

また婚姻をなしたることなき者五千六百四十七人について経産せし者を調べると、経産者が意外に多く、前記五千六百四十七人の中で児を生んだ者は千三百二十一人にして、すなわち二割五分にあたる者は娼妓となる前にすでに分娩をなせる者で、しかも千三百二十一人の中で分娩一回の者千二百三十一人、二回の者七十二人、三回の者十四人、五回と六回の者各一人であって、娼妓となる前に結婚からではなく、私通関係からかくまで多く出産せる女のあるのは淫奔多情《いんぽんたじょう》の女が自堕落から娼妓となったようにもみなされる。しかして、出産は流産の百十一回と死産の九回とを除き、他はことごとく生産である。

しからば娼妓となり稼業に就いてからは、どれだけ妊娠分娩するものか。これが有様を説いてみよう。上村行彰氏が大阪の娼妓二千二百二十八〈二千五十三〉人について調べると妊娠せる者はきわめて稀で、すなわち娼妓二千二百二十八〈二千五十三〉人の内で妊娠せる者はわずかに十六人だけで、この内流産と死産が各一人で、他は生産せる者である。この稼業中の妊娠分娩の割合は百に対して〇・八六……千人で八人六分の児を産むにすぎない。これを観ると、売笑婦に堕ちると児を生めない石女となる者がすこぶる多いことが頷かれる。

（ロ）東京地方の状態

筆者は公務の関係から、昭和三年に吉原遊廓三業組合事務所に臨み、前年〈昭和二年〉度中にこの吉原遊廓で娼妓稼業に就いた者六百八十一人のカードを調べると、娼妓となる前に児を生みたる者は百四十四人にして、すなわち二割一分三厘にあたる者は経産者である。これら出産当時の年齢をみると、やはり淫奔性からか、十五歳〜十八歳の者で児を生みたる者三十六人、十九歳〜二十歳で六十四人、二十一歳〜二十五歳で四十二人、二十六歳以上は二人であった。

こうして娼妓となる以前の妊娠分娩の数は判ったが、娼妓となり稼業中に妊娠せる者についてはカードに記入してないので、警視庁立吉原病院元医長藤田善吾博士を訪ねて娼妓妊娠問題を尋ねると、吉原遊廓で常に稼ぐ娼妓の数は二千八百人内外であるが、稼業中に児を生む者は一ヶ年に十五人くらいなもので、要するに一ヶ年間に千人で六〈五〉人ほどの児を生む割合であろうと抽象的な物語りであった。その後、筆者は警視庁に行き、同庁管内の各公娼街に稼ぐ娼妓と妊娠分娩数を調べると、左の事情における場合の分娩数は判った。

それは娼妓に対し、定期もしくは臨時に行う強制診断で、花柳病と診断されその結果入院治療を加えるが、その患者で妊娠しており、入院が永引くと院内で分娩する者がある。こうして入院中に分娩をなす者はきわめて少数ではあるが、ここに大正十五年より昭和十四年の各年における入院中の分娩数を挙げてみよう。

	年末現在娼妓数	花柳病にて入院中分娩せる者
大正十五年・昭和元年	五、二九一人	七人
昭和二年	五、七三四	○
同　三年	六、一三二	一一
同　四年	六、四一七	一三
同　五年	六、七九四	九
同　六年	七、一五六	○

落丁

と称し、商家と簷《ひさし》を並べて貸座敷の営まれる処は品川、板橋、その他に三ヶ所あって、前掲のごとく娼妓の多い年にはその数が七千四百余人に上り、最近では数が減り六千三百余人になったが、これら娼妓の中で花柳病に罹り入院する者は、各年ともおおむね〇・七〇％となっている。故に、娼妓が七千人であれば四百九十人、六千人であれば四百二十人の割合で入院している。これら入院患者にして、その入院が永引き院内で分娩せる者は大正十五年から昭和十三年まで十三ヶ年間に七十六人に過ぎない。

入院中の娼妓と分娩数は叙上《じょじょう》のごとくであるが、さて稼業中の娼妓が妊娠した場合には楼主はその娼妓をいかに処遇するものか、それを説くことにする。東京地方においては明治二十二〈一八八九〉年警察令第十二号をもって、娼妓を保護するために楼主と娼妓の間に申合規約を定めさせたが、その一項に「娼妓懐胎したる時は産前産後各三ヶ月ずつ休業せしむ」と申し合わせたが、昔から虐待の絶えないこの社会では楼主が申し合わせによって約束通り休業させるもの少なく、一片の空文に過ぎなかった。しかるに明治三十三年内務省令第四十四号をもって娼妓取締規則が実施され、娼妓は自由廃業を認められ、ようやく桎梏の苦しみから脱し得るようになったので、東京地方の業者も娼妓に対する処遇を改め、「貸座敷営業者は娼妓稼業中にして妊娠したる者ある時はその妊娠七ヶ月以後及び分娩後六週間は稼業に就かしむることを得ず」と、規約を更改し、以後はその規約によって妊娠分娩の娼妓を処遇している。

さて、売笑婦の内でも娼妓は遊客に出会えばほとんど絶対的に笑いを売らねばならぬもので、傷ましくもその為す行いの反応として生理的に欠陥を起こし、不孕性に陥るものか。かつて、娼妓とならざる境遇の頃は前段所説のごとく上村氏の調査によれば二割三分、筆者が吉原の娼妓について調べると、二割一分三厘にあたる者は既に子を生める経産者であるが、それが娼妓稼業に就いて後は妊娠分娩をなす者がめっきり減るのであって、かかる問題に関しては医学的分野において研究が行われているのであろう。しかし、筆者の寡聞《かぶん》なる今までその方面の学者によって発表を知り得たのは、二十余年以前に、大阪府立難波病院長上村行彰氏の発表されたる娼妓は百人の中〇・七二の割合、すなわち千人で七人と二分というきわめて少ない割合で分娩をしている。さらに、最近においては吉原病院元医長藤田善吾博士の談によれば、娼妓は千人の中で妊娠分娩する者は五人くらいであり、なお先般開催されたる人口問題研究全国大会において愛知県衛生技師三輪春雄氏の発表によると、千人で六人くらいの正常児を生む。しかし、流産はかなり多いと述べられる。要するに娼妓にして稼業中の分娩率は意外に低いのである。

芸妓酌婦等の売笑について

次に芸妓であるが、この芸妓なるものは一律一体に売笑をなすものではない。それは芸妓の稼業契約条件の関係をみて、売笑行為の有無を判断するのが妥当である。いったい芸妓と抱主の間に契約する稼業条件から推して観ると、芸妓は有年期のものと、俗に「カセギヌケ」と唱える無年期のものとがある。そうして有年期のものはなお二つに分かれ、㈠シコミ、㈡丸抱であり、無年期のものは前借金を皆済するまで勤めるもので、㈠七三、㈡分け、㈢逆七の三通りに分かれ、これ以外に雇傭契約によらないで、また前借を負わないで自主的のものに㈠看板、㈡自前の二通りあって、これら芸妓の中で嫖客にさえ出会えば応来主義で不見転式に笑いの紐を解く類は有年期のシコミ、丸抱えと、無年期のものでは七三と分けなどで、同じ無年期でも逆七はやたらに売笑をしない。それはいわゆる優良芸者で遊芸一方で押し通し、なおこの類の者はおおむね固定的に旦那なる者を持ち、生活を保証されるのであえて他の男に売笑をなす必要もない。また、看板と自前も同様で、みだりに笑いの紐を解かない。

しからば露骨に、しかも職業的に売笑をなす芸妓はどのくらいの数に上るかといえば、昭和十四年十二月末日現在の芸妓総数は七万九千九百八人である。この内の約八割は売笑的のもので、その所為は娼妓とほとんど同様で、畢竟するに六万三千人ほどは遊芸は二の次で職業的売笑婦とみなしてよかろう。こうして常々職業的に売笑をなす芸妓につき、妊娠の有無を具体的に慥《たし》かめることは容易でない。娼妓のごとき取締規則の許に稼ぐのではなく、また公に保護を施されない芸妓に対し、かかる問題につき突込んで調べることは事実上でき難いのである。要するに、不見転といわれる芸妓の不孕も娼妓とほぼ同様であろうとみなされる。

さらに、次は酌婦であるが、これも前段において説いたように、甲乙の二種に分かれている地方がある。すなわち甲種酌婦はただに酒間の斡旋にあたるのみで、売笑をなすものではない。

しかし、これとても絶対的のものではなく、中には客種を狙い、種の良い客だけに笑いを売る者があっても、それは臨機的の売笑行為ではあるが常習的であり、職業的のものではない。乙種酌婦は娼妓と同様で露骨にして職業的のもので、ただ公と私の形式だけが違うに過ぎないのである。しかして酌婦の内に、この乙種の者が幾何《いくばく》に上るかは内務当局の調べによるとはっきり数が判らない。故に、昭和十四年々末現在における酌婦七万四千四百七十二人の内で乙種の数を四〇％とみなせば、その数は約三万人に上るのであるが、これらとその妊娠云々については、公の方面においてもまた社会調査としても、なお学界においても未だかつて調査が行われないようである。按ずるに、こうした私娼も不孕の点については娼妓と同様と観ても間違いはなかろう。

白粉労働者の一種である、かのカフェーの女給はその働く環境をみても、とかく淪落《りんらく》に流れ行く惧れがある。昭和十四年十二月末日現在女給の数は九万一千九百四十六人に上っているが、この内には常習的に売笑をなす者がいく分かはあり、また臨機的に笑いを売る者もあって、これらの中にも売笑の祟《たた》りから不孕性に陥る者があるに違いない。

結言

一

わが国でもつとに廃娼の論が起こり、これが運動を続けているが、積年の風習は一朝一夕にはなかなか改まるものではなく、ようやく娼妓の数はいくらか減ってはきたが遊廓は依然として存在し、私娼のごときも古い型から脱け出して現代的に姿と形は変わっても、実体物は相も変わらず動いている。また芸妓は一時その数が減ってもこの頃ではまたもその数は多くなったが、かかる花柳の巷では時局下を慮ぱかり、自粛の上から大ぴらに三味線の音色を高めたり爽やかに唄い騒ぐという状景は見えないが、燈燭の蔭では享楽の波が捲き揚っている。それからカフェーの女給は多い時には十一万人に上ったが時局となってから段々と減り、昭和十四年には各地方を合わせ九万一千人となった。この度、東京地方では新体制に副うべく、警視庁令によりカフェーバー等の女給数を制限し、従来は店の広さ六《ママ》平方メートルに女給一人の割合であったが、〈昭和十六年〉二月一日より四《ママ》平方メートルに一人となり、女給総数の三分の一は減らされるので、時局がら不健全なネオン街から女給は家庭へ工場へ、あるいは人妻となる者、あるいは事務員へと転出した者が少なくない。その一例を挙ぐると、銀座街のカフェーには昭和十五年八月、制限的規則の出た頃には二千四百四十五人であった女給が、この一月になると千五百六十三人に激減し、半年足らずの間に九百四十二人の女給が転出したので、新方針による制限数からみると二百五十四人だけ不足となり、東京一流のネオン街である銀座も一抹の寂しさが現れてきたが、こうして時局の投影は享楽面の一部に粛正をみるのである。しかし、一般的に享楽面を観れば、まだまだ緊縮と粛清の翳《かざ》しが淡くなお一層と引き締める要あることは勿論である。

しかして、売笑婦の存在する所以を思うに、その罪は社会の負うべきもので、そも売笑婦の発生は生活難によるもの多く、すなわち貧困が主なる原因であって、これらはいずれも前借金という経済的関係に絡まるもので、いわゆる貧乏が生み出す社会の一現象である。

また、これを需給関係から観ると、需める男性はおおむね性慾的に自制のない者で、この需要者については二通りに分けて観るのが妥当であろう。㈠は男子は性欲的においては能動的であっても、その性的能動が人並みを超えた放肆的な者と、㈡は成人に達したが、経済的事情から迎妻のできない者がいつまでも禁欲をなし難く、いわゆる一夜妻を需めて性欲を満たそうとする者。前者は妻を有するにもかかわらず、性欲を飽満的に遂げようとする者で、あるいは猟奇的にあるいは遊戯的に売笑婦に近寄るが、こうした有妻者の遊客はどのくらいの割合に上るかといえば、㈠かの芸者買いの嫖客中で七割までは有妻者であり、㈡公娼の籬に遊ぶ客は四割まで有妻者であり、㈢大東京の玉の井辺りの私娼街で戯れる者は二割が有妻者とみなされる。

かくのごとく売笑婦の類によって客種は異なっているが、芸妓に戯れる者に有妻者が多く、これらはおおむね生活に余裕のある者で、売女に初め近寄る動機は遊戯的であり猟奇的であっても、後には恋愛を惹起《じゃっき》して遊蕩に堕する者がある。

二

妻のない者、しかもそれが経済的生活事情から歳三十にして未だ迎妻のできない者のごときはおおむね貧乏線を辿る者で、これらは勃々と起きる情欲を抑え難く、簡易にして消費額の寡少なる公私いずれかの色街に這入り、性欲を満たす者が割合に多い。

こうして性的享楽の対象となる売笑婦の存在せる所以はその根底が深く、かつ複雑なもので、たんにわが国のみではなく、古来売笑の行われない国はなく、この売笑婦を絶滅しようとするには全く聖人君子のみで組織する社会とならねば、これを絶滅することは不可能であろう。

しかし、これら売笑婦の跳梁《ちょうりょう》を抑え統制して画一的に改変することはでき得るのである。その方法の一つは売笑婦の発生を可及的に防止することで、例えば貧困によって売られ行こうとする憐れな女に対しては、公的救護、言い換えれば救護法もしくは母子保護法その他の方法により防止ができよう。その実例の一つを挙ぐれば、大東京のバタヤ街として有名なる足立区本木町には二千二百世帯の要保護者が住まわっている。いずれも紙屑拾いのバタヤであるが、花柳界では今や「タマ」不足で諸方へ手を廻し売女を探すので、この貧しいバタヤ街へも手を伸ばし、貧しき少女を色街に運び行く傾向が著しいので、方面委員は警察当局と連絡をつけ、貧困云々の事由で売女になろうとする者を防止したのは二、三にとどまらない。また、母子保護法による被保護者を売女にしたが、これは方面委員が抱主に交渉して取り戻した。かくのごとく貧困と売女に関しては法的救護によって、ある程度までは防ぎ得るであろう。

要するに、国家は売笑婦については第一に減少を図る方策を樹て、なおその淵に落ち入った女に対しては抱主の酷い搾取を是正し、無年期制度を廃しいずれも有年期に改め、しかも年期は可及的短期に制限すべきである。

さらに職業的売笑婦と認めた場合はそれが芸妓であっても、また娼妓私娼等々であっても、一体的に取締り黙認主義の許にその業をなさしめ、公娼だのヤレ私娼だのという区別を廃し、時流に副うべく改廃を行う機会は迫ってきた。しかして、この黙認制度によって、売笑を営む女に対しては一律一体に花柳病予防法を徹底的に適用したならば、けだし花柳病の蔓延も防ぎ得られよう。

今や、新体制の下にすべての事態が改変されようとする秋、なおかつ人口増殖問題は国策の重き一つとして高揚されているのに、一ヶ年におよそ四万五千人の女が売笑の濁り江へ流れ落ち、そのほとんどが醜業に禍いされて子を生めない不孕の女となるありさまを眺めてはそのままに看過のできない問題である。

（「社会事業研究」二九巻三号　昭和十六〈一九四一〉年三月）

〈原本は「社会事業研究」（二九巻三号　一九四一年三月　七五～八七頁）に記載され、さらに老川寛監修『家族研究論文資料集成　明治大正昭和前期　第十一巻　戸籍・人口（統計）四』（クレス出版、二〇〇〇年八月　六七三～六八五頁）に復刻記載されている。その本文中で、原本八二～八三頁、復刻六八〇～六八一頁の記述内容が落丁している。その箇所が本書三八九頁に該当するので、落丁と記載した〉

Ⅱ　社会事業調査の行程

最下層社会調査

市のバラックを物置がわり、贅沢な避難民もある

市のバラックを物置がわり、贅沢な避難民もある
——市社会局の大手ぬかり

東京市の避難民バラックは収容当時から収容方法について甚だしい片手落ちがあると非難されていたが、最近にいたり、その声が一層甚だしくなった。避難民中には山の手の立派な親類に収容されていた者が情実関係でバラックに移転する相当の生活能力者が続出する一方において、日比谷交叉点入り口左側のごときには焼けトタンの乞食小屋同然の仮小屋十七戸が現存する等、収容方法の不公平は挙げるにいとまなく、管理者の市社会教育課は常に非難の中心となっているので、市はこれを保護課に移管を命じたので、同課では直ちに草間主任を新任して、集団バラック百十一の引継ぎをなさしめ、来たる〈大正十二＝一九二三年十二月〉十七日に各

バラック主任を招集し、協議会を開き、バラックの大改善を行うことになった。

草間主任は語る。「自分にはまだ分からないが、日比谷公園には千五百世帯がある。そのうち救助を要する世帯はわずかに八十五である。それに二重橋の天幕村は四百六十世帯のうち要救助者が四百世帯あるという有様である。殊に日比谷バラックには資本を持ち、独立し得る人もかなりあるほどで、更に聞くところでは、九段のバラック居住者には既におのれは神田区に堂々たる門戸を張り、商売をしておりながら、バラックには店の小僧を泊まらせたり、商品を入れる物置がわりにしている等の面白からぬ話もある。果たして事実か、厳重に調査の上、本当に困っている者のみを救済し、一日も早くひとり立ちのできるよう仕向けるはずだ」。


（東京日日新聞一六九六七号　大正十二〈一九二三〉年十二月十四日）

乞食の有権者　市内外で百世帯

乞食の有権者　市内外で百世帯
市社会局細民係の調査

東京市が乞食の調査を行うことは既報の通りであるが、既に市社会局庶務課細民係で調査済になっている普選〈普通選挙法。大正十四＝一九二五年五月五日公布〉の有資格乞食は市内外にわたり百余世帯あることが判明したが、いずれは問題の一つになるであろう。

右につき同係草間主任は語る。「世帯を張って、一家こぞって乞食を職業とし、相当の収入で生活をしている者が市内外に現在判明している数だけでも、百余はある。そのうち一番多いのは日暮里、三河島の細民窟にいる細民で約七十世帯。それが多くは日暮里火葬場を稼ぎ場として死亡者の遺族から合力をもらうのであるが、代々幡狼谷に十、桐ヶ谷火葬場にも二十世帯ある。そのほか本所、深川、四谷などの細民窟にも、これを商売としている者がたくさんある」。

（東京日日新聞一七四一〇号　大正十四〈一九二五〉年三月一日）

東京市内外の細民を調査

東京市内外の細民を調査　社会局の手で六月二十日から

東京市社会局では震災〈関東大震災。大正十二＝一九二三年九月一日〉によって、沙汰やみになっていた市内外の細民調査を来る〈大正十四年〉六月二十日から実行する事となり、方面委員、市吏員、有志家三百名を調査委員に嘱託した。同調査は普選実施に伴う実情調べと、市が将来における社会施設の根底を定める上において、重大なる関係を有するところから、六月二十日現在でかくは大がかりに一斉調査を行うのであるが、その数はざっと市内外に一万八千から二万人に上る見込みである。細民として、市が決定した条件は家族五人以上を有し、不生産者（老人、子供）三人以上をもつ者、月収総額六十五円以下で、家賃十円以下、公私の救恤《きゅうじゅつ》を受くる者、掘立小屋に住む者に限定されている。

右につき社会局草間調査係長は語る。「これは範囲を広めると、十万人二十万人に達するが、この条件だったら一万八千名くらいだろう。もっとも、市内の細民は震災後都落ちをした者がある関係上よほど減少した。例の富川町や万年町にいた連中は今日は三河島、日暮里、千駄ヶ谷、大島町、品川、吾妻町、寺島、南千住に散って、相当の数に上っている」。

（東京日日新聞一七四六二号　大正十四〈一九二五〉年四月二十二日）

細民長屋に殖えた醜い夫婦喧嘩の裏

細民長屋に殖えた醜い夫婦喧嘩の裏
己が不幸を宿命とあきらめて、暗いその日その日を送る人々
……ドン底の生活苦

米価はついに三等米一升五十三銭という高値になった。市社会局では生活難のますます深刻さを加えつつある昨今、細民たちがどんな生活をしているかを草間嘱託が主任となって、過般来各方面にわたり調査中であるが、その結果によると、これら階級における不景気のための悲惨なる実例は枚挙にいとまなく、実に想像以上である事を発見したという。草間氏は語る。「彼等の生活苦は想像以上だ。私は彼等の思想方面を深く突き込んで調査しているが、多くは自分の不幸を宿命とあきらめている。しかし、この際彼等が思想的に煽動などされたら、それこそ重大な結果となるに違いない。今のうちに何とかして、いわゆる彼等を塗炭の苦から救わなければならぬと思う」。

月三円六十銭の屋根代が払える者、二百八十人の内わずか半分

紙屑拾いは月二十円

下谷三ノ輪に朝日館という八十室からなる共同長屋があり、そこには二百八十人が宿泊しているが、多くは自由労働者で間代一日十二銭、月三円六十銭であるが、それを満足に支払う者はわずか五割くらいしかない。しかるに、その長屋の家屋税月額二十三円、地代三十一円二十銭、糞尿汲取代八円、修繕その他雑費十円を支出しなければならぬので、経営者は大弱りだ。

また市内に好景気時代には千三百余人の紙屑拾いがいたが、現在〈大正十四年〉はその半数約六百人に減少したが、しかもその半数は日暮里の細民窟に住んでいる。そして、その屑類も大正八年ごろは紙屑一貫匁十八銭であったのが、現在はたった三銭、ぼろ八十銭だったのが十七銭という低落さだから、朝から晩まで働いても月二十円くらいの収入しかなく、しかもこれらの屑拾いたちは一夜七銭から八銭の木賃宿の屋根代もろくに支払えず、その七割は貸し倒れとなっており、遂に廃業した者さえある。それでこれら木賃宿でも最近まる一日の宿料三十銭を二十五銭に値下げした。また自由労働者の頭を刎ねて、うまい汁を吸っていた親方なる者も電車賃や仕事の前貸しを踏み倒されるのが多いので困り切っている。

まれに木賃宿で間代などを満足に支払う者があると、それはたいてい年ごろの娘を持った親たちだ。言わずと知れた、娘が闇のかせぎの収入で、親たちはいわゆる程度の低い左うちわなのだ。だから、この社会は娘持つ親は大変羨望の的となっている。

残飯の質が落ちて、栄養不良に陥る者が多い

細民の生活状態は実に想像以上で、多くは病院、劇場、弁当屋などの残飯を買っているが、景気のよい時代は卵焼きや蒲鉾の残りなどがあったが、昨今はそんなぜいたくなものは何もなく、従って栄養不良に陥っている者が多い。

労働者の女房連の内職も昨今はほとんどなくなり、鼻緒の賃仕事二十銭くらいの収入だったのが、問屋筋の不況のため満足に支払わぬので仕方なしに、五銭でも十銭でもいいから引き取ってくれという有様だ。

また、仕事のある時は夫婦喧嘩など少ないが、このごろの裏長屋では醜い夫婦喧嘩がいく組もある。それは稼ぎに出た亭主の帰るのを楽しみに米や味噌を買うつもりで待っていると、肝心の稼ぎ高をやけ酒に代えてくるので、たちまち大立ち廻りとなるのだという。それに最近著しく殖えたのは野宿で、細民窟近くの公園などはごろごろとしている。

（東京日日新聞一七五六〇号　大正十四〈一九二五〉年七月二十九日）

水上生活者をよき市民に

水上生活者をよき市民に
市内五十七の流れに沿うて　竿さす人々の指導

水上生活者の取扱については東京市も長い間悩まされてきた。ところが、伝染病流行期に入ってその源をさぐると、多く水上生活者、殊に未就学児童、賭博犯の多いのは予想以上なので、市としてもこのまま捨て置けず、

〈昭和二＝一九二七年七月〉二日から社会局の草間調査主任を指揮官として水上生活者の調査にかかった。一行は水上警察署、船主組合、水上労働組合等の協力を得て、徹底的調査を進め市民一員としての基礎をつくろうとするのであるが、現在市内を流るる川は五十七、その延長二百マイルに及んでいる。艀《はしけ》は大略一万三千艘、乗組員約二万人、未就学児童は五百人以上とみられている。水上生活者は親分二百五十余名から船を借り、親方の請負った荷物の廻送をして糧を得ているが、三十トン以下の舟で一ヶ月七十円くらいの収入である。

（東京日日新聞一八二六一号　昭和二〈一九二七〉年七月三日）

象潟署の庭を埋めた宿なしの六百余名

象潟署の庭を埋めた宿なしの六百余名
月二百円を稼ぐ賽銭ドロもある　浅草界隈で一斉検挙

浅草公園付近一帯に野宿する浮浪者の群は年々激増し、所轄象潟《きさかた》署でもほとんど手のつけようがなく、従来各署長は月一回くらい形式的の取調べをやって放還していたが、かくてはひとり東京市のみならず、由々しい社会問題だというので、同署では市社会局と協力していよいよ浮浪者の徹底的掃蕩を期すべく、〈昭和二年七月〉三十一日社会局から草間技師出張、同署の山脇警部以下非番私服刑事三十八名が午前二時半より一斉検挙を行った。その結果六百余名に上ったので、今さらのごとく驚いている。

浮浪者は大別して、

狩り立てられた浮浪者の群

【ケンタ】一定の場所に座を占めて金を貰う者
【ツブ】流れ歩いて情けを乞い金を貰う者
【タカリ】公園内藤棚付近を根城に通行人を脅迫して金を取る者
【ヅケ〈ズケ〉】残飯を貰い歩く者

等の五《ママ》種であるが、草間技師の調査によると、観音堂西側の乞食は一時間平均一円くらいの収入があり、一日四時間交代で仲間が顔を代えて出るという。

組織的のもので不良少年団の賽銭泥棒なども、柳の枝にとりもちを付け、月二百円くらいを稼いでいる。市社会局ではこれら浮浪者について収入配偶、浮浪動機等二十項目にわたって、詳細具体的調査を行った上、直ちに内務省に上申、対策を講ずることになったが、これに要する予算は社会局にあるので、先ず公園内に社会局保護課の出張所を新設し、将来は強制収容所を設け一掃を期する意向である。

なお、象潟署では浮浪者中から凶器所持の犯罪嫌疑濃厚な前科四犯鳥取一次（三四）、同高橋春吉（三〇）外十八名を拘留に処し、不良学生富井和雄（一七）、布施繁（一七）、鈴木千代吉（一八）（いずれも仮名）外四名は青山少年収容所に送った。象潟署内の広庭は六百余名の浮浪者の群で一杯、同署では草間技師と手分けして、取調べの終わった者から順次に中山道土木工事場、その他の自由労働に繰り出させているが、浮浪者中には三日間一食もしていない者などがあるので、一食八銭也の弁当を一々与えて放還するのに署員はてんてこ舞をしている。

（東京日日新聞一八二九一号　昭和二〈一九二七〉年八月二日）

乞食に落ちぶれた古賀精里の末孫

乞食に落ちぶれた古賀精里の末孫　兄弟三十年ぶりの対面
砂町の火葬場で発見さる

東京市社会局で先月来着手中の子持ち乞食調査中はからずも、同調査主任草間八十雄氏の手により、乞食とまで零落していた幕末の儒者古賀筑後守茶渓《さけい》の孫で古賀家の当主たるべき深《ふかし》（五三）というを発見し、親子兄弟三十年目の対面という名門の落魄哀話がある。

――去る〈昭和二年十二月〉二十三日草間氏が寒雨降り注ぐ中を市外砂町火葬場に出張、そこを縄張りとする子持ち乞食の群を調べていると、人品骨柄乞食には珍しい六十歳以上とも見える白髪の乞食、しかもそれは子持ちでなく一人しょんぼりと雨にぬれているので、調査票を取り出して記入すべく姓名を聞くと、はじめは頑として口を開かなかったが、やがて低い声で「古賀深」と答えた。草間氏はその姓名と容貌とを見比べながら思わず驚いた。

というのは今から十二年前〈大正四＝一九一五年〉、先帝〈大正天皇〉陛下御即位の大典を挙げた際、贈位の御沙汰を受けた一人に幕臣で寛政の大儒古賀精里《せいり》というがあったが、遺族が不明で「贈従四位」の位記が宙に迷ったのを当時帝国公道会の役員であった草間氏が苦心の末精里五代の孫陸軍大尉鋭（筑後守茶渓の子）氏の未亡人と次男尚（仮名）が南品川で人夫となって、どん底生活にいるのを発見した。その際、長男の当主深が精神異状のため十数年前家出、行方不明になっているという話を聞かされたことを思い出したのである。

いろいろ問い詰めた結果、まぎれもなき贈従四位古賀精里五代の孫で筑後守茶渓の孫であることを確かめた。何とかして名門の末を救いたく、同人に若干の金を与えて深川富川町の木賃宿吉野屋方に帰し、それから二十四、五の両日さきに位記を伝達した。

実弟尚の行方を警察の応援を得て捜索の結果、同人が府下某所に今はひとかどの棟梁となって暮らしており、老母も健在であることを確かめたので、同家に出向いて三十年前行方不明になっていた長兄深の居所を告げた。尚も老母も夢かとばかり喜び、早速引取方を申し出た。深は長年の浮浪生活に加えて、現在精神にも多少の異状を認めるので、衣服からその他一切の世話を草間氏に頼んだので、草間氏は万事引き受け、二、三日中に仕度ができしだい迎え、兄弟三十年ぶりの春を迎えることになった。

儒者古賀精里の末孫深
（富川町の木賃宿にて）

護国寺裏に立並ぶ累代の墓
祖父筑後守も儒官

古賀家累代の墓は現に音羽の護国寺裏の俗に儒者捨場といわれた中にある。去る大正四年三上博士等が発起となって設立、宮中よりも金一千円を下賜され、大塚先儒墓所保存会の手により室鳩巣、木下順庵、尾藤二州《じしゅう》一家、柴野栗山一家、岡田寒泉一家、諸儒の墓と共に初代精里、二代侗庵《どうあん》、三代茶渓、四代鋭大尉一家一門の大きな墓碑が並んで建てられてあり、現在東京市の管理となっている。

祖父筑後守は儒官で且つ先覚者であり、幕末英、米、露と長崎及び伊豆下田で修好条約締結の際訳官となって全権を扶け、幕府が洋学所（後蕃書調所）を開設した時その所長となり、また大坂町奉行などの要職に就いたが、明治新政府の再三の召しにも応ぜずして、不遇の中に明治十七〈一八八四〉年病死した。

一人娘の婿養子鋭氏は青年士官として陸軍省に勤務、将来を嘱望されたが、これも同十八年病死し、当時未亡人は二男尚を懐胎中、打ち続く不幸に遂にどん底生活に陥り、長男の深も脳病のため三十年前に家出をして、今日に至ったのである。

一家再興に健気な努力、実弟の尚君

草間氏曰く

草間氏は語る。「名門の末だけに一層哀れです。尚君は今大工をして不幸な老母を慰めておりますが、どうかして家名だけは残したいと一生懸命再興に努力しております」。

（東京日日新聞一八四三九号　昭和二〈一九二七〉年十二月二十八日）

ドン底視察の総監　巡回病院に感嘆

東日巡回病院　恵みうすき細民街の病者のためにわが社の巡回病院は〈昭和三年八月〉十四日府下三河島町の本願寺仁風会館に出勤、日本医科大学内科部長大倉博士、岡田、久坂両学士ほか数名の助手、看護婦特に応援のため駈けつけた中原病院長梅沢学士をはじめ同会館主任の楠貫伝氏、三河島中道衛生組長大出氏多数の三河島各区の有志の努力により万端の用意を整えて、午後五時から開設した。喜びの日を待ちあぐんだ人々は地元の三河島は勿論のこと尾久、千住、日暮里の各町から約二百名がおしかける。比較的重患者から順次にていねいな診察、投薬を行い、岡田学士のごときは産後脚気のため動けない齊藤某女のために往診に行くなどてんてこ舞いであった。診察を終った大倉博士は「子供には消化不良と百日咳、婦人には神経衰弱やヒステリーが多い。一番目立つのは梅毒性患者で結核は比較的少なかったが、病身の母親の乳から子供を殺しかけている者も相当あった」と語っていた。

ドン底視察の総監　巡回病院に感嘆
診療券を手に喜ぶ貧しき人々　くらき世界を一巡

宮田〈光雄〉警視総監は十四日午後から微行で市内外の暗黒街を視察、その途次三河島町本願寺仁風会館で開設中の本社巡回病院も見た。案内役は市社会局川口公営課長とその方面の研究家草間嘱託。一行は午後二時警察署へも予告せず、こっそりと総監官邸を出発、まず大塚公設食堂にいたり、朝十銭、昼夕各十五銭の定食とうどん、食堂から調理場を見て、安価で実質本位の簡易食に感心する。板橋の市養育院では清潔で整頓した

東日巡回病院の活動
（向かって右端は大倉博士、左端は宮田警視総監）

病舎と、収容者の起居動作、哀れな孤児の身の上に同情し、貧しくして寄る辺なき八十歳以上の老人が七十名もいて、今秋の御大典に天杯を下賜される話、一ヶ年収支予算が約七十万円であること、収容者が二千八十七名いること等、熱心に傾聴。

三河島町の有名な「千軒長屋」ではどぶ板を踏んで悪臭と湿気にじめじめした長屋を草間嘱託の説明を聞きつつ一軒一軒のぞいて歩く。長屋の女房が総監を捕え「ねえ旦那、この家は四畳半一と間で家賃四円、敷金が二十円、それで畳もこっち持ちですよ。随分ひどい大家でしょう」とこぼす。無料家賃の長屋では三畳に四人住まい、病気になって働くことも、医者にかかることもできぬ悲惨なそこの主人公はわが社巡回病院の診療券をもらって、これから大倉博士に診察してもらうんだとうれしそうに話す。

仁風会館の診療所には「東日巡回病院」の旗が立って、患者が四、五十人つめかけ大倉博士の診察を受けている。そこへ現れた総監は巡回病院荒井主任から「東日巡回病院は病気になって働くこともできず、医薬の途もない哀れな人々に、各区を巡回開設し権威ある専門大家の手で無料で診察から投薬までしている」と、組織と実際成績を詳細に説明したところ、総監はこの事業に大いに敬服し、病気の種類はどんなのが多いかとか、費用は一切社が負担するのか等質問し、大倉博士の診察振りを感心して行く。

東京にたった一つの存在である三の輪のトンネル長屋では、世にも不思議なそこの生活者に一驚し、浅草区田中町の市営簡易宿泊所を見て、十五銭のカツ丼をなかなかうまいと平らげ、更に深川区浜園の無料宿泊所で自由労働者がゴロゴロ横になっている処を視察し、洲崎遊廓にちょっと立ち寄る。

総監「ここへはふた昔も前に来たことがある」とて大店、小店をのぞく。花魁が総監とも知らず「洋ちゃん（洋服を着た客のこと）、遊んでいらっしゃい」と、袖ならぬ洋服の上着をひけば、総監「もう少し見物だ」と逃げる。妓夫が「サテは代議士、床次《とこなみ》〈竹二郎〉さんの乾児はお手の筋でげしょう」。「そりゃ何のこった」。「あっちこっちとところ定めず……ヘッヘッ」。総監思わず吹き出す。

玉の井の私娼窟、深夜の浅草を見て視察約十時間、十五日午前零時官邸に帰った。視察の所感に「いろいろ収穫があった。一番悲惨なのは三河島の千軒長屋、貧困で病気になっても、医者にかかれぬ者を貴社が無料で巡回診療をやっているのを見て、まことに結構なことだと思う。社会のため感謝にたえぬ」。

（東京日日新聞一八六六九号　昭和三〈一九二八〉年八月十五日）

名家古賀の末孫……今は陋巷に風船売

名家古賀の末孫……今は陋巷に風船売
精里に続く謹一郎への恩命を　受くるは哀れうらぶれの身

朝刊所報、今回御贈位を受けた維新の功労者中幕末の外交官として日露通商条約に尽瘁《じんすい》した名家古賀謹一郎の子孫は数奇な運命にあることは昨年〈昭和二年〉十二月本紙に書いたことがある。

この名誉ある御沙汰を拝して、光栄の位記を受けるべき人は謹一郎の孫として現存する古賀深（五四）であるが、その人は既報のごとく東京の場末に風船売りをして、深川区富川町の木賃宿にうらぶれの秋をかこっている。

贈位された謹一郎は茶渓と号し、初代精里、二代侗庵共に幕府に仕えた有名な儒官であった。初代精里翁はすでに大正天皇御即位の折、従四位の恩典に浴したほどで、一門二代の祖が重ねて御贈位を受けている。

茶渓翁は大坂町奉行、製鉄所奉行なども勤め、幕府のためにはまたとない功臣であると同時に、日露修交にはまたその通訳として、幕末外交史上に輝かしい文勲を残していたが、世は維新となって、時の政府は名ある儒官を遇するに開成校の教授たる事をもってしたが、幕府に仕えた身はこれをいさぎよしとせず、草庵を結んで出なかった。

風船売になっている古賀深氏

その人に子供がなかったので、身寄りの子をもらって養子とした。それが鋭と言った。鋭は明治十七年陸軍少尉に任じたが、明治十八年に参謀本部付大尉当時に病死した。この前年に茶渓翁も病没し、未亡人つる子との間に三人の子供を残していた。

名家の末を案じて、茶渓翁の高弟菊池大麓、大槻如電《じょでん》、川田剛《たけし》、津田真道《まみち》などの名士がその家財整理の任にあたったが、子孫はこれを支え切れないで、一家いつとなく離散した。先帝御即位御贈位の時にその位記を受くべき子孫を探すために東京市社会局の草間嘱託がいろいろと苦心した結果、ようやくにして北品川の一隅に六畳一間の割長屋にうらぶれて二男尚とその子孫とがたたき大工の細腕で暮らしているのを発見し、聖恩の深さを伝えたことがあったが、尚は本年二月に腸チフスで倒れ、兄の深というのがあったが、その行方は分からなかった。そして、未亡人つる子はまたも一人の孫をかかえて流転の運命におちた。

昨年の暮のこと、草間嘱託が乞食の調査に深川本所方面を歩いていると、人品いやしからぬ老婆がその群のうちに混じっていた。つる子未亡人は遂に乞食となっていたのである。草間氏等の斡旋で救われ、今では大森の某材木屋に孫と共に引き取られた。

今回の位記は行方不明である長兄深に渡さねばならぬ。草間氏はいろいろとまた手を尽くして、その長男を尋ねたところ、前記の木賃宿に深が風船売としてのみすぼらしい姿を発見したのである。

（東京日日新聞一八七五六号　昭和三〈一九二八〉年十一月十日）

子孫は貧民街で紙風船売り

子孫は貧民街で紙風船売り
贈位古賀謹一郎氏の子孫、深老人の落はくぶり

今度の贈位者中に元幕府の儒官で大坂奉行をしていた古賀謹一郎という人がある。その祖父古賀精里氏は先帝陛下御即位の時従四位を贈られた名門であるが、謹一郎氏の後えい――謹一郎氏の孫古賀深《ふかし》という老爺は目下深川富川町辺の細民街を老いさらばえた姿で、ゴムの風船を売り歩いている。

古賀深爺は実は昨年〈昭和二年〉十二月まで砂町火葬場で乞食をしていたが、自分の弟涓が矢口村で大工をしている事が分かったので、昨年暮東京市社会局の世話で、弟の許に引き取られている内、涓が本年二月二十日チフスで死亡以来は再び食う術なく、深川富川町三十一吉野屋という木賃宿に泊まって、風船玉を売って辛くもその生命をつないでいるのである。

深の祖父謹一郎氏は幕末筒井正憲と共に米露両国との折衝にあたり、幕府製鉄所長官などもしていたが、明治維新と共に神田橋に古賀塾を開いて子弟を養っていた。その子弟の中には川田剛、菊池大麓、大槻如電、津田真道などという人があり、謹一郎氏の女婿鋭氏は参謀本部付の大尉であった。風船玉の深爺さんは鋭氏の長男として生まれたのである。この名家の後胤の悲惨な老後に対しては東京市社会局でも何とかして救い上げたいと考えている。

〈東京朝日新聞一五二六八号　昭和三〈一九二八〉年十一月十日〉

歳迫る暁の細民街に東久邇宮を拝す

東久邇稔彦王殿下には今年〈昭和三年〉もあと二日という二十九日午前六時頃本所江東橋労働職業紹介所へ突然お姿を現されました。不景気という魔の手にさいなまれつつ細民たちはどうして年の瀬を越すだろうかとの御思召に出たことで、それこそ全くの御微行、紺地の背広服にバンドつきのオーバーという至って簡素な御いでたち、内務省の長岡社会局長官と安田御付武官だけをお伴に……。

歳迫る暁の細民街に東久邇宮を拝す
ムツキの満艦飾もおいといなく　帝都の裏面をご視察

先ず職業紹介所の二階にお上がりになり、市の広瀬社会局長、船津食糧課長などからいろいろご説明をお聞きになってから職業紹介の実況をご覧ということになりました。外はまだ暗い、冷たい小雨さえ降っている。それだのに求職に真剣な自由労働者はワッショイワッショイと押し寄せ、「入れろ」ドドン、「入れなければ叩き壊すぞ」ドドドドンという騒ぎ。やがて扉が開かれると三百余名の印絆天《しるしばんてん》、紺股引《こんももひき》の連中がドットばかりに雪崩込み、囲いの板張りに躍り上がって、肩がぬけるほど手を差しのべ、何事か叫びながら労働券を求める。務川所長の手から一枚一枚白い小さい紙片が渡される。待ち遠しがって人の頭の上を渡って来るのがある。「殿下お気を付け下さい。引っ張られます」とご注意を申し上げても、殿下には動かれず「さかんなもんじゃ。無理からぬことじゃ」と仰せあって、凄惨と言いたい程なこの場の光景を飽かず眺めておられました。

深川猿江の細民アパートに来た頃、やっと夜が明けました。殿下には前田管理人のご案内で、三つも四つも

（左）このお気軽振り　細民街の東久邇宮殿下　公営質屋ご視察

（右）トンネル長屋ご視察　先頭草間氏

特許権を持っているという千金楽又吉爺さん、七人の子福者である菅原常太郎さんたちの暁の夢を驚かせられました。「どうかね、住み心地は」、「お蔭様で結構ですよ」、心おきない問答一席。殿下には、まだ雫のたれるような洗濯したばかりの「おむつ」の下を幾度となくくぐられるのです。

そこから本所柳島元町の帝大セツルメントにお廻りになり、末広、穂積両博士のご案内で夜学部、医務室、託児所などをご覧になり、学生の寝室を開けては朝寝坊の学生を驚かされなどし、今度は浅草田中町の簡易宿泊所へとやって来られました。市が鼻にかけるだけあって、ここはさすがに大したもの。風呂場から寝室から便所まですべて洋式、屋上庭園に立たれ、朝の浅草界隈をお眺めになってから自慢の食堂へ入られましたが、ここはちょうど朝食時、数十名の労働者たちが一汁一菜のおいしそうなどんぶり飯を掻き込んでいるところです。市の川口公営課長が一つの膳を取って殿下のお前に差出すと、殿下には「これはおいしそうだ。ここへ来ると、誰でも安く食べられるのだネ」とお気軽に申されました。

ここにはまた公営の質屋があります。殿下には物珍しそうに入られました。質の台帳がお目にかけられる。「一番安い質草はどんなものかネ」。殿下のお言葉に管理人はかたわらにあった印絆天を取り出す。「いくら貸すのかな」、「五十銭です」。「利息は」、「一銭五厘くらいです」。殿下にはこの絆天をお手に取って、ほほ笑まれ、「評価の何割くらいを貸すのか」、「七割から八割まで貸します」。「誰が評価するのか」、「私です」と管理人がお答えする。「それではどんなものの評価でもしなくてはならんネ」。質屋で二、三十分を費やされた殿下にはすぐ近くの授産場に子供洋服裁縫の実況をご覧になり、今日のプログラムの最後である南千住町三輪の細民窟へと向かわれる。

こうした方面で活躍している市の草間嘱託のご案内で例のトンネル長屋のご視察、湿っぽく、うす暗く、いやな臭気が鼻をつく中を「これはひどい、余り気の毒だ」と、繰り返し仰せられながら、路地から路地へと進まれる。「先生々々」と追いすがる子供があるかと思えば、「やあ、お医者さんが来た」と珍しそうに仰ぐ子供もある。風邪をひいた老婆が医者にもかかれず、煎餅蒲団にくるまっている。「大事にしなさい。よく面倒を見てやんなさい」と、殿下にはその家の者を慰められました。殿下のこのお言葉はお伴の人たちをホロリとさせました。ご視察が終わったのは午前九時二十分頃。

かつて例のない有難き次第
ありのままを御覧に入れた長岡社会局長官談

ご案内ご説明申し上げた長岡社会局長官は語る。

二十七日東久邇宮殿下お付武官の安田少佐が突然役所へ見えられて、殿下には江東方面の労働者の年末の生活状態をありのままご覧になりたい思召しであるとのおはなし。皇族殿下がきたない細民街をご覧になるというのはこれまでに例がなかったことなので非常に恐縮した次第ですが、どうせご覧に入れるならば、平常のままをお眼にかけたがよかろうと、どこへも通知をせず、ご微行でお出かけを願った訳です。あんなきたない処にかかわらず、殿下にはご熱心にご視察になり、彼等細民たちにご同情を寄せられ、いろいろご下問を賜ったことは誠に恐れ多い次第でありました。

（東京日日新聞一八八〇六号　昭和三〈一九二八〉年十二月三十日）

暗黒の歓楽境――浅草を浄化せよ

暗黒の歓楽境――浅草を浄化せよ
大阪の道頓堀や京都の京極に顔向けならぬ半面

今日明日はやぶ入日――商工少年少女たちが放たれた小鳥となって歓楽を追う姿は、快き明るさを町に彩る。殊に「浅草」はこれら小店員たちには第一の歓楽境である。しかも、この「浅草」は依然として陰惨なよごれた半面を白昼にさらしている――「浅草」を浄化せよ！　こういう声は社会事業家、教育家の間から緊急問題として叫ばれてきた。

記者は昨日〈昭和四＝一九二九年一月十五日〉「浅草」を見に出かけた。仲店は奇麗になっている。六区の活動写真街も以前のように毒々しい看板を改めて、割合おだやかな絵を掲げている。この点象潟署の尽力と、興行者側の覚醒に感謝しなければならない。

ところが、一歩観音様の境内に足をいれると、たちまち世界ががらりと変わる。活動小屋と並んだ弁天池のそばにあるうす汚いロハ台にはよもぎのようなおどろの髪をいぼじり巻にした女こじきが二人、春の陽ざしをうけてこんこんと眠っている。

その傍らには、形容し難いぼろにつつまれた老浮浪人がモヒ中毒でぶるぶるふるえている。池を渡って境内へ行く道、そこには低級な品物と食物を売る露店が並び、円陣を造った群衆に囲まれて、蛇をつかんでいる怪異な男、五目並べなどテキヤがはびこる中に、かしこに三人、ここに五人と突立ったあぶれ労働者の群、たった一人ロハ台に黙然と端座している色の黒い盲人、すべてが無気味な状景である。お堂の南には数坪の墓地があって、入口に汚い小屋があり、共同便所代用となるのを恐れて、この中には便所はないという札がかかっている。「これがやぶいりの少年少女を迎える公園だろうか」。誰しもこう思うのは当然だ。しかも一度夜がふけて、興行ものが閉場《はね》る頃となると、文字通りの暗黒面がそこに展開される。

即ち二百人前後の浮浪人がこの巣へ集まって来る。三社様の方の一組、塔の下の一団と、それぞれ団体を造っている。その光景はここに記すまでもなく、江戸川乱歩氏の「一寸法師」の冒頭に全く如実に活写されている。彼等は狩りこみごとに追われてはまたまい戻るという有様で、毎朝付近の飲食店の残飯をもらったり、吉原へ行って、ダイガラ（遊客の食べ残し）を食べ、一日市中を回って再び観音様の宿へ帰るという生活を続けている人々である。

それでも柔順な人に危害を加えないのはいいが、夜公園付近を歩いていると、汚い子供が出て来て悪戯をやる。あまりしつこくやるので、我知らず癇癪《かんしゃく》を起こして、子供をぶちでもすると大変で、その人はたちまちすごい人相の男に取り巻かれ、袋叩きは免れても、きっと金をふんだくられるという話。

活動帰りの人らはこんな危険にさらされている。大阪の道頓堀、京都の京極などにこんな汚らしい状景と物騒な暗《やみ》があるだろうか。

警察の力でも動かせない　浮浪人は増加の一方

市社会局草間八十雄氏談

浅草の歓楽境を陰惨にするものは何と言っても、浮浪人でしょう。歓楽の浅草は一面安価な飲食街と言ってよく、千七百八十余軒の料理店が酒一杯十銭、一食わずか十二銭から十八銭という極端な廉価で食欲を満たしてくれ、また従って日夜おびただしい残飯も出るわけで、傍らには木戸銭十銭、二十銭の大衆的な娯楽機関が開かれて、彼等の懐をねらっているのですから、全市の労働者は電車賃を払って行っても、なおかつ安く上がるのです。

昨年〈昭和三年〉七月には浮浪人が二百六十一人、浮浪児が七十人ばかりいましたが、浮浪人に対しては所管象潟署で極力取締りを加え、養老院に六十人を送り、上野、本所小梅、蔵前方面に追い立てた結果、現在では十分の一の三十人くらいに減少しました。

また十八歳以下の浮浪児に対しては少年保護法により市役所の権限内にあるので、一名の吏員が毎日浅草に出張し、見当たり次第あるいは池袋の幼少年保護所に送り、あるいは主人に引き渡し、国許に送還したりした結果、今ではほとんど片付きました。

ところが、浮浪人のなかには二十年もあの辺に巣食っている老乞食があり、こんなに根を張っている者は警察の力でも一寸《ちょっと》動かしかねる有様です。人口の都会集中、失業者の増加と共に、浮浪人の増加は免るべからざる傾向で、大正十一〈一九二二〉年東京全市にわたり調査した浮浪人総数二百五十三名が、同十三年の市勢調査では二百八十一名、十四年の国勢調査では三百八十名、昭和三年七月には上野、浅草、芝、新宿、本所付近のみで四百七十三名となっており、それ以外のも加えると、八百名にも上るでしょう。つまり強制力を有する法律を作らねば、この大勢には抗し難いでしょう。東京市でも本年度浮浪人や失業者を収容し、仕事を与える保護計画が立てられていますが、なかなか思うように予算が取れないので困っているのです。

近在からも続々かせぎに　一日七円ぐらいの収入
持て余す警視庁

十五日やぶ入の浅草はこじき浮浪人の書き入れ時、市内は素より近県から小さい群になって、浅草を指して押し寄せてくる。十五日早朝より象潟署では、四十余名の警官が公園内に出張し厳重な取締りを行い、午前中にはそのうち三名を収容して養育院へ送ったが、やぶ入りの浅草が浮浪人を引きつける力は驚くべきほどで、千葉埼玉方面からも五、六十人ほど、なかには保護者同伴車で来る者、自転車でくり出す廃兵、きれいな服装で電車でやって来て公園の中でぼろに着替える図々しい者なども見られる。右につき警視庁当局では語る。

「浮浪人狩りの対策としては時に応じて一せいの検挙を行い、これを保護者に引き渡すか、東京市養育院へ収容するかであるが、養育院の方は全市中から一日十名だけしか収容力がない。もう少し大規模の収容所ができれば理想的だが、現在ではこの方法以外致し方ない。殊に彼等は一日五円から七円ほどの収入があるので、いくら追い払っても、後から後から目をかすめてやってくる状態で全く至難な問題だ」。

〈東京朝日新聞一五三三四号　昭和四〈一九二九〉年一月十六日〉

焚火の苦情から野宿人を調査

焚火の苦情から野宿人を調査

市社会局では昨今の失業苦から自由労働者の群が各所に焚火《たきび》をなしつつ野宿しているとの各方面からの非難にかんがみ、来たる〈昭和四年十二月〉八日午前零時を期し、深川富川町簡易宿泊所付近の一角を限り、野宿人調査を行うこととなった。同付近のみでも約百名くらいはある見込みである。

（東京日日新聞一九一四三号　昭和四〈一九二九〉年十二月四日）

半分は絶食者　野宿人、噫無情

半分は絶食者　野宿人、噫無情

市社会局では去る〈昭和四年十二月〉七日午後十一時から八日午前二時にわたり、深川富川町簡易宿泊所付近に野宿せる浮浪者調査を行った結果を発表した。

それによると、当夜の野宿人員は男三十人で、場所は伊予橋下二十二人、同橋付近道路二人、同橋工事小屋一人、富川町三十一番地先道路一人、林町石材置場四人であって、平素木賃宿に泊まる者三人、浜町無料宿泊所二人、不定の者二十七人。そして年齢は二十二歳から七十歳までで、当日仕事にありついた者はわずかに八人、あとの二十二人はあぶれ者であった。しかしその就業者も屑拾い一人、空俵拾い一人、鋸目立一人、立ん坊五人で、その所得は二十銭二人、三十銭二人、三十七銭一人、五十銭一人、九十五銭一人、二円二十銭一人で、この中失業救済事業に登録者三人だけであった。

当日の食事を調べてみると、あぶれ者二十二人中食事した者十人で、他は朝から空腹を抱えて、水ばかり飲んでいた者である。また、二円二十銭を働いた男は二十五銭を残して全部飲酒してしまったが、その二十五銭は翌日の食事代だそうだ。何しろ泥酔していたので、取調べの係員や警官に暴行し、大変な騒ぎを演じた余興劇もあった。

健康状態は病気のある者十九人すなわち六割三分にあたり、トラホーム六人、性病五人、脚気三人、神経衰弱三人、結膜炎、神経痛二人、テンカン、蓄膿症、血内痔、浮腫、脊髄病、胃腸病、風邪、右手指外傷、左手外傷各一人という雑多なもので、一人で二種三種の併病者十九名あった。

なお当夜の所持金を調べたところ、最少四銭、最高一円一銭までの所持者十二人。うち一円一銭の所持者は前科五犯あり、ある嫌疑で直ちに拘留処分にされたと。

（東京日日新聞一九一五一号　昭和四〈一九二九〉年十二月十二日）

新たに市社会局で細民へ低利で貸金

新たに市社会局で細民へ低利で貸金
高利貸に悩む細民街

不景気につけ込んで細民の膏血を絞る高利貸を征伐する目的で、市社会局が今度十万円の予算によって市民信用組合を新設し､貯蓄を奨励するとともに低利の金融を開始することとなり､目下具体案の作成中で多分〈昭和五年〉八月頃実現する見込みとある。

細民街における高利貸のやり口は、十円に対して三ヶ月縛りの利息一円とし、三円を手数料その他の名義で天引するから手取り七円である。故に十円借りると元金と利息、手数料等で結局十四円を支払うこととなり、しかも万一期限までに返済できぬ時はヤレ証書の書換料だの、手数料だの、オドリだのと称して一々金利を貪られるため、一度十円借りたが最後利に利が加わり、元金は益々殖えて、一生浮かぶ瀬がなくなるというのが普通である。

そこで、市社会局ではこれら気の毒な細民たちのために、最も低利でしかも安心して借りられる金融機関を設けようというので、右のごとき計画を立てたわけであるが、組合の本部を局内に置いて、局長自ら組合理事長となり、市内十一の市民館へ支部を設置して、これらの地域を中心に約五万世帯の細民を組合員とし、一日当たり五銭見当の日掛け貯金を奨励する。そして、組合員中金融を必要とする向きには一人当たり十円見当を限度とし、月一分二厘五毛見当の利子で日掛けで償却させようというのであるが、別に質屋と同様担保によって、金融の途を拓くことにするかもしれぬという。

高利貸に攻められ幼い娘を六十円で売る
不景気に喘ぐこの人達

市社会局の草間八十雄氏は語る。

「大正八年頃の戦後の好景気で細民の懐も暖かくなり、一時高利貸の手を免れたのが、最近場末の細民街、日暮里、三河島、南千住、下谷、浅草、本所、深川、四谷辺など『小口信用貸金御便利に取扱います』という類の高利貸の宣伝貼札が殖えています。この貼札と残飯の売上高増加は不景気の深刻を図る二つのメーターだと思います。三河島の千軒長屋で『日掛』十五円を借り一日三十銭（一円で二銭の割）の利を払い、しかも手取正味は十三円などいうのがありました。また日暮里のバタヤ長屋の車夫で高利貸から二十円借り、八十日で返済できなかったので、延滞手数料をとられ、元金が殖えるので証書を書き換えられる。

仕方なしに十二歳の娘を田舎の芸妓家へ六十円で売り飛ばしたなどいう悲惨なものもあります。細民街で娘を売る者に病気や災難のためと、高利貸に攻めたてられた結果と二つありますが、高利貸に攻められて売るのも少なくないようです。浮浪している自由労働者には貸せませんが、一戸を構えている定居的細民の日傭労働者や露店商人、行商人などが高利貸に苦しめられている最も多い人達でしょう」。


（時事新報一六八六〇号　昭和五〈一九三〇〉年五月二十二日）

あす第二回国勢調査

あす第二回国勢調査　十年間の変遷を如実に示す
日本現勢の尊い記録

午前零時　明日〈昭和五年十月一日〉はいよいよ第二回国勢調査、全日本の現実を一表のうちに納むべき重要な調査は「十月一日午前零時」を現在として全国一斉に行われる。普通の世帯は勿論、秋の夜を旅舎に、病院に送る者、あるいは定住のない水上生活者や公園、橋下などに生活している浮浪者たちもすべてわが国を組成する一員として申告書に尊い記録を残すわけである。

この国家的な大事業のため全国二十五万の調査員は調査趣旨の徹底や申告書記入の注意に努力を続けてきたが、それらの諸準備も完了して、今や申告書の蒐集をするばかりとなった。今回の調査は大正九〈一九二〇〉年の第一回の後を受けて第二回目。この間再三の金融恐慌によって、大きな影響を受け、大正十二年には関東大震火災という不慮の災禍を蒙り、最近は極度の不景気から失業者続出し、社会の実相には激しい変化の跡をしるしている。こうした中に、我々は個人として、また世帯として産業、年齢、配偶その他いろいろの点からみて、社会と共に変化し、流動してきた。今回の調査はこれらの事実を具体的な数字として表示する意味から極めて重大な目的を持っている。

こういう大きな使命を持っているのであるから、申告は「ありのままを正しく」記入することが最も必要とされている。殊に今度の調査は「失業」についても申告を要求しているが、これは国家としての失業対策の基礎ともなるものであるから、他の十一項と共に正しく認めることが肝要である。記入のできた申告書は一日の朝集めに廻る調査員に渡せばよいのである。

お菓子袋をおみやげに浮浪者たちのベッド訪問
今夜から暁かけて虱つぶしに

今度の国勢調査に東京府下では市内二千、郡部一万二千の調査員が月余にわたる宣伝に完全なる調査への努力をつくしたが、ここに一番面倒なのは市内各所にさ迷う浮浪者の群で、一定の住所もない彼等の調査には市統計課員、各区役所吏員に市社会局からも応援して、総勢二百名が浅草公園はじめ本所、深川方面などを手分けして、三十日の午後十一時ごろから一斉に調査をはじめることになっている。

浮浪者の筆頭はなんといっても浅草公園で、ここは公園を一世帯としてロハ台や縁の下などにいる浮浪者を調査する。その他市内各所の橋下、お宮、お寺の境内、ガード下などにいる浮浪者も一人も漏らさず調査すべく意気込んでいる。これらの浮浪者は特に在京期間や浮浪者となってからの年限、失業登録をうけているかどうかについて聞き取りによって調べるが、とにかく申告を嫌う風があるので特に菓子袋をおみやげに持参するということである。

（東京日日新聞一九四四〇号　昭和五〈一九三〇〉年九月三十日）

〈大正九（一九二〇）年十月一日第一回国勢調査は大規模調査方法で施行された。五年後には第二回国勢調査が施行されたが、簡易調査であった。昭和五（一九三〇）年十月一日第三回国勢調査は第一回調査に同じく大規模調査であった。国勢調査は五年に一回とすれば、これは第三回国勢調査となる。しかし、大規模調査、小規模調査は十年に一回であるから、これは大規模調査による第二回国勢調査となる。したがって、前掲東京日日新聞では「第二

回	施行年	調査方法	付帯・浮浪者調査
第１回	大正 9（1920）年	大規模調査	
第２回	大正 14（1925）年	簡易調査	№4『浮浪者に関する調査』1926年３月
第３回	昭和 5（1930）年	大規模調査	№8『浮浪者の種々相』1931年８月　**草間調査**
第４回	昭和 10（1935）年	簡易調査	№10『浮浪者に関する調査・水上生活者に関する調査』1936年6月
第５回	昭和 15（1940）年	大規模調査	№12『第五回国勢調査における市内浮浪者発見数』1940年　**草間調査**

回国勢調査　十年間の変遷を如実に示す」とある。また、国勢調査に付帯して、東京市では浮浪者調査を施行した。その調査報告書に草間八十雄調査有無（五一〇頁「表1　東京市施行、浮浪者調査一覧」参照）を含めて、第一～五回国勢調査の施行年、調査方法を上表にまとめた〉

石の中から麦わら帽　公孫樹の蔭に夢破る

石の中から麦わら帽　公孫樹の蔭に夢破る

浮浪者調べの悲喜劇

一般の世帯内の者はさることながら、ここに難しいのは各方面にさまよう浮浪者の群で各府県とも市役所や町村役場の吏員、青年団、在郷軍人団などの手によって、前夜〈昭和五年九月三十日〉十一時ころから一日未明まで、公園、橋下、神社、寺院などに就眠したり、当てもなく戸外を放浪する者を一々調査して、わが国民の一員としての記録をとった。東京府市でも市内は市統計課が中心となって、百余名の調査係員に区役所吏員を加えて、約二百名を市内十五区に分かち、共同便所や縁の下に仮睡する者や、冷えびえする秋の夜をガード下や、橋の下などに浮浪の生活を続ける者を呼び起こしては一々丁寧に調査票に書き込み、郡部の各町村でも役場吏員がそれぞれ浮浪者の調査を行った。

長谷川統計局長は上條、華山両統計官と共に、午後九時頃早くも浅草公園を控えた浅草区役所に頑張り、係員を督励していた。浅草公園は午後十一時ではまだ人出もあるので、午前零時から開始することになっていたので、局長一行は午後十時半金谷市統計課長や、市社会局の草間八十雄氏などの案内で公園内を視察した。

浅　草

仁王門わきの大公孫樹の蔭、茣蓙《ござ》をしとねに若い女乞食二人、一人は「大きなおふみ」ちゃん、どやどやと踏みこむ一行に驚きの目を放ちながらも、国勢調査と知ってちょっと顔を上げたが、そのまま寝込んだ。

家なき人々の申告……浅草公園伝法院裏で（向って右から二人目が長谷川内閣統計局長）

　大公孫樹にそって破れた土塀に積み重ねた沢庵石の中から、麦わら帽子がポッカリ懐中電燈に照らし出された。その隣りには「むしろ」をかぶせてあるが、いずれも石を抱いて夜を送る人々の群。

　二天門の裏側、五重塔のわき、ロハ台といわず少しでも物蔭があれば、むしろと俵を利用して淡い夢を結んでいる浮浪者たちのあまりにも惨めな姿は案内の人の出す提灯の光に浮かび出すのだ。ロハ台に眼をむいて寝転んだまま人々をねめつける印半纏の男、ひょうたん池畔の四阿《あずまや》には宿もなく、職もない人々がズラリ見事な整列。

　調査員の顔、区役所の提灯にペコンとお辞儀をする老人。「後で調査にきますから、そのままで」。「ヘーイ」と畏《かしこ》まった返事。

　活動街裏手の共同便所の屋根にも常に泊まる男があるが、まだ早かったせいか、むしろの寝床だけ夜空にさらし出されてあった。

　長谷川局長は「暑い時や極寒の時は一体どうするだろう」と嘆きの言葉、浅草には公園のほか本願寺境内その他に二百くらいはいるだろうという観測。

本所　ゴミ車や古ボイラーの床

午後十一時半本所区に廻る。亀沢町から錦糸町駅にかけての省線大ガード下、全く浮浪者にはもってこいの宿泊所。真ッ暗なガードの下を歩くと目の早い草間氏「ここにいる」。見ればゴミ車の中に、むしろを敷いて寝ていた三十がらみの半纏着、起こされると「まだ申告していません」とキャラメルをもらいながら係員の問いに丁寧に答える。

「年齢は？」、「明治三十年四月生まれです」。「四月の何日」、「七日です」。「おかみさんはないんですか」、「エエ」。「初めからですか」、「そうです」。問答は続く。「人夫みたいなことをやっていたが、一月ほど前から仕事がなくなったので、こうしています。泊まる所とて一つもない」。

ガードの向こう側の空地には古ボイラーの中にわらを敷いている。これからの時節向きな宿、丁度カタツムリか何かのように絶好の家。そのわきではカーキ色の洋服に色のあせたカンカン帽をかぶった男。「左官をしていたのですが、最近仕事がなくなってしまった。登録は仕事のある時分だから受けていない」。失業救済のための登録はますます追加を必要とされる。

錦糸町駅寄りのガード下には五人組の屑拾いの共同生活だ。「もう申告しました。これこの通り組合証があります」と見せながら淋しくほほえむ人々。キャラメルとバットなどが配られて、「どうも有難う、ご苦労様でした」。

家なき人六百　前回より約二倍

係員の死にもの狂いの努力で市内外住居でない処に住み、戸外を放浪する人々は、かくして一日午前四時ころまでに調査を完了された。草間氏の話によると、浅草だけでも約二百、本所は前回よりずっと増して約三百、深川にも百五十くらい、全市を合すると六百〈六百五十〉は超える見込み。前回の時は三百八十名であったが、最近の不景気は浮浪者の数を激増させた。

（東京日日新聞一九四四一号　昭和五〈一九三〇〉年十月一日）

映し出された全日本の国勢！　第二回の大調査終る

映し出された全日本の国勢！　第二回の大調査終る

全日本の国勢と姿をそのまま一表に収むべき第二回国勢調査は、〈昭和五年十月〉一日午前零時を期して全国一斉に行われた。準備と宣伝に二ヵ年を要して当日を待った内閣統計局は各道府県、市町村と協力、二十五万の調査員を総動員して全国くまなく調査網は張られた。普通の世帯は予定通りに済んだが、秋の一夜を旅の宿に明かした者、病室の一室に病む者はもちろん、水上生活者、公園、神社仏閣の境内、橋の下等に集団する浮浪者の群れ、都会を捨てて街道を行く帰農者の失業群に至るまで、深夜、特に調査員が出勤して警察、青年団、在郷軍人団等の応援で関所を設け、あるいは遊働隊を編制して街頭に網を張り一人も脱さず、申告書をまとめた。とりわけ東京の浮浪者調査は三十日午後十時より、府市調査部員約三百名と隣接町村当局と協力して一斉に行われた。かくてもっとも重要なる人口と失業両調査をはじめ十二大項目にわたる調査は無事終了。今度が最初の朝鮮と台湾、樺太特別調査の陸海軍外務司法各省も各々行われた。なお全国一千三百万世帯の申告書は午前八時までに各調査員によってまとめられるが、特別の支障による申告もれの者は来たる四日までに市町村役場へ届け出る事になっている。

日本一の珍世帯、老木に巣食う老若の男三人

東京一の浮浪者の集合地浅草公園一帯の調査は三十日午後十時より今暁五時にかけて行われた。浅草区役所に勢ぞろいした六十余名の調査員は腕に赤い腕章、手に手に提灯、懐中電灯を持って、雷門付近からしらみつぶしに調査をはじめる。この一行には長谷川内閣統計局長、上條事務官、金谷市統計課長、内務省〈東京市〉社会局の草間八十雄氏、大野木係長以下の人々も視察に加わって極度の緊張。まず仁王門前から五重塔、観音堂、本願寺、静まり返った活動街等公園を順次にめぐって行く。

路上にむしろをかぶってねている黒い頭がムクムクと動く。ベンチの上の一団がビックリして飛び起きる。「さあ国勢調査です。皆起きた起きた。君はいつからおかん(野宿)になったんだい」、草間氏が口を切る。「ええ、わっちゃ十年でえー……国ですか、仙台。名は？　へへへへ、その何です」とおこもさんは頭をひねる。それを一々特製の申告書に記入して行く。

観音様の左広場の中央、けやきの老木を、もしかとこつこつとたたいて見ると、中から「誰でえ」と鼻声がする。提灯の火をかざすと居た、居た。老若の男三人、調査員すっかり感心したり驚いたりして、レコード破りの「老木内の一世帯」として申告書に記入する。「こりゃ日本一の家だね、フーム」と長谷川局長も感に打たれる。

公園裏へ行くと共同便所の屋根の上に五、六人、こもの布団にくるまってごろごろしている。調査員ははしごをかけてやっと上って屋根上の珍人連を一人一人調査する。

路地を行くとひっそりとした中で、ゴミ箱の中をかき回して犬のように鼻をクンクンやっている。「モシモシ国勢調査ですよ」

調べがすむと青い調査済みの証票をもらった彼は、うれしそうにそのまま路上にごろりと横になる。公園付近にはざっと二百名で概して男が多い。中に女の代表的人物は、仁王門前の浮浪者仲間に貞操を売るごうかい屋通称おふみさん（一九）外ざっと十数人、調査隊は大木の中まで一瀉千里《いっしゃせんり》にやってのけ、向島へ通ずるくつぬぎ橋下へ行く。

土管内に二百名

ここにも四十人足らずの浮浪者がいたが、多くは少年。光を向けると皆はにかんでこそこそと逃げ出そうとする。「あっ、動いちゃいけません。さァ申告して下さい」。調査員は手分けして、一人一人申告書へ記入する。

先頭に立った草間氏、「おい、おまえはまだいるんか」とさすがは専門家だけに顔なじみだ。

おかげですらすらと済んで吾妻、駒形両橋下へ行く。ここにも三十人ばかり、その他新谷町、幸隆寺跡、本願寺境内等に十数名ずつ――こう書いて行くと簡単だが、実際はうるさがって逃げだす者、ゴミ箱あさりに出かけた者などを張り込んで、調査員は夜明けの五時頃まで眼を血走らせてかけ回った。

浅草では合計ざっと約四百名以上にも上ろうと見られているが、なお市内外も同様に行われて、小石川区四人、本郷区六人、品川天王山六人、芝浦月見町一丁目市河港課埋立地の土管内に、ずらり頭を並べた浮浪者が約二百名いたのにには調査員も驚いていた。

列車内の一騒ぎ　弱った車掌

午前零時にちょうど汽車で旅行中の人々にうっかり申告を忘れられては大変と、鉄道省では七万枚のビラを三十日夜全国各主要駅から出る夜行列車内で配った。何しろ四日も五日も、旅を続けている者もいることだし、定めし珍問奇答も出て、国勢調査係の車掌さんを困らすだろうと、東京駅発十一時三十五分下関行二、三等列車に乗り込んでみた。発車間もなく、

「皆さん、国勢調査の申告を忘れないように。今注意書を配りますから、よく読んで下さい」

と専務車掌が、「出発前に申告しなかった人は明日到着の世帯から申告して下さい」と書いた注意書を一人一人に渡すと列車内がにわかにざわめき出して困った顔をする者が続出――。

「実は国元の親が急病で途中で降りたりする暇がありませんが、どうしたら好いでしょうか」、悲壮な顔つきで車掌さんに相談する

老木内に住む世帯主　浅草公園所見
左から三人目統計局長
〔上は〕注意書を配る下関行の列車車掌

学生もあれば、「申告しなければ、死んだ人になるのですか」と聞く者もある。こんな国勢調査ナンセンスを乗せて列車は走り続ける。

返答大よた、ドイツ語も飛び出す　面食らった本所、深川方面

深川区の浜園町宿泊所をめぐっていつもなら七、八十人の浮浪者がごろごろしているのだが、三十日午後一時臼井宿泊所長を先頭に十数名の調査員が農林省倉庫の裏手大草原の中に足を踏み入れると、これはしたり、国勢調査があると聞いてか、早くも姿をくらまして、食器などが散乱しているだけである。調査隊の一行は懐中電灯を照らして、丈余のあしをかき分けて探すとあしを刈り取った窪みにボロむしろで囲った半穴居式の小屋があった。

ブランデーを一杯ひっかけて、いい気持で軽い寝息のところを、「勘太郎、勘太郎、起きた、起きた。国勢調査だよ、気の毒だナ」と臼井君が起こす。「先生すみません」と赤い眼をパチパチさせながら起き上がって、コモから顔を出す。

「細君を持ったことがあるかい」

「かかァでやすか」

とくすくす笑う。

一杯機嫌の浮浪者は「何デエ、うるさい」と尻を向けて、調査員の調べに答えようとしない者。慶応何年生まれなどという老浮浪者は年齢や出生地を忘れた者。茶目っ気のある若い浮浪者は調査員をからかって大よたを飛ばすので大弱り。

東平井町の空地草原の中に根城をかまえている大内某は「無量庵」と称し、ドイツ語で「無用の者入るべからず」と書いてある。調査員が「どうして浮浪者になりましたか」と尋ねると、ドイツ語交じりで答えるのには係員面食らって、「先生、お手やわらかに」と苦笑する。

本所、深川の調査員六、七十名はこの難しい人々を相手に根気よく十数班に分かれて区役所の提灯片手にシラミツブシ式に調べ上げる。

一方橋の上や軒下を定宿としている連中は国調をうるさがって、埋立地の奥の方へ逃げたらしく三々五々調査員がお巡さんを先頭に提灯を振り振り後を追いかける始末。何のことはない、国調鬼ごっこだ。調査員たちは汗だくで、「一日の午前五時までには、必ず一人残らず調べあげます」とえらい熱心でかけ回っていた。

吹き出した係官　老婆判と歯の間違い

三十日の午後一時から水上生活者の調査を始めた水上署員のモーター船は百六十二名が全部で五十二班に分かれて、各々受け持ち区域に向かった。東京市内の河川はもちろんのこと、北豊島南葛飾二郡の河川を上下する船を一々停止させて、一日早暁出帆する船は直ぐにその場で調査をすませ、これに赤い紙をはりつけて目印とし、また早朝出帆しないものは更に午前六時を期して、一せいに調べに来ることとして、午後六時一先ず調査を終えて、引き揚げたが、尾久町役場吏員は上尾久荒川熊の渡場石橋亭を根拠地として、三十日午後十時から同町沿岸に停泊中の伝馬船波動磯船および川蒸汽の調査を行った。

役場の提灯を先頭に各自懐中電灯を照らしながら、慣れぬ腰付きで、「今晩は、国勢調査です」と調査を始めたが、ただ長年の水上生活から男の中に、自分の生年月日出生地を知らない者が意外に多かったことには係員一同驚いていた。なお航行中の船は役場の大提灯を掲げたモーター船二隻を川面に浮かべて、上り下りの船を一々停止させて、吏員が乗り込み取り調べていたが、中なる千葉県から来た一隻の伝馬船内田惣吉の船には母さよという今年八十七歳の老婆が留守居をしている。係員が、「判を持ちませんか」と尋ねると、耳の遠い老婆、一寸小首を傾げていたが、「ハイハイ、歯は二本しかありません」と係員に口を開けて見せたのには一同吹き出した。

その他王子、千住、三河島、岩淵の各方面でも各々担当区域を定めて、同様荒川上の水上生活者を調査した。

（東京朝日新聞一五九五三号　昭和五〈一九三〇〉年十月一日）

帝都にうごめく浮浪者一千七百〈余〉名

帝都にうごめく浮浪者一千七百〈余〉名
大正十四年に比べると五倍　国調に現れた世相

一日午前零時を期して行われた国勢調査中、東京市内浮浪者の調査は金谷統計課長をはじめ約三百名の係員が三十日午後十時から一日午前五時まで、徹夜して一人一人調べた結果を直ちに速報として一日午前十一時発表した。その結果は予想数をはるかに突破して総計一千七百九十人（内男一千七百五十四人、女三十六人）であった。これを大正十四年の浮浪者調査三百四十四人に比較すると五倍の増加で、最近不景気相の深刻な影響が最も顕著に現れている。右調査の数字を市内各区別にすると左のごとくである。

	男	女	計
麴町区	二〇人	／人	二〇人
神田区	一三七	／	一三七
日本橋区	一四	／	一四
京橋区	二三	／	二三
芝区	一二八	四	一三二
麻布区	／	一	一
赤坂区	二二	／	二二
四谷区	一九	／	一九
牛込区	二	／	二
小石川区	九	／	九
本郷区	一四	一	一五
下谷区	三五六	八	三六四
浅草区	五八八	八	五九六
本所区	二二二	八	二三〇
深川区	二一〇	六	二一六
計	一、七五四	三六	一、七九〇

おむすびに喜ぶ浮浪者（万世橋署で）

調査珍風景
盆とお正月が来たようだと　喜ばせた万世橋署

万世橋署と神田区役所の一風変わった浮浪者調査——一日午前零時より五時にかけて集めた数は百二十五人、うち女学校を出た三十一歳になる女が一人で、同署へ到着時にどしどし申告書に記入して行き、夜が明けてやっと一段落した。

調べ上げたこの一群は全部屋上に押しあげて軍隊の中隊縦隊式に並べ、お巡りさんがその前に立って「番号ぅ」と号令をかける。毛布を着てバスケットを下げた老人、長髪でぶるぶる震えてる。半裸体、ボロ服まちまちでクシャクシャな顔が「一、二、三、四、……」と声を張り上げたが、十番から先はしどろもどろ。

やっと、この変わった検閲が終ると、近来この先生たちには始めて見参の大きな竹皮包のにぎり飯がめいめいに渡される。皆うれしそうにしがみついて、たちまち平らげてしまう。更に、午前九時には区役所から一人にパン半斤ずつが贈られる。一同の感想に曰く「国勢調査ってうるせえ気がするが、盆と正月を一緒にしたようなもんだ」。

網にはいった魚のようなこの群は宮脇署長も先になって、後始末の調査をし、その結果、

盗みをした有力な被疑者　十二名
養老院送り　十八名
幼少年保護所入りの少年　三名
職業紹介所を通して職に有りついた者　四十名

残った連中は署長の斡旋で神田青物市場の隅に小屋を建ててもらって、ここを宿に再び街頭へ進出するそうだ。

もう一つ変わった浮浪者風景――「住所警視庁留置所世帯主吉川澄一（鑑識課長）」と記した調査表には七十三人という多勢の申告者。そのうちには紙幣詐欺のペルシャ人一人、朝鮮人五人、女三人。そのうち失業者が二十八人、細君や夫のない者が四十二人（うち死別三、離別六）。職業は事務員や人夫、車夫や時計職人等をはじめ「書家」や「著述家」等十八種という。色とりどりである。

（東京朝日新聞一五九五四号　昭和五〈一九三〇〉年十月二日）

夕涼みの浅草に　内相のルンペン訪問

夕涼みの浅草に　内相のルンペン訪問

安達〈謙蔵〉内相は浅草のルンペンの実情視察のため、〈昭和六年九月〉四日午後八時最近竣工したルンペン宿、浅草区松清町六十一浅草一泊所にいたり、案内役の市社会局草間八十雄氏、一泊所長後藤宗次郎氏の説

夕涼みの浅草に　内相のルンペン訪問　　内相、夜のルンペン視察

安達さんルンペン視察
（昨夜、浅草公園で。左端が安達内相）

明をいちいち大きくうなずき、「僕は寒い時に一度公園の浮浪者を視察して分かっているが、設備はこんなに立派でなくとも、公園の浮浪者だけを専門に収容するところがあればいいなあ」と言う内相が来たというので、宿泊所のゆかたを着たルンペン宿泊者二百名がきちんと座っている。

内相「ああ」と親しく挨拶し、「国はどこです」とていねいに尋ねるなど床しい場面を見せて、同八時四十分更に浅草公園の浮浪者を視察した。まだ、宵の口とてルンペンたちの多くはベンチや物蔭で夕涼みをしている者が多く、「安達さんだ」「内務大臣だ！」と驚いておじぎをすると、安達さんも微笑んでこれにこたえる。観音裏では「これは涼しくてよい」と安達さんが感心。かくしてカジノフォリー裏、ひょうたん池のまわりを巡って、同九時二十分引きあげた。

（東京日日新聞一九七七八号　昭和六〈一九三一〉年九月五日）

内相、夜のルンペン視察

内相、夜のルンペン視察　社会局長官等と浅草一巡

〈昭和六年九月〉四日の夜内相の安達さんが浅草のルンペン視察をした。松本社会局長官を伴って、案内役はルンペン通の草間八十雄氏。

安達内相

午後八時半自動車で官邸を出て、先ず最初に去る二十七日開いたばかりの松清町の浅草一泊所を訪れた。二階の宿泊室へ足を運んだが、泊まっているルンペン百九十名がまだ就寝前とあって、行儀よく座って安達さんを迎え入れるようにお辞儀をする。内相は一々うなずきながら室の中をずーと通って、一人の老人宿泊者に「歳はいくつだ」「五十三、まだ若いな」等と話かけ、約三十分で同所を出た。

今度は浅草公園の裏口に自動車を止めて公園の中へ。かくて午後十時官邸に引きあげた。

（東京朝日新聞一六二九〇号　昭和六〈一九三一〉年九月五日）

浮浪者調査　浅草の成績

浮浪者調査　浅草の成績

市社会局では昭和六年来の試みとして、市嘱託草間八十雄氏を班長に、帝大ほか各大学社会学科心理学科の学生七十七名の応援を得て、都下盛り場のルンペン調査を開始、まず手始めとして、先頃浅草六区の調査を行った。収穫は浅草公園の二十三名を筆頭に、千束十三名、田原町九名等。総数七十四名、うち女七名。ただし、いずれも四十歳を超えた老齢の女性であった。

今月〈昭和十二年十一月〉いっぱいに本所、芝、深川、上野、新宿等の公園盛り場の浮浪者調査を九回にわたって続行する予定である。

（東京朝日新聞一八五三七号　昭和十二〈一九三七〉年十一月十七日）

あぶれる影なし　自由労働者も〝万歳〟

あぶれる影なし　自由労働者も〝万歳〟

事変下「労働力」の需給統制が銃後の重要問題として各方面の注目を集めている折柄、市社会局では先頃から同局嘱託で〝ルンペンの父〟と称されている草間八十雄氏に依嘱して、「事変下自由労働者の生活概況」を調査していたが、このほど完了。好景気に躍る自由労働者の一面が数字の上からも実証されるにいたった。

同調査は「どやまち」と称せられる市内三ヶ所の労働市場、深川区高橋三丁目（旧富川町）、浅草区山谷町（旧浅草町）泪橋通り、本所区東駒形四丁目（旧小梅業平町）に出張し、そこに集まる自由労働者いわゆる「どやもの」を中心に労力の需給状態を調査したものだが、これによると、深川区高橋三丁目と、本所菊川一丁目との交差点の街路際では、午前六時に集まった約四百名の日傭人夫中午前十時には五十人が、泪橋通りでは午前六時の二百五十人が同十時には十人、東駒形四丁目では午前六時の百三十人中同十時には二十人が街路に佇んで、仕事を待っているのに過ぎないという有様で、本当に仕事にあぶれている者は百人中十五人くらいという。戦時下ならではの好景気振りを示している。

また、その賃金も一円五十銭ないし三円五十銭（従前は一円五十銭が上等だった）で就業者の七割くらいまでは二円程度で殊に浅草区山谷の市場などでは「二円以下なら行かないよ……」と言った鼻息。その上、往きの電車賃はおおむね人足廻し（労力請負業者の手下）の負担で、中には一人の人足廻しで十人以上の人夫を傭うと現場まで円タクで運ぶ場合さえあり、素晴らしい「どやまち」一帯の景気来に、従来は職業紹介所に仕事を求めた登録労働者までが〝余計金になる〟巷の労働市場に仕事を探すという珍現象まで現れるなど、自由労働者の黄金時代を如実に反映している。

（東京朝日新聞一八八三〇号　昭和十三〈一九三八〉年九月八日）

乞食の取締り、中旬に実施

乞食の取締り、中旬に実施
見付け次第区役所へ

浮浪者、乞食を帝都から一掃する画期的な救護協議会が既報の通り、警視庁会議室で〈昭和十四年十二月〉四日午後二時から開かれた。

石橋保安課長、西田安寧係長、厚生省社会局救護課長、市厚生局保護課長、府社会課長、市養育院監護課長、象潟警察署以下管内に盛り場、遊廓、火葬場等の浮浪者や乞食が集まる場所をもつ十二署の署長及び浮浪者研究の権威市嘱託の草間八十雄氏等が出席。

同四時まで審議の結果、浮浪者、乞食の救護取締りとして、警視庁は今月中旬を期して一斉取締りを実施。発見者は即日区役所に引き渡すこと、その後と雖も発見の都度区役所に引き渡して、街頭からこれら人の情にすがって生活する者たちを一掃することに決定した。

街頭から駆逐する対象は一定の職業なく、縁日、祭礼、盛り場等に居座り、あるいは徘徊して金銭を乞う乞食と、一定の住居、職業なく屋外に居住している浮浪者約四百五十名の者たちである。警察署から区役所に引き渡すと、市当局では市養育院に収容。労働能力のある者は就職の労をとり、原籍または身寄のある者はそれぞれ送りつける。前記に該当しない者はカード式台帳に記入して、養育院、養老院に収容して救護することになっている。

なお、警視庁全管内を一斉に取締りを実施して、狩り集めることは養育院が狭いため不可能なので、各区別に実施することとなり、先ず今月十日を実施始めとして着手する。

〈東京朝日新聞一九二七九号　昭和十四〈一九三九〉年十二月五日〉

帝都の面よごし　浮浪者を一掃

皇紀二千六百年という輝かしい新春を迎える帝都に見苦しい乞食が街頭を彷徨していては歴史に申訳がないというので、府、市、警視庁は既報のごとく、いよいよ〈昭和十四年十二月〉十四日朝から第一回乞食狩りを開始した――

帝都の面よごし　浮浪者を一掃　その前夜の乞食部落

今度は事変下労働不足の折柄でもあり、養育院では二百余名分の空室を作って待期しているので、収容後の生活指導も徹底的になされる模様であるが、今でもいろいろな乞食談義の中心となっている帝都ただ一つの古い乞食部落――落合火葬場にほど近い中野区上高田神足寺裏崖の小屋掛けも中野区役所、小学校、野方署等が身の振り方を世話した上で、近く解散させる事になった。

この部落は昔二十数戸もあったが今はわずかに七戸。総員二十六名、その内子供が十四人で、小学校へ通っている子供が七人ある。仲間の頭はよく黒犬にリヤカーを曳かしている五十歳くらいの男で、部落の中心にはポンプ井戸と小じんまりした共同風呂さえあるとの小屋も、在住十年以上の夫婦者で食事道具も揃っていれば

東京における最後の乞食部落と
巣鴨署に捕まった乞食たち

ランプもある。

古木、古トタンを拾い集めて造った四、五坪の小屋では案外暖かそうな服装した二、三人の連中が炉ばたに額を集めていた。

〝何時退却命令が来るんだろ〟

〝引っ越せと言っても、今は誰も貯金を持っておらんからなァ、実際事変以来収入が少なくなったネ〟

〝国防献金や廃品回収の影響だョ〟

〝こんな不具者にでも仕事をくれたり、子供と一緒に暮らせるなら何処へでも行くョ〟

〝まさか留置場へ入れとは言うまい〟

等々ぼそぼそ不安な狩出し対策に余念がない。かくて〝街の浮浪者〟たちにとって自由な？　最後の一夜が明けて十四日朝、第一回狩出し隊の池袋、目白、巣鴨、王子、中野等城北一帯の十三警察署員が一斉に出動。それぞれ担当区域の街頭からこれら浮浪者群の狩出しを開始したが、狩出し隊来るの報に姿を晦まそうとする者や、「三日やったら止められぬ」連中を相手だけに収容までの一苦労風景が至る所に展開された。

中でも全盛期時代には一挙数十名の乞食検束の歴史を持つ巣鴨のトゲ抜き地蔵の盛り場は、しかもこの日がちょうど縁日とあって巣鴨署でも午前八時狩出し隊が赴いたが、この網にかかったのが同地蔵尊前で物乞いしていた自称関根文三郎（三二）という乞食が泰山鳴動式にたった一人。「この頃はメッキリ姿が少なくなりました。ご時勢で働き口があるせいでしょう」と花売婆さんの説明。警察へ珠数《じゅず》繋ぎに引っ張られて来ると、「旦那、罰金なら払いますよ」と、手に手に銅貨を十何円か握って出したという以前の仲間の栄華話を聞き伝えてか、この十一月はるばる郷里福島県から東京の乞食を志願して上京早々、この日の網にかかってしまったこの男、署員の取調べにも浮かぬ顔をしていたが、結果これも市電大塚終点付近でブラついていた女浮浪者と仲良く板橋の養育院へ――。

乞食研究二十年、今では厚生省の調査係をしている草間八十雄氏は、今度こそ明治以来の大掃除だと張り切って、左のごとく語った。

帝都の乞食も今は二、三百人になり、部落としては神足寺裏一つです。病人や不具で働けぬ者は養育院へ、悪質な者は強制収容、丈夫な者には仕事を与えるという方針で、当局は年末に徹底的に狩出し、その後も毎月やるというから、今度は何とかなるだろう。神足寺裏の部落では、以前仲間が死んだ後、調べたら八百余円の貯金通帳が出て来たとか。ここに二十年もいた古顔が二千円の現金を貯めたとかいろいろあったが、今は多くて一日一円前後の貰いしかないらしい。狩出しには絶好の機会でしょう。

（東京朝日新聞一九二八九号　昭和十四〈一九三九〉年十二月十五日）

〝公園の夢〟を驚かす　国調、まず浮浪者から

〝公園の夢〟を驚かす　国調、まず浮浪者から

国勢調査の異色編――秋風の冷たさを莚《むしろ》一枚に凌いで、市内の公園や空地にまどろむ浮浪者の調査が国勢

浅草玉姫公園の浮浪者を襲った国勢調査隊

調査のトップを切って、〈昭和十五年九月〉三十日深更から一日午前四時頃まで全市一斉に行われた。

そのうちの浅草区、三宅区長が先頭に立ち、友安内閣統計官、上原市総務局長、吉田同統計課長、藪田府主事、国勢調査指導員草間市嘱託等が特に参加、専門の一般調査員に代って区庶務課員と市統計課から応援に駆け付けた係員数十名が八班に分かれ、山谷町四丁目の玉姫公園や今戸公園その他、約二十五ヶ所の〝巣〟へ出動。全市で一番繁昌しているといわれる玉姫公園では区長さんの提灯に照らし出された者が八名、植込みの下にこっそりかくれていた者が二名、お巡りさんの姿やものものしい提灯の数に驚いた形。

「おじさん、煙草を吸わないか」と、調査員が差し出す煙草にやっと気持がほぐれて、生国、職業、兵役関係等をポツリポツリと話し出す。

ここでは四十三歳から六十一歳の全部男ばかり。前より数も少なくなったし女は一人も見当たらなかった。この調査は全市約五十ヶ所の浮浪者の巣で行われた訳だが、同夜の案内役で三十余年間、浮浪者の調査にあたっている草間八十雄氏の話。

市内のルンペンの数は非常に調査が困難で大正九〈一九二〇〉年の第一回国勢調査には現れておらず、第二回の大正十四年が三百八十名で、うち女が十名。第三回目の昭和五〈一九三〇〉年は千七百九十九名、うち女四十名に殖え、第四回目の同十年は千百十七名、うち女四十四名でした。その後、十二年の十一月に市社会局で浮浪者だけの調査をした時は、働ける者は皆職業を得たせいか、老衰者、不具者、精神異状または薄弱者ばかりで、男三百四十二名、女二十一名でした。今回は女がほとんどなくなったのは事実で、男も極く少数になっていると期待しているのですが……。

（東京朝日新聞一九五七八号　昭和十五〈一九四〇〉年十月一日）

児童虐待調査

乞食を父に持つ若き「芳公」の悩み

乞食を父に持つ若き「芳公」の悩み
きのう野方町の掘立小屋から市役所に草間嘱託を尋ねて、籍が欲しいと涙の願い

〈大正十五＝一九二六年三月〉五日朝十時ごろ折柄の淡雪にぬれて、東京市社会局に同局嘱託草間八十雄氏を尋ねた角刈頭にはっぴ姿の若者があった。草間氏が会ってみると、意外にもこの若者は、市外野方町字上高田の櫟《くぬぎ》林内の乞食部落に十数年このかた住んでいる乞食を父に持つ、通称芳公と呼ぶ青年であった。草間氏は乞食や浮浪者売笑婦などのどん底生活者研究の権威で、最近内務省社会局と警視庁の依頼によって隣接町村内に巣くっている乞食部落の調査を行なった際、数回芳公の掘立小屋を訪れて、

この社会に育った者に似気なきかれの態度ものごしに不思議を感じ、付近に住む地主で植木屋の親分についてかれの身の上と境遇を知り、一方ならぬ同情を寄せていたのであった。芳公は今年十九になって青春の悩みを知り、そして無籍者である自分を悲しんだ。何とかして国籍がほしいと矢もたてもたまらず草間氏を頼って来たのであった。彼は涙ながらに草間氏に身の上話をした――

赤ん坊を抱えた……白痴の女乞食
二千円を貰いためた　両腕のない育ての父親

芳公の生いたち

話は十七年前にもどる。――一人の白痴に等しい女乞食が二つになる男の子を抱えて四谷旭町の木賃宿付近をさまようていた。生まれは宇都宮とだけ、子供はもらい子だと言っていた。たまたま同所で両手とも二の腕から切断された一癖ある男乞食と夫婦となったが、その時連れていた子供こそ現在の芳公であった。その後、親子三人は現在の場所に移り住んで、毎日近くの落合火葬場に出ては、親子三人合力を乞うていた。養父は埼玉県秩父生まれ細田吉五郎（四五）とだけ、身の上はかくしていた。九年前芳公が十一の時母は死んだ。それから親子二人仲間の古顔として、親分となりすまし、場所柄だけにもらいも多く積もり積もって二千余円となった。

芳公は大きくなるに従って乞食という商売がいやになり、父親に迫って近くの植木屋の手伝いとなり、十五の年から今日まで五ヶ年、今では一かどの若衆となった。そして、乞食仲間から身の上を話されて、はじめて知る身の上に何とかして籍がほしいと、いよいよ国籍設定の申請方を裁判所に提出すべく決心し、草間氏に骨

籍が欲しい「芳公」の住み家

折りを依頼に来たのだ。しかし、現金二千円のもらいだめを抱えた父親は折角育ててきたこの若者が世の中を知ることを非常に恐れた。いつかは自分が捨てられる時が来ることを恐れて植木屋へ雇われるさえ極力反対したが、植木屋の親方は情理を尽くして、親爺を説き伏せたもので、現在芳公はどんなことがあっても、この不幸な育ての親を棄てぬといっている。

出来るだけ尽力する　草間氏曰く

草間氏は語る。「できるだけ尽力してやる。十日には警視庁から調べに行き、写真もとることになっている。二千円の現金、それは珍しいことではない。現に昨年死んだ三十男は床の下から中野浅野銀行の預金で四百六十円、それに郵便貯金が五十円ありましたが、身元不詳のため五十円を葬式費用や手伝い料として仲間に分けて、残りの四百六十円はいまだにその筋に保管してあります」と。

「俺を捨てる気か！」と怒鳴り廻る父親
両親は別にある……と植木屋親方の力添え

きのう午後、記者は草間氏と野方町の櫟林の中に芳公親子を訪ねた。草間氏の顔を見るや父親は両眼をむいて、「お前等は芳公をそそのかしに来たな。おれの金に眼を付けやがったな。社会局もクソもあるもんか」とえらい見幕で、かたわらにいた芳公も目礼したまま困ったという顔。親父は内から「籍などいるもんか芳！

このおれを捨てる気か」とかんかんにどなっている。世を狭く暮らす彼としては最愛の芳公が誘惑でもされるものと思い込んでるのも哀れである。植木屋の親方は「今日は雪で仕事に出ないので頼みに行ったのでしょう。実は私がすすめているのです。真面目な若者で仕事に行っても、つい乞食の子ということが知れるといつも泣いているのです。可哀相なものですが、確かに両親は外にあるのです。顔付きを見てください」と芳公のために一生懸命である。

（東京日日新聞一七七七八号　大正十五〈一九二六〉年三月六日）

「芳公」の籍できる

「芳公」の籍できる　横山代議士の骨折り

落合火葬場を縄張りにしている乞食の親分を育ての親に持つ若い無籍者の「芳公」の身の上について、一方ならぬ同情を寄せている市社会局嘱託草間八十雄氏はどうかして籍を作ってやろうと八方奔走の結果、代議士で弁護士の横山勝太郎氏にその事を相談したところ、横山氏は費用その他は全部自分で負担、無料で手続きを済ましてくれることを快諾してくれたので、草間氏も大喜びをしている。また過般「芳公は私の子芳雄で、七歳の時乞食にさらわれた者ではないでしょうか」と、調査方を依頼して来た宮城県塩釜町土屋繁太郎の願いにより、草間氏は中野警察署の手で取り調べてもらった結果、全然相違していること判明、その旨回答した。

（東京日日新聞一七八〇〇号　大正十五〈一九二六〉年三月二十八日）

本紙の記事で判った「第一の芳公」の身許

本紙の記事で判った「第一の芳公」の身許
宇都宮在の母親から狂喜の手紙
市の草間嘱託が同伴して……きょう産みの親と対面

第一の芳公……府下野方町の乞食小屋に住む無籍者の芳公にも恵まれる日が来た。かれの生みの両親が計らずも本紙の記事によって判明したのである。数日前市社会局草間嘱託にあてこういう手紙が来た。

早速ながら申し上げますが、去る三月七日及び十二日の東京日日新聞紙上にて拝見いたしました「芳公」について、是非あなた様のお骨折りを願いたいと存じます。私は栃木県宇都宮在平石村大字下平出関口坪海老原ふくと申す者ですが、十七年前石毛芳雄という三歳の子供を女乞食に無情ながら貧苦のためにくれました。

【宇都宮発】しかし、十七年の今日まで一日として芳雄のことを思い出さぬ日はありませぬ。ところが、前記の新聞に芳公の記事のあることを人様から聞きわが子に違いないと飛び立つ思いいたしました。どうぞ私を哀れと思召し、芳公と面会のできるよう、また今一度身元を調査してお知らせ下さいませぬか。芳雄は籍もあります。何とかお取り計い下さい。

というのであった。草間氏は直ちに中野署を通じて、芳公の身元を調査したところ間違いなく十七年前の芳雄であることが、乞食の養い親から判明したので、芳雄は今さらのごとくまだ見ぬ親を恋い慕い、また養い親も芳公の衷情を哀れんで、草間氏の肝煎りで無情の生みの親に面会することを許した。草間氏は三日芳公と植木屋の親方を同伴、上野駅午前八時発列車で宇都宮に向かい出発、くしき親子の対面をなすことになった。芳公はこれにより真にめぐまれる日が来たのである。

養い親の……乞食は廃兵　芳公嬉し涙で今後の覚悟を語る

芳公は涙で語る。「私は棄てた親をうらみませぬ。よく名乗って出てくれたと、親の慈悲を感謝しています。私はようやく乞食の子という汚名を棄てることができます。今後生まれ変わって働き、不幸な養父を終生保護してやる考えであります」。また乞食の親も実は廃兵で埼玉県北足立郡指扇村大字中釘細田森吉（四二）ということも判明した。（古館特派員）

（東京日日新聞一七八〇七号　大正十五〈一九二六〉年四月四日）

十七年ぶりに芳公が伯父伯母と涙の対面

十七年ぶりに芳公が伯父伯母と涙の対面
まだ見ぬ母からは心づくしの恩愛の小包も届いて……【古館特派員】

十七年振りで生みの親の恩愛に抱擁さるる歓喜を胸いっぱいに秘めた芳公は、社会愛に燃ゆる草間嘱託と侠気に燃ゆる職人気質の植木屋町田金太郎親分（四二）に伴われ三日午前十一時六分着列車であこがれの宇都宮駅に下車した。折柄の春雨は日光颪《おろし》に風さえ加わって、横吹きに物凄く吹き付けている。前日草間氏から打った電報でもしや恋しい生みの親が出迎えてはいまいかと、あちこちとあたりを見廻していた芳公は親方に促されて、改札口に押し出された。職人風の粋な角刈に銘仙竪縞の対の袷《あわせ》、羽織、錦紗《きんしゃ》の兵児帯《へこおび》には銀鎖《ぎんくさり》の時計がまかれ、首には鉄無地の絹ハンカチぐるぐると哥兄《あにい》姿のりんたる芳公の双眼には早くも涙が光っていた。

間もなく芳公を中心に関係者を乗せた自動車は篠突《しのつ》く雨の中を勢いよく二里の田舎道をへその緒を埋めた河内郡平石村大字下平出関口坪の祖父の家海老原周造方に向かった。泥濘《でいねい》は容赦なく轍《わだち》を埋めて、いたずらにエンジンの音のみ高い。一同下車して、車の後押しをすること数回、思いのほか手間取って午後二時頃ようやく目指す関口坪にとたどりついた。

早くも噂が伝わっていたものとみえ、自動車のラッパの音を聞き伝えた村民は「それ芳さんが来た」とぬれるも厭《いと》わず、戸外に駈け出し物珍しそうに車内を物色する。

遥かかなたの茅屋《ぼうおく》からこちらを見守っていた四十格好の農夫が自動車目がけて飛んで来て、「東京のお客様だんべえか。おらがとこの芳どんじゃございませんですか……」。朴訥なその言葉にも真情は流露している。草間氏は「いかにも東京の客ですが、あなたは……」というと、「ハハイわっちは海老原三蔵ちゅうんですが、おむけえにめいりやんした……」といんぎんに幾度も幾度も頭を下げる。

ここで車を乗り棄て田圃道を三丁ほど歩いて、周造翁の家に着いた。隣近所からは老人も鼻垂らし小僧も駆けつけて「芳さんはどれだどれだ」のささやきが無遠慮に起きる。一同は招じられて、薄べりを敷いた炉辺に上がり込んだ。

周造翁は涙一ぱいたたえている。作蔵、三蔵の両伯父も居並ぶ。親戚縁者や隣近所の老人連も数名控えている。草間氏と町田氏は色々問いただした。すべてがぴったりと符合した。いよいよ芳公の首実験となった。穴のあくほど見つめていた千代伯母やみか叔母、その他は吾れ先にと「芳雄に違えねえだよ」「目つきがおふくろさんそっくりだ」「鼻筋の通っているのはおれが家のまけ（血筋）だ」。誰が目にも大伯父行蔵老に瓜二つ、筋は争われぬものとうなずかされた。芳公は遂に泣き出した。千代伯母やみか叔母もおいおいと泣き出した。

草間氏は芳公に「色々の条件がぴったり符合しており、老人たちの見覚えで、十七年前の芳雄に間違いないと思うが、お前は異議はないか……そんなら改めて、祖父伯叔父母の名乗りを上げることにする……」と、改めて芳公を一同に引き合わせた。周造翁「お前が十七年前の芳か。済まねえ済まねえ、勘弁してくんろよ」と、芳公の手を取って引き寄せると、芳公も人目も恥じず、「祖父さん、芳です。芳雄です」と、声を放って泣いた。

それにしても、不思議は生みの両親のおらぬことだ。草間氏の問いに伯叔父母連はこう語る。「実はこれの母親ふくは十九年前宇都宮在大谷に出稼ぎ中、石工の富蔵と夫婦になり、芳雄と姉のはつ（当年二三歳）を生んだが、富蔵がてんかんで死んだので、十七年前二児を連れて生家に帰ったが、貧しい家に世話になっているのをつらく思ったものらしく、二児を置いてけぼりにして家出、行方不明となったので、曾祖母のさき（当時七二）と祖父がある日通りかかりの女乞食にくれたのを程経て知った家人は大騒ぎして、取り戻そうと、村人とともにその女乞食を捜したが、行方知れず。曾祖母はそれを家人に詰められるを苦にし、十二年前芳々といい続けたまま老死し、行方不明の母親ふくは奇しくも十七年ぶりで数日前、福島県石城郡湯本町八仙台の山第《やまだい》十二号五飯場《はんば》鈴木福次郎方から突然音信があり、また今日はメリヤスシャツ、

元の名の芳雄に帰って
（向かって右から祖父周造翁、
正面が芳公、右〈左〉伯父作蔵）

反物一反、ほし魚を小包で送って来た……」（続く）。

（東京日日新聞一七八〇七号　大正十五〈一九二六〉年四月四日）

五十銭で……売られた芳公

五十銭で……売られた芳公
今さら親とも名乗れぬが……せめて一目逢いたい……生母の涙がたり

【平発】本紙の記事を見て「第一の芳公」の母親と名のった栃木県宇都宮在平石村大字平出周造長女海老原ふく（三七）は二十歳の時に郷里を出奔してから、十七年の間茨城県助川や、福島県平町及び湯本温泉付近の旅館や料理店に女中から酌婦と流れ流れて、一昨年八月から福島県石城郡江名町字永崎海岸一軒家の飲食店柳内わか方に身を落ちつけている。四日午後訪ねると、ぽつりぽつり記憶をたどりながら語る。

「私が十七の時土工石毛春吉と人目をしのぶ仲となり、栃木県鹿沼町在で夫婦となり、子供ができたが、夫は放蕩者なので長女はつ（当時四歳）長男芳雄（当時三歳）をつれて生家へ戻り、それからはお恥ずかしい話だけれど、道楽のため……実家とは十七年も音信不通でいました。二人の子供は無事に育っているものと思っていましたのに、初午の日（去る三月十八日）に湯本町稲荷神社へ参詣に来たついでに従妹にあたる湯本町入山炭坑長屋抗夫鈴木福次郎妻はま（二八）さんから芳坊が三つの時、八年前に死んだ私の母さく（当時七〇）が貧困のあまり五十銭で女乞食に芳公を売ってしまった話を聞き、さらにそれが新聞に出ていると聞いて、福次郎さんから郷里の方へ照会してもらって、初めて音信をしたような訳です。これも神信心のお蔭でしょう。今さら親と名乗って出られた義理ではないのですが……、是非芳公に会ってみたい。一目見れば、本当の子かどうかすぐ分かります。今の身の上では会いに行くこともできないので、四日ばかり前に心ばかりのメリヤスシャツを送ったばかりです」と。

あらためて育ての親へ……芳公のけなげな決心

生みの親が判るまで

芳公の生みの親の分かったいきさつを聞くに、芳公の叔父三蔵は菓子の行商をして、毎日宇都宮に仕入れに行った。すると、先月十五日得意先で芳公の記事を掲載した本紙を読んで聞かされた。そして「お前の永年捜している芳に違いねェ」と言われ、村の総代や先生とも相談の上、貧乏で上京もならぬからというので、生母ふくの名で先生に代筆を依頼し、草間嘱託に調査方を依頼したのであった。折り返し草間氏の詳細な質問書にも回答を出した。

一方芳公の育ての親、廃兵の成れの果ての細田森吉も草間氏と町田親方の条理ある説服《せっぷく》に涙を流して、「芳公の写真よりも、いっそのこと芳公を親元に連れて行って、親子の名乗りをさせてください」と折れて出で、「この上折り入ってのお願いは片輪のこの私をふびんと思うて、この芳を私にくれることを親もとに承諾させてほしい」と言うので、かくて三日の宇都宮行きとなり、目出度く血縁の杯を取り交したのである。しかし、このくしき運命にもてあそばれた可憐の芳公はやっぱり本籍がなかった。そこで草間氏は生母が判明した今日、母ふくの私生児として平石村役場に届け出て改めて育ての親の手もとに籍ぐるみ芳公を与えることを約束させた。

芳公はこれで本当に生まれ変わったのである。育ての親にも賤しい稼業の足を洗うようにすすめると堅い決心を語っている。

（東京日日新聞一七八〇八号　大正十五〈一九二六〉年四月五日）

生みの母と涙の対面

生みの母と涙の対面　生まれ変わった海老原芳雄

無籍者の芳公にもいよいよ立派な籍ができた――生みの母親海老原ふく（四二）の私生児として居村栃木県河内郡平石村役場に届出られ、そして名実ともによみがえって名も海老原芳雄（一九）の昔に帰ったのである。芳雄がさきに祖父や伯叔父母と血縁の名乗りを交わしたことを聞いた芳雄の生母海老原ふくは、去る六日十七年ぶりで実家に帰り、草間氏の同情で三日後には芳雄と会見し、姉のお初も交えてうれし涙に泣きぬれた親子三人は同じふとんに寝た。その翌日入籍の手続きを済ませたのである。

一緒に行った草間氏も「親子していつまでも抱き合うて泣いているので、ついもらい泣きをしたような訳です」と言っている。

（東京日日新聞一七八二〇号　大正十五〈一九二六〉年四月十七日）

冷たい街頭から拾われる都会の放浪児

冷たい街頭から拾われる都会の放浪児
現在市内にさ迷う百余人の少年達に温かい手

東京市社会局では幼少年保護事業の第一着手として、市内に散在する十三歳以下の乞食の子供と、薬や化粧品を売って歩く同年輩の子供とを暗い穴底から引き上げてやることになり、今月〈昭和二年十一月〉中のある一日を選んで一せい調査をすることになった。

社会局の草間八十雄氏の今までの調査によると、十三歳以下の乞食の児は約百余人に上る見込みで、彼等の大部分は無籍者である。そして、

一、誘拐された者
二、親から買い取った者
三、借りた者
四、実子

の四種に分けられるが、ほとんど一日いくらで借り児して来るのが多い。乞食の親方なる者は常に地方を経巡って、持ち扱っている子供を五円十円で買って東京に連れ帰り、貸児屋をして裕福に暮らしている者もある状態である。

また薬や化粧品を売り歩く少年には団長なる者があり、これも地方から誘拐または買い取って来て、ろくろく食事も与えず、栄養不良をもってかえって同情を買うようにして、市内外を歩かせるので、彼等の前途には

られた黒い幕を取り除いてやるのが、現下の急務だという趣旨から社会局ではこれに着手したもので、これらの少年たちはすべて各社会事業団体に収容せしめる計画である。

〈東京朝日新聞一四九一二号　昭和二〈一九二七〉年十一月十九日〉

主人の虐待が因で浮浪人の仲間入り

主人の虐待が因で浮浪人の仲間入り
市の浮浪者調べに現れた少年の墜ちゆく道

東京市社会局では過般内務省から来議会に提案せんとしている救貧防貧に関する立法資料の蒐集方を委嘱されたので、警視庁応援の下に〈昭和三年六月〉十三日から三日間浅草公園を根城とする浮浪者につき詳細な調査を開始することになった。十三日は浮浪少年と同成年者で払暁《ふつぎょう》所轄署員二十余名が不意に彼等の寝込みをお堂下やベンチの上に襲うて二百余名を連行。午前五時から広瀬医学博士を主任とする健康診断班の手により、簡単な健康診断とメンタルテストを行った上、草間八十雄氏を主班とする十数名の調査員が、浮浪の群に入った動機や原因、両親の有無その他を詳細にカードに記入。午後二時ひとまず打ち切った。

草間氏並びに広瀬博士はこもごも語る。「浮浪少年は四、五十名はおるそうですが、今日は二十余名しか見つかりませんでした。彼等は一体に早熟か発育幼稚すなわち白痴に準ずるため二つに大別することができる。多くは両親かあるいは片親のない者で遺棄された者と、家内工業の徒弟小僧にされたとか、主人の酷使に堪えぬ

浅草地獄に生きる浮浪人の群

ので、飛び出し行く所がないまま浅草に落ち着いたというのが大部分です。ある少年は片親がなく、十二歳の時米屋に奉公に出されたが、一斗の米を運ぶに運ばれず、こぼしたというて主人から殴られる苦しさから、また大工の小僧となった十四歳の少年は朝五時ころから夜十時過ぎまで働かされ苦しまぎれに逃亡したというなど同情に値する。実際に少年労働者殊に家内工業には無茶な主人の虐待から遂に取り返しのつかぬことになる事実を発見したから、これらの年期制度による少年労働者にも法律による保護の必要を立証した訳である。十四日は主として女、十五日は二十歳以上の男子を調査する」。なお、調査済の者は「調査済」なる札を胸にぶら下げる。

〈東京日日新聞一八六〇七号　昭和三〈一九二八〉年六月十四日〉

子殺し嫌疑者で板橋署満員

子殺し嫌疑者で板橋署満員
浮浪人研究の草間氏もきのう鬼の村踏査

板橋の殺人鬼村事件につき原田板橋署長はかかる驚くべき犯罪部落を今日まで放任したことは警察にも一部責任があると、断然総検挙を決意し、〈昭和五年四月〉十六日までに検挙した者すでに十一名に上り、留置場も満員となる有様なので、二名の監視を特に四名に増員し、厳重取調べの歩を進めている。

一方東京市社会局の嘱託で浮浪人研究の権威である草間八十雄氏は十六日午前十一時内務省社会局員二名と共に板橋署に出張し、署長と殺人鬼村の実状につき種々打合せを行った上、直ちに現場の調査に着手した。また直接の責任ある東京府社会課では、係員が同日板橋町役場に出張し、役場の社会係と共に午後より現場調査を行っているが、昨年十一月設置された板橋町会議員九名より成る板橋町社会事業調査委員も同日午後一時より町役場楼上に集合、対策打合せのため緊急協議を行うなど、社会各方面の注意が喚起され社会問題化すると共に、部落改善の機運が濃厚になってきた。

右につき、同町役場田中社会係は語る。

「今回の板橋署の検挙によって、岩ノ坂部落の実情が白日の下に暴露され、町役場としても誠に申し訳ありません。これまでも財政上の理由からとかく施策が怠り勝ちであったことは遺憾です。従来府や町としても内面的の援助はするつもりでしたが、微弱なものでした。早速府当局と相談して、善後処置を講ずる決心です」。

〈東京朝日新聞一五七八七号　昭和五〈一九三〇〉年四月十七日〉

〈昭和五年四月、東京府北豊島郡板橋町岩ノ坂で養育費を取得したままで、乳幼児の数多くが殺害されている事件が発覚した。発覚直後、現場を「殺人鬼村」「犯罪部落」と報じて、板橋警察署、板橋町、東京市社会局、東京府社会課、内務省社会局が対応にあたっているのが本記事である。事件背景には養育困難な生活事情から乳幼児期の実子を別離させる者。さらに、養育費の取得を生活にあてる者。両者ともに生活困窮がみられる。この事件を契機の一つにして乳幼児への保護施策が課題となって、昭和八年四月児童虐待防止法制定となっている〉

東日巡回病院式の施設が必要

東日巡回病院式の施設が必要と……原田板橋署長説く
「被虐待児童」座談会

府社会事業協会主催の被虐待児童座談会は〈昭和五年四月〉十八日午後七時から駿河台女子キリスト教青年会館で開催。参会者は主人側の岡弘毅、中島千枝寿氏をはじめ瀬川救世軍大尉、原田板橋署長、相田内務省嘱託、草間市社会局嘱託、育成園の松島正儀氏、同情園の坂巻顕三氏、福田会の児玉氏、その他府社会課から早田、内田、徳永、朝原四氏が出席。

最近現れた被虐待児保護問題につき意見を交換し、まず原田板橋署長は、貰い子が栄養不良から死亡することを説明し、細民窟に来る貰い子は比較的機業地が多いのは考えさせられると述べ、こうした特殊の集団的ドン底生活に対しては東京日日新聞社の巡回病院のような施設が最も適切であると述べた。

草間嘱託は、貰い子を少なくするにはまず仲介者の撲滅を図る必要あること、学校、警察署員の指導、虐待児に対する監察員の必要、細民窟に健康相談所、無料診療所、児童預り所等を設置することが急務であることを説明。

結局、相田嘱託の発案で、児童保護制度の促進と児童保護院の設置の機運をつくることに努力することを申し合わせた。

（東京日日新聞一九二七七号　昭和五〈一九三〇〉年四月十九日）

〈座談内容は「社会福利」一四巻五号（一九三〇年五月）に記載された。さらに、草間八十雄著、磯村英一監修、安岡憲彦責任編集『近代都市下層社会Ⅱ　貧民街　浮浪者　不良児・貧児』（明石書店　一九九〇年一〇月、一四二二頁）にも収載している〉

児童虐待防止　街頭から幼年乞食、辻占売り等を一掃

児童虐待防止　街頭から幼年乞食、辻占売り等を一掃
明後日から実施

現内閣〈斎藤実内閣〉「唯一」の社会立法と銘打たれる児童虐待防止法もいよいよこの十月一日から実施されることになり、全国一万四千、東京府千五、六百の苦界に虐げられている幼い魂が救い上げられる勘定になったが、府ではこの法律の効果を発揮すべく全児童保護団体を総動員していよいよ大車輪の活動を開始した。即ち、実施を二日前に控えた〈昭和八年九月〉二十八日午後府商工奨励館において社会事業協会主催のもとに府下七十余の児童保護団体の代表者及び府の中島学務部長、六郷社会課長、朝原主事以下施行具体策の打合わせを行った。その結果来たる三十日午後七時から十月一日午前一時までにかけて、百数十名の係員が二十班に分かれて銀座、新宿、浅草の盛り場をはじめこの法律の生まれる動機をなしたほどの児童虐待問題を起こして有名な板橋岩ノ坂、亀戸、玉の井、渋谷等彼等の「不幸なる職場」に出動して、直接に子供をつかまえて呼びかけ、子供対象の宣伝を行うこととなった。

これに参加する人たちは「愛の家」の煙山早大教授夫人をはじめ市民館、託児所の保母さんたちの女性十数名、

僧侶、救世軍、それに「貧民窟の権威」市主事草間八十雄氏、中島府学務部長等も乗り出すはずである。そして火葬場や路頭にすがる乞食の子供や、カフェーのネオンに「買ってよー」と慕いよる辻占売り、「唄わしてよー」の門付娘をとらえて、

「もう今夜限りだめですよ。明日からもうこんな真夜中に辛い悲しい仕事はしなくてもいいんですよ。子供は子供の世界へ帰るんですよ……外の仕事をするかもしそれができなかったら、私たちのもとへ来れば学校へ入れてあげるんですよ……このビラをお父さんやお母さんにみせなさい」

と、優しい救いの声と温かい手を投げかけてやるのである。かくしてこの子らの養育義務者（実は経済的には子らの寄生者）に対しても教えさとし、さらにその後の経過状態を視察し、訓戒か、条件付き保護か、児童引取収容のいずれかの処分を漸次行い、どうしても子を扶養できぬ者に対しては子を引き取って、神田区柳原の児童擁護会、杉並区大宮前の杉並学園、麻布区広尾の救世軍芥《からし》種寮の三ヶ所に収容するわけで、府では今年度は七千円の予算をもって百人くらいは収容の準備を整えている。

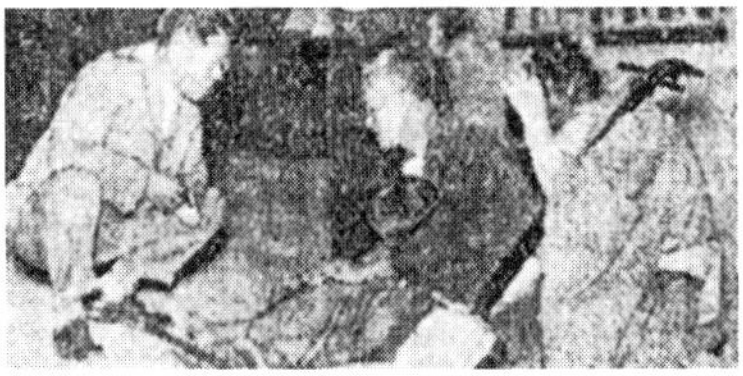
深川八幡境内にて府社会課員の実地視察

地獄にあえぐ幼き者を救へ　東京だけでも千五百

児童虐待防止法の恩恵に浴する者は満十四歳未満の少年少女でそのうち、

一、不具奇形児を観覧に供する事
一、乞食、軽業、曲馬団の三項目は全国的に絶対禁止
一、物売り
一、路上の歌謡、遊芸

一、芸妓、酌婦、女給の三項は全国的には原則として尋常小学校を卒業せぬものは禁止、卒業した者は知事の許可によって許す

という方針になっておるが、東京府だけは芸妓、酌婦、女給その他酒間の斡旋をなす業務は既得権はそのままにしておくが、今後は絶対禁止の厳重方針をとることになった。大東京の屋根の下でこれら苦界に沈んでいる幼童等は草間氏の調査によると、

乞食三百名、物売五百名、門付三百名、芸妓酌婦二百七十名、女給百七十名、その他サーカス・不具観覧若干名の計千五、六百名。

東京だけで実に全国の一割を占めるという有様で、この点において東京は幼童の地獄であった。このうち絶対的に救われる者は乞食三百名のほか、見世物の不具者・サーカスの若干名で、幼い芸妓、酌婦等は今後新たに認可することを絶対禁止されるわけである。しかし、不幸児にとって救いの法律も、その親ないし保護者にとっては彼等のいわゆる「商売道具」を奪われるわけで、他の職がない限りたちまち生活に窮することになるので、乞食業者（?）等は大恐慌を来たしているので、この方面の救済のためにも、また虐待児童発生の原因療法としても、同法の施行と相まって救護法の運用その他職業補導等が期待されてる。

飯の食い上げと親乞食狼狽　草間所長談

市幼少年保護所長草間八十雄氏は語る。

巡査などでも同法の施行を知らぬ人があるので困ります。この間、町屋の火葬場へ行ってみたが、子供を五、六人連れた親乞食にこの話をすると、大変驚いて、

「そんな法律が出たら私どもは飯が食えぬ。子供を連れていればこそ人様は同情して金をくれるんで、今時、我々にむやみに金をくれる人なんかいない。それは大変だ」

と言って、狼狽していました。それで私は、

「救護法というものもあり、乞食から足を洗うなら何とかしてやる」

と言ってやりましたが、救護法だって、子供と老齢者と疾病者だけの救護ですからネ。岩ノ坂へ行ってみると、さすがに省線の定期券まで持っている連中だけあって、チャンと児童虐待防止法の実施を知っているのだが、

「食うと食わぬの境目で困りましたナ」

とこぼしていましたよ。

〈東京朝日新聞一七〇三八号　昭和八〈一九三三〉年九月二十九日〉

法を潜る都心の悪　絶えぬ児童虐待

法を潜る都心の悪　絶えぬ児童虐待

「歌わせてよ」の再現に盛り場を一斉検索

盛り場に出没しては哀れな境遇を誠しやかに語って十、五銭の品を客に売りつけるように強いられていた虐待児童も昨年〈昭和八年〉十月一日児童虐待防止法が布かれた当時は非常に数が減ったが、取締法の不徹底から、

また最近乞食に使われている少年や無許可で物品を押し売っている子供が所々に見かけられるようになってきた。そこで、東京府社会課では警視庁保安部と打合わせのうえ、街頭取締りをするため〈昭和九年八月〉十四日午後一時から浅草雷門、銀座裏、渋谷道玄坂、品川遊廓、上野公園、新宿カフェー街等の盛り場十七ヶ所の虐待児童の総ざらいを行った。

取締られる児童は十四歳以下の少年少女、昼間は主にタワシ、線香、塵紙等の行商を、夜になると酔客目当てのあぶり出しや、安香水をかけた花束の押売り等で、午後六時までの取締りでは暑い真夏の昼間のことで、婦女子の同情金目当ての子供乞食が少数上がっただけ。

午後七時大東京の盛り場が夕闇に呑まれ、ようやく花売り少女や塵紙売りの子供が昼の稼ぎ場を引き上げて、都心へ都心へと集まって来はじめた頃から、内務省社会局保護課長藤野恵氏、府社会課長霜島潜氏以下不良少年少女取締りのお歴々が二台の自動車に分乗、実施視察し、特に不良少年におなじみの市幼少年保護所長草間八十雄氏の眼光は冴えてきた。

先ず銀座カフェー街へ――。

司令部の捕ものの第一は六歳の花売り少女チャー坊。銀座五丁目の某カフェーから花束を手にして出て来た姿が草間さんのお目にとまった。途端に「名前は」「どこから来た」と質問の総攻撃にワッと泣き出して、やじ馬の間を潜って駆け出した。この少女――姉ちゃんと一緒にヨヨギ千駄ヶ谷から来たチャー坊としかわからない。姉ちゃんと二人で五銭の花束を買い込んで、銀座裏の酔っ払いに十銭で売るのが少女チャー坊の稼業である。

銀座七丁目の居酒屋から出て来た十三歳の少女が第二の捕もの。写真班のフラッシュを浴びながら、「京橋区入舟町三ノ三三六佐々木兼吉の長女きみえ（一三）です」と答える顔には人を喰った大胆さが見える。「お父さんは失業よ」。ニッと笑う少女の媚に社会課長もたじたじ。向かい側では柳島から出かけて来たチリ紙売りの少年が制服の警官に見つかって油をしぼられている。「今来たばかりなのに損したなー」と歎息。「来年の八月までは売りに出てはならん」と言われて、「イヤダーイ」と顎をしゃくる。

品川遊廓、五反田二業地、渋谷道玄坂にはさすがに人足も少なく監察自動車は素通り。「歌わせてよー」では名を謳われた新宿京王電車裏に車が停まった。酔っ払い横町に不似合いな人々の姿を見て、花のような振袖に白粉を真白に塗った小唄うたいの少女が街角に待っていた。カンカン帽を冠った四十がらみの酒ぶとりしたおやじが三人を駐車していた自動車に乗せ、「商売にならねえ」と一言残して遁走。氷屋の前に涼んでいた十二、三の少年声色屋が近所のおでん屋の二階に駆け上がる。とうとう新宿では一人の獲物もなかった。

（中外商業新報一七四四二号　昭和九〈一九三四〉年八月十五日）

子ら危うく犠牲に　餓死線の虚飾

子ら危うく犠牲に　餓死線の虚飾　顚落インテリ哀話

会社の幹部を失脚して病み、娘を売らなければならなくなったという失業インテリの描く悲惨な話——七日池袋の市幼少年保護所に収容された板橋に居住する元某会社の課長長邑均一（四四）の長女きみ子（一三）、たま子（一〇）、登（七歳）（いずれも仮名）の三人の子供たちがある。

数年前までは女中を使って幸福に育ったのだが、父親の病気からすっかり行き詰り、家賃九円の六畳間を借り受け、母親のすず子（三六）（仮名）がある紙器会社の女工となって日給一円で働いているが、遂に長女を芸者屋に売って金を得ることを夫婦が相談したが、最後の一本の藁にすがる気持で幼少年保護所に草間所長を訪ねて訴えた。

草間氏は事情を聞いて驚き、何故早く方面委員にすがるか、小学校に給食児童の方法をとらなかったか、この事情を尋ねると、

「どうしても、今さら貧乏人の看板をかける勇気は出なかったのです。しかし、最後に子供たちを幼少年保護所にと相談しました」

と、その間の事情を物語った。インテリが餓死線に彷徨しても、最後まで虚飾を脱げず、堕ちていく途の標本のような話なのに、草間所長は今さら驚いて、

「市内にこうしたインテリ層から顛落して、救護の手にすがれぬ人々はどれくらい大きい数字に上っているか判らない」

と言っている。

（東京朝日新聞一七六一九号　昭和十〈一九三五〉年五月八日）

薄幸の児に恵む温い収容所

薄幸の児に恵む温い収容所　いよいよ今秋完成

市の幼少年保護所が板橋区下板橋一に移転し、薄幸児童の理想郷として建設されることに決定。近く工事に着手、今秋竣工することになった。敷地は一千五百坪で、農園や花壇、運動場もできるし、収容所は日本建築の平家建で、事務所だけが洋風二階建となって、薄幸な収容児童を家庭的に育てていこうというのだ。

現在の収容所はコンクリート二階建の極めて殺風景なものなので、草間所長は情操的で和やかな気風を醸成するために、平家の日本建築で縁側から外に出られるし、花壇もいじれるような収容所をという意見を市に述べて、今度のような建築ということになったものだ。現在の収容数は四十余名で、一年間を通じて五百二十名からに上っているので、自然詰め込み主義になっていたのを、百名に増加し一部屋に五名から八名を収容。また不良行為の疑いのある者は特別収容室に分ける等、細やかな点に留意されている。

問題となっているのは現在の収容日数は二十日間に限定されているが、短時日では収容する児童の性質も見極めることができないし、従って就職を紹介する時にも適当な所を選択することは困難だというところから、収容日数を九十日に延ばす案も考究されており、薄幸児童の楽園ができることになった。

右について草間所長は、

「建物がいかつかったり、冷たく殺風景だったりするのは児童の気持にも非常に影響を与えるので、この点を留意し家庭的な日本建築とすることになっている。また収容期間も九十日に延期することを申請している。実例として、一人歌うたいの男の子で二十日間の期限がすみ性質も大分よくなったので、ある店に小僧に入れたが、最初よく働いていたが逃げ出してしまい、数日間街をうろついて、結局また収容所に帰って来た者がある。これも適当なしっくり性質に合う職業を選択してやれなかったことに起因するものだと思う」

と言っている。

（東京朝日新聞一七六三一号　昭和十〈一九三五〉年五月二十日）

書評・生活

既得権の侵害　旧回数券の効力

既得権の侵害
旧回数券の効力

小石川区雑司ヶ谷町一四二草間八十雄は横山勝太郎弁護士を代理人として、東京市長奥田義人氏を相手取り、電車旧乗車券効力確認請求の訴えを〈大正五＝一九一六年九月〉五日東京地方裁判所に提起したり。その主張は大正五年六月十五日以前に、東京市が発行せる電車回数乗車券を所持せる者は十月以後割増金を徴収さるることとなりたるが、東京市が電車乗車券を販売せるは営業行為にして私法関係なるをもって、一の運送契約に属し、乗車券は運賃を支払いたる有価証券とみなすべきものなれば、予め期限の定めなき時は何時たりとも乗車し得べきものなるに、運送業者たる東京市が勝手に期限を制定して、料金の割増金を徴収するは乗車券購買者の既得権を侵害せる不法行為なりと言うにあり。

（読売新聞一四一五〇号　大正五〈一九一六〉年九月六日）

電車旧乗車券効力確認訴訟

電車旧乗車券効力確認訴訟

電車賃の値上げと共に、十月一日以後旧乗車券については増料を払わねばならぬのは不当だというので、今回東京市小石川区雑司ヶ谷町一四二番地新聞記者草間八十雄氏は弁護士横山勝太郎氏を代理人として、被告東京市法律上代理人東京市長奥田義人氏を相手取り、左の理由により、増料金を支払うことなくして、十月以降乗車の権利あることの確認を求むる訴訟を東京区裁判所に提起した。

請求の原因

第一、被告東京市は従来電気軌道の電車により、一般乗客に一定の乗車料を徴して運送業を経営し、原告は被告所定の乗車回数券五十回分を金二円五銭を以て被告より買い受けて所持しおるものなり。

第二、しかるに被告東京市は大正五年七月一日より東京市電気軌道乗車料条例を変更し、いわゆる電車賃の値上げを断行し、前記旧乗車料に対し大正五年六月十五日告示を以て東京市電気軌道乗車料施行前に発行したる乗車券に関する条例なるものを制定し、大正五年九月三十日までこれを使用することを得るも、その以後即ち大正五年十月一日以降においては、回数券一冊につき三回分まで金一銭三回分を超過するものは二回までを増すごとに金一銭の増料金を支払うに非ざられば、これが使用を許さざる旨を発表せり。

第三、しかれども、前記旧乗車券に関して被告東京市はその発売の当初において使用期限に関する何らの制限を示さざりしものなるを以てこれを買い受けたるものは原告たると他の一般市民たるとを問わず、法律上いつにても乗車することを得るの権利を獲得したるものなり。

第四、そもそも被告東京市は一種の公法人に属すといえども、その経営に係る電車事業に関しては権力服従の関係を脱して平等なる私法関係に入り、乗客との間に運送契約を成立するものなるが故に、これがために発行したる乗車券のごとき運送契約による運送費に関する権利義務を明示する有価証券たること明らかにして、被告東京市がその発売後単独の意思によりにわかにその運送条件を変更し、期限を付し増料金を徴収せんとするがごときは不法の甚だしきものにして、原告はこれに服従するの義務なきものなり。

第五、本件原告の要請するところは単に原告一己の権利々益に属し事はなはだ大ならざるがごとしといえども、その繋がるところ旧乗車券を所持する一般市民の既得権の消長に関し原告の黙する能わざるところなるを以て一般多数市民の利益を代表し公益維持のために本訴を提起す。

（法律新聞一一五九号　大正五〈一九一六〉年九月八日）

電車旧乗車券効力確認訴訟の口頭弁論

電車旧乗車券効力確認訴訟の口頭弁論

目下の一問題たる原告東京市小石川区雑司ヶ谷町一四二番地新聞記者草間八十雄訴訟代理人増島六一郎、横山勝太郎両氏、被告東京市法律上代理人奥田義人訴訟代理人岩田宙造、近藤民雄両氏問電車旧乗車券の効力確認訴訟の口頭弁論は去る十九日午後二時より東京区裁判所において、田中判事係りにて開廷。傍聴人すこぶる多数にて廷外に溢るるばかりなりしが、既記のごとく割増料を支払わずして乗車の権利あることを認むべしとの原告の主張に対し、被告代理人は原告請求の棄却を求め、その理由として述べたところ左のごとし。

妨訴抗弁の理由

一、本訴は大正五年東京市条例第一号東京市電気軌道乗車料条例施行前に発行したる乗車券を以て東京市電気軌道の電車に乗車する権利の確認を求むることを目的とするものなることはその申し立て自体により明白なり。

二、東京市電気軌道は市に属する公の営造物にして、市民がこれを使用して乗車する法律関係は公法上の関係なり。もし原告が係争の乗車券を以て乗車する権利を有するものとせば、その権利は公権にして私権に非ず。この権利に関し、原告が異議を有する時は市制第百三十条第二項及び第三項の規定に従い、これを市長に申し立て更に訴願もしくは行政訴訟を提起すべきものにして、司法裁判所に出訴すべきものに非ず。

三、東京市電気軌道が公の営造物なることは何人も異論なきところにして、公の営造物は国家または公共団体が直接公共の用に供する設備なること亦異論なし。ただ制度を異にする外国の学説をそのまま祖述する者、またはみだりに私法の観念を以て公法上の関係を説明せんとする私法学者中には右の前提を是認しながら、なお営造物をその目的に従い使用せしむる法律関係は私法上の関係なることありと論ずる者ありといえども、いやしくも公の営造物が行政上の設備なる以上はその目的たる公共の用に供する作用は即ち行政上の作用にして公法関係ならざる可らず。造営物を公共の用に供すること、それ自体が行政手段なることを肯定しながらその法律上の性質は私法関係なりと言うは全く公法と私法とを混同するものにして誤謬の論たること言を俟たず。

四、営造物中公共の利益を目的とするものはその使用関係もまた公法関係なるも、営利を目的とするものの使用関係は私法上の関係なりと言う者あり。しかれども、我現行制度における営造物は公共の利益を目的とするものに限らず、営利を目的とする営造物なる観念を認むるところなし。少なくとも、地方公共団体たる市は公共事務の外営利事業を営む能力なきものなるが故に、市制第二条営利を目的とする市の営造物なるものあり得べき理なし。

電気軌道のごときは市のために財産上の利益を生ずる事実は固よりこれありといえども、法律上の関係においてはこの事実は副産物たるに過ぎずして、電気軌道が市の営造物たるゆえんはこれに非ずして公共の利益に供する点に存するものとす。仮に市もまた営利事業を営み得るものとするも、営利事業としては営造物に非ず。営造物としては営利事業に非ざるが故に、営造物は使用にして、私法関係なるものは到底想像し得べからざる事に属す。（清水、末松、平井、松本、近藤氏共著『市制町村制正義』第二版一一八頁参照）

五、大審院は明治四十二〈一九〇九〉年（オ）第二〇〇号事件（『判決録』第一六輯第一六九頁）において、「国家の行為にして主として国家に財産上の利益の為にするものはすなわち国家の私経済的動作にして私法的行為として私法の適用を受くべく。これに反して国家の行為にして主として公共の利益の為にするものは公法上の行為として、公法の適用を受くべきものというべきものなり」との原則を判示し、爾来国家または公共団体の行為が公法上の行為なるか私法上の行為なるかは実際上皆右判示の標準により区別せらる公共の利益たると同時に、公共団体のために財産上の利益を生ずべき事業はその例に乏しからず。

係争電気軌道のごときは実にその一に属す。このごとき事業についてはこれをいわゆる公企業とし、主としてその収益に着眼し、これを法律上の目的として営造物となし得る制度を設くるにおいては、これに関する公共団体の行為は右大審院の判示により私法上の行為たること論なし。ただ我国現行の地方制度は未だこの種の営造物を認めざるを以て営造物の使用関係においては私法上の行為を容るるの余地なきものとす。

六、我現行地方制度特に市制において、営利を目的とする営造物を認めざるものなることは独り市制第二条により市は公共の利益たる事務に限りこれを行い得るが故のみならず、営造物に関する法規は市条例を以てこれを定むべく（市制第十二条）。その使用に対する報償はもし私法関係なりとせば市は使用者との合意により随意にこれを定め得るにかかわらず、公法関係なるが故に特に報償を受け得る旨の規定あり（市制第百十三条。山田法学士訳、フライナー教授『独逸行政法論』五五〇頁）。その報償を使用料とし公法に特別なる過料の制裁を付し、及びその徴収については国税滞納処分の例により違法なる微収に対しては行政裁判所に出訴することを得せしむ（市制第百二十九条ないし第百三十一条）。しかして、現に市の電気軌道が営業税の付加を受けざるに観るときは理論の当否はしばらくこれを措き、現行制度において市の営造物たる電気軌道の事業が公法関係なることは一点の疑いなきところなり。

七、仮に一歩を譲り、市は電気軌道の営利方面に着眼し、営利を主としてこれを営造物となし得るものとするも、係争の場合にありては市は法律上の目的としては公共の利益に着眼し、これを主として営造物と為したるものなることは、市が私設会社より買収したる当初より前述ぶるところのごとく、公法的取扱を為し来たるにより明らかにして私設会社の手にありては私法上の営業たりしこと論なしといえども、市が買収してこれを営造物と為したる時、その性質を変更したるものとす（山田法学士訳、フライナー教授『独逸行政法論』五二七、五二八頁）。

本案に関する理由

一、本案事実は原告が係争乗車回数券五十回分買受け所持しおることは知らざるも、その他はすべてこれを認む。

二、原告が被告市営電車に乗車する法律関係が仮に私法上の関係なりとするも、電車乗車券はその片道券なると往復券なると、もしくは回数券なるとを問わず、運送契約上の旅客の権利を表徴する有価証券に非ずして、乗降頻繁なる多数の乗客に対し賃料の支払いを正確ならしむるためなると同時に、被告市が電車現業員の不正行為を予防するための便宜に出でたる賃料支払の証票たるに過ぎず。もし乗車券の売買により運送契約を成立するものとせば、市は一旦乗車券を売渡したる以上は、いやしくもこれを所持する者ある間はその者に対し永久に運送し義務を負担し、電車を休業もしくは廃止することを得ざるは勿論その巣鴨線、青山線というごとく特殊の線路あるがために、これを買受けたるその線路付近の者に対しては、またその線路を永久に維持すべき義務を負うものとなるべく、かくのごときは全く当事者の予期せざるところなるのみならず、一般の法律観念にもまた副わざること明らかなり。湯屋は湯札の所持人に対し、いつまでも湯屋営業を継続して、入浴せしむる義務を負うこと無きと同じく、被告市もまた乗車券の所持人に対し、永久に電車を廃止せず、これを運転して運送をなす義務を負うものに非ずして、単に乗車の際購入すべき手続を前もって行い続きたるものなるに過ぎざることまことに明らかなりというべし。

三、乗車券が契約の成立を証明するものにして、これによってのみ、その権利の実行をなし得る有価証券に非ざることは、運送契約は電車の申込に対し、旅客が乗車することにより成立するものと解すべきは当然なるにかかわらず、乗車券は必ずしも乗車と同時に購入せざるのみならず、購入前といえども、乗車後は特別なる事情なき限りは旅客は運送を要求することを得べく、市は決して乗車券購入前にしてこれを提示せずとの理由のみを以ては運送を拒絶することを得ざるにより明らかなりとす（岡松博士論文、法律新聞第一一六〇号）。しかして、乗車券の性質は電車内にて購入する片道券、または往復券と回数券との間に何らの差違なきものなることはもとより論を俟たざるところなり。

四、更に一歩を譲り、乗車券を以て契約を証するものなりとするも、その運送に関する条件はその売買、即ち契約当時の条件に拘束せらるるものに非ず。けだし運転時間、運転車台数携帯品の制限、線路の廃止新設等旅客に利害の関係を及ぼすべき条件が始終変更することあるべきは当然予期すべき事項にして、賃料もまたその条件の一たるに過ぎず。従って、これら回数乗車券の発売はその乗車券使用当時の条件に従い、運送するの約旨たることを得るに止り、発売当時の条件を以て運送する趣旨の契約たることを得ざるが故に、回数券の発売を以て仮に運送契約の締結なりとするも、被告市がその条件を変更したる時は回数券の所持人はその変更せられたる条件によってのみ運送を請求する権利を有するに過ぎずして、回数券購入当時の条件により運送すべきことを強要する権利なきものとす。しかして、この点において は郵税増加の際、その以前購入したる二銭切手の所持人も増加後は更に一銭を加貼し、一銭葉書の所持人は五厘を加貼せしめられたると異なるところなし。

（法律新聞一一六五号　大正五〈一九一六〉年九月二十三日）

ほくろの旦那（上）

ほくろの旦那（上）――『浮浪者と売笑婦の研究』を読む――稲田譲

東京市社会局の草間八十雄氏から、卵色表装の、極めて瀟洒《しょうしゃ》な一本の寄贈を受けた。見れば文明協会刊行のレクチャーで、寄贈者草間氏の新著にかかる『浮浪者と売笑婦の研究』一部であった。

草間氏は時々ラジオで放送したり、新聞雑誌に執筆したり、学校や官庁や、諸種の団体等の依嘱を受けて、諸所において講演をしたりしているから、氏が、細民をはじめ、浮浪者、寄子、売笑婦、乞食、等々、これらいわゆる下層社会の熱心なる研究者であること、この方面の権威者であることを知る人は比較的多いかも知れない。

実際、主義の上から、また趣味の上からこの種の社会を研究している人は世間にかなりに多く、従って、種々なる文献によって論述されたこの種の著述も決して少なくないのである。しかし、それらの著述は遺憾ながら新しい材料と、正確な数字とにおいて欠くるばかりでなく、その実情において著しい欠陥をもっているようである。そこへ行くと著者の研究は剴切《がいせつ》であり、詳細であり、全くこれらの社会の真相に透徹しているの観がある。

これは勿論、社会局における著者の椅子がそれらの調査研究に多大の便益を与えているのにもよるが、さればとて、社会局のお役人ならば誰にでもできるという性質のものではない。著者のごとき貧民心理に通覧した苦労人で、彼等の生活に深い同情もあり、理解もあり、常に彼等に接触して、その間で用いられる合言葉まで立派に使いこなせる上に、よい意味での新聞記者的の明敏さと、自由自在な機智とを備えている人でなければ容易にできない難事業である。

細民や、浮浪者や、露天売笑婦や乞食等の仲間の間で、著者は「ほくろの旦那」で通っている。お馴染ではあるが、氏の姓名を知らない彼等は、その鼻の横にある大きな「ほくろ」によってこう呼ぶほかないのである。

もし誰かが氏のことを彼等に尋ねるとしたら、彼等は直ぐに「はあ、あの親切なほくろの旦那ですか？」と答える。そして、その言葉の調子には「社会局のお役人」という厳めしいものに対する敬遠的な気持などは微塵もなく、ただ尊敬と親愛の情が籠められているばかりである。これは著者が机上でなしに、自身常に親しくそれらの実社会に接触している何よりの証拠であって、著者の津々として尽きない研究は、そこから生まれてくるのである。

（読売新聞一八二八一号　昭和三〈一九二八〉年一月二十五日）

ほくろの旦那（下）

ほくろの旦那（下）――『浮浪者と売笑婦の研究』を読む――稲田譲

著者は最近、東京府における「子持乞食」の調査に没頭して、すでに数百名にわたる研究を完了したが、その副産物として幕末の鴻儒古賀精里の落魄した子孫を、市外砂町の火葬場の乞食群から発見して、絶えて久しい親子兄弟の対面に尽力したことは去月〈昭和二年十二月〉二十八日の東京日日紙上に委曲を尽くしている。ここに掲げた写真はこれより数ヶ月以前、乞食の「芳公」をその親許を突きとめて、十数年ぶりで対面させた――当時新聞紙上で喧しかった――あの事件の時の記念撮影である。

かくのごとくにして、東京市社会局にあって、この数年来著者が成したドン底生活者の調査研究は確かに画世的であり、権威的であり、従って活ける多くの材料と知識とを我々に提供したことは否み難い事実であって、社会局の事業中、氏の調査研究に基くものも決して少なくないと言われる。

しかし、もともと筆の人でない著者はこの汗牛充棟《かんぎゅうじゅうとう》もただならざる豊富な材料を擁するにかかわらず、敢て一冊の著述をも出版しようとしなかったことは、氏を知れるすべての人々によって等しく惜しまれていたところであった。

「ほくろの旦那」
こと草間八十雄

『浮浪者と売笑婦の研究』は、かくして氏の最初の著書であり、しかして一般に読まるべき唯一の著述である。氏の研究は確かに何人の追従をも許さないユニークなもので、今や一個重要なる社会問題となりつつある、細民や浮浪者や売笑婦等に関する活問題を従来の抽象的論議から、具象的基礎の上に導くに貴重な参考資料である。

大隈〈重信〉侯在世当時の大日本文明協会は、今日の文明協会と改称され、理事者も編輯者も多少の移動をみたが、浮田和民博士、市島謙吉氏顧問、宮島新三郎氏編輯主任の下に、森脇美樹氏経営の任に当たり、昭和三年度の計画において、「文明協会ライブラリー」「文明協会ニューズ」の二シリーズによって、諸方面にわたり、世界現下の活問題に答えようとしている。円本の流行もようやく下火になりつつある時、我出版界もようやく量的より質的に転回するのではなかろうか。

草間八十雄氏の『浮浪者と売笑婦の研究』は同協会の昭和二年度の計画たる「レクチュアー」の最後編であって、同じレクチュアー中の早稲田大学教授清水泰次氏著『支那の家族と村落の特質』、下位春吉氏著『ファッショ運動とムッソリーニ』とともに、良著の一つとして推奨するに躊躇しない。

（読売新聞一八二八二号　昭和三〈一九二八〉年一月二十六日）

『浮浪者と売笑婦の研究』

『浮浪者と売笑婦の研究』

下層社会研究家として定評ある草間八十雄氏の新著『浮浪者と売笑婦の研究』を読む。

激しい生存競争の落伍者として置き去りにされた浮浪者と売笑婦との研究が、完全な社会政策を行う上において重要な因子であり、一面またよりうるわしい社会を造る手段であることは今さら言うまでもなかろう。しかし、色々の障害によって、これら社会的落伍者の生活真相をつかむことは尋常一様な努力では不可能なことであって、それには救世主的な情熱と不屈の努力と合わせて鋭い観察眼とを要する。この点から、けだし著者は第一人者である。

これだけのことを言えば、最早本書の内容を述べる必要もあるまいと思うが、その詳細を極めた事実と、その数表的研究とによって塵捨場の寒い夢がいかに結ばれるか、あわれな彼女らの血と肉がいかに殺がれて行きつつあるかを如実に示し、我々社会人として何を考うべきかを教える。

本書に収められた研究が、東京市に限られていることが、未だ完全な研究と称せられぬにしても、机上の論理的研究でないことは、本書に輝かしい真実を与えている。

（東京朝日新聞一五〇四三号　昭和三〈一九二八〉年三月三十日）

『女給と売笑婦』

草間八十雄氏の新著『女給と売笑婦』

前警視庁衛生部長・日本性病予防協会副会頭　栗本庸勝

東京市社会局主事草間八十雄氏の新著『女給と売笑婦』を繙き、大急ぎで素読したところ、予て同君が多年の間、洋の東西にわたりて攻究し、また東京市内外の実際の売笑婦の関係について調査かつ実見したる結果を極めて真摯に、しかも統計的に要領をつくして書かれたので、我々の最もよき参考材料として座右に置く必要があるものと思われる。

殊に我々が注意を払ったのは「娼妓の内情」「稼業の状態」等の項目、また「売笑婦の生活に恋愛」の纏絡する状況、すべて実際的の性生活について、極めて赤裸々に実情を書かれたことは従来の著書に多くみることができない点であると思われる。また娼妓とかのいわゆる私娼との因縁、成立その他密接の諸関係について極めて実際的の実情を記載せられたる点において、真に同氏が斯道における独特の通たる所以を立証したものである。

その他彼等の衛生状態といい、また待遇状態といい、一々その真相を詳記されたのは今後売笑婦の存否とか、その取締方法の可否とかを論ずる人々に対してははからずも一道の光明を与えたものと信ずる。殊にその結論において、職業的売笑婦と臨機的売笑婦とを類別して、これに対する意見を述べ、百尺竿頭《ひゃくしゃくかんとう》さらに一歩を進められたのは誰人も首肯すべき事項である。当事者や社会事業家の各位は勿論、売笑婦を研究する人々、なかんずく廃娼を絶叫する人々は、まず他山の石としてこの一本を取って一読しなければならぬものと思う。

かくのごとくにして、売笑婦の問題も識者間においてまじめに議論せらるるに至るであろう。もし、このことありとせば、草間氏のこの新著の労苦は始めて有意義に酬いられることになるのである。

（読売新聞一九〇三五号　昭和五〈一九三〇〉年二月二十二日）

草間氏の光栄　閑院宮殿下から下賜品

草間氏の光栄
閑院宮殿下から下賜品

過去十数年間ルンペンと売笑婦の研究をしてきた池袋の市幼少年保護所長草間八十雄氏が突然〈昭和九年十二月〉二十五日、日本赤十字社総裁閑院宮殿下から御紋章入銀杯一個下賜の光栄に浴して、非常に感激している。

日赤社長徳川家達公からの伝達書には先に東京において開催せられた第十五回赤十字国際会議に際し、諸事格別熱心なる配慮を受けた事総裁宮殿下の台聞に達し――とある。

草間氏は当時英国代表委員その他を案内して吉原の妓楼に行き、直接娼妓に感想を語らせたり、玉帳を見せてその組織を具体的に説明したり等して、公娼制度の可否はともかく、よく保護され、よく取締られている実情をみせて、外国委員に対し立派な参考資料を提供したものであった。

〈東京朝日新聞一七四八九号　昭和九〈一九三四〉年十二月二十七日〉

草間氏

きょう市が老朽者百五十名整理

きょう市が老朽者百五十名整理
中に草間八十雄氏

東京市では老朽者、病気欠勤者、冗員整理の意味で各局課主事級以下約百五十名の整理を行うことになり、〈昭和十年六月〉二十二日午前主事級を関係局に招集して申し渡した。

今回の整理は市規程による満六十歳の停年を超過した者、六ヶ月以上病気欠勤者及び水道局関係の業務縮小による冗員が槍玉に挙がったもので、主事級のうちには市幼少年保護所長として活躍していた草間八十雄氏、連絡紹介所長久保隆三氏らが入っている。

〈読売新聞二〇九六六号　昭和十〈一九三五〉年六月二十三日〉

整理、区長に及ばず

整理、区長に及ばず

市の整理は〈昭和十年六月〉三十日付で約二百名の休、退職を発令するはずで、予て高給区長の内年齢その他の点から、当然二、三区長はその中に含まれるものと期待されたが、市会の有力者が横槍を入れる恐れがあり、結局技師、主事、課長以下にとどまるもよう。大体内定した主なる顔ぶれは次の通りである。

休、退職者

産業局技師　菅野譲二郎
社会局幼少年保護所長　主事　草間八十雄
同職紹介所長　主事　久保隆三
水道局技師　岩田篰市
同　中川金治
土木局技師　宇高正曉
荏原区会計課長　岩﨑基彦
杉並区庶務課長　玉田剛毅
神田区戸籍兵事課長　小泉乾夫
麴町区同　秋山信明
淀橋区社会課長　篠崎鬼斎

なお、市会事務局庶務掛長金崎政隆、同議事掛長新龍夫両氏は二十八日病気の理由で退職した。

（東京朝日新聞一七六七一号　昭和十〈一九三五〉年六月二十九日）

初めて停年制実行　草間さんも退く

初めて停年制実行　整理の替え手に宝刀を抜く
東京市の古老百九十六人　草間さんも退く

東京市役所では〈昭和十年六月〉三十日朝十時、予て計画中であった各区役所を中心とする停年制実行による各課長級の退職並びにこれに伴う異動を発表した。

この停年制による退職者は社会局幼少年保護所長草間八十雄、同連絡紹介所長久保隆三氏をはじめ産業局、水道局の技師、各区役所では課長級から準雇員にまで及び合計百九十六名で、このため書記から課長に昇進した者が各区役所を通じて十四名あった。

なお、停年制は明治三十九〈一九〇六〉年制定した市吏員分限規程中に含まれている規程だが、実行したのは今回が初めてで、市当局者は予算関係からやむを得ぬ積極整理だと言っている。

（東京朝日新聞一七六七三号　昭和十〈一九三五〉年七月一日）

〝インテリ・ルンペンは仁義を知らない〟

〝インテリ・ルンペンは仁義を知らない〟　手を咬まれた草間さん

ルンペンの父とし自他ともに許していた市社会局嘱託の草間八十雄さんが、そのルンペンに手を咬まれ足を咬まれた無念さに、〈昭和十二＝一九三七年一月〉二十九日自棄《やけ》酒をしこたま飲んだりして、三十年近いルンペン研究の蘊蓄《うんちく》を撫でながら、これからはルンペン心理と盗癖の研究に転向するんだと、ご覧の通り頭をかかえてる話――草間さんの話を総合すると、インテリ・ルンペンはどうも仁義に欠けているから腹が立つといった結論。

昭和七年頃から盛んに浅草どや町（木賃宿）の情報、いわばルンペンの思想、賃金等々その動きを詳細に送ってくれていたインテリ・ルンペン東某（四九）の面倒をみて、昨年の暮からは豊島区池袋五ノ三一七の自宅に宿泊させて、年賀状書きやらその他の仕事を与えていたところ、二十八日知人の告別式やら寄子の新年会に出席して、深夜に帰ったまま二十九日の朝を迎えたが、いるはずのルンペンが見えない。洋間の応接室をのぞくと、置床からメリンスの風呂敷がはみだしている。いよいよ不思議になって中を調べると、奥さんの千代さんの虎の子の郵便貯金帳から二十八日付で荒川区町屋郵便局から百円の預金が引出されていた。八方尋ねたが、この男はいない。千代さんの印鑑は草間さんがもっているので、直ちに同郵便局に駈けつけてみても、要領を得ない。ルンペン研究家もこうなると頭を掻きながら三河島警察署に届出た。

頭を掻く草間さん

草間さんは語る。

「馬鹿馬鹿しくって、お話にならんですよ。僕の信頼したルンペンだったんですがね。家内も病気をしていたし、家に来てからは酒も、与えた煙草もろくにのまないし、僕も生まれかわった男として喜んでいたんです。とんだところを咬まれて、腹が立つですよ」

と、自棄酒の機嫌でちっとも腹を立てず、笑っていた。

(東京朝日新聞一八二四七号　昭和十二〈一九三七〉年一月三十日)

嘆くな〝軍国の孤児〟

父と靖国の対面も束の間、母は宿舎に死んで、幼い三人の妹と共に天涯の孤児となった土井武彦君(一四)の哀話が報道されるや、当然として世の同情はいたいけな〝靖国の孤児〟の上に注がれた。美しい心をこめて宿舎の神田区小川町一ノ九東京館に訪れる人々、力づける言葉、慰めの品々……。この朝〈昭和十六年四月二十七日〉新宿御苑拝覧を終えて、昼過ぎ帰って来た武彦君の留守に早くも十数人の見も知らぬ人々の涙をこめた贈り物が待っていたのだ。

「こんなの貰っては悪いケ、早う帰ろう」

子供心にもいじらしく言う武彦君。あとからあとから訪ねて来る無名の人が、

「しっかり勉強して、大きくおなんなさい。お父さん、お母さんもきっとあなたたちのことを……」

目を熱くして帰ってゆく――今日の春風のようにあたたかいものは人の世の情であった――

嘆くな〝軍国の孤児〟　押寄せる同情の波

留守の間に訪れてくれた十数人の人に感謝する間もなく、昼休みを利用したらしく、二人の若い職業女性が

フランス人形を抱いて来た。

「大分の小さな妹さんがどんなに淋しがってるでしょうね。これあげて……」

武彦君に渡すと、哀れさに胸がつまったのか、ハンカチで目を押さえて、名も告げず逃げるように去ってゆく。上品な婦人が嬢ちゃんを連れて来る。

「武彦さん、淋しかったら一生懸命に勉強して立派な人になりなさいね。お父さんもお母さんもきっと護って下さいますよ」

手もとらんばかり、哀憐のまなざしこめて言う。

「ハイ」

玄関の板の間で素直に答える武彦君を何度も何度も慰めて、心をこめた品を渡して、

「いいえ、名前なんぞ、……妾《わたし》も国民の一人ですの」

それだけで去る婦人。宿の人も目をしばたたく美しい情景がいくつも続く。

一方大分県婦人会では遺児を護れと我も我もの香奠を捧げる人が〈昭和十六年四月〉二十七日までに百五十名、千三百円に達し、会長後藤文夫氏、河合操大将、吉田茂氏、金光厚相、堀悌吉中将、双葉山、野依秀市氏、稲葉子爵等々同県出身の名士を揃えて、同情の一斉射撃である。

「……何と申し上げたらいいか――」

付添いの叔父武原秀夫氏。

「オラ、ビックリしちもうた」

と、ただ感謝にくれる武彦君だが、律義なこの人たちは心苦しいのか、予定を繰り上げて、一日早く二十九

日午前、観兵式も陪観せず、急いで大分県へ帰ることになり、後藤文夫氏はわざわざ同夜八時旅館を訪ねて、何くれと帰郷の世話をやき人々に感銘を与えた。

本社に続々寄託金

哀れな孤児土井武彦君にあげて下さい――二十七日本社の窓口へ厚生省嘱託の草間八十雄氏が訪れ、「私も泣かされました」と、金三円を寄託。続いて杉並区井荻二ノ六七藤村喬氏から金五円。五十歳くらいの無名女氏から十円が寄託され、本社では直ちに土井武彦君へ伝達した。

（東京朝日新聞一九七八四号　昭和十六〈一九四一〉年四月二十八日）

あとがき

一九八二〈昭和五十七〉年十月、中嶌邦監修『近代婦人問題名著選集　続編　第九巻』（日本図書センター）に草間八十雄著『女給と売笑婦』が復刻されるに際し、解説執筆の機会が私にも与えられた。そして翌年二月、一番ヶ瀬康子著「日本社会事業調査史」（『戦前日本の社会事業調査』勁草書房）において、「草間についての研究は、現在進展しつつある(16)が、社会事業調査の確立は、それぞれの調査者が主体的にくいこみ、さらにくいいるように探究することが、今後必要となっていくであろう」（三七頁）と記して、注（16）に「草間八十雄『女給と売笑婦』の解説者、安岡憲彦氏が現在精力的に研究中である」（四四頁）と付された。このわずか一行足らずの記述が私を支えてくださることになった。

一九八三年十月、私は郷里である高知市に職を得て、居も移った。東京を離れては、それまでのテーマでは研究条件は困難であった。持ち帰った草間八十雄著述書・調査資料が生かせる環境はなかった。しかし、その資料が生かされることが起きたのである。明石書店の企画、磯村英一監修によって、一九八七年九月、草間八十雄の著書を『近代下層民衆生活誌』として上梓できたのである。それには、磯村英一著「序文」で草間八十雄との出会い、社会事業調査での行程が記されているが、次の一節がある。

アルバイトの傍ら、大学を終えて東京市の社会局に就職、亡き母〈磯村春子〉が〈報知〉新聞記者――NHKテレビ・ドラマ〝はね駒〟のモデル――だったので、ジャーナリストになりたかった。草間氏に話したら、俺もその片割れだが、新聞記者などでは食ってはいけない。堅気の仕事をやれといわれた。そのまま市役所に勤めることになる。（五頁）

『近代下層民衆生活誌』以降も、磯村英一監修・草間八十雄著の企画が続いたことで、私は学びの機に恵まれて、新たな資料・史実の拡がりを知ることができた。その知り得た一つが、磯村春子と八十雄妹、草間志免（一八八〇〈明治十三〉年十二月三十日～一九二九〈昭和四〉年十一月十四日）とが津田英学塾で学びを同じくしていることである。二〇〇七〈平成十九〉年七月、津田塾大学図書館津田梅子資料室で『入学者名簿一　自明治三十三年九月至大正十二年四月　自第一号至一七四五号　津田英学塾』を閲覧し、偶然にも二人の名前を見開きの書面にみた時は感動した。

それは次のように記載されている。

第一〇三号　東京市小石川区関口町九十番地　明治三十五年六月入学
草間志免　明治十三年十二月三十日生

第一二三号　東京市小石川区関口町九十番地
原籍　長野県東筑摩郡松本町大字松本百六十番地　草間八十雄妹
通〈自宅通学生〉
草間志め　明治十三年十二月三十日生

第一五四号　愛知県西春井郡平田村　　三十六年四月入学
　京橋区三十間堀三丁目三番地　平民　　磯村春子　明治十年三月生

両者の入学には一年の差異がある。磯村英一は一九〇三〈明治三十六〉年一月十日生まれであるから、母春子は生後三ヶ月の我児英一を抱えて、津田英学塾へ入学したのであろう。草間志免と磯村春子が学席を同じくしたことを、職域が同じでありながらも、草間八十雄・磯村英一ともに知る由はなかったと思われる。何故ならば、磯村は関東大震災（一九二三年）のバラック調査で、草間に出会うのであるが、母春子（一八七七年三月十六日～一九一八年一月三十一日）は既に他界している。さらに、磯村は当時の草間を「私は〝子供〟のように可愛がられたのであるが、いざ個人的なこととなると、若い私達にはあまり語らなかった」（「序文」七頁）とも記している。

このようなもやいを知ればこそ、単なる偶然として済ませるのではなく、彼らが生きた社会がどのようなものであったのかを捉え直して、その本質により迫ることで、今後に我々がどのような社会を目指していくべきなのか、彼らの語りかけてくるものを学び続けたいと思う。

×　×　×

草間八十雄の社会事業調査の行程を収集することから始まり、数多くの方々にご尽力いただきました。『女給と売笑婦』解説には西村みはるさん（当時日本女子大学助手）に、明石書店の企画には内田雄造さん（当時東洋大学教員）にお力添えいただき、参画の機会を得ることができました。ご多忙な身であり、面談時間こそ決して多いものではなかったが、いつも一番ヶ瀬康子先生、磯村英一先生のご教示をいただきました。この三十年間のこと、出版事情の厳しさが増すなかでも、明石書店石井昭男代表取締役社長のご理解と叱咤激励によって『近代下層民衆生活誌』から本書にまで（「草間八十雄著述文献」五七一～五八六頁参照）たどり着けました。

深謝いたします。

二〇一三〈平成二十五〉年一月二十八日

安岡憲彦

巻末資料

解説　戦前東京市社会局における浮浪者調査
——草間八十雄の社会事業調査を具体例として——

草間八十雄著述文献

草間八十雄年譜

解説　戦前東京市社会局における浮浪者調査
――草間八十雄の社会事業調査を具体例として――

一、はじめに

明治期以降、日本の近代化政策はまちがいなく国民生活に一定の繁栄と安定とをもたらした。しかし、新たな貧困と差別を生み出したのも事実である。その顕れの一つが、都市において、急速な近代化にともなって形成拡大された格差社会である。東京においては、一八九〇年代には四谷鮫河橋、下谷万年町、芝新網にみられる「東京の三大貧窟」[1]があって、一九一〇年代には市街地周辺部へ拡散移動して、「これまで三大貧民窟と云われた下谷万年町も、四谷鮫河橋も芝新網も今は殆ど其形を失い、今日では本所横川町、長岡町、浅草神吉町、業平町、浅草町、玉姫町、今戸町、新谷町の貧民窟などが貧民の低度の激しいものとなり、新宿の方にも貧民窟が現れ、巣鴨にも現れ、王子にも現れる様になった[2]」。このような貧困による格差社会の存在形態が社会事業施策の対象として認識される。そして、その施策を検討する基礎資料作成のために、公的機関による社会事業調査が施行された。その結果、各種の社会事業施策がうち出された。そこでは、社会事業調査による実態把握に基づいて、施策が対象者に機能する場合と、機能しない場合もある。施策が機能するとは法律制定・施行に、または制度・施設・事業の設置・運営に連動する場合である。しかし、社会事業調査が実態把握のままで、提言にとどまって、施策に機能しない場合もある。

社会事業調査が施策に機能する・しないの差異は何によって生じるのか。そのために、公的機関である内務省、中央職業紹介事務局、東京市社会局において、草間八十雄が従事した社会事業調査を具体例に取り上げて検討したいと思う。草間八十雄は内務省社会局施行「細民調査」、中央職業紹介事務局施行「寄子紹介事業に関する調査」「芸娼妓酌婦紹介業に関する調査」、東京市社会局施行「浮浪者調査」に従事した。それら社会事業調査を検討して、内務省・東京市等の公的機関の諸施策にどのように関わっているのか考察したい。したがって、草間八十雄の社会事業調査・著述活動が内務省・東京市等の公的機関の諸施策にどのように掛かっているのかを考察することで、草間の社会的弱者への眼を通して、当時の社会事業調査、社会事業施策のあり方を捉え直すことにしたいと思う。

《註》

（1）横山源之助『日本の下層社会』（『横山源之助全集　第一巻』明治文献　一九七二年一二月　二三頁）
（2）賀川豊彦『貧民心理の研究』（警醒社　一九一七年二月　八七頁）

二、東京市社会局・厚生局での浮浪者調査に従事

1　東京市社会局設置

一九一九（大正八）年十二月二十六日、東京市に社会局が設置された。設置直前の社会状況が『第一回　東京市社会局年報』[1]に記されている。ここには、第一次世界大戦（一九一四年七月～一九一八年十一月）である「欧州戦乱の勃発」によって、「物価は頻りに昂騰し生計費の膨張に伴い、市民生活の威迫を感ずること太しく」、一九一八年七月から九月にかけて、全国各地に米騒動を騒擾させた。さらに、「外来思想の瀰漫《びまん》」が「労資間の葛藤頻発する等」と、一九一七年ロシア革命政府樹立にみられる社会主義思想の広がりによって、労働運動、ストライキ頻発が記されている。そこで、「本市〈東京市〉は、従来養育院、施療病院、職業紹介所、衛生試験所、消毒所等社会的施設を設け、各種の社会事業を行い来たりしが」「社会的案件日に多きを加え来りたるより、本市は特に社会事業の為に機関を設くるの必要を生ずるに至れり」と、状況打開に施策が迫られていた。

この状況で、東京市会に一九一九年七月二日上程された「公設市場、公設貸家、簡易食堂、児童受託所、其他都市社会政策確立急施ニ関スル建議」、十月二十九日上程された「社会局設置ノ建議」をそれぞれ可決して、十二月「社会局処務規定」を設定し、「社会局長事務取扱」の人事決定にはこんだ。「建議」上程から社会局設置まで、わずか二ヶ月であった。さらに、「公設市場、公設貸家、簡易食堂、児童受託所、其他都市社会政策確立急施ニ関スル建議」には「物価暴騰ニ依ル日常生活ノ不安ヲ緩和シ衣食住ニ関スル市民共同生活ノ安寧幸福ヲ図リ社会健全ナル発達ヲ期スル為[2]」、「社会局設置ノ建議」には「時代ノ要求ニ因リ都市社会政策ニ関スル

施設日ニ益々繁劇ヲ加ウル時ニ方《あた》リ庶務課ニ於テ之ヲ管掌スルハ時勢ニ後ルルノ不便アリ仍《より》テ速《すみやか》ニ社会局ヲ新設シ遺憾ナク都市社会政策ヲ実行センコトヲ希望ス」(3)とあって、東京市では趣旨を明確にした迅速な設置であったことを読み取ることができる。

2　東京市での在籍行程

東京市社会局設置から二年を経過して、草間八十雄は一九二二(大正十一)年二月三日東京市社会局調査事務嘱託(4)となった。草間は「浮浪者調査ノ為」に雇用期間「約二ヶ月」(5)と位置付けられていたが、それ以降も社会局に在籍した。東京市では一九三九(昭和十四)年六月二十日社会局を廃止して、厚生局設置となるが、草間は一九三九年十月「社会福利」(二三巻九号)に「街頭の乞食について」を執筆して、その文末に「東京市厚生局嘱託」と記載している。従って、東京市社会局、厚生局に十七年八ヶ月は在籍している。

東京市社会局で、草間八十雄の処遇をたどると、次のようになる。

大正十一年　二月　　三日　社会局調査事務ヲ嘱託シ報酬月額六十円給与
大正十一年十二月二十五日　報酬月額百円給与
大正十三年　五月三十一日　報酬月額百十円給与
大正十四年　六月三十日　報酬年額千四百円給与
大正十五年十二月二十五日　報酬年額千六百円給与
昭和　三年　六月三十日　報酬年額千八百円給与
昭和　四年　四月　一日　任東京市主事給九級下俸千八百円

社会局保護課勤務ヲ命ズ
昭和　五年　六月三十日　給九級上俸二千円
昭和　八年　四月二十五日　幼少年保護所々長ヲ命ズ
昭和　十年　六月三十日　給八級下俸二千二百円
昭和　十年　六月三十日　給七級俸二千七百円、依願免主事[6]退職金千六百二十円在職満六年以内
昭和　十年　六月三十日　東京市社会事業調査事務ヲ嘱託候也[7]

これは東京市社会局を退職するまで、十四年間の記載である。官吏「東京市主事」としては「在職六年以内」で、嘱託待遇の期間が長い。その間、報酬・給与が年次に増加しているし、一九二六（大正十五）年十二月二十五日報酬年額千四百円を千六百円に増加させるのに次のように理由を記している。

右〈草間八十雄〉者庶務課庶務掛社会事業調査ニ従事シ独特ノ手腕ヲ有シ、特ニ細民窟、寄子、浮浪者等所謂下層社会及花柳界ノ事情調査ニ際シテハ氏ノ外ニ余人ヘカエザルモノアリ、平素勤務ニ当リ熱心ニシテ真ニ喜ンデ其ノ職ニ従事スルノ態度ハ感ズベキモノアリ、従テ平素ノ成績甚ダ良好ナリ、尚氏ハ職務ノ傍ラ浮浪少年ノ救済、貧窮浮浪者ノ相談相手トナリ救済シタルモノ近時ニ於テモ二、三人アリ[8]

ここでは、嘱託草間八十雄の社会事業調査を「独特ノ手腕ヲ有シ」と評価している。草間の調査対象が「細民窟、寄子、浮浪者等所謂下層社会及花柳界ノ事情調査」とあるように、内務省での第三回細民調査（一九二一年十一月）、中央職業紹介事務局での寄子紹介業に関する調査（一九二五年十～十一月）、芸娼妓酌婦紹介業に関する調査（一九二六年一～三月）、東京市社会局での浮浪者に関する調査（一九二二年二月）、いずれも含めての調査実績である。さらに、「職務ノ傍ラ浮浪少年ノ救済、貧窮浮浪者ノ相談相手トナリ救済シタルモノ近

時ニ於テモ二、三人アリ」とある。これは東京日日新聞（一九二六年三月六・七・一二・二八日付、四月四・五・一七日付。本書四五二〜四六二頁）にも報じられた孤児海老原芳雄の実父捜査、その家族と面談した一件である。

磯村英一は東京市社会局に就職して、当時、草間八十雄の指導下で一九二二年二月「浮浪者に関する調査」、一九二七年十二月「児童連行の乞食に関する調査」、一九二八年六〜七月「浮浪者に関する調査」、一九三一年八月「浅草公園を中心とする無宿者の調査」に参加した。戦後、磯村は東京都民生局長、東京都立大学教授を経て、東洋大学学長にも就くが、そんな草間との調査・体験が有意義であって、「〝社会事業とか福祉政策〟などを語り、理屈抜きに実行できる〝洗礼〟を受けたのである[9]」とまで記している。

3　浮浪者調査

東京市社会局は浮浪者を「一定の調査実行時間内に於て住宅其他宿泊に適する建物以外の場所に寝臥する者[10]」と規定して、浮浪者調査をしている。その浮浪者調査は十二件を数えることができる。内訳で、社会局が調査主体になったのが七件、市勢調査・国勢調査の付帯調査によるものが五件である。調査年月日、調査場所、調査対象となった人数、調査の動機・目的、調査報告を次頁の表1にまとめた。

これら浮浪者調査で、№1、2、5〜9、11、12は草間八十雄調査と確認できる。その九件を個別に調査内容、草間調査の根拠を論述する。

№1、一九二二年二月二十五日調査「浮浪者に関する調査」（『浮浪者及残食物に関する調査』一九二三年三月刊）

「浮浪者に関する調査」は「浮浪者に関する歴史的考察」「残食物需給に関する調査」の三編で調査報告『浮

表1　東京市施行、浮浪者調査一覧（1922年2月～1940年10月）

No.	調査年月日	調査場所	人数	動機・目的	調査報告、刊行年月
1	1922年2月25日 **草間調査**	東京市全区	男241 女 12 計253	治安維持、保護救済	『浮浪者及残食物に関する調査』 1923年3月
2	1923年11月7日～12日 **草間調査**	浅草・上野・芝・日比谷・日本橋両国公園、牛込揚場河岸等計8カ所	計537	震災後の住居不定者増加	「野宿・浮浪者に関する概況調査」 1923年11月
3	1924年10月1日	東京市全区	計281	市勢調査	
4	1925年10月1日	東京市全区	男370 女 10	国勢調査	『浮浪者に関する調査』 1926年3月
5	1927年12月1日～28日 **草間調査**	東京市・隣接郡部	親 47 子101	幼少年保護事業の第一着手	『浮浪者に関する調査・児童連行の乞食に関する調査』 1929年3月
6	1928年6月13日～7月10日 **草間調査**	浅草・上野・芝・虎之門公園、四谷旭町、深川富川町	男453 女 20 計473	救護法案提出の立法資料	『浮浪者に関する調査・児童連行の乞食に関する調査』 1929年3月
7	1929年12月7日 **草間調査**	深川富川町	計 30	治安維持、保護救済	「野宿者調査」 1929年12月 「浮浪者の調査」 1929年12月
8	1930年10月1日 **草間調査**	東京市全区	男1759 女 40 計1799	国勢調査	『浮浪者の種々相』 1931年8月
9	1931年8月22日 **草間調査**	浅草公園	男584 女 18 計602	「浅草一泊所」経営の参考資料	『浅草公園を中心とする無宿者の調査』 1931年8月 「浅草公園のルンペン調査」 1931年8月
10	1935年10月1日	東京市全区	男1073 女 44 計1117	国勢調査	『浮浪者に関する調査・水上生活者に関する調査』1936年6月
11	1937年11月6日～26日 **草間調査**	芝区4、四谷・淀橋区5、下谷・本郷区8、浅草区12、本所・深川区11、計40ヶ所	男342 女 21 計363	社会事情研究の一資料	『市内浮浪者調査』 1939年2月
12	1940年10月1日 **草間調査**	東京市全区	計229	国勢調査	「第五回国勢調査における市内浮浪者発見数」1940年

浪者及残食物に関する調査』を構成して、一九二三（大正十二）年三月東京市社会局で刊行されている。

草間八十雄が東京市に在籍して最初の調査であった。草間は一九二二年二月三日付で「二月下旬浮浪者調査ノ為メ事務準備」「隔日出勤ノ事」「期間ハ約二ヶ月間」で東京市社会局調査事務嘱託となった[11]。本調査二月二十五日に先行して、「二月七日より浮浪者の彷徨実状、並に調査地域を査定し、全市を通じて二百四十一区画に区分し、一区画に就て二名乃至三名の調査員にて組織せる」[12]。そして、十五日東京庁商工奨励館で調査員協議会を開き、「会するもの五百二十余名、定刻〈午後五時〉、本間〈虎五郎〉保護課長の開会の挨拶、後藤〈新平〉市長の挨拶と所感、前田〈多門〉市社会局長の挨拶、近藤〈誠一郎〉調査主任の調査方法についての説明があり、私〈草間八十雄〉は嘱託の一員として浮浪者審訊調査についていささか経験談を述べ同八時散会したが、更に同月十八日から二十一日まで各区ごとに協議会を開き、調査打合せと区域内野宿者有無の実状を踏査して、本調査に対する予備調査をしたのであった[13]」と、草間八十雄は本調査になるまでの前段を記している。

本調査は一九二二年二月二十五日午前零時から日出までを時間帯にして、調査員が被調査者一人に「浮浪者調査票」一票をあてがい、調査項目に記入した。「浮浪者調査票」では浮浪者発見地区及現在建物又ハ隠蔽物、調査員氏名を必記として、調査項目には、1体性、2配偶関係、3出生ノ年、4出生地、5教育程度、6健康・罹病・不具・精神異常、7職業又ハ生活方法、8浮浪ヲ始メシ年・地及理由、9浮浪状態ヲ脱セザル理由、10上京ノ年及理由、11扶養能力アル親属ノ続柄・住所及職業、12公私院内救助ノ受否、13備考、全十三項目を設けている。

調査結果は集計されて、調査報告「浮浪者に関する調査」としてまとめられている。第一章 総論、第二章 調査計画概要（附）調査実行当夜状況、第三章 統計及記述、第四章 浮浪者に関する欧米の社会施設、四章立

表2　1922年2月25日調査「浮浪者に関する調査」内容構成

章	節	項
第一章　総論		1浮浪者の意義　2浮浪者問題の意義
第二章 調査計画概要		1調査の目的　2調査の範囲　3調査員　4調査項目　5巡調方法　6調査員の協議打合　7予備調査 (附) 調査実行当夜状況
第三章 統計及記述	1節　人口及分布	1最少人口　2浮浪者分布
	2節　寝臥場所	1寝臥場所の種類 2浮浪者が多数共同寝臥する場所
	3節　体性、年齢、配偶関係	1体性、年齢　2配偶関係
	4節　生活方法	1生活方法の種別 2浮浪者の収入
	5節　健康状態	1健康状態、罹病者及不具者の割合 2年齢と健康状態 3生活方法と健康状態
	6節　出生地と浮浪地	1都鄙別出生地　2府県別出生地
	7節　教育程度 8節　浮浪の原因 9節　浮浪期間 10節　扶養能力ある親属の有無 11節　公私院内救助の受否 12節　浮浪状態を脱せざる理由	
第四章 浮浪者に関する欧米の社会施設		1労作館（Work House） 2通行券制度 3公立救護所 (Verpflegungsstationen) 家庭仮泊所 (Herbergen zur Heimath) 4労働殖民地

で構成されており、目次内容は表2のようなっている。この調査に、磯村英一は「東京帝国大学文学部社会学科の学生として、『社会調査』を学習する傍ら、東京市役所において、アルバイトとして参加し、実地調査をするとともに」調査報告四章立のなかで、「第一章と第四章はこの報告書のなかで筆者〈磯村英一〉の担当した部分である[14]」と記している。

No.2、一九二三年十一月七日～十二日調査「野宿・浮浪者に関する概況調査」（『雑書震災関係書類　大正十二年』東京都公文書館蔵）

東京都公文書館蔵『雑書震災関係書類　大正十二年』に所収してある、草間八十雄自筆の調査報告である。関東大震災によって木賃宿、無料宿泊所、簡易宿泊所が消失したのに伴い、「この種宿泊機関により宿泊せし単独労働者のなかには、震災後七十余日を経たる現今においても、今なお居所不定にしてしたがって公園のベンチ、或は四阿屋《あずまや》に、又は諸所の社祠、堂宇の回廊軒下に、雨露を凌ぐ等、かかる如く住宅以外の建物により寝臥するいわゆる野宿者多数に上り、更に一定の住所と職業とを有せずして、常に諸方を徘徊し、夜に入れば住宅以外の場所に寝臥する、浮浪者及び乞食の徒の少なからざるなど、要するに、震災後、野宿者増加の状勢をみるものにして[15]」、「数十人共同して集団的」あるいは「単独又は数人」で寝臥する現象がみられた。このなかで、集団的に野宿者が寝臥する場所が調査対象にされている（次頁表3）。

調査期間は一九二三年十一月七日～十二日であった。一九二三年十一月七日午後十時～八日午前〇時浅草公園内で百七十一人、八日午後九時～九日午前〇時上野公園内で百八十八人、九日午後九時～十一時芝公園内で六十三人、九日午後十一時半～十日午前一時日比谷公園内で百十八人、十一日午後十時～十二日午前二時牛込区

表3　1923年11月7日〜12日調査「野宿・浮浪者に関する概況調査」

調査期間	調査場所	寝臥人数
11月7日午後10時〜8日午前0時	浅草公園内	171人
8日午後9時〜9日午前0時	上野公園内	188人
9日午後9時〜11時	芝公園内	63人
9日午後11時半〜10日午前1時	日比谷公園内	110人
11日午後10時〜12日午前2時	牛込揚場河岸塵芥溜場	1人
	神田万世橋塵芥溜場	1人
	両国公園	2人
	中ノ郷横川町瓦焼竈	1人
11月7日午後10時〜12日午前2時	8箇所	537人

牛込揚場河岸塵芥溜場一人・神田区神田万世橋塵芥溜場一人・日本橋区両国公園二人・本所区中ノ郷横川町瓦焼竈一人を確認した調査内容である。

この調査を施行させたものは、関東大震災被災による住居不定者、野宿浮浪者の増加状況がこの調査を施行させている。そして、調査結果は「野宿浮浪者に関する概況調査」として、終了翌日となる十一月十三日、救護部長に緊急に提出されている。

No.5、一九二七年十二月一日〜二十八日調査「児童連行の乞食に関する調査」

(『浮浪者に関する調査・児童連行の乞食に関する調査』一九二九年三月刊)

「児童連行の乞食に関する調査」は「浮浪者に関する調査」と、二編で調査報告『浮浪者に関する調査・児童連行の乞食に関する調査』を構成して、一九二九(昭和四)年三月東京市社会局で刊行した。「児童連行の乞食に関する調査」が草間八十雄の調査であることを、「解剖的に観る乞食の生活」(「祖国」三巻三号　一九三〇年三月)、「暗黒と哀愁の環境に育つ乞食児童」(「社会事業」一四巻二号　一九三〇年五月)での著述、「座談会　被虐待児問題」(「社会福利」一四巻五号　一九三〇年五月)

での発言によって確認できる。例えば、「私〈草間八十雄〉は昭和二年の暮から同三年一月にわたり、ケンタの場所に臨み、或いはツブを呼び止め、親乞食四十七人及びこれに連れられている児童百一人につき調査した[16]」とあるように、自らが調査に従事したことを記している。そして、「児童連行の乞食に関する調査」の調査結果を資料ソースにして、「解剖的に観る乞食の生活」「暗黒と哀愁の環境に育つ乞食児童」が著述されている。また、「座談会　被虐待児問題」は一九三〇年四月十八日於神田ＹＷＣＡ談話室で、相田良雄（内務省社会局）、早田正雄・内田親雄・朝原梅一・徳永定雄（以上、東京府社会課）、松島正儀（東京育成園）、坂巻顕三（同情園）、瀬川八十雄（救世軍本営）、原田署長（板橋警察署）、児玉介石（福田会）、岡弘毅・中島千枝（以上、東京府社会事業協会）に草間八十雄も加わって、十三名が東京府社会事業協会主催の座談会に列席であった。座談会では、児童連行の物乞い・乞食も児童虐待行為の一つであるとしているが、「児童連行の乞食に関する調査」によって、草間は彼等の生活実態を説明している。

この調査期間は一九二七（昭和二）年十二月一日から二十八日で、調査対象は東京市内及び隣接郡部で十五歳以下の児童を連行した乞食である。東京市内では日本橋区水天宮付近、京橋区有楽橋際、芝区虎之門付近、四谷区四谷見附・新宿三丁目、浅草公園、深川公園、郡部では荏原郡池上村雪ヶ谷、豊多摩郡代々幡町火葬場・淀橋町角筈・中野町大塚、北豊島郡野方町上高田・板橋町岩の坂・三河島町町屋火葬場、南葛飾郡砂町火葬場の十五ヶ所で親乞食四十七名、連行児童百一名であった。調査報告は緒言、第一章　総説、第二章　調査の結果、第三章　乞食の生活実情、結言で構成されている。章節項による内容構成は次頁表4のようになっている。

この調査は東京朝日新聞で次のように報じられている。

東京市社会局では幼少年保護事業の第一着手として、市内に散在する十三歳以下の乞食の子供と、薬や

表4　1927年12月1日〜28日調査「児童連行の乞食に関する調査」内容構成

章	節	項
緒言	調査の目的 調査の範囲及地域 調査の方法 調査の期間	
第一章 総説	1、乞食に関する概観	
	2、乞食の類別	イ、住居の関係に依る類別 定居的乞食　準定居的乞食　不定居的乞食 ロ、所得行為に依る類別 静的所得に依る乞食　動的所得に依る乞食
	3、乞食の所得物の種類 4、乞食の人数	
第二章 調査の結果	1、乞食の分布状態	イ、発見に係る乞食の人数 ロ、発見場所と乞食の人数 ハ、居住の関係と人数
	2、体性、年齢、配偶関係、前職	イ、男女年齢別　親乞食の年齢　連行児童の年齢 ロ、配偶関係　ハ、親乞食の前職業
	3、健康状態	イ、親乞食の健康　ロ、連行児童の健康
	4、乞食となる原因 5、乞食をなす期間 6、公私院内救護の受否	
	7、乞食の出生地及戸籍関係	イ、親乞食の出生地　ロ、市町村別に依る出生地　ハ、連行児童の出生地　ニ、親と子の出生地関係　ホ、連行児童と親の続柄　ヘ、連行児童の戸籍
	8、連行児童と就学状態	
第三章 乞食の生活実情	1、時代的に観る乞食の環境	イ、江戸時代乞食の居住地 ロ、明治時代乞食の居住地 ハ、大正時代及最近に於ける乞食の居住地
	2、乞食の所得行為と貰高 3、乞食の借り児と賃貸料 4、配偶者の職業別から観る乞食の家庭 5、家賃及宿料に就て 6、貯蓄の有無と貯金高 7、濫費賭博に就て 8、相互扶助に依る強き団結 9、向上心の有無と児童の行末 10、乞食に関する取締に就て	
結言		

化粧品を売って歩く同年輩の子供とを暗い穴底から引き上げてやることになり、今月中のある一日を選んで一せい調査をすることになった。……。彼らの前途にはられた黒い幕を取り除いてやるのが、現下の急務だという趣旨から社会局ではこれに着手したもので、これらの少年たちはすべて各社会事業団体に収容せしめる計画である。(17)

一九三三(昭和八)年四月社会事業調査会で「児童虐待防止に関する件」を諮問し、七月「児童虐待防止に関する法律案要綱」を決議して、一九三五年四月一日児童虐待防止法が公布、十月一日施行された。そのなかで、「児童虐待業務及行為」の一つに「児童をして乞食を為さしめまたは児童を伴いて乞食を為すこと」と規定している。この規定は「幼少年保護事業の第一着手」にした「児童連行の乞食に関する調査」が児童虐待防止法制定に連動しているので、社会事業調査が施策に機能したとみることができる。

No.6、一九二八年六月十三日〜七月十日調査「浮浪者に関する調査」(『浮浪者に関する調査・児童連行の乞食に関する調査』一九二九年三月刊)

「浮浪者に関する調査」は一九二九年三月東京市社会局で刊行した調査報告『浮浪者に関する調査・児童連行の乞食に関する調査』を構成する一編である。「浮浪者に関する調査」が草間八十雄の調査であることを、「雨露にうたれて寝る人々 二」(「東京市公報」一五五六号 一九二八年八月七日)、「東京における浮浪者について」(「社会事業」一三巻六号 一九二九年九月)、「大東京の浮浪者」(「改造」一一巻一〇号 一九二九年一〇月)、「暗《くらやみ》の底を這う女浮浪者の生活」(「祖国」二巻一一号 一九二九年一一月)、『不良児』(玄林社 一九三六年一〇月)での著述によって確認できる。

表5　1928年6月13日～7月10日調査「浮浪者に関する調査」内容構成

章	節	項
緒言	1、調査の目的	
	2、調査の範囲	イ、被調査者の範囲 ロ、調査の地域 ハ、調査の期間 ニ、調査員及調査の方法
第一章 総説	1、浮浪者の態容	1、生活の資料を得る方法 2、野宿の場所 3、団体的の物と生活実情 4、単独的の者と生活実情 5、残食物の供給状態 6、生計状態
	2、時代的に観る浮浪者	イ、明治初年代に於ける浮浪者と其処理 ロ、明治末葉時代と其以後に於ける浮浪者
第二章 浮浪者の人数及出生地　年齢　健康状態配偶関係	1、浮浪者の人数	イ、浮浪者発見人数 ロ、地域別に依る発見人数
	2、出生地別 3、年齢別 4、健康状態 5、配偶関係	
第三章 浮浪の動機原因及浮浪期間	1、地方出生者と上京の目的 2、在京期間 3、浮浪の原因 4、浮浪期間	

調査期間は一九二八年六月十三日から七月十日で、調査場所は浅草公園及び界隈三百六十一人、上野公園及び界隈四十二人、芝公園十一人、虎之門公園及び界隈十九人、四谷区旭町十一人、深川区富川町及び界隈二十九人である。ここでの浮浪者四百七十三名が調査対象となった。調査報告は、緒言、第一章 総説、第二章 浮浪者の人数及出生地 年齢 健康状態 配偶関係、第三章 浮浪の動機原因及浮浪期間、第四章 職業関係、第五章 精神的関係、第六章 扶養関係及救助の有無、第七章 刑法其他の法規に依る処分の有無、第八章 浮浪を脱せざる事由、結言で構成されている。表5はその項目をまとめたものである。

この調査は東京日日新聞で「東京市

第四章 職業関係	1、浮浪に陥らざる以前の職業変遷数	
	2、職業変換の経路及其業態	イ、特殊的職業より他の職業に変換せる者 ロ、智識的職業の業態を変じ又は他の職業に変換せる者 ハ、技術的労働の業態を変じ又は他の職業に変換せる者 ニ、農より他の職業に変換せる者 ホ、官公衙会社傭員より他の職業に変換せる者 ヘ、筋肉労働の業態を変換せる者 ト、店員の業態を変じ又は他の職業に変換せる者 チ、商業より他の職業に変換せる者 リ、職業を変換せざりし者及不詳
	3、浮浪に陥らざる直前の職業	
	4、浮浪と生活方法	イ、現在の職業と生活方法 ロ、残食物需用者の生活方法
第五章 精神的関係	1、教育程度 2、信教及宗旨別 3、希望及思想の傾向 4、趣味嗜好	
第六章 扶養関係及救助の有無	1、子女の保育状態 2、倚頼する親族の有無 3、扶養能力ある親族の有無	
	4、院内救助	イ、院内救助の受否 ロ、収容されたる場所 ハ、収容期間
第七章 刑法其他の法規に依る処分の有無		
第八章 浮浪を脱せざる事由		
結言		

社会局では過般内務省から来議会に提案せんとしている救貧防貧に関する立法資料の蒐集方を委嘱されたので、警視庁応援の下に十三日から三日間浅草公園を根城とする浮浪者につき詳細な調査を開始することになった[18]」と報じられている。ここで、「来議会」とは第五十六回帝国議会であり、「救貧防貧に関する立法」とは救護法のことであるから、この調査が施策とかかわっているのを知ることができる。

No.7、一九二九年十二月七日調査「野宿者調査」（『東京市社会局時報第三号　昭和四年自十月至十二月』一九二九年一二月刊）、「浮浪者の調査」（「東京市公報」一七五六号　一九二九年一二月一四日付）

名称を異にしているが、同じ調査内容である。「野宿者調査」は『東京市社会局時報第三号　昭和四年自十月至十二月』に、「浮浪者の調査」は「東京市公報」一七五六号（一九二九年一二月一四日付）に記載された調査報告である。そして、「浮浪者の調査」の本文中に、草間八十雄調査を確認できる。

調査時期は一九二九年十二月七日午後十一時から翌八日午前二時にかけて、場所は深川区富川町一帯で施行した。地域住民の「苦情」が調査動機になったことを、草間は次のように発言している。

昨年〈昭和四＝一九二九年〉暮に、どうもあそこ〈深川区富川町〉に集まって来る彼等は普請場などへ行って、材木の切れはしなどをもって来て、夜中に焚火をして暖を取るので困るというので、町民から問題が起き、所轄警察署でもだいぶんお困りのようだったのです。第一にこれが本当の労働者であるか、本当の労働者で失業して木賃宿へ泊まることが出来ない者か、或いは乞食物貰い、働くことが嫌いな連中か、その辺を一つ調査しようというので、昨年十二月夜調査するはずになっておりました[19]。

この調査直前に、東京日日新聞が「焚火の苦情から野宿人を調査」と報じ、該当者は「約百名くらいはある見込みである」[20]とした。しかし、予め新聞に報じられたことによって、調査されることを嫌い避けた者が多く、三十名にとどまった。調査報告は発見場所、就業状態、健康状態、食事状態、所持金、在京年数などを記している。調査には東京市社会局、所轄の扇橋警察署のほか、さらに市衛生試験所の医師までも参加した。その医師たちは健康診断によって十九名の疾患者をあげた。その内訳は一九二九年一二月一二日付東京日日新聞で次のように記されている。

健康状態は病気のある者十九人すなわち六割三分にあたり、トラホーム六人、性病五人、脚気三人、神経衰弱三人、結膜炎、神経痛各二人、テンカン、蓄膿症、血内痔、浮腫、脊髄病、胃腸病、風邪、右手指外傷、左手外傷各一人という雑多なもので、一人で二種三種の併病者十九名あった[21]。

この疾患状態から貧困者のあり方について、草間八十雄は次のようにみて、本調査を結んでいる。

健康状態については厳密に調査されましたが、病気というものは我々素人目には分かりませんけれども、疾患なき者は十一人、後の十九人は疾患ありということで、随ってこういう連中になると、まず病気のある者の方が多い。それですから満足に労働が出来ませんで、いわゆる立ちん坊式の労働しか出来ないということになります[22]。

これら浮浪生活者の転落する主なる原因は主として生理的欠陥によるものが多く、労働能力を生理的条件で失ってよしんば労働しても立ちん坊のような短時間の労働によって僅かに糊口をしのぐ外はないのです[23]。

なお、「浮浪者の調査」には「社会局としては大正十一年二月、昭和三年六月、今回で三度の調査を施行したわけでありますが、この調査によって保護施設に関する貴重な基礎的参考資料を得たわけです[24]」と記している。ここで「大正十一年二月」は『浮浪者及残食物に関する調査』（一九二三年三月）、「昭和三年六月」は『浮浪者に関する調査・児童連行の乞食に関する調査』（一九二九年三月）にまとめられて、ともに草間調査である。

No.８、一九三〇年十月一日調査（『浮浪者の種々相』一九三一年八月刊）

第三回国勢調査が一九三〇（昭和五）年十月一日午前〇時現在で一斉に施行されたのに伴い、その附帯調査に、東京市は九月三十日午後十一時から十月一日午前四時に浮浪者調査を施行した。国勢調査では、１氏名、２世帯ニ於ケル地位、３男女ノ別、４出生ノ年月日、５配偶ノ関係、６職業、７所属ノ産業、８失業、９従業ノ場所、10副業、11出生、12民籍又ハ国籍を調査項目にしたが、更に、13在京期間、14初メテ浮浪ニ陥リシ年月、15失業登録の三項目を加えて附帯調査をした。これら十五項目の調査結果は、一九三一年八月『浮浪者の種々相』として東京市臨時国勢調査部で発行した。調査組織は東京市統計課、東京市臨時国勢調査部、東京市十五区吏員等、四百十二名が従事した。東京市社会局の組織的な参加はないが、草間八十雄は調査に従事している。当日の草間の行程は次のように東京日日新聞で報道されている。

長谷川統計局長は上條、華山両統計官と共に、午後九時頃早くも浅草公園を控えた浅草区役所に頑張り、係員を督励していた。浅草公園は午後十一時ではまだ人出もあるので、午前零時から開始することになっていたので、局長一行は午後十時半金谷市統計課長や、市社会局の草間八十雄氏などの案内で公園内を視察した。〈中略〉

午後十一時半本所区に廻る。亀沢町から錦糸町駅にかけての省線大ガード下、全く浮浪者にはもってこいの宿泊所。真っ暗なガードの下を歩くと目の早い草間氏「ここにいる」。見ればゴミ車の中に、むしろを敷いて寝ていた三十がらみの半纏着、起こされると「まだ申告していません」とキャラメルをもらいながら係員の問いに丁寧に答える。「年齢は?」、「明治三十年四月生まれです」。「四月の何日」、「七日です」。「おかみさんはないんですか」、「エエ」。「初めからですか」、「そうです」。問答は続く。「人夫みたいなことをやっていたが一月ほど前から仕事がなくなったので、こうしています。泊まる所とて一つもない」。ガードの向こう側の空地には古ボイラーの中にわらを敷いている。これからの時節向きな宿、丁度カタツムリか何かのように絶好の家。そのわきではカーキ色の洋服に色のあせたカンカン帽をかぶった男。「左官をしていたのですが、最近仕事がなくなってしまった。登録は仕事のある時分だから受けていない」。失業救済のための登録はますます追加を必要とされる(25)。

草間八十雄は東京市統計課長金谷重義らと内閣統計局長長谷川赳夫、統計官上條勇・華山親義を浅草から本所へ案内して廻ったのである。その夜に、東京市内で確認した浮浪者は男千七百五十九、女四十、計千七百九十九名にも上った。これまでの浮浪者調査の数字よりはるかに多い。『浮浪者の種々相』によれば、次のように評している。

かかる増加は一には今回の調査が前回に比して天候も良好であり、又調査の趣旨も徹底していてこれを忌避するような者少く、その上調査の方法も行届いていた等に基因するとはいえ、その一大原因は、この数年来の不景気風に夥しい失業労働者群が街頭に投出され、浮浪を余儀なくされる者が逐年累加した結果である事は敢えて贅言を要すまい(26)。

ここで「前回」とは、一九二五(大正十四)年十月一日施行した第二回国勢調査の附帯調査である。この国勢調査では氏名、男女の別、出生の年月、配偶の関係、世帯主又は世帯管理者氏名の五項目であったが、附帯調査では上京の年月（在市日数、上京の理由）、浮浪を初めし年（浮浪期間・浮浪を初めし理由）、現在職業又は生活方法、業歴、健康状態、収入（一ヵ月労働日数）の六項目を加えた。調査の結果は翌年三月東京市統計課で『浮浪者に関する調査』を刊行した。ここでは男三百七十、女十、計三百八十名の浮浪者を数えたのである。「数年来の不景気風に夥しい失業労働者群」の「累加した結果」が五年間に千七百九十九名にも増加をみたのである。

次頁表6に示したように、『浮浪者の種々相』の「第一　概説」には浮浪者調査の沿革、本調査の概要を記している。「第二　浮浪者数及其分布状態並集団関係」「第三　浮浪者の年齢及配偶関係」「第四　浮浪者の職業関係」「第五　浮浪者の出生地及民籍」「第六　浮浪者の浮浪期間及在京期間」では各調査結果を表に整理しながら記述している。「第七　其の他の重要なる浮浪者の諸相」では健康状態、浮浪原因、浮浪を脱し得ざる事由を記している。しかし、この三つの事項は本調査にはないために、一九二八年六・七月調査『浮浪者に関する調査・児童連行の乞食に関する調査』（東京市社会局　一九二九年三月刊）のデータで記している。「第八結言」では、浮浪者施策のあり方を「当局」「市民諸子」に対し次のように提言しているのである。

だが併し、かかる救護法といい、失業対策といい、すべて一般の貧民及失業者を主眼とする施設であって直接浮浪者を対象とするものではない。其の結果与えられたる権利を主張する術さえ知らぬ否其の余裕すら持たぬ彼等浮浪者に関する限り、かかる制度及至施設も兎角空文虚構に堕するの憾がある。この前述の本市社会局の失業登録を済了せるものがわずか四分三厘にしか当らない事例に徴しても決して杞憂ではない。故に吾人は此の機に於て当局に対し浮浪者に関しては特にかかる制度施設の積極的運用の途を講ぜられん事を要望すると同時に尚進んでかかる画一的制度ではなく浮浪者のみに適応する特殊的施設の出現を待望して已まない次第である。

表6　1930年10月1日調査「浮浪者の種々相」内容構成

章	節	項
第一　概説	1、東京市内に於ける浮浪者調査の沿革	
	2、昭和5年浮浪者調査の概要	イ、調査日時 ロ、調査員 ハ、被調査者の範囲 ニ、調査事項
第二　浮浪者数及其分布状態並集団関係	1、浮浪者数 2、分布状態 3、集団関係	
第三　浮浪者の年齢及配偶関係	1、年齢 2、配偶関係	
第四　浮浪者の職業関係	1、現在の職業関係 2、有識者の職業種別 3、失業状態	
第五　浮浪者の出生地及民籍	1、出生地 2、民籍	
第六　浮浪者の浮浪期間及在京期間	1、浮浪期間 2、在京期間	
第七　其の他の重要なる浮浪者の諸相	1、健康状態 2、浮浪原因 3、浮浪を脱し得ざる事由	
第八　結言		

> 最後に吾人は一般帝都の市民諸子に呼びかけ度い。不況の嵐巷に狂い、失業の波街をおそう今日、諸子の生活果して永遠に安泰であり得ようか。否失業は失業者のみの憂目ではない、浮浪は浮浪者のみの宿命ではない。今日の彼等の境遇も、明日は、諸子の夫でないと何人が保証し得ようぞ。失業も浮浪も決して傍観すべき他人事ではない。希くは諸子よ、此の「浮浪者の種々相」を諸子自身の姿として関心せられ、これが根絶にこれが救済に、一層の努力を惜しまざらん事を[27]。

公機関の調査報告にしては、提言は「救護法といい、失業対策といい、すべて一般の貧民及失業者を主眼とする施設であって直接浮浪者を対象とするものではない」「浮浪者のみに適応する特殊的施設の出現を待望して已まない」と、行政・施策の現状を批判している。個人著書にみられるような見解に読み取ることもできる。

No.９、一九三一年八月二十二日調査（『浅草公園を中心とする無宿者の調査』一九三一年八月刊）、「浅草公園のルンペン調査」（「東京市公報」二〇〇八号　一九三一年八月二七日付）

名称は異なるが、同じ調査内容である。一九三一（昭和六）年八月二十二日午前〇時から五時にかけて、浅草公園内での浮浪者を対象としている。調査目的は一九三一年八月二十七日浅草区松清町に浅草一泊所開設に際し、入所対象者の資料を得ることであった。調査は東京市社会局保護課調査掛、東京市社会局福利課宿泊掛、中央社会事業協会研究生を、三十八名十班で組織し、草間八十雄と磯村英一が総括した。調査報告は二つで、一つは一九三一年八月『浅草公園を中心とする無宿者の調査』を発行し、もう一つは「浅草公園のルンペン調査」を一九三一年八月二七日付二〇〇八号「東京市公報」に記載している。前者は「社会事業参考資料　第一輯」として、保護課調査掛がまとめている。

調査対象者の総数、年齢、配偶関係、浮浪原因、浮浪期間、前職、出生地、教育程度、健康状態の各項で記している。後者には「考慮すべき浮浪の原因」と副題があるとおり、調査結果の数字から評価を加えている。とりわけ「『ルンペン調査』随伴記」では、当夜の草間八十雄、磯村英一らの行程を知ることができる。調査総数では男五百八十四、女十八、計六百二名の浮浪者があがっている。しかも、四百十八名、六九％が失業によって、その生活をよぎなくされている。これは従来の浮浪者調査にみられない大きな数字であり、社会局では次のように評している。

従来のルンペンと異なり失業が浮浪原因の最多数を示していることには社会局でも今更ながら驚いている。

これは社会局十一ヶ所の宿泊所の宿泊ルンペンが激増しているのと全く同じ原因で、最近の不況からルンペン層にまで没落するものが如何に多いかを物語っており、捨て置かれぬ事実となっている。[28]

つまり、本調査には浅草一泊所の開設が動機となってはいるが、「最近の不況」が背景となっている。

なお、一九三一年八月二五日付東京日日新聞に「夏の夜の公園に野宿する女ルンペン物語」（本書三〇九～三一一頁）の見出しで、本調査にかかわって、草間八十雄からの聞き書による記事がある。これは社会面ではなく、「家庭と娯楽」欄で扱われている。そのためであろうか、内容が女浮浪者の惨状のみを述べたにとどまっているのは否めない。

No.11、一九三七年十一月六日～二十六日調査（『市内浮浪者調査』一九三九年二月刊）

調査期間は一九三七（昭和十二）年十一月六日から二十六日まで、隔日をもうけて、東京市内の浮浪者を対象に施行した。第一回は浅草公園職業紹介所に調査本部を設けて、十一月六日午後十時から十二時、七日午前二時から五時にかけて、浅草・待乳山・金龍・松葉・隅田・田原・千束・駒形・不二公園を調査場所にした。第二回は九日浅草玉姫方面館、第三回は十日本所押上方面館、第四回は十五日深川高橋方面館、第五回は十七日芝園橋職業紹介所、第六回は十九日芝浦一泊所、第七回は二十二日上野職業紹介所、第八回は二十六日新宿泊所を調査本部にして、各周辺を調査場所にした。全八回で、調査場所は芝区四ヶ所、四谷・淀橋区五ヶ所、下谷・本所区八ヶ所、浅草区十二ヶ所、本所・深川区十一ヶ所の計四十ヶ所、対象者は男三百四十二名、女二十一名の計三百六十三名であった。調査項目は浮浪者数、年齢、出生地、教育程度、健康状況、兵役関係、配偶関係、犯罪及処罰関係、親族関係、嗜好及趣味、職業関係、浮浪期間並浮浪の原因、食物摂取状況、浮浪

表7　1937年10月～1939年2月「市内浮浪者調査」経過

No.	表題	掲載誌	巻号　刊行年月
1	本市社会局で旧市10区の浮浪者を調査 ――草間嘱託がこれに当る――	東京市公報	2916号 1937年10月23日付
2	深夜のルンペン調査 ――学生の応援のもとに6日施行――	東京市公報	2924号 1937年11月11日付
3	市内浮浪者調査速報 ――第2回より第6回迄の調査――	東京市公報	2929号 1937年11月25日付
4	本市社会局の第7回浮浪者調査行わる ――22日上野・秋葉原付近で――	東京市公報	2930号 1937年11月27日付
5	社会局の浮浪者調査 ――最終回は新宿方面を――	東京市公報	2932号 1937年12月2日付
6	浮浪者調査参加者懇談会 ――明8日、日比谷互助会館で――	東京市公報	2934号 1937年12月7日付
7	市内浮浪者調査（中間報告）	東京市社会局時報	昭和12年自7月至12月号 1938年3月
8	市内浮浪者調査		1939年2月

を脱せざる理由、将来の希望、からなっている。

「調査報告」は単行書『市内浮浪者調査』で刊行されたが、「東京市公報」『東京市社会局時報』にも調査経過が記載された。刊行年月にそってその表題をたどると表7のようになる。

これらの表題からも、本調査の経緯が知られる。また、調査終了から「中間報告」を経て『市内浮浪者調査』までに一年有余を要しているのである。これは「第一章　調査の計画と経過」「第二章　調査の結果」では単に調査項目にそってまとめるだけではなく、過去のデータとの比較検討、「第三章　時代的に観る浮浪者と其の救護施設」と、詳細な執筆に要した時間であろう。「今回の調査は特に旧市十区を選び、更に其の区内に於て常に浮浪者の蝟集している箇所を草間嘱託の予備調査に基いて調査したもの[29]」「本調査は、ルンペン研究の権威草間八十雄嘱託が自らこれに当る筈[30]」と草間が主要な役割をもった。そして『市内浮浪者調査』の「序」では「その解説、記述、編纂は本市嘱託草間八十雄が之に当ったのである[31]」と記している。当時、東京市幼少年保護所所長を退職していた晩年の草間にとって、この実態調査から解説、記述、編纂はライフ・ワークの結晶の一つであった。確かに『市内浮浪者調査』は「本市社会局庶務課調査掛員は殆ど全員が此の調査に従事したのである[32]」とあり、同局で発行した。しかし、本文中には個人著書にちかいまでの草間の見解を多くみるのである。その内容構成は五三〇~五三一頁表8のようになっている。

この内容構成には、従来の浮浪者調査にはなかった、兵役関係が新たに設けられている（第二章第七節）。それには「今や日支事変〈日中戦争〉の折柄である[33]」時局がうかがえる。『東京市社会局年報　昭和十二年度』にも時局を反映して、次の「編纂統計及便覧」が記載されている。

東京市に於ける銃後の援護事業手引　昭和十二年度

軍事扶助の手引　昭和十二年度

支那事変に対する東京市の銃後々援事業第一輯　昭和十二年度

支那事変に対する東京市の銃後々援事業第二輯　昭和十二年度[34]

これら「軍事扶助」「銃後々援事業」に関する編纂は例年になくて、一九三七年度に初めて刊行されている。さらに、一九三九年には、二月二十日『市内浮浪者調査』を刊行したが、六月二十日社会局は廃止となった。行政機構の編成替えによって、厚生局となっている。

草間八十雄は時局下で貧民街、娼婦、不良児、水上生活者を対象にせず、浮浪者調査に終始した。これは無籍者、不定住者の実態を把握しようとする施策に要請されたものであろう。そこで、彼は「日支事変以来は寒暑を通じて浮浪者の漸減せるのは殷賑産業の興隆と労力の需要が昂上したので、労働能力をもつ者は何時《いつ》となく浮浪の淵から這い上ったからである[35]」と、浮浪者群からも人的資源確保がされていることを述べている。しかし、少数であるにせよ、未だに「浮浪の淵」にある人々をも忘れてない。

表８　1927年12月１日～28日調査『市内浮浪者調査』内容構成

章	節	項
緒言	１、浮浪者の意義 ２、浮浪者調査の沿革	
第１章 調査の計画と経過	第１節　調査の目的	
	第２節　調査の範囲と方法	１、被調査者の範囲 ２、調査項目 ３、調査地域 ４、調査期間 ５、調査員 ６、調査の方法
	第３節　調査実行当夜の状況	
第２章 調査の結果	第１節　地域別に依る浮浪者	１、浮浪者の数 ２、既往の調査と比較的に観る浮浪者数 ３、区別に依る地域箇所と発見数
	第２節　浮浪者の年齢別	１、本調査の年齢別 ２、既往と比較的に観る年齢別
	第３節　浮浪者の出生地別	１、本調査の出生地別 ２、比較的に観る出生地別
	第４節　教育程度	１、本調査の教育程度 ２、比較的に観る教育程度別
	第５節　浮浪の原因	
	第６節　健康状態	１、本調査の健康状態 ２、不健康者と其の種類 ３、健康状態の比較
	第７節　兵役関係	
	第８節　配偶関係	
	第９節　親族の関係	１、親族 ２、親族扶養能力の有無 ３、比較的に観る親族の有無
	第10節　浮浪期間	１、浮浪期間と年齢関係 ２、比較的に観る浮浪期間
	第11節　職業関係と生活方法	１、生活の方法 ２、浮浪に陥る直前の職業 ３、直前と現職業の比較 ４、地域別に依る職業と生活方法 ５、現職業及生活方法と年齢別 ６、登録の有無
	第12節　食物摂取状態	
	第13節　趣味嗜好	
	第14節　犯罪及処罰の有無	
	第15節　将来の希望	
	第16節　浮浪を脱せざる理由	

第3章 時代的に観る浮浪者と其の救護施設	第1節　上古時代と浮浪者の存否	1、社会階級と窮民 2、窮民と其の施設
	第2節　中古時代と浮浪者	1、浮浪者の取締法 2、本貫脱走と浮浪者 3、窮民及浮浪者と其の施設
	第3節　近古時代と浮浪者	1、鎌倉時代の浮浪者と其の施設 2、室町時代の浮浪者と其の施設 3、安土桃山時代の浮浪者と其の施設
	第4節　近世時代と浮浪者	1、徳川時代の階級制度 2、浪人と農民の浮浪化 3、貧窮民と浮浪者に対する救護と其施設 4、諸藩の浮浪者救済施設
	第5節　明治維新と其後の浮浪者	1、明治初年代の窮民と浮浪者 2、明治時代と浮浪者の生活 3、明治時代の保護施設と成績 4、警視庁の浮浪者収容施設の画餅 5、台湾浮浪者収容施設
結語		

浮浪者の中には救いに洩れている者のあることは掩うべからざる事実である。しからば彼等の中には飢餓と凍餒に襲われ、剰さえ病苦に悩む者が能動的に公けの救護を請う者があろう乎、それは疾病不具老衰などで救護法に該る者でも拾人が拾人まで自からそれを申請するだけの能力もなく機会を捉えることも出来ないで、何時も流転の波に漂うのであり、且つ浮浪となっては住居不定の者であるから、容易に救護は受けられないと躊躇して日を過すうちに行倒れとなる者がある。[36]

つまり、壮健な浮浪者は労働力、軍事力になりえるが、「疾病不具老衰など」は「何時も流転の波に漂うのであり」「救いに洩れている者」である。「老齢の者は生活困難であれば、当然保護されるべきもので法的に保護の方法が立ててあるのに、野宿をなすまでに傷ましい身空となっている」[37]と注視している。草間の注視が少数の「疾病不具老衰など」にあるのは、壮健な浮浪者を対象にする施策には乖離して、施策からは排斥される部分に調査対象を置いているのである。だからその社会事業調査は時局下の厚生事業にあっては疎外に陥らざるをえないのである。そんな疎外な状況にあって、草間の社会事業調査行程が『市内浮浪者調査』となったのである。

No.12、一九四〇年一〇月一日調査（「第五回国勢調査における市内浮浪者発見数」一九四〇年刊）

第五国勢調査に付帯した浮浪者数調査で、謄写刷三枚からなっている。表紙には表題である「第五回国勢調査における市内浮浪者発見数」とともに「東京市厚生局庶務課計画掛　嘱託　草間八十雄」と記してある（本書一六四頁）。調査は一九四〇（昭和十五）年九月三十日深更から一日午前四時頃まで施行されて、「全市約五十ヶ所の浮浪者の巣[38]」を対象にした。調査内容は被発見者総数二百二十九人を東京市三十五区別に表記しただけである。ただ、一九二〇（大正九）年十月一日施行した第一回国勢調査から本調査まで、「既往施行せる国勢調査、市勢調査、市社会局調査等によって発見せる浮浪者の数[39]」をも参考列記しているが、数字表記にとどまっている。従って、調査項目、浮浪者に関して記されてないが、調査行程の一部を一九四〇年一〇月一日付東京朝日新聞で知ることはできる。報道によれば、草間八十雄は国勢調査指導員として、浅草区今戸公園、玉姫公園を踏査している。

《註》

（1）『第一回　東京市社会局年報　大正九年度』（東京市社会局　一九二一年三月　一頁）
（2）「公設市場、公設貸家、簡易食堂、児童受託所、其他都市社会政策確立急施ニ関スル建議」（『東京市会史　自大正八年至大正十一年　第五巻』東京市会事務局　一九三六年六月　一〇四頁）

（3）「社会局設置ノ建議」（『東京市会史　自大正八年至大正十一年　第五巻』東京市会事務局　一九三六年六月　一〇五頁）
（4）「東京市公報」七〇三号　一九二二年二月一八日　六七頁
（5）『大正十二年　任免ニ関スル秘文書綴』（東京都公文書館蔵）
（6）『昭和十年東京市　人事秘書退職死亡者履歴書』（東京都公文書館蔵）
（7）「東京市公報」号外　一九三五年六月三〇日　一六頁
（8）『自大正十年至昭和三年　定期増俸関係書　社会局』（東京都公文書館蔵）
（9）磯村英一『私の昭和史』（中央法規　一九八五年五月　五六頁）。これ以外にも、磯村英一は草間との調査体験を『スラム——家なき町の生態と運命——』（講談社　一九五八年二月）、「序文」『近代下層民衆生活誌　I貧民街』（明石書店　一九八七年九月）等で記している。
（10）『浮浪者及残食物に関する調査』（東京市社会局　一九二三年三月　六頁。『都市下層民衆生活実態資料集成——草間八十雄　一九二一～一九三七年調査　II東京市社会局　東京市臨時国勢調査部　東京府社会事業協会　東京府学務部社会課』明石書店　一九九三年七月　二四頁）
（11）『大正十二年　任免ニ関スル秘文書綴』（東京都公文書館蔵）
（12）「東京市内浮浪者に関する調査」（『東京市社会局年報　第三回 大正十一年度』一八〇頁）
（13）草間八十雄「東京市の浮浪者概観」（「社会事業」五巻一二号　一九二二年三月。『近代都市下層社会　II貧民街　浮浪者 不良児・貧児』明石書店　一九九〇年一〇月　一一〇九頁）
（14）磯村英一『都市論集I——都市生態への挑戦——』（有斐閣　一九八九年三月　一六頁）
（15）「野宿浮浪者に関する概況調査」一九二三年一一月一三日付（『都市下層民衆生活実態資料集成——草間八十雄

一九二一～一九三七年調査　Ⅱ東京市社会局　東京市臨時国勢調査部　東京府社会事業協会　東京府学務部社会課』明石書店　一九九三年七月　一六八～一六九頁）

(16) 草間八十雄「解剖的に観る乞食の生活」（「祖国」三巻三号　一九三〇年三月。『近代都市下層社会　Ⅱ貧民街　浮浪者不良児・貧児』明石書店　一九九〇年一〇月　一二四六頁）

(17) 「冷たい街頭から拾われる都会の放浪児」（東京朝日新聞　一九二七年一一月一九日付。本書四六三～四六四頁）

(18) 「主人の虐待が因で浮浪人の仲間入り」（東京日日新聞　一九二八年六月一四日付。本書四六四頁～四六五頁）

(19) 草間八十雄・長谷川如是閑等「世相批判座談会」（「文藝春秋」一九三〇年六月。『近代日本のどん底社会』明石書店　一九九二年八月　四四六頁）

(20) 「焚火の苦情から野宿人を調査」（東京日日新聞　一九二九年一二月四日付。本書四二二頁）

(21) 「半分は絶食者　野宿人、噫無情」（東京日日新聞　一九二九年一二月一二日付。本書四二二～四二三頁）

(22) 草間八十雄・長谷川如是閑等「世相批判座談会」（「文藝春秋」一九三〇年六月。『近代日本のどん底社会』明石書店　一九九二年八月　四四八～四四九頁）

(23) 「浮浪者の調査」（「東京市公報」一七五六号　一九二九年一二月一四日付。『都市下層民衆生活実態料集成――草間八十雄　一九二一～一九三七年調査　Ⅱ東京市社会局　東京市臨時国勢調査部　東京府社会事業協会　東京府学務部社会課』明石書店　一九九三年七月　四〇四頁）

(24) 「浮浪者の調査」（「東京市公報」一七五六号　一九二九年一二月一四日付。『都市下層民衆生活実態料集成――草間八十雄　一九二一～一九三七年調査　Ⅱ東京市社会局　東京市臨時国勢調査部　東京府社会事業協会　東京府学務部社会課』明石書店　一九九三年七月　四〇四頁）

（25）「石の中から麦わら帽　公孫樹の蔭に夢破る　浮浪者調べの悲喜劇」（東京日日新聞　一九三〇年一〇月一日付。本書四二九～四三二頁）

（26）『浮浪者の種々相』（東京市臨時国勢調査部　一九三一年八月　八頁。『都市下層民衆生活実態料集成――草間八十雄　一九二一～一九三七年調査　Ⅱ東京市社会局　東京市臨時国勢調査部　東京府社会事業協会　東京府学務部社会課』明石書店　一九九三年七月　七一四頁）

（27）『浮浪者の種々相』（東京市臨時国勢調査部　一九三一年八月　六六～六七頁。『都市下層民衆生活実態料集成――草間八十雄　一九二一～一九三七年調査　Ⅱ東京市社会局　東京市臨時国勢調査部　東京府社会事業協会　東京府学務部社会課』明石書店　一九九三年七月　七七二～七七三頁）

（28）「浅草公園のルンペン調査」（「東京市公報」二〇〇八号　一九三一年八月二七日付。『都市下層民衆生活実態料集成――草間八十雄　一九二一～一九三七年調査　Ⅱ東京市社会局　東京市臨時国勢調査部　東京府社会事業協会　東京府学務部社会課』明石書店　一九九三年七月　五〇二頁）

（29）「市内浮浪者調査（中間報告）」（『東京市社会局時報　昭和十二年自七月至十二月号』一九三八年三月。『都市下層民衆生活実態料集成――草間八十雄　一九二一～一九三七年調査　Ⅱ東京市社会局　東京市臨時国勢調査部　東京府社会事業協会　東京府学務部社会課』明石書店　一九九三年七月　六八一頁）

（30）「本市社会局で旧市一〇区の浮浪者を調査――草間嘱託がこれに当る――」（「東京市公報」二九一六号　一九三七年一〇月二三日付。『都市下層民衆生活実態料集成――草間八十雄　一九二一～一九三七年調査　Ⅱ東京市社会局　東京市臨時国勢調査部　東京府社会事業協会　東京府学務部社会課』明石書店　一九九三年七月　六八八頁）

（31）「序」『市内浮浪者調査』（東京市社会局　一九三九年二月。『都市下層民衆生活実態料集成――草間八十雄一九二一〜一九三七年調査　Ⅱ東京市社会局　東京市臨時国勢調査部　東京府社会事業協会　東京府学務部社会課』明石書店　一九九三年七月　五一三頁）

(32)『市内浮浪者調査』（東京市社会局　一九三九年二月　二頁。『都市下層民衆生活実態料集成――草間八十雄　一九二一〜一九三七年調査　Ⅱ東京市社会局　東京市臨時国勢調査部　東京府社会事業協会　東京府学務部社会課』明石書店　一九九三年七月　五三〇頁）

(33)『市内浮浪者調査』（東京市社会局　一九三九年二月　二四頁。『都市下層民衆生活実態料集成――草間八十雄　一九二一〜一九三七年調査　Ⅱ東京市社会局　東京市臨時国勢調査部　東京府社会事業協会　東京府学務部社会課』明石書店　一九九三年七月　五五二頁）

(34)「編纂統計及便覧」（『東京市社会局年報　第十八回　昭和十二年度』八頁）

(35)草間八十雄「時局と浮浪者」（「社会福利」二四巻一号　一九四〇年一月。『近代都市下層社会　Ⅱ貧民街　浮浪者　不良児・貧児』明石書店　一九九〇年一〇月　一三九七頁）

(36)『市内浮浪者調査』（東京市社会局　一九三九年二月　一四四〜一四五頁。『都市下層民衆生活実態料集成――草間八十雄　一九二一〜一九三七年調査　Ⅱ東京市社会局　東京市臨時国勢調査部　東京府社会事業協会　東京府学務部社会課』明石書店　一九九三年七月　六七二〜六七三頁）

(37)『市内浮浪者調査』（東京市社会局　一九三九年二月　一〇頁。『都市下層民衆生活実態料集成――草間八十雄　一九二一〜一九三七年調査　Ⅱ東京市社会局　東京市臨時国勢調査部　東京府社会事業協会　東京府学務部社会課』明石書店　一九九三年七月　五三八頁）

(38)「〝公園の夢〟を驚かす　国調、まず浮浪者から」（東京朝日新聞　一九四〇年一〇月一日付。本書四四九〜四五一頁）

(39)「第五回国勢調査における市内浮浪者発見数」(東京市厚生局庶務課計画掛　一九四〇年一〇月。本書一六三頁)

三、「浮浪者調査」の比較

一九二二(大正十一)年二月二十五日「浮浪者に関する調査」、一九二七(昭和二)年十二月一日〜二十八日「児童連行の乞食に関する調査」、一九二八年六月十三日〜七月十日「浮浪者に関する調査」、一九三七年十一月六日〜二十六日「市内浮浪者調査」、これら四つともに、東京市社会局において、草間八十雄が従事した社会事業調査である。すでに「表1　東京市施行、浮浪者調査一覧(一九二二年二月〜一九四〇年十月)」(五一〇頁)ではNo.1、No.5、No.6、No.11に掲載したが、調査項目において相互比較すれば、次表9になる。この場合、調査項目を記載した「調査票記入心得」「浮浪者調査要記入例」[1]が一九二二年二月二十五日「浮浪者に関する調査」の調査報告には添付されている。その調査項目を転載した。しかし、一九二七年十二月一日〜二十八日「児童連行の乞食に関する調査」、一九二八年六月十三日〜七月十日「浮浪者に関する調査」、一九三七年十一月六日〜二十六日「市内浮浪者調査」に「調査票」は添付されてないので、各調査報告にある調査結果データによって、調査項目を記載した。

ここで、一九二二年二月二十五日「浮浪者に関する調査」の調査項目は1から13まである。このうち、1発見地区から10浮浪状態ヲ脱セザル理由までは必須的調査項目である。11上京ノ年・理由、12扶養能力アル親属

表９　1922年2月、1927年12月、1928年6月、1937年11月「浮浪者調査」の調査項目

社会事業調査	浮浪者に関する調査	児童連行の乞食に関する調査		浮浪者に関する調査	市内浮浪者調査
調査年月日	1922年2月25日	1927年12月1日～28日		1928年6月13日～7月10日	1937年11月6日～26日
表1掲載	No. 1	No. 5	No. 5	No. 6	No.11
調査対象	浮浪者	親乞食	連行児童	浮浪者	浮浪者
調査項目1	発見地区	発見場所	発見場所	発見場所	発見箇所
調査項目2	体性	体性	体性	体性	体性
調査項目3	配偶関係	配偶関係	続柄、戸籍整理	配偶関係	配偶関係
調査項目4	出生ノ年	年齢	年齢	年齢	年齢
調査項目5	出生地	出生地	出生地	出生地	出生地
調査項目6	教育程度		就学状態	教育程度	教育程度
調査項目7	健康	健康状態	健康状態	健康状態	健康状態
調査項目8	職業、生活方法			生活の資料を得る方法	生活方法
調査項目9	浮浪ヲ始メシ年、地、理由	乞食となる期間、原因、前職業		浮浪期間、原因	浮浪期間、原因
調査項目10	浮浪状態ヲ脱セザル理由			浮浪を脱せざる事由	浮浪を脱せざる理由
調査項目11	上京ノ年・理由			上京目的、在京期間	
調査項目12	扶養能力アル親属ノ続柄・住所・職業			扶養関係、救助の有無	親族関係
調査項目13	公私院内救助ノ受否	公私院内救護の受否		院内救助の受否	
調査項目14				職業関係	職業関係
調査項目15				精神的関係	将来の希望
調査項目16				趣味嗜好	趣味嗜好
調査項目17				刑法其他の法規に依る処分の有無	犯罪、処罰の有無
調査項目18					食物摂取状態
調査項目19					兵役関係

ノ続柄・住所・職業、13公私院内救助ノ受否の三項目は参考事項で、「調査上重大ナル支障ナキ限リ記入ノコト[2]」として、調査記入の省略をも可能としている。しかし、調査対象者二百五十三人に審訊して、調査項目のほとんどを記入できたことで、「本調査の結果は予想以上に好成績をあげ、殆ど凡ての項目にわたり調査を遂げ得たのである[3]」と記している。その後も、この十三項目は基本的な調査項目として浮浪者調査に設定されている。

この調査結果は東京市社会局で調査報告『浮浪者及残食物に関する調査』を刊行しているばかりではなく、草間八十雄も十三項目にそってまとめて、「浮浪者と野宿の実態について 二」を「社会事業」九巻二号（一九二五年五月）に発表している。それぞれに調査結果を踏まえて、調査報告は「単なる物質救済とか院内救助とか云う画一的な処置は却って有害なのであって、是はどうしても所謂 Casework（個別取扱）の方法によらねばならぬものと思う[4]」と、草間は「今や社会施設は日に日に考研発達され、防貧救貧に関しては間然するなきも、独りこの浮浪者問題に関しては今なお施設の上に見るべきもののなきは物足らざるの思いがする[5]」と主張している。この両者の記述からは浮浪者への施策が設定されず、未然となっているのが知られる。

一九二二年二月二十五日「浮浪者に関する調査」に設定された十三項目は、一九二五年十月一日「浮浪者に関する調査」（表1—No.4）にも同じ調査項目となっている。さらに、一九二七年十二月一日～二十八日「児童連行の乞食に関する調査」において、調査対象が浮浪者でなく乞食になっているにもかかわらず、十三項目のうち九項目を親乞食・連行児童の調査項目に適用している。ここでの調査目的を調査報告『浮浪者に関する調査・児童連行の乞食に関する調査』に「その実相を明らかにし救護を図る上に必要なる資料を獲る[6]」と記されているが、一九二七年一一月一九日付東京朝日新聞が「幼少年保護事業の第一着手」（本書四六三頁）と報

表10　女浮浪者の職業及び生活方法（1928年6月13日～7月10日調査）

	20歳以下	21～30歳	31～40歳	41～50歳	51～60歳	61～70歳	71～80歳
昆布切り職					1		
ツブ（乞食）			1				
ケンタ（乞食）		1		1		1	1
ズケ（残食貰い）					2		1
売笑	3	3	2	1	2		

じたことによって、そのままを「表1　東京市施行、浮浪者調査一覧」の動機・目的欄（表1―№5）に記載した。「児童連行の乞食に関する調査」が幼少年保護事業の第一着手として、調査結果を踏まえて、「悲境にある児童を其儘濁流に漂よわせるのは社会連帯責任の上から観るも、将又、人道の上から察するも打棄てては措けない。須らく適切なる救護の法を設けねばなるまい[7]」と、法制定を提言している。この提言が児童虐待防止法制定に連動するのは次節で述べる。

一九二八年六月十三日～七月十日「浮浪者に関する調査」は調査項目を十三から十七に増加させている。増加した調査項目は「職業関係」「精神的関係」、「趣味嗜好」（五一八～五一九頁の表5・内容構成では「精神的関係」に含めている）、「刑法其他の法規に依る処分の有無」である。職業関係では現職業・生活方法だけではなく、浮浪者になるまでの職歴、在職期間をも調査内容に含めている。調査項目が増加、調査内容が詳細になることで、個々浮浪者の事例を基礎データに集積させた。

草間八十雄はこの事例集積を駆使して、「暗の底を這う女浮浪者の生活」を「祖国」二巻一一号（一九二九年一一月）に発表している。他方、調査結果は統計数字をメインにまとめているので、表5・内容構成に収載した「現在の職業と生活方法[8]」より、女浮浪者二十名を上掲表10のように抽出できる。

この統計表では女浮浪者二十名の年代構成、職業までを知ることができる。しかし、草間は個々二十名の「生きる方法」[9]を「暗の底を這う女浮浪者の生活」で記している。昆布切り職は五十七歳女一人きりで深川区富川町付近に野宿し、日収五十銭で深川八幡裏昆布屋に就業している。乞食、物貰いの内訳は「ズケ」五十二歳、五十七歳、七十四歳、「ケンタ」二十四歳、四十七歳、七十歳、七十一歳、「ツブ」四十歳となっている。売笑十一名は若年者から、千葉県生十四歳、京都府生十六歳、富山県生十八歳、東京府生二十二歳・二十四歳、埼玉県生二十四歳、新潟県生三十一歳、埼玉県生四十歳、栃木県生四十三歳、東京府生五十四歳、宮城県生五十五歳である。そして、各人が売笑婦になるまでの家庭環境、職歴、経緯を記している。このような記述は豊富な事例集積によるものであるが、貧困者の「生きる方法」への関心があってのことである。草間は数字メインに表記される調査報告をはなれて、貧困者の「生きる方法」、つまり、貧困が人間にどのような生き方を齎《もたら》しているのかをまとめている。勿論、「かの浮浪者の飢にもがき、あたかも生ける屍の如き生活を見たならば、たとえその原因が彼等自身の心がけにあるにせよ、精神の薄弱によるにせよ、これを人道上から観ても、更に社会連帯の観念からするも、彼等に対し何とか保護救済の途を講ぜねばなるまい[10]」と、浮浪者の実態を直視し、施策の未然をも衝いている。

ここでの調査目的は調査報告『浮浪者に関する調査・児童連行の乞食に関する調査』に「一、本局救護施設の基礎的資料を得るため。二、一般社会に対し社会問題に関する攻究的資料を提供するため[11]」と記されている。しかし、一九二八年六月一四日付東京日日新聞において、第五十六回帝国議会提案に「救貧防貧に関する立法資料の蒐集方を委嘱された」によって、「浮浪者に関する調査」開始と具体的に報じている。従って、「表1東京市施行、浮浪者調査一覧」の動機・目的欄（表1－№６）には「救護法案提出の立法資料」と記載した。

また、一九三七年十一月六日～二十六日「市内浮浪者調査」に「調査票」添付はなく、調査報告には「上京目的、

表11　男浮浪者の兵役関係
（1937年11月6日～26日調査）

第一補充兵	17	5
第二補充兵	20	6
予後備役	6	2
兵役無関係	281	82
兵役適齢前	15	4
兵役関係不明	3	1
計	342名	100%

在京期間」「院内救助の受否」が記載されてない。従って、「表9　一九二二年二月、一九二七年十二月、一九二八年六月、一九三七年十一月『浮浪者調査』の調査項目」（五三八頁）において、「市内浮浪者調査」での調査項目11、13を空欄にした。「市内浮浪者調査」は調査項目1～10、12、14～19で、項目数十七である。そのなかで、これまでの浮浪者調査にはなくて、新たに設定された調査項目が、18食物摂取状態、19兵役関係である。とりわけ兵役関係を設定した理由は、「今や日支事変の折柄である、故に本調査に於ては浮浪者と兵役関係を調べ彼の宿ナシと謂われ、流転の境遇にある者でも、必ずやその幾分は兵役に関係を有するものがあろうと想像したのである」[12]と記している。調査結果は男浮浪者三百四十二名を表11のように内訳できる。

この調査結果において、兵役無関係が二百八十一名、八二%で最も多い。これは満四十一歳以上で兵役適齢後が百九十六名（四十一～五十歳八十六名、五十一～六十歳七十名、六十一～七十歳三十三名、七十一歳以上七名）をしめていること。また、二十一～四十歳で兵役適齢にあっても、浮浪者に固有の不定居住によって、兵役義務対象者となりえなかった実態を顕している。

「市内浮浪者調査」は「表1　東京市施行、浮浪者調査一覧」の動機・目的欄に「社会事情研究の一資料」[13]としている。これは調査報告の「序」から抽出した。同書「調査の目的」には「本市社会事業の一事業として特に浮浪者の更生施設を経営するに際し、其の基礎的資料を得ると共に一般社会に対し、社会問題研究の資料を提供するためである」[14]ともある。これは一九二八年六月十三日～七月十日「浮浪者に関する調査」で、調査目的を「本局救護施設の基礎的資料を得る」[15]としたことに同じである。両者の調査時期には九年差異がある。浮浪者施設名称を救護施設、更生施設と異にしても、依然として調査目的を「基礎的資料を得る」としている。「浮浪者調査」が施策にかかわって、救護法・児童虐待防止法制定に一部機能する場合もみられる。しかし、浮浪者を対象にした調査は実態報告にとどまって施策への機能が弱い。先に述べたように、一九二二年二月二十五日「浮浪者に関する調査」において、草間八十雄は「浮浪者問題に関しては今なお施設の上に見るべきものなきは物足ざるの思いがする」[16]と提言している。浮浪者を対象にした施策は設定されず、草間が提言した状況を存続させたままであった。従って、社会事業調査が施策に機能させられなかった場合に、「基礎的資料を得る」にとどまって、「実際の社会事業にはそれほど役にたたなかった」[17]と評されるのである。

《註》

（1）「調査票記入心得」「浮浪者調査票記入例」（『浮浪者及残食物に関する調査』東京市社会局　一九二三年三月　五三～六一頁。『都市下層民衆生活実態料集成――草間八十雄　一九二一～一九三七年調査　Ⅱ東京市社会局　東京市臨時国勢調査部　東京府社会事業協会　東京府学務部社会課』明石書店　一九九三年七月　七一～七九頁）

（2）「浮浪者調査票記入例」（『浮浪者及残食物に関する調査』東京市社会局　一九二三年三月　六一頁。『都市下層民衆生活実態料集成――草間八十雄　一九二一～一九三七年調査　Ⅱ東京市社会局　東京市臨時国勢調査部　東京府社会事業協会　東京府学務部社会課』明石書店　一九九三年七月　七九頁）

（3）草間八十雄「東京市の浮浪者概観」（「社会事業」五巻一二号　一九二二年三月。『近代都市下層社会　Ⅱ貧民街　浮浪者　不良児・貧児』明石書店　一九九〇年一〇月　一一一三～一一一四頁）

（4）「浮浪者に関する調査」（『浮浪者及残食物に関する調査』東京市社会局　一九二三年三月　四五頁。『都市下層民衆生活実態料集成――草間八十雄　一九二一〜一九三七年調査　Ⅱ東京市社会局　東京市臨時国勢調査部　東京府社会事業協会　東京府学務部社会課』明石書店　一九九三年七月　六三頁）

（5）草間八十雄「浮浪者と野宿の実態について　二」（「社会事業」九巻二号　一九二五年五月。『近代都市下層社会　Ⅱ貧民街　浮浪者　不良児・貧児』明石書店　一九九〇年一〇月　一一三九頁）

（6）「児童連行の乞食に関する調査」（『浮浪者に関する調査・児童連行の乞食に関する調査』東京市社会局　一九二九年三月　一頁。『都市下層民衆生活実態料集成――草間八十雄　一九二一〜一九三七年調査　Ⅱ東京市社会局　東京市臨時国勢調査部　東京府社会事業協会　東京府学務部社会課』明石書店　一九九三年七月　二九九頁）

（7）「児童連行の乞食に関する調査」（『浮浪者に関する調査・児童連行の乞食に関する調査』東京市社会局　一九二九年三月　四四頁。『都市下層民衆生活実態料集成――草間八十雄　一九二一〜一九三七年調査　Ⅱ東京市社会局　東京市臨時国勢調査部　東京府社会事業協会　東京府学務部社会課』明石書店　一九九三年七月　三四一頁）

（8）「浮浪者に関する調査」（『浮浪者に関する調査・児童連行の乞食に関する調査』東京市社会局　一九二九年三月　六四〜六六頁。『都市下層民衆生活実態料集成――草間八十雄　一九二一〜一九三七年調査　Ⅱ東京市社会局　東京市臨時国勢調査部　東京府社会事業協会　東京府学務部社会課』明石書店　一九九三年七月　二七〇〜二七二頁）

（9）草間八十雄「暗の底を這う女浮浪者の生活」（「祖国」二巻一一号　一九二九年一一月。『近代都市下層社会　Ⅱ貧民街　浮浪者　不良児・貧児』明石書店　一九九〇年一〇月　一一三〇頁）

（10）草間八十雄「暗の底を這う女浮浪者の生活」（「祖国」二巻一一号　一九二九年一一月。『近代都市下層社会　Ⅱ貧民街　浮浪者　不良児・貧児』明石書店　一九九〇年一〇月　一一三八頁）

(11)「浮浪者に関する調査」(『浮浪者に関する調査・児童連行の乞食に関する調査』東京市社会局　一九二九年三月　一頁。『都市下層民衆生活実態料集成——草間八十雄　一九二一〜一九三七年調査　Ⅱ東京市社会局　東京市臨時国勢調査部　東京府社会事業協会　東京府学務部社会課』明石書店　一九九三年七月　二〇七頁)

(12)『市内浮浪者調査』(東京市社会局　一九三九年三月　二四頁。『都市下層民衆生活実態料集成——草間八十雄　一九二一〜一九三七年調査　Ⅱ東京市社会局　東京市臨時国勢調査部　東京府社会事業協会　東京府学務部社会課』明石書店　一九九三年七月　五五二頁)

(13)『市内浮浪者調査』(東京市社会局　一九三九年三月　一頁。『都市下層民衆生活実態料集成——草間八十雄　一九二一〜一九三七年調査　Ⅱ東京市社会局　東京市臨時国勢調査部　東京府社会事業協会　東京府学務部社会課』明石書店　一九九三年七月　五一三頁)

(14)『市内浮浪者調査』(東京市社会局　一九三九年三月　一頁。『都市下層民衆生活実態料集成——草間八十雄　一九二一〜一九三七年調査　Ⅱ東京市社会局　東京市臨時国勢調査部　東京府社会事業協会　東京府学務部社会課』明石書店　一九九三年七月　五二九頁)

(15)「浮浪者に関する調査」(『浮浪者に関する調査・児童連行の乞食に関する調査』東京市社会局　一九二九年三月　一頁。『都市下層民衆生活実態料集成——草間八十雄　一九二一〜一九三七年調査　Ⅱ東京市社会局　東京市臨時国勢調査部　東京府社会事業協会　東京府学務部社会課』明石書店　一九九三年七月　二〇七頁)

(16)草間八十雄「浮浪者と野宿の実態について　二」(「社会事業」九巻二号　一九二五年五月。『近代都市下層社会　Ⅱ貧民街　浮浪者　不良児・貧児』明石書店　一九九〇年一〇月　一一三九頁)

(17)一番ヶ瀬康子／聞手成田龍一・岩永真治「『東京市社会局調査報告書』の歴史的背景とその意義」(『東京市社会局調

査報告書　別冊［解説］日本近代都市社会調査資料集成　一』近現代資料刊行会　二〇〇四年八月　一五頁）

四、「浮浪者調査」への考察

1　児童虐待防止法制定

児童虐待防止法制定の意思決定

草間八十雄は児童虐待防止法制定にかかわって、被虐待児童実態調査に二つ従事した。一つは「児童連行の乞食に関する調査」である。調査期間は一九二七（昭和二）年十二月一日から二十八日まで、調査対象は東京市内及び隣接郡部で十五歳以下の児童を連行した乞食であった。調査報告は一九二九年三月『浮浪者に関する調査・児童連行の乞食に関する調査』を東京市社会局で刊行し、調査目的を「児童を連行して乞食をなすものに就きその実相を明らかにし救護を図る上に必要な資料を獲るのが目的である」[1]と記している。「児童連行の乞食に関する調査」に先んじて、一九二七年一一月一九日付東京朝日新聞では、この調査を「東京市社会局では幼少年保護事業の第一着手」「彼等の前途にはられた黒い幕を取り除いてやるのが、現下の急務だという趣旨」[2]と報じている。

「児童連行の乞食に関する調査」の調査期間に、十二月十六日第四回社会事業調査会において、「児童虐待防止」を「児童保護事業に関する体系」に位置付けて、次のように決議した。

児童虐待防止

児童に対する親権の濫用、放任、其の他児童に対する虐待行為を除去し、心身上甚だしき弊害多き特殊業務に児童を使用するを制限し、又は報酬を得て乳幼児を養育する者に対し取締の途を講じ、之等の保護を図るは極めて緊要なるを以て、児童虐待防止並保護に関する制度を確立するの要ありと認む。(3)

この決議では「児童虐待防止」への具体的な施策を記せずに、方向性を決議している。ここで、「特殊業務に児童を使用する」とは「児童連行の乞食」も一例であり、制限される対象でもあった。一九三一年四月二十日第六回社会事業調査会で「児童ノ虐待防止ニ関スル件」の諮問をうけて、一九三一年七月二十五日第七回社会事業調査会で「児童虐待防止に関する法律案要綱」を可決した。したがって、「児童連行の乞食に関する調査」は「特殊業務」に従事させられる児童の実態調査であり、「幼少年保護事業の第一着手」として児童虐待防止法制定への意思決定にかかわっている。

次に、第六十四回帝国議会へ児童虐待防止法案上程に際して、草間八十雄は「児童虐待の事実に関する調査」を内務省社会局に嘱託された。(4)「児童虐待の事実に関する調査」の全容を知ることはできないが、一部が「改造」一五巻一二号(一九三三年一二月)に記載した「児童虐待の救いと哀話」である。それには児童虐待、特殊業務に従事させられる児童の事例をあげている。

草間八十雄は被虐待児童実態調査を通じて、児童虐待防止法の意義を次のように説いている。

児童の虐待が行われても傷害又は遺棄、略取、誘拐、殺人、不法監禁の事実が具体化せねば処分することが出来ない。故に可哀そうに押売りに歩かせられ又は物貰いだの乞食をさせられたり、桁外れに酷く使われたり、或いは危険な諸芸をしいて仕込まれる児童があっても、欠陥ある制度なるがために、その児童を救い、更に人鬼の如き虐待者を処分することが不可能である。(5) かくの如き痛ましい境遇にあって、雇主又は親権行使者から虐げの鞭で打たれる者はもちろん被虐待児童であり、人鬼の如き雇主や親権者は虐待者である。今や法治のもとに生活する国民の中に、かかる虐待の憂目に泣くいたいけな児の存在をみては、悲憤の思いを懐くとともに、人道の上からも人権擁護の立場からみるも、虐待者を取締り、虐げられる者は国法をもって救うのが当然である。(6)

ここで、児童虐待防止対策の現状では「傷害又は遺棄、略取、誘拐、殺人、不法監禁の事実が具体化せねば処分することが出来ない」「欠陥ある制度なるがために」「人道の上からも人権擁護の立場からみるも、虐待者を取締り、虐げられる者は国法をもって救うのが当然である」と説いている。一九三三年三月十一日第六十四回帝国議会衆議院へ児童虐待防止法案を上程して、内務大臣山本達雄は「提案ノ趣旨」で「思ウニ児童ニ対スル虐待ノ防止ハ、実ニ風教道徳ノ根柢ニ関スル問題デアリ、社会文化ノ核心ニ触ルル所以デアリマシテ、苟モ等閑ニ付スルヲ許サザル所デアリマス(7)」と述べている。児童虐待防止に、草間は「国法をもって救うのが当然である」とし、内務大臣は「等閑ニ付スルヲ許サザル所デアリマス」と述べ、法制定に共に意を強くしている。草間八十雄は「児童連行の乞食に関する調査」に従事して、「幼少年保護事業の第一着手」から法制定の意思決定に参加しながら、「提案ノ趣旨」に同意を形成したのである。

児童虐待防止法の効果

児童虐待防止法施行直前、一九三三（昭和八）年九月二十五日、東京府社会事業協会では草間八十雄を講師

にして、次のように「児童虐待防止調査準備打合会」をもった。

去る九月二十五日午前十一時より本協会〈東京府社会事業協会〉集会室において、十月一日より児童虐待防止法の実施されるに当たり、被虐待児童の実状調査のため準備打合会を開催。東京市少年審判所長〈東京市幼少年保護所長〉草間八十雄氏より同氏の調査になれる被虐待児童の現況を聴き、なお午後六時より十一時まで同氏の案内にて、府社会課児童係員及び本協会員その他にて下調査をなせり(8)。

この「児童虐待防止調査準備打合会」は、児童虐待防止法施行前夜、一九三三年九月三十日、東京府社会事業協会が法の趣旨を該当児童・保護者に説明しながら、「被虐待児童の実状調査」をもった。「被虐待児童の実状調査」では調査場所を三河島博善社前、浅草公園、吉原遊廓、玉の井、亀戸、菊川町・洲崎、芝宇田川不動・銀座、神楽坂・市谷柳町・新宿、赤坂一ッ木・渋谷道玄坂、品川遊廓・大森二業地、高円寺・新井薬師・落合火葬場、板橋岩ノ坂、池袋・大塚、上野・神田の十四地区に分担して、該当児童七十五名を数えた。

草間八十雄は板橋岩ノ坂地区を、谷田部信量らと担当した。谷田部は次のように記している。

私共は、九月三十日の晩の協会〈東京府社会事業協会〉の動員に従って、市幼少年保護所長草間氏、雲雀ヶ谷自由学園藤山氏と共に岩ノ坂を分担させられたのである。板橋区役所社会係主任麻生氏も篤志を以て参加せられて、評議の結果、部落〈岩ノ坂〉全体に本法の実施を知らせる事の至極肝要なるを認め、根拠地を衝くの意味を以て、順次、長屋、長屋に一団の集りを作って貰って、重要な項目を平易に説いて、路傍宣伝をして廻ったのである(9)。

この岩ノ坂で、保護者たちは児童虐待防止法の内容を理解するほどに、「窮状を愬《うった》えて何とか許して貰えるように取計って呉と泣きついて来る者などだんだん押しかけて来た」。「彼等は親心として、当然の取締りと

表 12　保護処分を受けた児童数（1933 年 10 月～1941 年 3 月）

年度	訓戒	条件付監護	収容委託	計
1933 年度	107 人	16 人	77 人	200 人
1934 年度	144 人	25 人	134 人	303 人
1935 年度	229 人	36 人	81 人	346 人
1936 年度	177 人	56 人	109 人	342 人
1937 年度	253 人	20 人	59 人	332 人
1938 年度	413 人	35 人	56 人	504 人
1939 年度	445 人	31 人	76 人	552 人
1940 年度	170 人	12 人	23 人	205 人
1941 年度	163 人	37 人	43 人	243 人

（『日本社会事業年鑑』1934 年版、1935 年版、1936 年版、1937 年版、1938 年版、1939・40 年版、1942 年版より作成）

承知はしていながら、さらばと言って早速に迫り来る実際生活問題に当面すると、にわかに転身する才覚もなく自由もないのである」「従って、個々の事情を吟味すれば、自力で転身することは不可能の家族が多い(10)」と、谷田部は述べている。この谷田部に同じく、草間も次のような事例を東京朝日新聞で語っている。

町屋の火葬場へ行ってみたが、子供を五、六人連れた親乞食にこの話〈児童虐待防止法施行〉をすると、大変驚いて、「そんな法律が出たら私どもは飯が食えぬ、子供を連れていればこそ人様は同情して金をくれるんで、今時、我々にむやみに金をくれる人なんかいない、それは大変だ」と言って狼狽していました(11)。

これは、「路傍宣伝」以前に、草間は当事者から直に「そんな法律が出たら私どもは飯が食えぬ」「それは大変だ」と聞かされている。児童虐待防止法は「趣旨」を高く掲げたが、児童虐待を生み出す貧困者生活をそのままに、生活実態と法律内容をミスマッチのままに施行されたのである。

児童虐待防止法施行によって、一九三三年十月から一九四一年三月まで、第二条適用によって保護処分となった訓戒、条件付監護、収容委託児童数は表12のようになっている。

一九三三年十月児童虐待防止法施行して六ヶ月間に、一九三三年下半期、内務省は収容委託に該当する児童を「児童虐待防止ニ関スル法律施行ニ要スル経費算出説明[12]」で七百十一人と算出している。しかし、「表12 保護処分を受けた児童数」にみられる、一九三三年度から一九四一年度に収容委託となった児童数は、児童虐待防止法施行直前に算出した七百十一人よりどの年度もはるかに少数である。そこで、七百十一人の内訳は次のように「児童虐待防止ニ関スル法律施行ニ要スル経費算出説明」に記されている。

「児童虐待防止ニ関スル法律施行ニ要スル経費算出説明」

委託児童数ハ昭和六年十一月児童虐待防止制度資料ヲ基礎トシテ左記ニ依リ計算セリ

委託児童　七百十一人ノ算出内訳

1、検挙ノ実績ニ依ル被虐待児童ニシテ収容委託ヲ要スルモノ　九十九人

（1）親権者又ハ後見人ヨリ虐待ヲ受ケタルモノ　五十一人

（2）其ノ他ノ保護者責任者ヨリ虐待ヲ受ケタル児童ノ内親権者又ハ後見人アルモノ　五十八人ノ五割　二十九人

（3）同上親権者又ハ後見人ナキモノ　十九人

2、其ノ他ノ被虐待児童ニシテ収容委託ヲ要スルモノ　六百十二人

（1）曲馬、軽業其ノ他之ニ類スル危険ナル諸芸ニ従事スル児童　二百三人

観覧ニ供セラルル不具畸形ノ児童　十五人

乞食児童　四百六十五人

計六百八十三人ノ六割　四百十人

（2）特殊業務従事児童　六千六百八十六人

報酬ヲ以テスル六歳未満ノ養児　三千三百八十六人
計一万七十二人ノ一／二〇ノ五百四人ヲ虐待ヲ受クベキコトアルベキ児童ト推定シ此ノ四割
二百二人
合計七百十一人

最少に算出した委託児童七百十一人にもかかわらず、収容委託が少数だったのは、児童虐待防止法を遵法しただけではないのである。該当者の貧困生活実態を依然としたままに施行したことで、自らの生活確保のために法適用を避けた現象である。

東京府学務部社会課は児童虐待防止法施行から五年間で保護処分となった千五百二十三人のうち五百二十二件を調査して、一九三九年『被虐待児童保護概況』を刊行した。それは図表・数字による調査報告ばかりでなく、戦時下で児童虐待防止法の意義、児童保護施策を記述して、「緒言」では時局を次のように捉えている。

支那事変〈日中戦争〉を契機として東亜建設の自覚的運動が勃然として東亜民族の間に発生したため世界の視聴は欧州と共に不断に東洋に注がれている。東亜民族が自己に与えられた大使命を遂行するため払いつつある犠牲は莫大なものである。しかし如何にその損失が大なるものであるにせよ、明日の東亜を想起する時この犠牲なくしては真の和平の道を見出し得ないのである。したがって今や老若の別なく官民一致各自の全機能を総動員し東亜建設に努力しているのである。[13]

これによれば、時局は「支那事変を契機として」「老若の別なく官民一致各自の全機能を総動員し東亜建設に努力している」とある。日中戦争が全面的な広がりで、激化している。この戦局では物的資源と人的資源の確保が重要となっている。そこで、人的資源の重要性を「如何に物的資源が確保されたにせよ、人的資源に於て欠くるところ有りとするならば興亜の課題は完成され得ないであろう」[14]と位置付けて、「人的資源と児童保護との関係は現在並に将来における重要問題であると共に、質と量に於て児童保護の万全を期することがその解決に資するゆえんとなるのである」[15]と提起している。従って、「その一として昭和八年度に於て児童虐待防止法が制定実施されたことは意義深いものがあるのである」「殊に現下人的資源確保の必要殊に強き時代に於ては、虐待の桎梏より児童を救い出し健全なる児童に育成することが児童のみならず国家的利益となるわけである」「児童虐待防止法が為さねばならぬ分野が相当広範囲に存するのである」[16]と訴えている。『被虐待児童保護概況』は東京府社会事業主事小宮山主計の調査研究である。しかし、ここに主張される内容は小宮山主計、東京府学務部によるものではなく、戦時下の国策によるものであった。

児童虐待防止法で保護処分となって、人的資源に確保された児童の事例を、戦時下（一九四四＝昭和十九年）に書かれた次の手紙から読むことができる。

この間飛行機にのりました。杉並でみんなと一緒に飛行機にのってみたいなあ、といっていた願いがかない、男と生まれてよかったという感じでいっぱいでした。あこがれの飛行機服を身にまとい、教官殿と一緒に飛行機にのり、上空より地上を見おろした時の感じは、また格別でした。みんなも早く大きくなり自分のあとについて来て少年飛行兵になることを切に希望しています。今太平洋では、日米の決戦が続けられている今日、自分のつとめはいよいよ重大です。航空の中堅となって南の空へ飛ぶ日を楽しみに待って居ります。[17]

ここに「杉並」とあるのは東京市杉並区神明町一二九番地に所在した「子供の家学園」である。子供の家学園で収容委託されていた児童が国民学校を卒業し、少年飛行兵の訓練をうけていることを、学園長高島巖、在園児にあてた手紙の一節である。高島巌はこの卒園児を事例にして、「どのような子供でも、取扱い方次第によっては、必ずその美しさ、立派さを取戻すのだ、ということだけはいえると思うのだ」[18]と述べている。人的資源の確保が重要な戦時下では、たとえ少数であるにせよ、保護処分によって「美しさ、立派さを取戻す」児童を育成することで、児童虐待防止法の効果となるのである。

2　人的資源の確保

東京市社会局廃止、厚生局設置

戦時下では、被虐待児童ばかりでなく、浮浪者も人的資源確保の対象になった。これは社会事業に関わる施策・機構に具象化して、東京市では一九三九（昭和十四）年六月二十日社会局廃止となり、新たに厚生局設置となった。それに前後する社会局（一九三九年三月一日改正）と厚生局（一九三九年六月二十四日市長承認）の機構図は次頁図1、2のようになっている。

これは社会局、保健局、市民動員部軍事援護課、清掃部等の職制を統廃合して、社会局四課十四掛は厚生局三部二十一課六十二掛へ編成替となった。統廃合に伴い、それまでの旧部局の年報は廃刊し、新たに総合年報の刊行となった。『東京市社会局年報』『東京市養育院年報』は『東京市市政年報　社会篇』に、旧保健局関係は『東京市市政年報　保健篇』になった。この時期は「国民の精神力を旺盛にし其の生活の安定と体位の向上を図り、国防の強化、生産力拡充等の為の所謂人的資源の確保が急務と考えられる」[19]と、『昭和十三年度東京市市政年報　社会篇』に記している。そこで、「本市社会事業もこの情勢の中にあって最早や単なる貧困階級

図1　東京市社会局の機構（1939年3月1日改正）

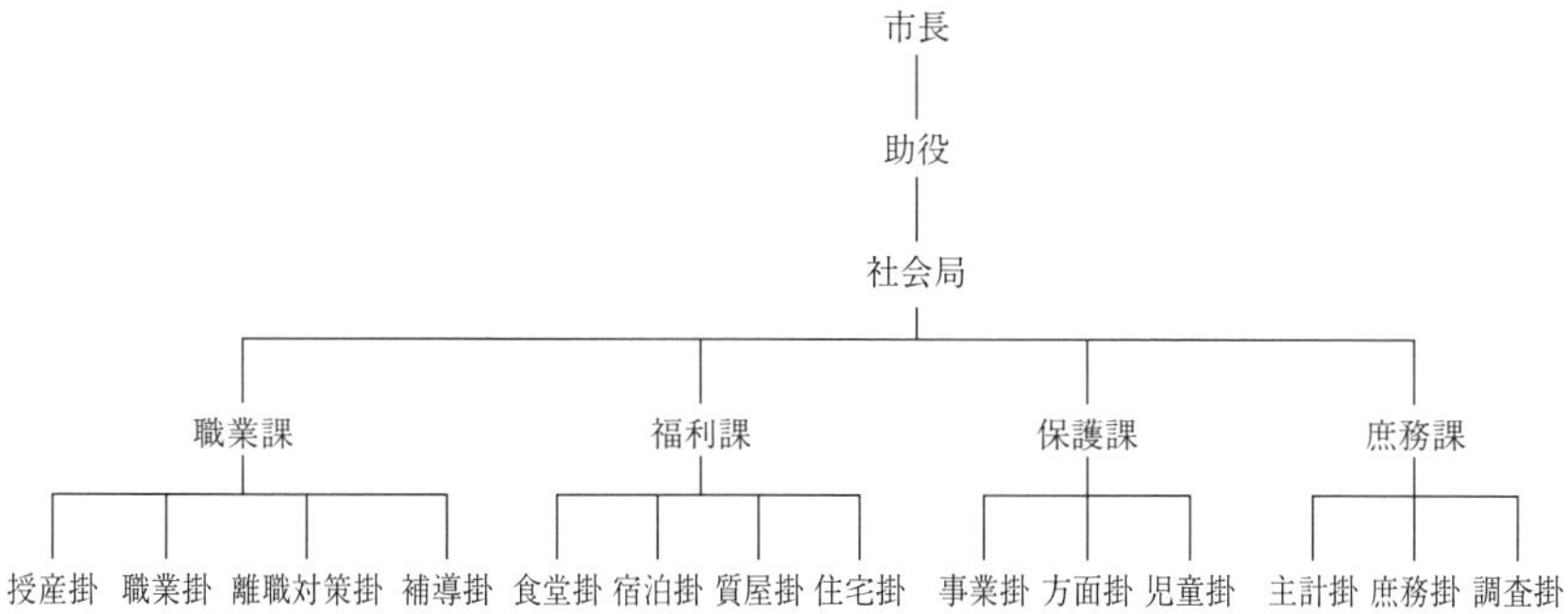

（『昭和十四年度東京市市政年報　社会篇』1941年3月　1頁）

図2　東京市厚生局の機構（1939年6月24日市長承認）

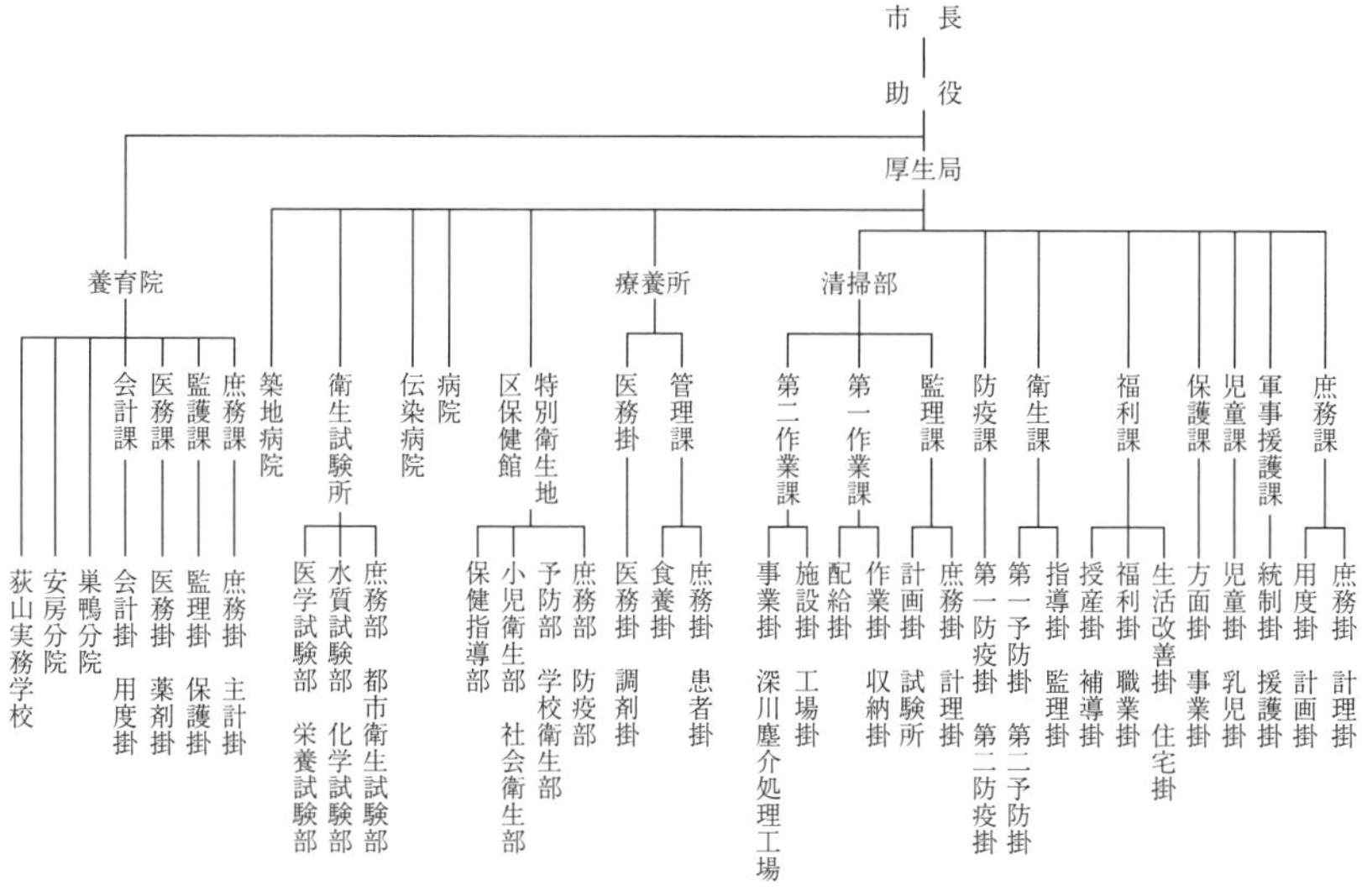

（『昭和十三年度東京市市政年報　社会篇』1940年3月　3頁）

の救済保護或は庶民福利等に止らず、進んで一般小市民層の生活安定と体位向上を目して努力すべき事となった。市社会局に於てはかかる目的と態度とを以て事業施設を整備し方策を講じ、新情勢に対応せんと努めたが、尚一層事業を拡充しその所期の目的を達成するには連関ある各種事業に亘って広汎な綜合的運営を必要とし、社会局、保健局その他の局課を通じて根本的な行政機構の改廃統合が行われねばならぬと考えらるるに至った[20]」と、厚生局設置の経緯を記している。

東京市厚生局では事業対象を貧困層ではなくて、一般小市民層にすることで、主要な事業内容も軍事援護、児童保護、一般保護、経済保護、職業保護となった。軍事援護事業は軍人軍属の家族・遺族などに生活援護、生業援護、医療・助産、育英など。児童保護事業は方面館・方面事務所、産院・乳児院、小児保健所、児童遊園地、幼少年保護所の活動を統括。一般保護事業は調査、相談指導、法令に基づく救護・救助、任意救助、金品給与、木炭配給、医療、生業資金貸付、社会教化など。経済保護事業は住宅供給、宿泊、浴場、食堂・栄養食配給、公益質屋。職業保護事業は授産、離職対策、労務対策、少額給料生活者失業応急、更生訓練と、それぞれを内容にした。この五つの主要な事業のどれにも含まないものが社会事業調査である。これは、一九一九（大正八）年十二月社会局創設時から施行されて、三百余調査報告を公刊したにもかかわらず、「その他の事業」のなかの一つとなってしまっている。

「街頭の乞食について」

一九三九（昭和十四）年十月、草間八十雄は「街頭の乞食について」を「社会福利」（二三巻九号）に記載した。それには「東京市厚生局嘱託　草間八十雄」となっている。この時期、草間は浮浪者調査に終始している。これは人的資源の確保を急務とした時局で、浮浪者の実態把握を要請する施策であった。このなかで、壮健な浮浪者は労働力や軍事力になり、社会的分業体制の一端を担い得るのである。

壮健な浮浪者、失業労働者を施策対象にして、東京府救護委員会は一九三四年四月東京市蒲田区矢口町に労働訓練所、一九三九年五月東京府北多摩郡三鷹村新川に興亜勤労訓練所を開設した。「その目的とするところは東京府管内失業労働者にして労働に堪え得る身体強健なる者に農園を経営して団体的訓練を与え将来満蒙移住又は内地独立農民として更正せしめんとするものである[21]」と記している。つまり、浮浪者への施策に「満州」移民も位置付けられているのである。

東京市深川区塩崎町には「満州移民のさきがけ天照園[22]」があった。その「さきがけ」とは公益宿泊所天照園（園主小坂凡庸夫）に収容されている身体壮健な浮浪者四十三名を「満州天照村先発隊」として壮行させたことである。それには関東軍による現地数百万町歩提供、関東庁による年間経常費七千円支出、東京市社会局による旅費一千円支出[23]があって、国家的な行財政施策をみることができる。一九三二年六月十日壮行会で、秦真次憲兵隊司令官が「満州に日本男子の生命を植え付けるつもりでやれ」と激励し、代表者が「おれたちは成功しなければ、死んでも帰らない。きっとご期待に副う。おれたちが運悪く中途で死んだらドシドシ後続部隊を送ってもらいたいもんであります」と答辞して、一同感激の涙で万歳三唱したとある。[24] 彼等は満州移民実習所での約一年間の訓練を経て、通遼県銭家店東亜勧業公司の所有地に入植して、「満州天照村[25]」建設に着手するのであった。国家的施策によって天照園は年次に「満州」移民を壮行させたが、実習訓練から入植までの間に、さらに入植後は退園者、死亡者によって、員数減少させている。その減少は次頁表13のようになっている。

この表によれば、一九三二年六月「死んでも帰らない。きっとご期待に副う」と、感激の涙で壮行した「日本男子」四十三名が実習訓練を経て、一九三三年度「満州天照村」建設入植には二十八名に減少していた。さらに退園及死亡が年次増加の九名となり、一九三三年度現在には入植者十九名に減じている。この員数減少は天災遭遇、流行病発生、「土匪」横行[26]にみられる生活環境の急変によるものであろう。一九三四年三月、天照園が三度目の「満州」移民を壮行したことを、「〝働きの幸福〟を新天地に開く」「東京では厄介者扱いの浮浪者の群も満州では大もて[27]」と報じられている。ここに報じられたように、浮浪者が〝働きの幸福〟を得て、新天地に「大もて」となるケースもあったろう。しかし、壮行時から訓練、入植、定住までには員数減少を余儀なくしている実態がある。更には、身体壮健でないばかりに壮行員数に加わることなく、人的資源確保の対象とならない浮浪者実態があるのである。

表13　「満州天照村」入植者数

	入植数	退園及死亡数	現在数
1933年度	２８名	９名	１９名
1934年度	２７	１０	１７
1935年度	２７	１２	１５
1936年度	１５	２	１３
計	９７	３３	６４

（『拓務要覧　昭和11年版』1937年12月刊　536頁）

草間八十雄は依然として「浮浪の淵」にいる人々を忘れてはいないのである。つまり、草間は社会的分業体制に漏れた部分をも調査対象にして、彼等を次のように記している。

現存せる宿ナシものが市内にわたり数百人に上るとみなしても、これらのものは肉体的に或は精神的に欠陥のあるもので、能動的には浮浪の境涯を脱し得ざるもので、殊に痛ましく思われるのは、心身いずれにもさまで欠陥はないが、困ることには年齢関係からどこでも相手にしないという哀れにも老いたる浮浪者が少なくない。これ等は劣勢者として世の中からはね出され詮方なく「どん底」の深瀬に沈んだもので、かかる老いたる者の生活苦に悩んでいる有様を見ると、要するに養老事業の発達しないことが証拠立てられる。[28]

ここでは、草間は「肉体的に或は精神的に欠陥のあるもの」「老いたる浮浪者」は「能動的には浮浪の境涯を脱し得ざるもの」「世の中からはね出され詮方なく『どん底』の深瀬に沈んだもの」を調査して、彼らに「誘掖的に保護を施す機関を設くること」として、次のような施策を具体的に述べている。

（イ）例えば彼の水上生活者を保護するためにその生活に対し特に方面制度を施行せると同様に、浮浪者乞食等の集団地域及び徘徊地域と認むる地画には彼等に対する専門的の方面制度を布くこと

（ロ）浮浪者を救い乞食を解消し、なおこれらの更生を図るために処理所を設くること

方面委員（専門）と警察官署とは常に連絡を続け両者の協力によって乞食をなす者、無宿浮浪者、この双方を発見したる時は犯罪容疑者を除きたる他の者は総てこれを処理所に送致すること

（ハ）処理所においては送致されたる者を暫定的に収容し、しかしてその被収容者につき扶養義務者の有無を調査し、義務を有する者にして扶養能力有りと認めたる者にはその被収容者を引渡すこと

（ニ）処理所においては医員をして健康診断を行わしめ、疾病、不具廃疾、傷痍《しょうい》、精神異常者等肉体若しくは精神に欠陥ある者のうち救護法又は精神病法その他の法的要保護者と認めたる者は法規に則り手続きを履行して当該施設に送致収容せしむること

（ホ）処理所においては乞食をなす十三歳以下の者は児童虐待防止法に該当するを以って地方長官に通告すること

（ヘ）健康にして十三歳以下の貧困なる浮浪児となお健康にして六十五歳以上の浮浪者又は乞食を為す者に対しては救護法を適用しこれを当該施設に送致収容せしめること

（ト）性行並び精神状態を鑑別して怠惰、放逸、悪徳浸潤などの乞食浮浪者は社会より隔離すべきもので、

かかる不良分子は、例えば矯正院の如き特殊施設に収容し、追てはこの施設に限りこれを国家に移譲し法律による強制保護を施すこと

（チ）幼少若くは頽齢に非ざる健康者にして労働能力を有し更生を望む者、又は更生的可能性有りと認むる者はこれを労働訓練所に送致収容して更生をきせしめること

浮浪者乞食等に対しては以上の如き方策を具現してその教護と更生を図るのが適切なる処置と思惟されるのである(29)

草間八十雄の方策は「浮浪者乞食等の集団地域及び徘徊地域」に「方面制度を布くこと」（イ）。「処理所を設くること」で、そこへ彼らを送致・収容すること（ロ）。「処理所」の「救護と更生」は、まず被収容者の「扶養義務者の有無を調査し」、その身元へ引渡すこと（ハ）。次に被収容者の「健康診断」「性行並び精神状態を鑑別」して、「要保護者」は「当該施設に送致収容」・「強制保護」すること（ニ、ヘ、ト）。さらに「児童虐待防止法に該当する」者は「地方長官に通告する」こと（ホ）。最後に「更生を望む者」「更生的可能性有りと認むる者」は「労働訓練所に送致収容」のこと（チ）などを提起したのである。この「救護と更生」の提起は、「幼少若くは頽齢に非ざる健康者」を対象にしては効用があるが、「疾病、不具廃疾、傷痍、精神異常者等肉体若しくは精神に欠陥ある者」（ニ）・「十三歳以下の者」（ホ）・「六十五歳以上の浮浪者又は乞食を為す者」（ヘ）を対象にしては空費にしかならないものである。草間は空費になる「劣勢者」を含めて、とりわけ「能動的には浮浪の境涯を脱し得ざるもので、殊に痛ましく思われる」と、かれらにウエイトをおいた施策を提起している。これは壮健な浮浪者を対象とする施策に乖離して、草間が戦時下の厚生事業では疎外に陥らざるをえないことをうかがわせる。

この時局下、草間八十雄の著述には戦争協力、戦争遂行を訴えるものは全くみられないのである。彼の疎外状況をそのままに反映したものであろう。また、積極的な反戦論者にまではならないにせよ、国策の言動にそうことを意識的に避けている。その避けた行為の一つが、実態調査に基づくにせよ、「乞食にもこんな金持がいる――果たして乞食は三日すればやめられないか――」「歪められた性欲――変わった性生活を語る『話の会』[30]」等の「読ませる物」を残した、不整合な著述・言動でもあったと思われる。

《註》

（1）「児童連行の乞食に関する調査」（『浮浪者に関する調査・児童連行の乞食に関する調査』東京市社会局　一九二九年三月　一頁。『都市下層民衆生活実態料集成――草間八十雄　一九二一～一九三七年調査　Ⅱ東京市社会局　東京市臨時国勢調査部　東京府社会事業協会　東京府学務部社会課』明石書店　一九九三年七月　二九九頁）

（2）「冷たい街頭から拾われる都会の放浪児」（東京朝日新聞　一九二七年一一月一九日付。本書四六二～四六四頁）

（3）社会事業調査会「児童保護事業に関する体系」『社会事業調査会報告　第二回』（内務省社会局　一九三一年二月。社会保障研究所編『日本社会保障前史資料　第五巻　Ⅲ社会事業〈中〉』至誠堂　一九八二年一一月　七六三頁）

（4）草間八十雄「児童虐待の救いと哀話」（「改造」一五巻一二号　一九三三年一二月。『近代都市下層社会　Ⅱ貧民街浮浪者　不良児・貧児』明石書店　一九九〇年一〇月　一四六四頁）

（5）草間八十雄「惨酷の鞭に泣く虐待児童」（「犯罪公論」三巻三号。『近代日本のどん底社会』明石書店一九九二年八月四三七頁）

（6）草間八十雄「惨酷の鞭に泣く虐待児童」（「犯罪公論」三巻三号。『近代日本のどん底社会』明石書店一九九二年八月

四二八頁）

（7）「第六十四回帝国議会衆議院議事速記録　第二十五号　昭和八年三月十二日」（『帝国議会衆議院議事速記録六十　第六十四回議会下　昭和七年』東京大学出版会　一九八四年一月　五八九頁）

（8）「児童虐待防止調査準備打合会」（「社会福利」一七巻一〇号　一九三三年一〇月　一二五頁）

（9）谷田部信量「児童虐待防止法施行後の岩の坂」（「社会福利」一七巻一一号　一九三三年一一月　九九～一〇〇頁）

（10）谷田部信量「児童虐待防止法施行後の岩の坂」（「社会福利」一七巻一一号　一九三三年一一月　一〇〇頁）

（11）「飯の食い上げと親乞食狼狽　草間所長談」（東京朝日新聞　一九三三年九月二九日付。本書四七〇～四七一頁）

（12）「昭和八年度　児童虐待防止ニ関スル法律施行ニ要スル経費算出説明」（『児童虐待防止法』国立公文書館蔵 2A–12–1844　M 類 429）。この算出には、「昭和六年十一月児童虐待防止制度資料」（上記『児童虐待防止法』）を基礎にしている。調査期間は一九三〇年～一九三一年であって、一九三一年七月二十五日第七回社会事業調査会「児童虐待防止に関する法律案要綱」決議に連動して、内務省社会局保護課が次の被虐待児童実態調査を集成したものである。

一九三〇年保護責任者検挙「被虐待児童数調」「被虐待事実調」

一九三〇年八月一～十日「曲馬、軽業、其ノ他之ニ類スル危険ナル諸芸ニ従事スル児童数」

一九三〇年八月一～十日「公衆ノ観覧ニ供スル児童数」

一九三一年八月一日現在「乞食児童ニ関スル調」

一九三一年八月一日現在「特殊業務従事児童調」

一九三一年八月一日現在「報酬ヲ以テスル養児状況調」

（13）東京府学務部社会課『被虐待児童保護概況』（東京学務部社会課　一九三九年六月。社会福祉調査研究会編『戦前日

本社会事業調査資料集成　第五巻児童保護』勁草書房　一九九〇年一〇月　九〇三頁）
(14) 東京府学務部社会課『被虐待児童保護概況』（東京学務部社会課　一九三九年六月。社会福祉調査研究会編『戦前日本社会事業調査資料集成　第五巻児童保護』勁草書房　一九九〇年一〇月　九〇三頁）
(15) 東京府学務部社会課『被虐待児童保護概況』（東京学務部社会課　一九三九年六月。社会福祉調査研究会編『戦前日本社会事業調査資料集成　第五巻児童保護』勁草書房　一九九〇年一〇月　九〇三頁）
(16) 東京府学務部社会課『被虐待児童保護概況』（東京学務部社会課　一九三九年六月。社会福祉調査研究会編『戦前日本社会事業調査資料集成　第五巻児童保護』勁草書房　一九九〇年一〇月　九〇三頁）
(17) 高島巖「児童虐待防止法施行十周年を顧みて」（「社会事業」二八巻一号　一九四四年一月　三〇頁）
(18) 高島巖「児童虐待防止法施行十周年を顧みて」（「社会事業」二八巻一号　一九四四年一月　三〇頁）
(19) 『昭和十三年東京市市政年報　社会篇』一九四〇年三月　二頁
(20) 『昭和十三年東京市市政年報　社会篇』一九四〇年三月　二～三頁
(21) 早田正雄「社会事業風土記３　東京の巻　その三」（「社会事業」一八巻六号　一九三四年九月　一〇五頁）
(22) 早田正雄「社会事業風土記５　東京の巻　その五」（「社会事業」一八巻八号　一九三四年一一月　一一一頁）
(23) 「集団移民の先頭を切り、ルンペン満州へ天照園から四十三名」（東京朝日新聞　一九三二年六月九日）
(24) 「満州の新天地へ集団移民漸殺到、拓務省も大調査開始　焼ちう酌んで盛宴、ルンペン君の送別会　秦憲兵司令官も激励」（東京朝日新聞　一九三二年六月一一日）
(25) 東京地方失業防止委員会、東京府学務部社会課［編］『満州国移民に関する資料』（東京地方失業防止委員会　一九三四年四月〈失業対策資料：第二輯〉八四頁）

（26）拓務省『拓務要覧　昭和十三年版』（拓務省　一九三九年二月　五五八頁）
（27）「お嫁さんも迎えるルンペン移民村　天照園が三度目の輸送」（東京朝日新聞　一九三四年三月一九日）
（28）草間八十雄「時局と浮浪者」（「社会福利」二四巻一号　一九四〇年一月。『近代都市下層社会　Ⅱ貧民街　浮浪者 不良児・貧児』明石書店　一九九〇年一〇月　一三九七頁）
（29）草間八十雄「街頭の乞食について」（「社会福利」二三巻九号　一九三九年一〇月。『近代都市下層社会　Ⅱ貧民街　浮浪者 不良児・貧児』明石書店　一九九〇年一〇月　一三七七〜一三七八頁）
（30）「乞食にもこんな金持がいる――果たして乞食は三日すればやめられないか――」は文末に「文責在記者」と注記しているが、一九三六年七月「話」四巻七号（『近代都市下層社会　Ⅱ貧民街　浮浪者　不良児・貧児』明石書店　一九九〇年一〇月　一三一七頁）に発表。「歪められた性欲――変わった性生活を語る『話』の会」は式場隆三郎、金子近次、金子準二、大槻憲二、成田勝郎、草間八十雄との座談会で構成して、一九三七年七月「話」五巻七号（『近代都市下層社会　Ⅰ売笑婦　寄子　被差別部落　水上生活者』明石書店　一九九〇年一〇月　五五二頁）に記載した。

五、結びにかえて

草間調査の特徴と評価

草間八十雄は著述書を八冊上梓している。この八冊を年次にたどると、次のようになっている。

『浮浪者と売笑婦の研究』文明書院　一九二八（昭和三）年五月
『水上労働者と寄子の生活』文明協会　一九二九年五月
『女給と売笑婦』汎人社　一九三〇年二月
『都市生活の裏面考察』中央教化団体連合会　一九三六年四月
『不良児』玄林社　一九三六年一〇月
『どん底の人達』玄林社　一九三六年十二月
『灯の女闇の女』玄林社　一九三七年二月
『闇の実話』玄林社　一九三七年二月

これらは上梓の度に、書評、新刊紹介が「社会事業」「社会福利」等に取り上げられた。そこでは草間を浮浪者、売笑婦、貧民、寄子、水上生活者、等々の調査に長じた研究者と評している。また、『浮浪者と売笑婦の研究』の巻頭には、発行者である財団法人文明協会による一九二七年十一月付「序言」が記載されているが、それにも次のように草間を評している。

東京市社会局にあって、この数年来著者〈草間八十雄〉が成し来った調査研究は確かに画世的であり、従って社会に活ける多くの材料と知識とを提供したことは否み難い事実である。

社会局におけるその椅子がその調査研究に多大の便益を与えていることは事実であるが、容易に把握し難いこれ等社会の真相をかくまで剴切に詳細に記述して何人の追従をも許さないことは、たしかにこの著者にして始めて成し得るところである。(1)

この草間八十雄への評価は決して低くはない。むしろ、「社会に活ける多くの材料と知識とを提供した」「何人の追従をも許さない」と記されているように、当時としては高い評価だろう。しかし、ここまでの評価であって、公機関の施策・社会事業調査の中枢には位置してないのである。間違いなく、草間は詳細な社会事業調査を蓄積して、著述文献を多岐に発表したにもかかわらず、東京市社会局で指導を受けた磯村英一が体験談[2]を記したままで、その存在はほぼ今日まで放置のままであった。

何故に放置のままであったのか。草間の社会事業調査の特徴から論述できる。

第一に草間の社会事業調査は「実際の社会事業にはそれほど役にたたなかった」のである。一番ヶ瀬康子は次のように述べているのである。

草間は調査の対象者の人と共に暮らしながら、独自の方法で実態をつかんでいく。その調査方法はすぐれたものでした。おそらく歴史に残る仕事でしょう。ただ、実際の社会事業にはそれほど役にたたなかった。[3]

ここで、「実際の社会事業」とは自由競争を基本とする近代社会において、不断に生み出される社会的弱者を社会的分業体制へ戻す機能であるとした場合、草間八十雄の社会事業調査が社会的分業体制に戻れない・戻れなかった＝漏れた部分をも調査対象にしているのである。つまり、社会事業施策によって、放置・排斥される生活者の実態にまで調査対象が及んでいるのである。先にも引用したが、例えば、一九三三年十月一日「児童虐待防止法」が施行となる直前に該当者に趣旨説明にまわったが、法の趣旨が彼等の生活実態にそぐわないことを直視して、草間は次のように語っている。

町屋の火葬場へ行ってみたが、子供を五、六人連れた親乞食にこの話〈児童虐待防止法施行〉をすると、大変驚いて、「そんな法律が出たら私どもは飯が食えぬ、子供を連れていればこそ人様は同情して金をくれるんで、今時、我々にむやみに金をくれる人なんかいない、それは大変だ」と言って狼狽していました。[4]

また、戦時局下に施行した『市内浮浪者調査』（東京市社会局　一九三九年二月発行）には、新たな調査項目に「兵役関係」が設定されている。その調査項目において、浮浪者でも労働力、兵力として「浮浪の淵から這い上った」、社会的分業を担った部分もあるが、社会的放置・排斥される生活者への調査を怠ってないのである。それを次のように記している。

日支事変〈日中戦争〉以来は寒暑を通じて浮浪者の漸減せるのは殷賑産業の興隆と労力の需要が昂上したので、労働能力をもつ者は何時《いつ》となく浮浪の淵から這い上ったからである。……肉体的に或は精神的に欠陥のあるもので、能動的には浮浪の境涯を脱し得ざるもので、殊に痛ましく思われるのは、身心いずれにもさまで欠陥はないが、困ることには年齢関係からどこでも相手にしないという哀れにも老いたる浮浪者が少なくない(5)。

このような戦時下において、「肉体的に或は精神的に欠陥のあるもの」「老いたる浮浪者」が社会的分業体制に漏れて、社会的放置・排斥される生活者になっていることが、草間には調査対象となっている。そして、自らの社会事業調査を蓄積した『どん底の人達』において、「社会的欠陥から尚多くの貧乏人が生み出される(6)」とまで主張しているのである。だから、草間調査は「おそらく歴史に残る仕事でしょう(7)」と評されても、国策にそう社会事業に、社会事業施策に連動するような有効性をもたなかったことが「実際の社会事業にはそれほど役にたたなかった」のである。

もう一つ、草間八十雄の社会事業調査の特徴は生活者に関心が深くあることである。具体例として孤児海老原芳雄の実母捜索、さらに女浮浪者八木下キンと、それぞれのライフステージを調査した経緯があげられる。それは次の紙誌に掲載されている。

孤児海老原芳雄の軌跡

一九二六年三〜四月、孤児海老原芳雄の実母捜査（東京日日新聞）
一九三二年六、七月、「乞食芳公の結婚まで」（「健康時代」三巻六、七号）

女浮浪者八木下キンの軌跡

一九三〇年七月、「ゴウカイヤのしたたかもの　土手のお金」（「犯罪科学」一巻二号）
一九三一年五月、「土手のお金は生きている！」（「犯罪科学」二巻五号）
一九三二年夏、お金と三ノ輪で酒話
一九三三年一月十四日、八木下キンの「検視書類」を下谷区役所で調査
　四月、「娼婦生活四十年　土手のお金ついにたおる」（「犯罪公論」三巻四号）

つまり、草間八十雄は「対象者の人と共に暮らしながら、独自の方法で〈生活〉実態をつかんでいく」[8]。貧困ではなく、貧困者に関心があったのである。人間に関心があったのである。貧困が人間生活に何をもたらしたのか。貧困者がいかに生きているのか。個別事例、個々人の軌跡に問題関心をおいて、調査・記述しようとしているのである。つまり、社会的に放置・排斥された者が無力化されて、「声を出せない」状況にあっても、エンパワーメントし、彼等の代弁者になろうとすることを、自らの人生に課しているのである。

草間八十雄は自らの社会事業調査の特徴によって、「実際の社会事業にはそれほど役にたたなかった」し、社会事業施策の中枢には位置してないのである。社会事業が社会的弱者を社会的分業体制に戻す機能であり、その分業体制に漏れた部分も存在し、さらに施策によって対象者を放置・排斥することは今日までも連続しているると思われる。その連続性が、社会事業領域において、草間の事跡が研究対象として取り上げられないまま

に、調査の特徴、その存在を放置されたままとなった要因であろう。

残された課題

一．草間八十雄の社会事業調査の特徴

草間八十雄が施行した社会事業調査は東京市在籍以前、内務省『細民調査統計表』（一九二一＝大正十年十一月調査　一九二二年六月刊）、中央職業紹介事務局『寄子紹介業に関する調査』（一九二五年十～十二月調査　一九二六年三月刊）、『芸娼妓酌婦紹介業に関する調査』（一九二六年一～三月調査　一九二六年十月刊）から存続している。その間からの社会事業調査を含めて、草間調査の特徴を検討したいと思う。

二．草間八十雄の人間関心の形成

草間八十雄の社会事業調査の特徴に人間への関心があると述べた。その関心の深さは草間人生の何から形成したことか。幼少年期の体験なのか、ジャーナリストとしての職歴なのか。東京市社会局の職域においてなのか。その経緯を草間のライフステージから検討したいと思う。

三．シカゴ学派への言及

東京市社会局において、磯村英一は草間八十雄の指導下で社会事業調査の実地を学んだ。その場合、調査方法は東京帝国大学戸田貞三門下生として在学中に習得していた。その調査方法はシカゴ学派に依拠しており、当時、東京市社会局では実地からの調査報告が多岐であるが、実地ばかりではなく、アンダーソン『ホボ――無宿者に関する社会学的研究』（東京市社会局　一九三〇年三月）の翻訳・刊行もみられる。従って、シカゴ学派の調査方法導入に草間八十雄がどれだけの理解・関心をもっていたか検討したいと思う。

《註》

（1）草間八十雄『浮浪者と売笑婦の研究』（文明書院　一九二八年五月。『近代下層民衆生活誌　Ⅰ貧民街明石書店　一九八七年九月　二〇頁）

（2）磯村英一『スラム――家なき町の生態と運命――』（講談社　一九五八年二月　一九二～一九三頁）

（3）一番ヶ瀬康子／聞手成田龍一・岩永真治「『東京市社会局調査報告書』の歴史的背景とその意義」（『東京市社会局調査報告書　別冊［解説］　日本近代都市社会調査資料集成　二』近現代資料刊行会　二〇〇四年八月　一五頁）

（4）「飯の食い上げと親乞食狼狽　草間所長談」（東京朝日新聞　一九三三年九月二九日付。本書四七〇～四七一頁）

（5）草間八十雄「時局と浮浪者」（「社会福利」二四巻一号　一九四〇年一月。『近代都市下層社会　Ⅱ貧民街　浮浪者不良児・貧児』明石書店　一九九〇年一〇月　一三九七頁）

（6）草間八十雄『どん底の人達』（玄林社　一九三六年一二月。『近代下層民衆生活誌　Ⅰ貧民街』明石書店　一九八七年九月　六九六頁）

（7）一番ヶ瀬康子／聞手成田龍一・岩永真治「『東京市社会局調査報告書』の歴史的背景とその意義」（『東京市社会局調査報告書　別冊［解説］　日本近代都市社会調査資料集成　二』近現代資料刊行会　二〇〇四年八月　一五頁）

（8）一番ヶ瀬康子／聞手成田龍一・岩永真治「『東京市社会局調査報告書』の歴史的背景とその意義」（『東京市社会局調査報告書　別冊［解説］　日本近代都市社会調査資料集成　二』近現代資料刊行会　二〇〇四年八月　一五頁）

草間八十雄著述文献

Ⅰ
草間八十雄著、磯村英一監修、安岡憲彦責任編集『近代下層民衆生活誌Ⅰ　貧民街』〈明石書店　一九八七年九月〉
『浮浪者と売笑婦の研究』〈文明書院　一九二八年五月〉
『どん底の人達』〈玄林社　一九三六年一二月〉
『都市生活の裏面考察』〈中央教化団体連合会　一九三六年四月〉

Ⅱ
草間八十雄著、磯村英一監修、安岡憲彦責任編集『近代下層民衆生活誌Ⅱ　娼婦』〈明石書店　一九八七年九月〉
『灯の女闇の女』〈玄林社　一九三七年二月〉
『闇の実話』〈玄林社　一九三七年二月〉

Ⅲ
草間八十雄著、磯村英一監修、安岡憲彦責任編集『近代下層民衆生活誌Ⅲ　不良児　水上労働者　寄子』〈明石書店　一九八七年九月〉
『水上労働者と寄子の生活』〈文明協会　一九二九年五月〉
『不良児』〈玄林社　一九三六年一〇月〉

Ⅳ
草間八十雄著、磯村英一監修、安岡憲彦責任編集『近代都市下層社会Ⅰ　売笑婦　寄子　被差別部落　水上生活者』

〈明石書店　一九九〇年一〇月〉

一、売笑婦

東京における私娼拾頭の概観〈「社会事業」五巻六号　一九二一年九月〉
貧困家庭と売笑婦――社会問題研究の一資料――〈「大観」四巻一〇号　一九二一年一〇月〉
公娼生活の側面観〈「社会事業」六巻一号　一九二二年四月〉
公娼生活の内面観　一〈「社会事業」六巻五号　一九二二年八月〉
公娼生活の内面観　二〈「社会事業」六巻六号　一九二二年九月〉
公娼生活の内面観　三〈「社会事業」六巻七号　一九二二年一〇月〉
震災後における売笑婦〈「社会事業」八巻二号　一九二四年五月〉
東京市内外における私娼の現状　二〈「社会事業」一〇巻一号　一九二六年四月〉
東京市内外における私娼の現状　三〈「社会事業」一〇巻二号　一九二六年五月〉
芸娼妓酌婦の実状〈「廓清」一六巻七号　一九二六年七月〉
女衒と遊廓業者の実情〈「体性」八巻三号　一九二七年三月〉
芸娼妓私娼の実情　一〈「社会事業」一一巻五号　一九二七年八月〉
芸娼妓私娼の実情　二〈「社会事業」一一巻六号　一九二七年九月〉
売笑婦研究〈「文芸倶楽部」三三巻一一号　一九二七年九月〉
売笑婦研究　三　売られゆく女の稼ぎ高〈「文芸倶楽部」三三巻一三号　一九二七年一一月〉
現世相における売笑婦の状態〈「改造」一〇巻九号　一九二八年九月〉
貧困と売られ行く女〈「中央公論」四三巻一二号　一九二八年一二月〉
社会の裏面観　芸妓の生活情態（上）〈「祖国」二巻六号　一九二九年六月〉
娼妓の生活研究　一〈「祖国」二巻八号　一九二九年八月〉

娼妓の生活研究　二〈「祖国」二巻九号　一九二九年九月〉
売女の波とその氾濫の状態〈「犯罪科学」創刊号　一九三〇年六月〉
性業界の消長と革新〈「体性」一五巻一号　一九三〇年七月〉
ゴウカイヤのしたたかもの　土手のお金〈「犯罪科学」一巻二号　一九三〇年七月〉
街娼を撲く――私娼総まくりの一――〈「犯罪科学」一巻四号　一九三〇年九月〉
新宿遊廓――その他――〈「大新宿」一巻二号　一九三〇年一〇月〉
土手のお金は生きている！〈「犯罪科学」二巻五号　一九三一年五月〉
時の流れと色街のトリック〈「デカメロン」四号　一九三一年五月〉
我国における公娼及び私娼の現状〈「社会事業」一五巻三号　一九三一年六月〉
公娼の辿る途〈「体性」一七巻二号　一九三一年八月〉
妓父妓女の生活とその内面観〈「犯罪科学」二巻八号　一九三一年八月〉
娼婦初夜感二百八十三人〈「犯罪公論」創刊号　一九三一年一〇月〉
娼婦初夜感二百八十三人　完結編〈「犯罪公論」一巻二号　一九三一年一一月〉
娼婦、情夫、変態〈「犯罪公論」一巻三号　一九三一年一二月〉
職業婦人と誘惑〈『婦人公論大学　婦人職業篇』中央公論社　一九三二年三月〉
娼婦生活四十年　土手のお金ついにたおる〈「犯罪公論」三巻四号　一九三三年四月〉
今紫物語　其二〈「犯罪公論」三巻一一号　一九三三年一一月〉
売笑婦問題研究　座談会〈「文化公論」四巻四号　一九三四年四月〉
娼婦の哀話〈「話」二巻五号　一九三四年五月〉
解放された娼妓の行方〈「改造」一六巻八号　一九三四年七月〉
廃娼は時代の大勢――急ぎすぎると危険〈大阪毎日新聞一八四三一号　一九三四年八月一八日〉

売笑のるつぼと東北の女〈「社会事業」一八巻九号　一九三四年一二月〉
歪められた性慾――変わった性生活を語る「話」の会〈「話」五巻七号　一九三七年七月〉

二、寄子

寄子生活の内面観　一〈「社会事業」九巻三号　一九二五年六月〉
寄子生活の内面観　二〈「社会事業」九巻四号　一九二五年七月〉
寄子生活の研究〈「改造」一五巻六号　一九三三年五月〉

三、被差別部落

特殊部落細民の現状視察〈「労働共済」四巻一一号　一九一八年一一月〉
封建の季世既に穢多を解放す〈「社会事業」五巻一号　一九二一年四月〉
大東京貧乏層の変化〈「改造」一四巻一一号　一九三二年一一月〉

四、水上生活者

水上労働者の生活〈「社会事業」五巻三号　一九二一年六月〉
座談会　水上生活者問題について〈「社会福利」一七巻七号　一九三三年七月〉

V　草間八十雄著、磯村英一監修、安岡憲彦責任編集『近代都市下層社会Ⅱ　貧民街　浮浪者　不良児・貧児』

〈明石書店　一九九〇年一〇月〉

五、貧民街

貧民生活の実状　一〈「社会と救済」三巻一〇号　一九二〇年一月〉
貧民生活の実状　二〈「社会と救済」三巻一一号　一九二〇年二月〉
貧民窟の家賃〈「社会と救済」四巻九号　一九二〇年一二月〉

歳晩の貧民窟と実状踏査〈「社会と救済」四巻一〇号　一九二一年一月〉
三百年を通ずる情味と社会観〈「社会と救済」四巻一二号　一九二一年三月〉
貧民生活調査の第一頁――下層の暗黒面と残飯の群〈「大観」四巻五号　一九二一年五月〉
幼児保育と夫婦共働の実状〈「社会事業」五巻八号　一九二一年一一月〉
神戸葺合新川の貧民窟を観る〈「社会事業」五巻一一号　一九二二年二月〉
細民の教育程度と読物より観たる知識慾〈「社会事業」六巻八号　一九二二年一一月〉
細民の根拠的中心の変遷について〈「社会事業」六巻九号　一九二二年一二月〉
バラック生活の内面観察〈「社会事業」八巻一号　一九二四年四月〉
集団バラックの近況について〈「社会事業」八巻八号　一九二四年一一月〉
下層社会相漫談〈「文明協会ニューズ」六輯　一九二九年六月〉
細民金融の裏面〈「改造」一二巻三号　一九三〇年三月〉
細民窟の裏面と罪悪の波――岩の坂の貰い児殺し〈「人の噂」一巻三号　一九三〇年六月〉
歓楽境の一角にこのドン底境地〈「大新宿」創刊号　一九三〇年九月〉
歳末の細民街〈「改造」一二巻一二号　一九三〇年一二月〉
大東京の細民街と生活の態容〈『日本地理大系　大東京篇』改造社　一九三〇年四月二二日〉
大東京の残飯物語〈「改造」一四巻一号　一九三二年一月〉

六、浮浪者

国勢調査と浮浪者の塒〈「社会と救済」四巻八号　一九二〇年一一月〉
梅雨の夜に観たる窮民〈「社会事業」五巻四号　一九二一年七月〉
東京市の浮浪者調査概観〈「社会事業」五巻一二号　一九二二年三月〉

浮浪者と野宿者の実態について　一〈「社会事業」九巻一号　一九二五年四月〉
浮浪者と野宿者の実態について　二〈「社会事業」九巻二号　一九二五年五月〉
雨露にうたれて寝る人々　一〈「東京市公報」一五五五号　一九二八年八月四日〉
雨露にうたれて寝る人々　二〈「東京市公報」一五五六号　一九二八年八月七日〉
東京における浮浪者について〈「社会事業」一三巻六号　一九二九年九月〉
大東京の浮浪者〈「改造」一一巻一〇号　一九二九年一〇月〉
浅草公園における浮浪者の調査報告――昭和四年八月二十五日午前零時～二時〈「社会事業」一三巻八号　一九二九年一一月〉
暗の底を這う女浮浪者の生活〈「祖国」二巻一一号　一九二九年一一月〉
解剖的に観る乞食の生活〈「祖国」三巻三号　一九三〇年三月〉
ルンペン生活の解剖〈「犯罪科学　異状風俗資料研究号」別巻　一九三一年七月〉
新東京暗黒街〈「犯罪公論」二巻三号　一九三二年三月〉
新東京暗黒街　完結篇〈「犯罪公論」二巻六号　一九三二年六月〉
ルンペンの性生活〈「話」創刊号　一九三三年四月〉
夏の青空とルンペン〈「社会事業」一七巻四号　一九三三年七月〉
貧民層とルンペン〈「改造」一八巻三号　一九三六年三月〉
乞食にもこんな金持がいる――果たして乞食は三日すればやめられないか〈「話」四巻七号　一九三六年七月〉
事変下の浮浪者〈「社会事業研究」二六巻九号　一九三八年九月〉
家出人の増減について　一〈「社会福利」二三巻四号　一九三九年五月〉
家出人の増減について　二〈「社会福利」二三巻五号　一九三九年六月〉

街頭の乞食について〈「社会福利」二三巻九号　一九三九年一〇月〉
時局と浮浪者〈「社会福利」二四巻一号　一九四〇年一月〉

七、不良児・貧児

大東京の巷に出没する不良少年〈「社会と救済」四巻一一号　一九二一年二月〉
浅草に臨み不良少年少女を観て〈「社会事業」一一巻六号　一九二七年九月〉
座談会　被虐待児童問題〈「社会福利」一四巻五号　一九三〇年五月〉
暗黒と哀愁の環境に育つ乞食の児童〈「社会事業」一四巻二号　一九三〇年五月〉
児童虐待の救いと哀話〈「改造」一五巻一二号　一九三三年一二月〉

Ⅵ

草間八十雄著、磯村英一監修、安岡憲彦責任編集『近代日本のどん底社会』〈明石書店　一九九二年八月〉

一、売られゆく女

売られゆく女〈「文芸倶楽部」三三巻一二号　一九二七年一〇月〉
売られゆく女の稼高とその所得〈「文芸倶楽部」三三巻一四号　一九二七年一二月〉
娼婦の現在及び将来　座談会〈「社会事業」一一巻四号　一九二七年七月〉
時代を通じてみる売笑制度　一〈「性論」一巻三号　一九二七年一〇月〉
時代を通じてみる売笑制度　二〈「性論」一巻四号　一九二七年一一月〉
時代を通じてみる売笑制度　三〈「性論」一巻五号　一九二七年一二月〉
時代を通じてみる売笑制度　四〈「性論」二巻一号　一九二八年一月〉
私娼街に跋扈する女の内面観〈「性論」二巻二号　一九二八年二月〉
売笑婦紹介制度と需給状態　一〈「性論」二巻三号　一九二八年四月〉

売笑婦紹介制度と需給状態　二〈「性論」二巻五号　一九二八年六月〉
売笑婦発生の真因と世相観〈「性論」二巻六号　一九二八年八月〉
誘惑にかからぬための座談会〈「婦人世界」二五巻六号　一九三〇年六月〉
どん底の女の一生〈「文芸倶楽部」三七巻二号　一九三一年二月〉
娼婦・情夫・変態　完結編〈「犯罪公論」二巻一号　一九三二年一月〉
娼婦の性生活と寿命〈「健康時代」三巻三号　一九三二年三月〉
売られゆく農村の娘〈「文藝春秋」一〇巻七号　一九三二年七月〉
娼婦哀史　埋葬娼婦二万人〈「犯罪公論」二巻八号　一九三二年八月〉
人間市場の女衒研究　一〈「犯罪公論」二巻一一号　一九三二年一一月〉
人間市場の女衒研究　二〈「犯罪公論」三巻一号　一九三三年一月〉
今紫物語〈「犯罪公論」三巻一〇号　一九三三年一〇月〉

二、どん底のくらし

どん底生活に喘ぐ人々〈「実業の世界」一九三〇年五月〉
大東京の細民と生計状態〈「政友」一九三〇年五月〉
東京における細民生活　一〈「現実へ」一〇号　一九三二年八月〉
東京における細民生活　二〈「現実へ」一一号　一九三二年一〇月〉
饑餓戦線報告書〈「犯罪公論」二巻一二号　一九三二年一二月〉

三、闇に漂う人びと

暗底を漂う浮浪者の売淫と賭博〈「近代犯罪科学月報」二号　一九二九年一二月〉
どん底に喘ぐ浮浪者の犯罪〈「我観」七九号　一九三〇年六月〉

ルンペン座談会〈「文藝春秋」九巻二号　一九三一年二月〉
ルンペン物語〈「新潮」二八巻五号　一九三一年五月〉
星も凍る寒天下の野宿群——ルンペン生活の実地踏査——〈「朝日」四巻二号　一九三二年二月〉
ルンペンの性生活〈「健康時代」三巻二号　一九三二年二月〉

四、どん底の子たち

細民街の児殺しと乞食の子〈「文藝春秋」八巻六号　一九三〇年六月〉
憎めない不良少女の話〈「婦人公論」一六巻六号　一九三一年六月〉
乞食芳公の結婚まで　一〈「健康時代」三巻六号　一九三二年六月〉
乞食芳公の結婚まで　二〈「健康時代」三巻七号　一九三二年七月〉
惨酷の鞭に泣く虐待児童〈「犯罪公論」三巻三号　一九三三年三月〉

五、犯罪の世相

生業の確定と結婚〈「監獄協会雑誌」三四巻四号　一九二一年四月〉
世相批判座談会〈「文藝春秋」八巻六号　一九三〇年六月〉
私と殺人魔川俣の関係〈「犯罪公論」三巻五号　一九三三年五月〉
手口からみる犯罪〈「犯罪公論」三巻八号　一九三三年八月〉
大東京明暗相〈「改造」一六巻一一号　一九三四年一〇月〉

Ⅶ　磯村英一監修、安岡憲彦責任編集『都市下層民衆生活実態資料集成——草間八十雄　一九二一～一九三七年調査
Ⅰ内務省　中央職業紹介事務局』〈明石書店　一九九三年七月〉
内務省

一九二一年一一月調査「細民調査統計表」一九二二年六月
一九二一年一一月調査「細民生計状態調査」一九二三年三月

中央職業紹介事務局
一九二五年一〇～一二月調査「寄子紹介業に関する調査」一九二六年三月
一九二六年一～三月調査「芸娼妓酌婦紹介業に関する調査」一九二六年一〇月

Ⅷ

磯村英一監修、安岡憲彦責任編集『都市下層民衆生活実態資料集成――草間八十雄　一九二一～一九三七年調査
Ⅱ東京市社会局　東京市臨時国勢調査部　東京府社会事業協会　東京府学務部社会課』〈明石書店　一九九三年七月〉

東京市社会局
一九二二年二・一二月調査「浮浪者及残食物に関する調査」一九二三年三月
一九二三年一一月調査「野宿浮浪者に関する概況調査」一九二三年一一月
一九二四年九月調査「集団バラック調査」一九二四年一二月
一九二七年一二月
一九二八年六～七月　調査「浮浪者に関する調査・児童連行の乞食に関する調査」一九二九年三月
一九二九年二～四月調査「水上生活者に関する調査」一九二九年九月
一九二九年一二月調査「野宿者調査」一九二九年一二月
一九三〇年二～三月調査「残食物需給ニ関スル調査」一九三〇年八月
一九三〇年七月調査「木賃宿に関する調査」一九三〇年九月
一九三一年八月調査「浅草公園を中心とする無宿者の調査」一九三一年八月
一九三七年一一月調査「市内浮浪者調査」一九三九年二月

東京市臨時国勢調査部
一九三〇年一〇月調査「浮浪者の種々相」一九三一年八月
東京府社会事業協会
一九三三年九月調査「児童虐待防止法実施準備調査報告」一九三三年一一月
東京府学務部社会課
一九三四年八月調査「被虐待児童調査」一九三四年九月

Ⅸ　本書

Ⅰ　近代東京の格差社会

貧困社会
収容バラック生活の内面観〈「変態心理」一五巻五号　一九二五年五月〉
大東京の裏表　帝都の歓楽境、浅草に巣くう浮浪者の群〈「文芸倶楽部」三三巻八号　一九二七年六月〉
大東京における下層階級生活の実情〈「桜友会会報」二九号　一九二九年四月〉
どん底の大東京物語　乞食と浮浪者の生活〈「講演」№七八　一九二九年六月〉
ドン底生活の記録〈「国本」九巻八号　一九二九年八月〉
救われざる浮浪の習性〈読売新聞一九一六五号　一九三〇年七月三日〉
下層社会と金融の裏面〈「法律時報」三巻八号　一九三一年八月〉
大東京の浮浪者と乞食〈「共栄」四巻八号　一九三一年八月〉
内職しらべに現れた深刻な浮世の姿〈読売新聞一九九五八号　一九三二年九月九日〉
ルンペンの浮き沈み〈東京朝日新聞一六九七五号　一九三三年七月二七日〉

事変下のルンペンと更生化〈「経済マガジン」一巻六号　一九三七年一一月〉
事変下東京のどん底生活〈「経済マガジン」二巻三号　一九三八年三月〉
乞食街道異変〈読売新聞二二二五四号　一九三九年一月一一日〉
労働層の合言葉と生活相〈「国文学解釈と鑑賞」四巻七号　一九三九年七月〉
第五回国勢調査における市内浮浪者発見数〈東京市厚生局庶務課計画掛刊　一九四〇年一〇月〉

児童虐待

子を持つ方は聴いて下さい〈東京日日新聞二〇〇二六号　一九三二年五月一三日〉
不良児の生立とその行いを救う途〈東京朝日新聞一六五三八号　一九三二年五月一三日〉
児童を護る座談会（一）〈東京朝日新聞一七〇四二号　一九三三年一〇月三日〉
児童を護る座談会（二）〈東京朝日新聞一七〇四三号　一九三三年一〇月四日〉
児童を護る座談会（三）〈東京朝日新聞一七〇四四号　一九三三年一〇月五日〉
児童を護る座談会（四）〈東京朝日新聞一七〇四五号　一九三三年一〇月六日〉
児童を護る座談会（五）〈東京朝日新聞一七〇四六号　一九三三年一〇月七日〉
児童を護る座談会（六）〈東京朝日新聞一七〇四八号　一九三三年一〇月九日〉
児童を護る座談会〈「児童保護」三巻一一、一二号　一九三三年一一、一二月　四巻一号　一九三四年一月〉
家を嫌う娘を語る座談会〈「婦人公論」二〇巻五号　一九三五年五月〉

性差別

時代的にみる公娼制度の変革〈「社会事業研究」一四巻九号　一九二六年九月〉
世界の怪奇と怪美とを探る座談会〈「文学時代」二巻一一号　一九三〇年一一月〉
女ルンペン物語〈東京日日新聞一九七六七号　一九三一年八月二五日〉

事実探訪　女はこうして堕落する〈「文芸倶楽部」三七巻一一号　一九三一年一〇月〉
春と女性の犯罪〈「探偵小説」二巻四号　一九三二年四月〉
苦界から浮かび上がるまで　人肉市場清算帳〈「文芸倶楽部」三八巻六号　一九三二年六月〉
貧乏線に喘ぐ寡婦の生活──三つの哀話──〈「社会事業研究」二一巻九号　一九三三年九月〉
都市の売淫と性病〈「都市問題」二三巻二号　一九三六年八月〉
人口増殖の障碍たる売笑婦〈「社会事業研究」二九巻二号　一九四一年二月〉
人口増殖の障碍たる売笑婦(続)〈「社会事業研究」二九巻三号　一九四一年三月〉

Ⅱ　社会事業調査の行程

最下層社会調査

市のバラックを物置がわり、贅沢な避難民もある〈東京日日新聞一六九六七号　一九二三年一二月一四日〉
乞食の有権者　市内外で百世帯〈東京日日新聞一七四一〇号　一九二五年三月一日〉
東京市内外の細民を調査〈東京日日新聞一七四六二号　一九二五年四月二二日〉
細民長屋に殖えた醜い夫婦喧嘩の裏〈東京日日新聞一七五六〇号　一九二五年七月二九日〉
水上生活者をよき市民に〈東京日日新聞一八二六一号　一九二七年七月三日〉
象潟署の庭を埋めた宿なしの六百余名〈東京日日新聞一八二九一号　一九二七年八月二日〉
乞食に落ちぶれた古賀精里の末孫〈東京日日新聞一八四三九号　一九二七年一二月二八日〉
ドン底視察の総監　巡回病院に感嘆〈東京日日新聞一八六六九号　一九二八年八月一五日〉
名家古賀の末孫……今は陋巷に風船売〈東京日日新聞一八七五六号　一九二八年一一月一〇日〉
子孫は貧民街で紙風船売り〈東京朝日新聞一五二六八号　一九二八年一一月一〇日〉
歳迫る暁の細民街に東久邇宮を拝す〈東京日日新聞一八八〇六号　一九二八年一二月三〇日〉

暗黒の歓楽境――浅草を浄化せよ〈東京朝日新聞一五三三四号　一九二九年一月一六日〉
焚火の苦情から野宿人を調査〈東京日日新聞一九一四三号　一九二九年一二月四日〉
半分は絶食者　野宿人、噫無情〈東京日日新聞一九一五一号　一九二九年一二月一二日〉
新たに市社会局で細民へ低利で貸金〈時事新報一六八六〇号　一九三〇年五月二二日〉
あす第二回国勢調査〈東京日日新聞一九四四〇号　一九三〇年九月三〇日〉
石の中から麦わら帽　公孫樹の蔭に夢破る〈東京日日新聞一九四四一号　一九三〇年一〇月一日〉
映し出された全日本の国勢！　第二回の大調査終る〈東京朝日新聞一五九五三号　一九三〇年一〇月一日〉
帝都にうごめく浮浪者一千七百〈余〉名〈東京朝日新聞一五九五四号　一九三〇年一〇月二日〉
夕涼みの浅草に　内相のルンペン訪問〈東京日日新聞一九七七八号　一九三一年九月五日〉
内相、夜のルンペン視察〈東京朝日新聞一六二九〇号　一九三一年九月五日〉
浮浪者調査　浅草の成績〈東京朝日新聞一八五三七号　一九三七年一一月一七日〉
あぶれる影なし　自由労働者も〝万歳〟〈東京朝日新聞一八八三〇号　一九三八年九月八日〉
乞食の取締り、中旬に実施〈東京朝日新聞一九二七九号　一九三九年一二月五日〉
帝都の面よごし　浮浪者を一掃〈東京朝日新聞一九二八九号　一九三九年一二月一五日〉
〝公園の夢〟を驚かす　国調、まず浮浪者から〈東京朝日新聞一九五七八号　一九四〇年一〇月一日〉
児童虐待調査
乞食を父に持つ若き「芳公」の悩み〈東京日日新聞一七七七八号　一九二六年三月六日〉
「芳公」の籍できる〈東京日日新聞一七八〇〇号　一九二六年三月二八日〉
本紙の記事で判った「第一の芳公」の身許〈東京日日新聞一七八〇七号　一九二六年四月四日〉
十七年ぶりに芳公が伯父伯母と涙の対面〈東京日日新聞一七八〇七号　一九二六年四月四日〉

五十銭で……売られた芳公〈東京日日新聞一七八〇八号　一九二六年四月五日〉
生みの母と涙の対面〈東京日日新聞一七八二〇号　一九二六年四月一七日〉
冷たい街頭から拾われる都会の放浪児〈東京朝日新聞一四九一二号　一九二七年一一月一九日〉
主人の虐待が因で浮浪人の仲間入り〈東京日日新聞一八六〇七号　一九二八年六月一四日〉
子殺し嫌疑者で板橋署満員〈東京朝日新聞一五七八七号　一九三〇年四月一七日〉
東日巡回病院式の施設が必要〈東京日日新聞一九二七七号　一九三〇年四月一九日〉
児童虐待防止　街頭から幼年乞食、辻占売り等を一掃〈東京朝日新聞一七〇三八号　一九三三年九月二九日〉
法を潜る都心の悪　絶えぬ児童虐待〈中外商業新報一七四四二号　一九三四年八月一五日〉
子ら危うく犠牲に　餓死線の虚飾〈東京朝日新聞一七六一九号　一九三五年五月八日〉
薄幸の児に恵む温い収容所〈東京朝日新聞一七六三一号　一九三五年五月二〇日〉

書評・生活

既得権の侵害　旧回数券の効力〈読売新聞一四一五〇号　一九一六年九月六日〉
電車旧乗車券効力確認訴訟〈法律新聞一一五九号　一九一六年九月八日〉
電車旧乗車券効力確認訴訟の口頭弁論〈法律新聞一一六五号　一九一六年九月二三日〉
ほくろの旦那（上）〈読売新聞一八二八一号　一九二八年一月二五日〉
ほくろの旦那（下）〈読売新聞一八二八二号　一九二八年一月二六日〉
『浮浪者と売笑婦の研究』〈東京朝日新聞一五〇四三号　一九二八年三月三〇日〉
『女給と売笑婦』〈読売新聞一九〇三五号　一九三〇年二月二二日〉
草間氏の光栄　閑院宮殿下から下賜品〈東京朝日新聞一七四八九号　一九三四年一二月二七日〉
きょう市が老朽者百五十名整理〈読売新聞二〇九六六号　一九三五年六月二三日〉

整理、区長に及ばず〈東京朝日新聞一七六七一号　一九三五年六月二九日〉
初めて停年制実行　草間さんも退く〈東京朝日新聞一七六七三号　一九三五年七月一日〉
〝インテリ・ルンペンは仁義を知らない〟〈東京朝日新聞一八二四七号　一九三七年一月三〇日〉
嘆くな〝軍国の孤児〟〈東京朝日新聞一九七八四号　一九四一年四月二八日〉

年	年齢	月　日	事　　跡	出　　典
1940年	66歳	10月	東京市厚生局庶務課計画掛『第五回国勢調査に於ける市内浮浪者発見数』を刊行.Ⅸp161	
1941年	67歳	2月	「人口増殖の障碍たる売笑婦」を「社会事業研究」29巻2号に発表.Ⅸp358	
		3月	「人口増殖の障碍たる売笑婦（続）」を「社会事業研究」29巻3号に発表.Ⅸp379	
		4月27日	〝軍国の孤児〟土井武彦へ3円寄託	東京朝日新聞1941年4月28日.Ⅸp496
1943年	69歳	12月10日	長男茂死去	
1946年	72歳	1月28日	世田谷区深沢町2丁目6番地で死去	

＊Ⅰ『近代下層民衆生活誌Ⅰ　貧民街』
Ⅱ『近代下層民衆生活誌Ⅱ　娼婦』
Ⅲ『近代下層民衆生活誌Ⅲ　不良児　水上労働者　寄子』
Ⅳ『近代都市下層社会Ⅰ　売笑婦　寄子　被差別部落　水上生活者』
Ⅴ『近代都市下層社会Ⅱ　貧民街　浮浪者　不良児・貧児』
Ⅵ『近代日本のどん底社会』
Ⅶ『都市下層民衆生活実態資料集成――草間八十雄一九二一～一九三七年調査　Ⅰ内務省中央職業紹介事務局』
Ⅷ『都市下層民衆生活実態資料集成――草間八十雄一九二一～一九三七年調査　Ⅱ東京市社会局　東京市臨時国勢調査部　東京府社会事業協会　東京府学務部社会課』
Ⅸ本書

年	年齢	月　日	事　　跡	出　　典
1937年	63歳	11月		9号　1937年12月）／「東京市公報」2916・2924・2929・2930・2932・2934号　1937年10～12月Ⅷp688／東京朝日新聞1937年11月17日.Ⅸp444
1938年	64歳	3月	「事変下東京のどん底生活」を「経済マガジン」2巻3号に発表.Ⅸp140	
		9月	「事変下の浮浪者」を「社会事業研究」26巻9号に発表.Ⅴp1330	
			東京市社会局依嘱調査「事変下自由労働者の生活概況」完了	東京朝日新聞1938年9月8日.Ⅸp444
		12月	乞食調査	「街頭の乞食について」（「社会福利」23巻9号　1939年10月）Ⅴp1360／大久保満彦「東京の浮浪者について――東京市養育院の浮浪者保護を中心として――」（「社会福利」24巻3号　1940年3月）
1939年	65歳	1月11日	〝乞食談義〟を読売新聞で談ず	読売新聞1939年1月11日.Ⅸp151
		2月	東京市社会局『市内浮浪者調査』刊行.Ⅷp512	
		5月	「家出人の増減について　一」を「社会福利」23巻4号に発表.Ⅴp1340	
		6月	「家出人の増減について　二」を「社会福利」23巻5号に発表.Ⅴp1350	
		7月	「労働層の合言葉と生活相」を「国文学　解釈と鑑賞」4巻7号に発表.Ⅸp153	
		10月	「街頭の乞食について」を「社会福利」23巻9号に発表.Ⅴp1358	
		11月19～20日	本所・浅草方面で浮浪者調査	「時局と浮浪者」（「社会福利」24巻1号　1940年1月）Ⅴp1383
		12月4日	浮浪者,乞食救護協議会於警視庁に参加	東京朝日新聞1939年12月5日.Ⅸp446
		15日	警視庁「第1回乞食狩り」を東京朝日新聞で談ず	東京朝日新聞1939年12月15日.Ⅸp447
1940年	66歳	1月	「時局と浮浪者」を「社会福利」24巻1号に発表.Ⅴp1379	
		10月1日	第5回国勢調査で浮浪者調査	『第5回国勢調査に於ける市内浮浪者発見数』1940年10月.Ⅸp161／朝日新聞1940年10月1日.Ⅸp449

年	年齢	月　日	事　　跡	出　　典
1936年	62歳	3月	広野暁が『浮浪者と売笑婦の研究』を批判	広野暁「日本における売笑婦の起源」（「性科学研究」1巻3号1936年3月）
			「貧困層とルンペン」を「改造」18巻3号に発表.Ⅴp1303	
		4月	『都市生活の裏面考察』を中央教化団体連合会で刊行.Ⅰp699	
		7月	「乞食にもこんな金持がいる——果たして乞食は三日すればやめられないか」を「話」4巻7号に発表.Ⅴp1317	
		8月	「都市の売淫と性病」を「都市問題」23巻2号に発表.Ⅸp351	
		10月	『不良児』を玄林社で刊行.Ⅲp1607	
		11月12日	生江孝之古稀記念会へ出席	『生江孝之君古稀記念』1938年8月
		12月	『どん底の人達』を玄林社で刊行.Ⅰp163	
1937年	63歳	1月	篠崎篤三が『不良児』『どん底の人達』を「社会事業」20巻10号に新刊紹介	
		28日	同居者によって盗難被害を受け，三河島警察署へ届出	東京朝日新聞1937年1月30日.Ⅸp494
		2月	『灯の女闇の女』『闇の実話』を玄林社で刊行.Ⅱp769,1185	
		3月	『どん底の人達』『不良児』『灯の女闇の女』を「社会福利」21巻3号が新刊紹介	
			木藤冷剣が「草間八十雄の著『灯の女闇の女』を読む」を「廓清」27巻3号に発表	
		4月	家田作吉が「『灯の女闇の女』の活教訓」，木藤冷剣が「『闇の実話』を読む」を「廓清」27巻4号に発表	
		7月	式場隆三郎,大槻憲二らと「歪められた性慾・変わった性生活を語る『話』の会」を「話」5巻7号で座談.Ⅳp552	
		11月	「事変下のルンペンと更生化」を「経済マガジン」1巻6号に発表.Ⅸp136	
			浮浪者調査	『市内浮浪者調査』1939年2月Ⅷp513／「市内浮浪者調査」(『東京市社会局時報　昭和12年自7月至12月号』1938年3月）Ⅷp675／「ルンペンと語る——東京市社会局浮浪者調査に参加して——」(「社会事業」20巻

年	年齢	月　日	事　　跡	出　　典
1934年	60歳	7月	「解放された娼妓の行方」を「改造」16巻8号に発表.Ⅳp517	
		1日	「解放された娼妓の行方」が東京朝日新聞で書評	東京朝日新聞1934年7月1日
		8月12日	神田YMCA座談会に参加	「杵淵義房氏座談会」(「社会福利」18巻9号　1934年9月)
		14･28日	児童虐待調査	「被虐待児童調査」（「社会福利」18巻9号）Ⅷp797／中外商業新報1934年8月15日.Ⅸp471／「東京市公報」2449･2450･2458号　1934年8月16・18日，9月6日
		18日	「廃娼は時代の大勢――急ぎすぎると危険」を大阪毎日新聞18431号に発表.Ⅳp536	
		10月	「大東京明暗相」を「改造」16巻11号に発表.Ⅵp505	
		11月13～15日	「飢餓線上を歩む人々」を東京市社会局・向島区社会課共催「社会事業講演と映画の会」で講演	「東京市公報」2493号　1934年11月29日
		12月	「売笑のるつぼと東北の女」を「社会事業」18巻9号に発表.Ⅳp539	
		25日	日本赤十字社総裁閑院宮から紋章入り銀杯下賜	東京朝日新聞1934年12月27日.Ⅸp491
1935年	61歳	5月	「家を嫌う娘を語る座談会」を西村伊作,奥むめお,竹田菊らと「婦人公論」20巻5号に発表.Ⅸp224	
		7日	東京市幼少年保護所に入所した児童3名の貧困事情を東京朝日新聞で談ず	東京朝日新聞1935年5月8日.Ⅸp473
		20日	東京市幼少年保護所の新築移転計画を東京朝日新聞で談ず	東京朝日新聞1935年5月20日.Ⅸp475
		6月	草間八十雄「公娼廃止尚早説」を中川藤太郎批判	中川藤太郎「非公娼廃止尚早説」（「廓清」25巻6号　1935年6月）
		30日	東京市主事7級俸を依願免主事.東京市社会事業調査事務を嘱託	「東京市公報」号外　1935年6月30日／読売新聞1935年6月23日／東京朝日新聞1935年6月29日・7月1日.Ⅸp492
		8月10日	「要保護者の実相」を社会事業講習会で講演	「東京市公報」2596号　1935年8月13日／「社会事業講習会」（「社会福利」19巻9号　1935年9月）
		10月23～25日	第8回全国社会事業大会に推薦協議員で参加	『全国社会事業大会出席者名簿　第八回』1935年
			吉原,玉の井へ中央社会事業研究生五味百合子を案内	「先輩からの助言　五味百合子先生」（「社会事業史研究」34号　2007年3月）

年	年齢	月　日	事　　跡	出　　典
1933年	59歳	9月29日	「児童虐待防止法の実施」を東京朝日新聞で談ず	東京朝日新聞1933年9月29日.Ⅸp468
		30日	雲雀ヶ谷自由学園藤山氏と岩ノ坂調査	「児童虐待防止法実施準備調査報告」「児童虐待防止法ニ関スル調査宣地区分担」谷田部信量「児童虐待防止法施行後の岩ノ坂」（「社会福利」17巻11号　1933年11月）Ⅷp777／東京朝日新聞1933年9月29日.Ⅸp468
		30日夜	レインボウ・グリルで,児童擁護協会主催座談会に穂積重遠,前田多門,藤野恵,原胤昭,植村益蔵,山田わか,田中孝子,原泰一と参加	「児童を護る座談会　一～六」東京朝日新聞1933年10月3～9日.Ⅸp171／「児童を護る座談会その一～三」（「児童保護」3巻11号～4巻1号　1933年11月～1934年1月）Ⅸp188
		10月	「今紫物語」を「犯罪公論」3巻10号に発表.Ⅵp245	
		3～9日	「児童を護る座談会　一～六」を東京朝日新聞に発表.Ⅸp171	
		11月	「今紫物語　其二」を「犯罪公論」3巻11号に発表.Ⅳp485	
			「児童を護る座談会　その一」を「児童保護」3巻11号に発表.Ⅸp188	
		15日	東京市幼少年保護所在籍者大塚次郎の日常生活を東京朝日新聞で談ず	東京朝日新聞1933年11月15日
		12月	「児童虐待の救いと哀話」を改造」15巻12号に発表.Ⅴp1462	
			「児童を護る座談会　その二」を「児童保護」3巻12号に発表.Ⅸp200	
		23日	皇太子殿下御誕生奉祝事務委員会委員	「昭和10年　退職死亡者履歴書」
			「ルンペンに関する話」を中央教化団体連合会「昭和八年度教化事業調査会」で講話	『昭和十年中央及道府県・朝鮮・台湾教化連合団体要覧』中央教化団体連合会　1935年
1934年	60歳	1月	「児童を護る座談会　その三」を「児童保護」4巻1号に発表.Ⅸp206	
		4月	「売笑婦問題研究　座談会」を中山太郎・大宅壮一らと「文化公論」4巻4号に発表.Ⅳp494	
		5月	「娼婦の哀話」を「話」2巻5号に発表.Ⅳp513	
		6月18～20日	第3回全国児童保護事業大会へ参加	『全国児童保護事業大会　第三回』中央社会事業協会　1934年

年	年齢	月　日	事　　跡	出　　典
1932年	58歳	11月	「人間市場の女衒研究　一」を「犯罪公論」2巻11号に発表.Ⅵp221	
		12月	「饑餓戦線報告書」を「犯罪公論」2巻12号に発表.Ⅵp285	
		暮から春	40日くらい児童虐待実例に関する調査	「児童を護る座談会　その三」(「児童保護」4巻1号).Ⅸp208
1933年	59歳	1月	「人間市場の女衒研究　二」を「犯罪公論」3巻1号に発表.Ⅵp233	
		1月14日	八木下キンの「検視に関する書類」を下谷区役所で調査	『闇の実話』Ⅱp1286
		3月	「惨酷の鞭に泣く虐待児童」を「犯罪公論」3巻3号に発表.Ⅵp427	
		4月	「娼婦生活四十年　土手のお金ついにたおる」を「犯罪公論」3巻4号に発表.Ⅳp479	
			「ルンペンの性生活」を「話」創刊号に発表.Ⅴp1289	
		25日	東京市幼少年保護所長	「東京市公報」2257号　1933年5月9日
		5月	「私と殺人魔川俣の関係」を「犯罪公論」3巻5号に発表.Ⅵp483	
			「寄子生活の研究」を「改造」15巻6号に発表.Ⅳp617	
		16日	水上生活者の状況視察	「東京市公報」2276号　1933年6月22日／「水上生活者状況視察　月島市民会館の催」「編集後記」(「社会福利」17巻7号)
		30日	東京市主事,給8級下俸	「東京市公報」2285号　1933年7月13日
		7月	「座談会　水上生活者問題について」を「社会福利」17巻7号に発表.Ⅳp701	
			「夏の青空とルンペン」を「社会事業」17巻4号に発表.Ⅴp1297	
		27日	東京第二JOAK放送で「ルンペンの浮き沈み」を講演	東京朝日新聞1933年7月27日.Ⅸp136
		8月	「手口からみる犯罪」を「犯罪公論」3巻8号に発表.Ⅵ495	
		9月	「貧乏線に喘ぐ寡婦の生活——三つの哀話——」を「社会事業研究」21巻9号に発表.Ⅸp338	
		25日	児童虐待の現況を東京府社会事業協会で講演	「児童虐待防止調査準備打合会」(「社会福利」17巻10号　1933年10月)

年	年齢	月　日	事　　跡	出　　典
1932年	58歳	1月	「娼婦・情夫・変態　完結編」を「犯罪公論」2巻1号に発表. Ⅵp177	
		2月	露天商調査	「東京市公報」2071号　1932年2月6日
			「ルンペンの性生活」を「健康時代」3巻2号に発表. Ⅵp377	
			「星も凍る寒天下の野宿群」を「朝日」4巻2号に発表. Ⅵp359	
		3月	「新東京暗黒街」を「犯罪公論」2巻3号に発表. Ⅴp1272	
			「娼婦の性生活と寿命」を「健康時代」3巻3号に発表. Ⅵp191	
		4月	「春と女性の犯罪」を「探偵小説」2巻4号に発表. Ⅸp319	
		5月13日	東京JOAK報道番組「不良少年問題座談会」に出演	東京日日新聞1932年5月13日. Ⅸp165／東京朝日新聞1932年5月13日. Ⅸp167
		6月	「新東京暗黒街　完結編」を「犯罪公論」2巻6号に発表. Ⅴp1282	
			「苦界から浮かび上がるまで　人肉市場清算帳」を「文芸倶楽部」38巻6号に発表. Ⅸp327	
			「乞食芳公の結婚まで　一」を「健康時代」3巻6号に発表. Ⅵp405	
		7月	岩ノ坂を踏査	『どん底の人達』Ⅰp335
			「乞食芳公の結婚まで　二」を「健康時代」3巻7号に発表. Ⅵp415	
			「売られゆく農村の娘」を「文藝春秋」10巻7号に発表. Ⅵp197	
		8月	「東京における細民の生活　一」を「現実へ」10号に発表. Ⅵp269	
			「娼婦哀史　埋葬娼婦二万人」を「犯罪公論」2巻8号に発表. Ⅵp201	
		真夏の夜	東盛公園から八木下キンら3人と三ノ輪で酒話	『闇の実話』Ⅱp1286
		9月 9日	「不況時の内職状態」を読売新聞で談ず	読売新聞1932年9月9日. Ⅸp132
		10月	「東京における細民の生活　二」を「現実へ」11号に発表. Ⅵp277	
		11月	「大東京貧乏層の変化」を「改造」14巻11号に発表. Ⅳp660	

年	年齢	月　日	事　　跡	出　　典
1931年	57歳	6月	「憎めない不良少女の話」を「婦人公論」16巻6号に発表.Ⅵp395	
		7月	「ルンペン生活の解剖」を「犯罪科学　異状風俗資料研究号」別巻に発表.Ⅴp1255	
		8月	東京市臨時国勢調査部『浮浪者の種々相』刊行.Ⅷp697	
			「公娼の辿る途」を「体性」17巻2号に発表.Ⅳp412	
			「妓父妓女の生活とその内面観」を「犯罪科学」2巻8号に発表.Ⅳp416	
			「下層社会と金融の裏面」を「法律時報」3巻8号に発表.Ⅸp111	
			「大東京の浮浪者と乞食」を「共栄」4巻8号に発表.Ⅸp126	
		22日	浅草公園で野宿者調査	『不良児』Ⅲp1797／『浅草公園を中心とする無宿者の調査』1931年8月.Ⅷp485／「浅草公園のルンペン調査」（「東京市公報」2008号　1931年8月27日）Ⅷp504／東京日日新聞1931年8月25日.Ⅸp309／高橋元一郎「少年浮浪者問題」(「社会福利」15巻10号　1931年10月)
		25日	「夏の夜の公園に野宿する女ルンペン物語」を東京日日新聞で談ず	東京日日新聞1931年8月25日.IXp309
		9月　4日	浅草一泊所,浅草公園に安達謙蔵内務大臣を案内	東京日日新聞1931年9月5日／東京朝日新聞1931年9月5日.Ⅸp441
		21日	「ルンペンの話」を本所学級で講演	「東京市公報」2016号　1931年9月15日
		10月	「事実探訪　女はこうして堕落する」を「文芸倶楽部」37巻11号に発表.Ⅸp311	
			「娼婦初夜感二百八十三人」を「犯罪公論」創刊号に発表.Ⅳp429	
		11月	「娼婦初夜感二百八十三人　完結編」を「犯罪公論」1巻2号に発表.Ⅳp442	
		12月	「娼婦･情夫･変態」を「犯罪公論」1巻3号に発表.Ⅳp456	
		8日	歳の瀬の細民街に山下社会局長を案内	「東京市公報」2051号　1931年12月12日
		10日	東京市内の欠食児童調査	『どん底の人達』Ⅰp371
1932年	58歳	1月	「大東京の残飯物語」を「改造」14巻1号に発表.Ⅴp1071	

年	年齢	月　日	事　　跡	出　　典
1930年	56歳	8月	東京市社会局『残食物需給ニ関スル調査』刊行.Ⅷp405	
		9月	「街娼を揆く――私娼総まくりの一――」を「犯罪科学」1巻4号に発表.Ⅳp370	
			「歓楽境の一角にドン底境地」を「大新宿」創刊号に発表.Ⅴp1024	
		10月	「新宿遊廓――その他――」を「大新宿」1巻2号に発表.Ⅳp377	
		1日	第3回国勢調査で浮浪者調査.東京市統計課長金谷重義らと内閣統計局長長谷川赳夫,統計官上條勇,華山親義を浅草から本所へ案内	『不良児』Ⅲp1797／『浮浪者の種々相』1931年8月.Ⅷp697／東京日日新聞1930年9月30日,10月1日.Ⅸp426／東京朝日新聞1930年10月1･2日.Ⅸp432
		28日	岩ノ坂に横山勝太郎商工政務次官を案内	「歳末の細民街」Ⅴp1042
		11月	「世界の怪奇と怪美とを探る座談会――世界中で一番面白いところ,世界各国の女性について,珍しい犯罪について――」を長田秀雄,中野江漢,木村毅等と「文学時代」2巻11号に発表.Ⅸp260	
		12月	「歳末の細民街」を「改造」12巻12号に発表.Ⅴp1032	
		26日	レインボウ・グリルで,「ルンペン座談会」に加藤政雄,御手洗豊二,鳥羽定次,真崎直,沼上富之助,金田日出男,横田敬二郎と参加	「ルンペン座談会」(「文藝春秋」9巻2号　1931年2月) Ⅵp350
1931年	57歳	1月　2日	妻いの小石川区雑司ヶ谷町120番地で死去	
		2月	「ルンペン座談会」を「文藝春秋」9巻2号に発表.Ⅵp325	
			「どん底の女の一生」を「文芸倶楽部」37巻2号に発表.Ⅵp171	
		3月	「職業婦人と誘惑」を『婦人公論大学　婦人職業篇』に発表.Ⅳp462	
		5月	「時の流れと色街のトリック」を「デカメロン」4号に発表.Ⅳp390	
			「ルンペン物語」を「新潮」28巻5号に発表.Ⅵp351	
			「土手のお金は生きている!」を「犯罪科学」2巻5号に発表.Ⅳp383	
		6月	「我が国における公娼及び私娼の現状」を「社会事業」15巻3号に発表.Ⅳp398	

年	年齢	月　日	事　　跡	出　　典
1930年	56歳	5月	細民児童の生活調査を準備	「細民児童の生活調査」（「社会福利」14巻5号）
			「大東京の細民と生計状態」を「政友」に発表.Ⅵp263	
			「どん底生活に喘ぐ人々」を「実業の世界」に発表.Ⅵp257	
			「暗黒と哀愁の環境に育つ乞食の児童」を「社会事業」14巻2号に発表.Ⅴp1452	
			「被虐待児童問題」を「社会福利」14巻5号に発表.Ⅴp1422	
			「細民窟の快侠」を「人の噂」1巻2号に発表	
		22日	「細民金融」の現状を時事新報で談ず	時事新報1930年5月22日.Ⅸp425
		6月	「どん底に喘ぐ浮浪者の犯罪」を「我観」79号に発表.Ⅵp315	
			「世相批判座談会」を「文藝春秋」8巻6号に発表.Ⅵp443	
			「細民街の児殺しと乞食の子」を「文藝春秋」8巻6号に発表.Ⅵp385	
			「誘惑にかからぬための座談会」を「婦人世界」25巻6号に発表.Ⅵp151	
			「細民窟の裏面と罪悪の波――岩ノ坂の貰い児殺し」を「人の噂」1巻3号に発表.Ⅴp1015	
			「売女の波とその氾濫の状態」を「犯罪科学」創刊号に発表.Ⅳp347	
			東京市社会局で婦人の社会事業研究会を指導	「社会局の婦人達が社会事業研究会を開く」（「社会福利」14巻6号　1930年6月）
		30日	東京市主事，8級上俸	「東京市公報」1839号　1930年7月12日
		7月	「性業界の消長と革新」を「体性」15巻1号に発表.Ⅳp361	
			「ゴウカイヤのしたたかもの土手のお金」を「犯罪科学」1巻2号に発表.Ⅳp365	
		3日	東京JOAK放送で「浮浪者の生活」を講演	読売新聞1930年7月3日.Ⅸp109
		15日	木賃宿調査	『都市生活の裏面考察』Ⅰp707／『不良児』Ⅲp1794／「木賃宿に関する調査」（『東京市社会局時報6号　1930年自7月至9月』）Ⅷp442

年	年齢	月　日	事　　跡	出　　典
1929年	55歳	10月 4日	台湾から社会事業視察団,東京府市歓迎会に参加	杵淵義房等『内地視察団の記録と感想』p26
		11月	「暗の底を這う女浮浪者の生活」を「祖国」2巻11号に発表.Ⅴp1227	
			「浅草公園における浮浪者の調査報告」を「社会事業」13巻8号に発表.Ⅴp1185	
		12月	「暗底を漂う浮浪者の売淫と賭博」を「近代犯罪科学月報」2号に発表.Ⅵp309	
		7日	深川富川町で浮浪者調査	「浮浪者の調査」(「東京市公報」1756号　1929年12月14日) Ⅷp401「野宿者の調査」(『東京市社会局時報3号　1929年自10月至12月』) Ⅷp400,／東京日日新聞1929年12月4・12日).Ⅸp422／「世相批判座談会」(「文藝春秋」1930年6月) Ⅵp446
1930年	56歳	1月28日	「経済問題と売笑婦について」を第25回東京市社会局巡回講座於龍泉寺宿泊所で講演	『東京市社会局時報4号　1930年自1月至3月』
		2月	『女給と売笑婦』を汎人社で刊行	
			日本橋浪花家の「世相批判座談会」に横田秀雄,平塚明子,長谷川如是閑,金子準二,近藤経一,上司小剣,浜尾四郎,菊池寛と参加	「世相批判座談会」(「文藝春秋」1930年6月. Ⅵp481
		6日	『女給と売笑婦』を東京日日新聞で広告記載	
		22日	栗本庸勝が『女給と売笑婦』を読売新聞で書評.Ⅸp489	
		2〜3月	残食物の需給調査	『どん底の人達』Ⅰp399／「歳末の細民街」(「改造」12巻12号1930年12月) Ⅴp1037／『残食物需給ニ関スル調査』1930年8月. Ⅷp410
		3月	「解剖的に観る乞食の生活」を「祖国」3巻3号に発表.Ⅴp1240	
			「細民金融の裏面」を「改造」12巻3号に発表.Ⅴp1005	
		4月	「大東京の細民街と生活の態容」を『日本地理大系　大東京編』改造社に発表.Ⅴp1047	
		16日	「岩ノ坂子殺し」事件を板橋署,現場で調査	東京朝日新聞1930年4月17日.Ⅸp465
		18日	座談会「岩ノ坂子殺し」於東京基督教女子青年会に参加	「被虐待児座談会」(「社会福利」14巻5号 1930年5月) Ⅴp1422／東京日日新聞1930年4月19日.Ⅸp467

年	年齢	月　日	事　　跡	出　　典
1929年	55歳	3月30日	「下層社会相漫談」を第73回文明協会時局研究で講演	『文明協会三十年誌』p236
		4月	「大東京における下層階級生活の実情」を「桜友会会報」29号に発表.Ⅸp28	
		4月 1日	東京市主事,社会局保護課勤務	「東京市公報」1662号　1929年5月2日
		17日	日暮里バタヤ長屋,社会施設に鷹司信輔,佐々木行忠を案内	「五百名の方面委員が細民街調査」(「東京府社会事業協会報」13巻4号　1929年4月)
		23日	「どん底の大東京物語　乞食と浮浪者の生活」を社会福利事業研究会で講演	「どん底の大東京物語　乞食と浮浪者の生活」(「講演」No.78　1929年6月) Ⅸp62
		5月	『水上労働者と寄子の生活』を文明協会で刊行.Ⅲp1433	
		23日	中央社会事業協会救護法研究会に参加	「救護法研究会」(「社会事業」13巻3号　1929年6月)
		6月	「社会の裏面観　芸妓の生活情態　上」を「祖国」2巻6号に発表.Ⅳp302	
			「下層社会相漫談」を「文明協会ニューズ」6輯に発表.Ⅴp970	
		6月30日	「どん底の大東京物語　乞食と浮浪者の生活」を「講演」No.78に発表.Ⅸp62	
		7月12日	中央社会事業協会の研究会で講演	「浮浪者問題研究会」(「社会事業」13巻5号　1929年8月)／「東京における浮浪者について」(「社会事業」13巻6号　1929年9月) Ⅴp1154
		8月	「娼妓の生活研究　一」を「祖国」2巻8号に発表.Ⅳp316	
			「ドン底生活の記録」を「国本」9巻8号に発表.Ⅸp98	
			自由労働者の就職状態,生活状態を調査	「労働者の生活調べ　市社会局が」(「東京府社会事業協会報」13巻8号)
		25日	浅草公園の浮浪者調査で中央社会事業協会研究生を指導	「東京における浮浪者について」Ⅴp1154／「浅草公園における浮浪者の調査報告」(「社会事業」13巻8号　1929年11月) Ⅴp1185
		9月	「娼妓の生活研究　二」を「祖国」2巻9号に発表.Ⅳp330	
			「東京における浮浪者について」を「社会事業」13巻6号に発表.Ⅴp1154	
		10月	「大東京の浮浪者」を「改造」11巻10号に発表.Ⅴp1167	

年	年齢	月　日	事　　跡	出　　典
1928年	54歳	6月	「売笑婦紹介制度と需給状態　二」を「性論」2巻5号に発表.Ⅵp133	
		6～7月	東京市内の野宿者調査	『どん底の人達』Ⅰp688／『闇の実話』Ⅱp1334・1342／『不良児』.Ⅲp1796・1836／「暗の底を這う女浮浪者の生活」Ⅴp1228／『浮浪者に関する調査・児童連行の乞食に関する調査』Ⅷp207／『第九回東京市社会局年報　昭和三年度』／「どん底の大東京物語　乞食と浮浪者の生活」(「講演」No.78　1929年6月) Ⅸp62／東京日日新聞1928年6月14日.Ⅸp464
		7月29日	東久邇宮に講演	「下層社会相漫談」(「文明協会ニューズ」6輯　1929年6月) Ⅴp987
		8月	「売笑婦発生の真因と世相観」を「性論」2巻6号に発表.Ⅵp143	
		4日	「雨露にうたれて寝る人々　一」を「東京市公報」1555号に発表.Ⅴp1140	
		7日	「雨露にうたれて寝る人々　二」を「東京市公報」1556号に発表.Ⅴp1143	
		14日	三河島千軒長屋,三ノ輪トンネル長屋,洲崎遊廓,玉の井私娼窟に宮田光雄警視総監を案内	東京日日新聞1928年8月15日.Ⅸp409
		9月	「現世相における売笑婦の状態」を「改造」10巻9号に発表.Ⅳp260	
		12月	「貧困と売られ行く女」を「中央公論」43巻12号に発表.Ⅳp287	
			女浮浪者の環境・生活調査	「女浮浪者の調査」(「東京府社会事業協会報」43号　1928年12月)
		29日	三ノ輪トンネル長屋に東久邇稔彦宮,長岡隆一郎社会局長官等を案内	東京日日新聞1928年12月30日.Ⅸp415
1929年	55歳	1月16日	浅草公園の浮浪者現状を東京朝日新聞で談ず	東京朝日新聞1929年1月16日.Ⅸp420
		2～4月	東京水上警察署管内の水上生活者調査	「水上生活者に関する調査」(『東京市社会局時報2号 1929年自7月至9月』) Ⅷp348
		3月	東京市社会局『浮浪者に関する調査・児童連行の乞食に関する調査』刊行.Ⅷp199	

年	年齢	月　日	事　　　跡	出　　　典
1927年	53歳	12月	「時代を通じてみる売笑制度三」を「性論」1巻5号に発表.Ⅵp89	
			児童連れの乞食47人調査	「解剖的に観る乞食の生活」Ⅴp1246／「被虐待児問題」（「社会福利」14巻5号　1930年5月）Ⅴp1429／「暗黒と哀愁の環境に育つ乞食の児童」（「社会事業」14巻2号　1930年5月）Ⅴp1452／『浮浪者に関する調査・児童連行の乞食に関する調査』1929年3月.Ⅷp299／東京朝日新聞1927年11月19日.Ⅸp463
		23日	砂町火葬場で古賀精里の末孫に会遇,肉親再会に尽力	東京日日新聞1927年12月28日・1928年11月10日.Ⅸp406・412／東京朝日新聞1928年11月10日.Ⅸp414
1928年	54歳	1月	吉原遊廓三業組合事務所で娼妓681人カード調査	「人口増殖の障碍たる売笑婦（続）」（「社会事業研究」29巻3号　1941年3月）Ⅸp379
			「時代を通じてみる売笑制度四」を「性論」2巻1号に発表.Ⅵp101	
		25･26日	稲田譲が『浮浪者と売笑婦の研究』を読売新聞で書評	稲田譲「ほくろの旦那」読売新聞1928年1月25・26日.Ⅸp485
		2月	「私娼街に跋扈する女の内面観」を「性論」2巻2号に発表.Ⅵp109	
		3月15日	中央社会事業協会公娼問題研究会に参加	「中央社会事業協会主催公娼問題研究会」「公娼問題研究会記事」（「社会事業」12巻1号　1928年4月）
		26日	中央社会事業協会私娼問題研究会に参加	「中央社会事業協会主催私娼問題研究会」（「社会事業」12巻1号　1928年4月）
		30日	『浮浪者と売笑婦の研究』が東京朝日新聞で新刊紹介.Ⅸp488	
		4月	『浮浪者と売笑婦の研究』が「東京府社会事業協会報」36号で新刊紹介	
			「売笑婦紹介制度と需給状態一」を「性論」2巻3号に発表.Ⅵp119	
		21日	長女登志神田区神田淡路町2-4で死去	
		5月	『浮浪者と売笑婦の研究』を文明協会で発行.Ⅰp17 『浮浪者と売笑婦の研究』が「性論」2巻5号で新刊紹介	

年	年齢	月　日	事　　　跡	出　　　典
1926年	52歳	10月	中央職業紹介事務局『芸娼妓酌婦紹介業に関する調査』刊行.Ⅶp588	
		12月25日	東京市社会局調査事務嘱託,報酬年額1600円	「東京市公報」1318号　1927年1月15日,p70
1927年	53歳		吉原遊廓で娼妓681人の家庭職業を調査	『灯の女闇の女』Ⅱp853
			深川で芸妓102人の兄弟数調査	『灯の女闇の女』Ⅱp901
		3月	新聞購読の有無を小石川大塚坂下町五十軒長屋,三ノ輪共同長屋朝日館,三ノ輪同善小学校で調査	『どん底の人達』Ⅰp584
			「女衒と遊廓業者の実情」を「体性」8巻3号に発表.Ⅳp192	
		26日	「最下層民研究　第一回」を第58回文明協会時局研究で講演	『文明協会三十年誌』p235
		4月29日	「売笑婦の研究」を第59回文明協会時局研究で講演	『文明協会三十年誌』p235
		6月	「大東京の裏表　帝都の歓楽境,浅草に巣くう浮浪者の群」を「文芸倶楽部」33巻8号に発表. Ⅸp21	
		7月	「娼婦の現在及び将来　座談会」を「社会事業」11巻4号に発表.Ⅵp49	
		2日	東京市社会局水上生活者調査を指導	東京日日新聞1927年7月3日.Ⅸp403
		31日	浅草公園付近一帯浮浪者調査の象潟署に協力	東京日日新聞1927年8月2日.Ⅸp404
		8月	「芸娼妓私娼の実情　一」を「社会事業」11巻5号に発表.Ⅳp203	
		9月	「芸娼妓私娼の実情　二」を「社会事業」11巻6号に発表.Ⅳp215	
			「浅草に臨みて不良少女を観て」を「社会事業」11巻6号に発表.Ⅴp1419	
			「売笑婦研究」を「文芸倶楽部」33巻11号に発表.Ⅳp226	
		10月	「売られゆく女」を「文芸倶楽部」33巻12号に発表.Ⅵp11	
			「時代を通じてみる売笑制度一」を「性論」1巻3号に発表.Ⅵp63	
		11月	「売笑婦研究三　売られゆく女の稼高」を「文芸倶楽部」33巻13号に発表.Ⅳp237	
		12月	「売られゆく女の稼高とその所得」を「文芸倶楽部」33巻14号に発表.Ⅵp31	

年	年齢	月　日	事　　跡	出　　典
1925年	51歳	4月	「浮浪者と野宿の実態について　一」を「社会事業」9巻1号に発表.Ⅴp1117	
		22日	貧民窟拡散を東京日日新聞で語る	東京日日新聞1925年4月22日.Ⅸp400
		5月	「浮浪者と野宿の実態について　二」を「社会事業」9巻2号に発表.Ⅴp1126	
			「収容バラック生活の内面観」を「変態心理」15巻5号に発表.Ⅸp14	
		6月	「寄子生活の内面観　一」を「社会事業」9巻3号に発表.Ⅳp589	
		30日	東京市社会局調査事務嘱託,報酬年額1400円	「東京市公報」1090号　1925年7月11日,p988
		7月	「寄子生活内面観　二」を「社会事業」9巻4号に発表.Ⅳp602	
		29日	細民の生活状況を東京日日新聞で語る	東京日日新聞1925年7月29日.Ⅸp401
		10～12月	中央職業紹介事務局嘱託で寄子紹介業調査	『寄子紹介業に関する調査』1926年3月.Ⅶp453
1926年	52歳	1～3月	中央職業紹介事務局嘱託で芸娼妓酌婦紹介業調査	『芸娼妓酌婦紹介業に関する調査』1926年10月.Ⅶp589／「社会の裏面観　芸妓の生活情態（上）」（「祖国」2巻6号　1929年6月）Ⅳp309／『灯の女闇の女』Ⅱp831
		3月	中央職業紹介事務局『寄子紹介業に関する調査』刊行.Ⅶp451	
		3～4月	孤児海老原芳雄の実母捜査に尽力	「解剖的に観る乞食の生活」（「祖国」3巻3号　1930年3月）Ⅴp1251／「乞食芳公の結婚まで一.二」（「健康時代」3巻6・7号　1932年6・7月）Ⅵp405／東京日日新聞1926年3月6・7・12・28日,4月4・5・7日,Ⅸp452
		4月	「東京市内外における私娼の現状　二」を「社会事業」10巻1号に発表.Ⅳp151	
		15日	寺島警察署で私娼66人の罹病有無を調査	『浮浪者と売笑婦の研究』Ⅰp153
		5月	「東京市内外における私娼の現状　三」を「社会事業」10巻2号に発表.Ⅳp161	
		7月	「芸娼妓酌婦の実状」を「廓清」16巻7号に発表.Ⅳp175	
		9月	「時代的にみる公娼制度の変革」を「社会事業研究」14巻9号に発表. Ⅸ p241	

年	年齢	月　日	事　　跡	出　　典
1922年	48歳	9月	「公娼生活の内面観　二」を「社会事業」6巻6号に発表.Ⅳp93	
		10月	「公娼生活の内面観　三」を「社会事業」6巻7号に発表.Ⅳp116	
		11月	「細民の教育程度と読物より観たる知識慾」を「社会事業」6巻8号に発表.Ⅴp911	
		12月	東京市社会局残食物需給調査に従事	『どん底の人達』Ⅰp403／『浮浪者及残食物に関する調査』Ⅷp163
			「細民の根拠的中心の変遷について」を「社会事業」6巻9号に発表.Ⅴp927	
		23日	浅草・本所で浮浪者・労働者の生活状態を帝・早・日蓮宗大学生等と調査	「市社会局と大学生の細民研究」（「社会事業」6巻10号　1923年1月）
		25日	東京市社会局事務嘱託,報酬月額100円	「東京市公報」807号　1923年1月13日,p724
1923年	49歳	3月	東京市社会局『浮浪者及残食物に関する調査』刊行.Ⅷp9	
			内務省社会局第二部『細民生計状態調査』刊行.Ⅶp299	
		11月7～12日	関東大震災直後の野宿・浮浪者調査	「野宿浮浪者に関する概況調査」（「雑書震災関係書類　大正十二年」東京都公文書館蔵）Ⅷp167
		12月17日	罹災者バラック収容実態協議会を招集	東京日日新聞1923年12月14日.Ⅸp398
1924年	50歳	4月	「バラック生活の内面的観察」を「社会事業」8巻1号に発表.Ⅴp936	
		5月	「震災後における売笑婦」を「社会事業」8巻2号に発表.Ⅳp135	
		31日	東京市社会局調査事務嘱託,報酬月額110円	「東京市公報」953号　1924年6月18日,p1585
		9月25日	罹災者バラック調査	東京市社会局庶務課「集団バラック調査」（「東京市公報」1003～7・10号　1924年12月13・16・18・20・23日　1925年1月6日）Ⅷp173
		11月	「集団バラックの近況について」を「社会事業」8巻8号に発表.Ⅴp947	
1925年	51歳		内務省社会局嘱託で東京市内の細民地域・変遷調査	『どん底の人達』Ⅰp235
		3月 1日	浮浪者調査の結果を東京日日新聞で語る	東京日日新聞1925年3月1日.Ⅸp399
		28日	「収容バラックの内面観」を日本犯罪学会例会で発表	「社会学雑誌」13号　1925年5月

年	年齢	月　日	事　　跡	出　　典
1921年	47歳	11月	「幼児保育と夫婦共働の実情」を「社会事業」5巻8号に発表.Ⅴp874	
			四谷・浅草・深川区で細民調査	『どん底の人達』Ⅰp582／内務省地方局『大正拾年施行　細民調査統計表』1922年6月.Ⅶp70／内務省社会局『細民生計状態調査』1923年3月.Ⅶp308
		4～7日	第6回全国社会事業大会於大阪市公会堂に社会事業協会員で参加	「社会事業」5巻9号　1921年12月／「神戸葺合新川の貧民窟を観る」(「社会事業」5巻11号　1922年2月) Ⅴp889／「第六回全国社会事業大会出席者」1921年11月
		23日	第6回全国社会事業大会報告会に参加	「社会事業」5巻10号　1922年1月
		31日	内務省細民調査事務終了,解職	「昭和10年　退職死亡者履歴書」
1922年	48歳	2月	「神戸葺合新川の貧民窟を観る」を「社会事業」5巻11号に発表.Ⅴp889	
		3日	東京市社会局調査事務嘱託,報酬月額60円	「東京市公報」703号　1922年2月18日,p67
		15日	調査員協議会於東京府商工奨励館で浮浪者調査の経験を談ず	「東京市の浮浪者調査概観」(「社会事業」5巻12号　1922年3月) Ⅴp1109
		25日	東京市社会局浮浪者調査に従事	「東京市の浮浪者調査」「東京市の浮浪者調査概観」Ⅴp1106／「暗の底を這う女浮浪者の生活」(「祖国」2巻11号　1929年11月) Ⅴp1238／『浮浪者と売笑婦の研究』Ⅰp35／『不良児』Ⅲp1795／『都市生活の裏面考察』Ⅰp708／東京市社会局『浮浪者及残食物に関する調査』1923年3月.Ⅷp31
		3月	「東京市の浮浪者調査概観」を「社会事業」5巻12号に発表.Ⅴp1106	
		15日	東京府下の性的神仏を杵淵義房と踏査	杵淵義房「東京府下の性的神仏と迷信　一」(「社会事業」6巻1号　1922年4月)
		春	日本堤西方寺無縁塔を踏査	『闇の実話』Ⅱp1323
		4月	「公娼生活の側面観」を「社会事業」6巻1号に発表.Ⅳp55	
		6月	『大正拾年施行　細民調査統計表』を内務省地方局で刊行.Ⅶp67	
		8月	「公娼生活の内面観　一」を「社会事業」6巻5号に発表.Ⅳp74	

年	年齢	月　日	事　　跡	出　　典
1921年	47歳	1月	「歳晩の貧民窟と実状踏査」を「社会と救済」4巻10号に発表.Ⅴp818	
		2月	「大東京の巷に出没する不良少年」を「社会と救済」4巻11号に発表.Ⅴp1401	
			「ガセビリ」の内幕を察知	『闇の実話』Ⅱp1337
		13日	第2回同情融和大会於京橋区築地本願寺参加	「第二回同情融和会記事」(「社会改善公道」29号　1921年3月)
		3月	「三百年を通ずる情味と社会観」を「社会と救済」4巻12号に発表.Ⅴp848	
		6～7日	芝新網,本所緑町で残飯屋調査	「貧民生活調査の第一頁」(「大観」4巻5号　1921年5月)Ⅴp869
		4月	「封建の季世すでに穢多を解放す」を「社会事業」5巻1号に発表.Ⅳp647	
			「生業の確定と結婚」を「監獄協会雑誌」34巻4号に発表.Ⅵp441	
		25日	水上保護会経営の南千住学寮を参観	「水上労働者の生活」(「社会事業」5巻3号　1921年6月)Ⅳp696
		5月	「貧民生活調査の第一頁――下層の暗黒面と残飯の群」を「大観」4巻5号に発表.Ⅴp867	
		6月	「水上労働者の生活」を「社会事業」5巻3号に発表.Ⅳp683	
		中旬	庄田録四郎校長於鮫河橋小学校に地域の生活諸相を聞く	『どん底の人達』Ⅰp580
		25日	東京市内の浮浪者調査	「梅雨の夜に観たる窮民」(「社会事業」5巻4号　1921年7月)Ⅴp1091
		7月	「梅雨の夜に観たる窮民」を「社会事業」5巻4号に発表.Ⅴp1090	
			吉原遊廓京町で娼妓・遊客調査	「公娼生活の内面観　二」(「社会事業」6巻6号　1922年9月)Ⅳp97
		15日	東京市内の私娼窟・風俗実状調査	「東京における私娼抬頭の概観」(「社会事業」5巻6号　1921年9月)Ⅳp21
		9月	「東京における私娼抬頭の概観」を「社会事業」5巻6号に発表.Ⅳp19	
		10月	「貧困家庭と売笑婦――社会問題研究の一資料――」を「大観」4巻10号に発表.Ⅳp38	
		13日	内務省細民調査事務嘱託	「昭和10年　退職死亡者履歴書」

年	年齢	月　日	事　　跡	出　　典
1918年	44歳	9月	静岡・愛知県で被差別部落を村居鉄次郎と調査	「村居幹事巡回日程」(「社会改善公道」1号　1918年11月)
		10月	老壮会発足,満川亀太郎世話人・臼井清造と共に参加	『現代史資料4』p22
		12月	「特殊部落細民の現状視察」を「労働共済」4巻11号に発表.Ⅳp643	
		1日	犯罪学会於東京帝国大学で静岡・愛知県下の被差別部落現状を発表	「犯罪学会の講演」(「社会改善公道」2号　1918年12月)
1919年	45歳	1月15日	三ノ輪で共同長屋朝日館調査	『どん底の人達』Ⅰp308
		3月 9日	「社会改善の急務」を矯風同志会主催社会改善演説会で講演	「社会改善大演説会」(「社会改善公道」5号　1919年3月)
		22日	友正会於北豊島郡下練馬村で部落改善について講演	「練馬村の講演会」(「社会改善公道」6号　1919年4月)
		28日	「東京市における貧民生活者の現状」を第8回老壮会で講演	「老壮会の記」(「大日本」6巻6号　1919年6月)
		9月	小石川区大塚坂下町五十軒長屋を視察	『どん底の人達』Ⅰp312
		10月	新宿南町で質屋調査	『どん底の人達』Ⅰp508／「貧民生活の実状　二」Ⅴp807
1920年	46歳	1月	「貧民生活の実状　一」を「社会と救済」3巻10号に発表.Ⅴp765	
		2月	「貧民生活の実状　二」を「社会と救済」3巻11号に発表.Ⅴp786	
		4月 1日	株式会社大正通信記者を辞す,編集事務嘱託となり,著述業に従事	「昭和10年　退職死亡者履歴書」
		6月3～5日	第5回全国社会事業大会参加	「社会と救済」4巻4号　1920年7月
		7月17日	人事相談所連合会於司法省参加	「人事相談連合会」(「社会改善公道」22号　1920年8月)
		9月30日	第1回国勢調査で今戸公園浮浪者状態を視察	「国勢調査と浮浪者の塒」(「社会と救済」4巻8号　1920年11月)Ⅴp1085
		10月 1日	第1回国勢調査で水上生活者調査	「座談会　水上生活者問題について」(「社会福利」17巻7号　1933年7月)Ⅳp728
		11月	「国勢調査と浮浪者の塒」を「社会と救済」4巻8号に発表.Ⅴp1085	
		12月	「貧民窟の家賃」を「社会と救済」4巻9号に発表.Ⅴp811	
		22日	鮫河橋,新宿南町,巣鴨町庚申塚二百軒長屋,三ノ輪浄閑寺・朝日館・長生館,浅草千束町,浅草公園を杵淵義房と踏査	「歳晩の貧民窟と実状踏査」(「社会と救済」4巻10号　1921年1月)Ⅴp818
		28日	本所区緑町宮崎残飯屋,本所区若宮町東京無料宿泊所を調査	「歳晩の貧民窟と実状踏査」Ⅴp845

年	年齢	月　日	事　　跡	出　　典
1909年	35歳	4月11日	小石川区音羽町8丁目21番地，知久寅吉妹いのと婚姻	
		5月30日	牛込区鶴巻町261番地で二女登志出生	
1910年	36歳		豊多摩郡淀橋町柏木13番地に居住，新宿南町をしばしば見る	「東京における細民の生活　一」（「現実へ」10号　1932年8月）Ⅵp274
		10月	新宿南町を視察	『どん底の人達』Ⅰp283
1911年	37歳	冬	新宿南町天竜寺門前を視察	『灯の女闇の女』Ⅱp954
1912年	38歳	1月21日	横須賀市旭町22番地で長男茂出生	
		2月	四谷鮫河橋を視察	『どん底の人達』Ⅰp288
		10月31日	日本新聞記者退職	「昭和10年　退職死亡者履歴書」
		12月15日	千代田民報記者勤務	同上
1913年	39歳	12月12日	千代田民報社退職	同上
1914年	40歳	2月 1日	東京夕刊新報記者勤務	同上
1915年	41歳	3月	小石川区白山御殿町を調査	『どん底の人達』Ⅰp293
			小石川区氷川田圃で新聞購読者調査	『どん底の人達』Ⅰp582／「貧民生活の実状　二」（「社会と救済」3巻11号　1920年2月）Ⅴp805／「細民の教育程度と読物より観たる知識慾」（「社会事業」6巻8号　1922年11月）Ⅴp924
		3月28日	東京夕刊新報社を退職	「昭和10年　退職死亡者履歴者」
		30日	株式会社大正通信記者勤務	同上
		12月27日	下谷区万年町を調査	『どん底の人達』Ⅰp551
1916年	42歳	7月	小石川区大塚坂下町五十軒長屋で新聞購読者調査	『どん底の人達』Ⅰp582／「貧民生活の実状　二」Ⅴp805／「細民の教育程度と読物より観たる知識慾」Ⅴp924
		9月1〜10日	日暮里で「バタヤ」調査	『どん底の人達』Ⅰp302
			日暮里の質屋で質品・貸付高を横山勝太郎と調査	『どん底の人達』Ⅰp508／「貧民生活の実状　二」Ⅴp807
		5日	三ノ輪共同長屋朝日館調査	『どん底の人達』Ⅰp298
		9月〜17年2月	横山勝太郎を代理人にして東京市電気軌道旧乗車券効力確認を訴訟，被告は東京市長奥田義人	読売新聞1916年9月6·12·20·27日,10月8·20日,1917年1月25日／法律新聞1916年9月8·23·28日,10月3·8·10·18·23·28日,12月23日,1917年1月28日2月13日Ⅸp477
1917年	43歳	8月 3日	豊多摩郡戸塚町大字源兵衛198番地で母いく死亡	
1918年	44歳		小石川区大塚坂下町五十軒長屋で時計所有者調査	『どん底の人達』Ⅰp499／「貧民生活の実状　二」Ⅴp808
		8月	新宿南町で新聞購読者調査	「細民の教育程度と読物より観たる知識慾」Ⅴp924

草間八十雄年譜

＊ローマ数字Ⅰ～Ⅸについては年譜末を参照

年	年齢	月　日	事　　跡	出　　典
1875年	1歳	5月26日	筑摩県第二大区二小区筑摩村庄内耕地字中条〈長野県松本市中条〉で，草間泰蔵・いくの長男として出生	
1882年	8歳	9月20日	開智学校へ入学，初等六級生	「学籍簿　開智学校　明治15～19年」重要文化財旧開智学校蔵
1883年	9歳	3月 5日	開智学校，初等六級生へ進級	「学籍簿　開智学校　明治15～16年」重要文化財旧開智学校蔵
		4月17日	父泰蔵より家督相続	
		7月20日	開智学校初等四級生へ進級	「学籍簿　開智学校　明治15～19年」重要文化財旧開智学校蔵
1884年	10歳	1月28日	開智学校初等三級生へ進級	同上
		5月26日	開智学校初等二級生へ進級	同上
		6月17日	開智学校学務委員被選挙人	「開智学校学務委員被選挙人名簿　筑摩村庄内・埋橋　明治17年6月17日」重要文化財旧開智学校蔵
		11月25日	開智学校初等一級生へ進級	「学籍簿　開智学校　明治15～19年」
1885年	11歳	6月30日	開智学校中等一級生へ進級	同上
		12月25日	開智学校中等五級生へ進級	同上
1886年	12歳	11月	開智学校中等五級生で「事故欠席」	「明治19年11月　生徒出欠簿　開智学校」重要文化財旧開智学校蔵
1887年	13歳	5月	開智学校高等科一年級で「事故欠席」	「明治20年5月　生徒出欠簿　開智学校」同上
		6月	開智学校高等科一年級で「事故欠席」	「明治20年6月　生徒出欠簿　開智学校」同上
1892年	18歳	5月 1日	長野県松本市松原塾で国語，漢文を学ぶ	「昭和10年　退職死亡者履歴書」東京都公文書館蔵
1894年	20歳	8月20日	長野県松本市松原塾を退学	同上
1898年	24歳	9月 1日	和仏法律学校で法律学を修む，卒業	同上
1899年	25歳	2月 7日	警視庁雇，二部二課勤務	同上
		11月23日	祖父喜藤次死亡	
1900年	26歳	12月13日	警視庁雇を解かれ巡査勤務	「昭和10年　退職死亡者履歴書」
1903年	29歳	8月22日	警視庁退職	同上
		9月 1日	中央新聞社営業部勤務	同上
1904年	30歳	10月20日	中央新聞社編集部記者転勤	同上
1905年	31歳	7月13日	父泰蔵死去	
1907年	33歳	1月21日	中央新聞社退職	「昭和10年　退職死亡者履歴書」
		22日	東京日日新聞記者勤務	同上
		6月 1日	長女與志出生	
1909年	35歳		豊多摩郡新宿南町を調査	『どん底の人達』Ⅰp180
		2月28日	東京日日新聞社退職	「昭和10年　退職死亡者履歴書」
		3月 1日	日本新聞記者に勤務	同上

【著者紹介】
草間八十雄（くさま・やそお）

1875年　筑摩県筑摩村庄内耕地字中条〈長野県松本市中条〉生
1898～1935年　和仏法律学校卒業後、警視庁勤務、東京日日新聞等の記者、内務省嘱託、東京市社会局嘱託、東京市主事、社会局保護課勤務、東京市幼少年保護所長等を歴任。
1946年　世田谷区深沢町２丁目６番地で死去

【編者紹介】
安岡　憲彦（やすおか・のりひこ）

1947年　高知市生
1972年　小樽商科大学商学部卒業
2010年　長崎純心大学大学院人間文化研究科博士後期課程単位取得退学
2008年～　高知大学医学部非常勤講師
［共編著書］『幕藩制から近代へ』（柏書房）、『日本の都市と町―その歴史と現状』（雄山閣）、『近代下層民衆生活誌』『近代都市下層社会』『近代日本のどん底社会』『都市下層民衆生活実態資料集成』『近代東京の下層社会―社会事業の展開』（以上、明石書店）、『草間八十雄』（大空社）

近代日本の格差と最下層社会

2013年２月28日　初版第１刷発行

著　者　草 間 八 十 雄
編　者　安　岡　憲　彦
発行者　石　井　昭　男
発行所　株式会社 明石書店
〒101-0021　東京都千代田区外神田6-9-5
電　話　03（5818）1171
ＦＡＸ　03（5818）1174
振　替　00100-7-24505
http://www.akashi.co.jp

装　丁　明石書店デザイン室
印　刷　モリモト印刷株式会社
製　本　モリモト印刷株式会社

（定価はカバーに表示してあります）　ISBN978-4-7503-3758-6